Das Medium Wissenschaftszeitschrift
seit dem 19. Jahrhundert

Wissenschaft, Politik und Gesellschaft

Herausgegeben von Rüdiger vom Bruch

Band 5

Sigrid Stöckel / Wiebke Lisner /
Gerlind Rüve (Hg.)

Das Medium Wissenschaftszeitschrift seit dem 19. Jahrhundert

Verwissenschaftlichung der Gesellschaft –
Vergesellschaftung von Wissenschaft

Franz Steiner Verlag Stuttgart 2009

Umschlagabbildung: © bildreich martina issler, zürich

Bibliografische Information der Deutschen National-
bibliothek
Die Deutsche Nationalbibliothek verzeichnet diese Publikation in der Deutschen Nationalbibliografie; detaillierte bibliografische Daten sind im Internet über <http://dnb.d-nb.de> abrufbar.

ISBN 978-3-515-09342-2

Gedruckt auf säurefreiem, alterungsbeständigem Papier.

Druck: Printservice Decker & Bokor, München.
Printed in Germany

Inhalt

Vorwort

Der vorliegende Sammelband geht auf den Workshop „Das ‚Genre Wissenschaftszeitschrift' und die neuere Wissenschaftsgeschichte" zurück, der am 6. und 7. April 2006 an der Medizinischen Hochschule Hannover stattfand.[1] Die Idee zu diesem Workshop entstand im Rahmen des Forschungsprojekts „‚Politik' in britischen und deutschen medizinischen Fachzeitschriften von der Zwischenkriegszeit bis in die 1950er Jahre", welches im DFG-Schwerpunktprogramm 1143 „Wissenschaft, Politik und Gesellschaft. Deutschland im internationalen Zusammenhang im späten 19. und 20. Jahrhundert" angesiedelt ist.

Wissenschaftliche Fachzeitschriften sind bisher kaum systematisch erforscht worden. Dabei stellen die Texte dieser Medien häufig verwendete historische Quellen dar und dienen gleichermaßen als vielfach benutztes empirisches Material. Diese Beobachtung teilten Bearbeiter und Bearbeiterinnen einer Reihe von Forschungsprojekten, die im Rahmen des Schwerpunktprogramms durchgeführt wurden. Sie war auch unser Ausgangspunkt, die verschiedenen Forschungen zu Fachzeitschriften zusammenzuführen, um die Rolle und Funktion dieses Mediums für die Kommunikation von Wissenschaft und (Fach- bzw. Teil-)Öffentlichkeit in ihrem historischen Wandel zu untersuchen und zu verorten.

Für das Zustandekommen dieses Bandes danken wir allen Beteiligten für ihre Referate und Diskussionsbeiträge beim Workshop sowie die Bearbeitung der Beiträge für die Publikation.

Ganz herzlich danken wir Rebecca Schaarschmidt für die redaktionelle Bearbeitung der Texte.

Hannover, im März 2009

Sigrid Stöckel, Wiebke Lisner und Gerlind Rüve

1 Vgl. Arne Schirrmacher, *Tagungsbericht*, 5.5.2006, http://hsozkult.geschichte.hu-berlin.de/tagungsberichte/id=1118.

Verwissenschaftlichung der Gesellschaft – Vergesellschaftung der Wissenschaft

Sigrid Stöckel

Wissenschaftszeitschriften stehen am Schnittpunkt von Wissenschaft und Öffentlichkeit. In diesem sich historisch verändernden Kraftfeld von immer weiter ausdifferenzierten Wissenschaften und unterschiedlich strukturierten Öffentlichkeiten übten und üben sie unterschiedliche Funktionen aus. Dabei variieren ihre Formen zwischen Spezialfachzeitschriften für Einzeldisziplinen, Wochenschriften für einen größeren Wissenschaftsbereich und Journalen mit disziplinübergreifendem und allgemeinwissenschaftlichem Anspruch. Aufgrund dieser Vielschichtigkeit werden sie kaum als eigenständiges Genre wahrgenommen, sondern aus den unterschiedlichen Perspektiven der Wissenschaftsgeschichte, der Medienwissenschaften und der Geschichte der jeweiligen Profession geschildert, deren Fachwissen und Handlungspraktiken sie referieren und fortschreiben. In diesem Kontext werden sie hauptsächlich als passives Vermittlungsorgan wahrgenommen und ihre Doppelstruktur – als vermittelndes Medium einerseits und Eigeninteressen verfolgender Akteur andererseits – ignoriert. Im Folgenden werden die Schnittstellen zwischen Wissenschaft, Öffentlichkeit und (Fach-)Medien näher beleuchtet, um die Leistung des Genres für die unterschiedliche Vermittlung wissenschaftlicher Inhalte zu verdeutlichen und den Blick für seine gestalterischen und steuernden Elemente zu schärfen.

Die neuere Forschung betont die Interdependenz von Wissenschaft und Öffentlichkeit. Der Wissenschaftssoziologe Peter Weingart verweist darauf, dass die Öffentlichkeit von zentraler Bedeutung für die gesellschaftliche Akzeptanz weiterer Forschungsvorhaben ist, die nur mit Hilfe geeigneter Medien erreicht werden kann.[1] Sybilla Nikolow und Arne Schirrmacher konkretisieren das Verhältnis von Wissenschaft, Öffentlichkeit und Medien in ihrem Sammelband „Wissenschaft und Öffentlichkeit als Ressourcen füreinander“ dahingehend, dass sich nicht nur die Wissenschaft an die Öffentlichkeit wendet, sondern die Gesellschaft an dem Prozess der Wissensvermittlung aktiv beteiligt ist, indem sie nachfragt und informiert werden will.[2] Nachdem Nikolow und Schirrmacher die vielschichtigen und wechselseitigen Beziehungen von Forschung und ihrer gesellschaftlichen Wahrnehmung thematisiert haben, geht es bei der vorliegenden Analyse von wissenschaftlichen Fachzeitschriften in erster Linie um die intraprofessionelle Öffentlichkeit, um Verhandlungen, Offenlegungen und Informationen, die einen wesentlichen Teil des Fachdiskurses ausmachen.

Die Hauptfunktion wissenschaftlicher Fachkommunikation liegt in der Vermittlung und weiteren Entwicklung von Wissenschaft – ein Prozess, der in der Wissen-

1 Peter Weingart, „Die Wissenschaft der Öffentlichkeit und die Öffentlichkeit der Wissenschaft“, in: ders., *Die Wissenschaft der Öffentlichkeit. Essays zum Verhältnis von Wissenschaft, Medien und Öffentlichkeit,* Weilerswist 2005, 9–33, hier 20.

2 Sybilla Nikolow, Arne Schirrmacher (Hg.), *Wissenschaft und Öffentlichkeit als Ressourcen füreinander. Studien zur Wissenschaftsgeschichte im 20. Jahrhundert*, Frankfurt a. M., New York 2007.

schafts- und Sozialgeschichte detailliert untersucht und dessen Ergebnis als „Verwissenschaftlichung der Gesellschaft“ beschrieben wird.[3] Der Ausschreibungstext des Forschungsschwerpunktes „Wissenschaft, Politik und Gesellschaft“, in dessen Kontext dieser Band entstand, spricht von der „sozialen Funktion wissenschaftlichen Wissens“, die sich im Untersuchungszeitraum kontinuierlich erweitert.[4] Einer „Verwissenschaftlichung der Gesellschaft“ muss die Festlegung wissenschaftlicher und professioneller Standards in den einzelnen Disziplinen vorausgehen. Wie sie in den Fachzeitschriften, den Wochenzeitschriften und allgemeinwissenschaftlichen Journalen erfolgt, ist Gegenstand der vorliegenden Beiträge.

Der Funktion der „Verwissenschaftlichung“ werden die Einflüsse gesellschaftlicher Faktoren auf und durch Wissenschaftsmedien komplementär gegenübergestellt. Fachzeitschriften bilden soziale Strukturen in den Wissenschaften nicht nur ab, sondern prägen sie auch aus. Sie präsentieren und transportieren sowohl Hierarchien als auch Kommunikationsformen und tragen so zur Formierung professioneller und sozialer Strukturen und Öffentlichkeiten bei. Die Präsentation und Organisation des Wissens wird nicht ausschließlich durch wissenschaftliche Kriterien bestimmt, sondern durch soziale Gegebenheiten, Präferenzen und professionelle Hierarchien oder politische Konstellationen. Wissenschaftszeitschriften dokumentieren und gestalten Handlungen, mit denen Wissenschaft betrieben, kommuniziert und bewertet wird. Außerdem sind Öffentlichkeit und Gesellschaft in unterschiedlichem Ausmaß Bezugsgrößen professioneller Diskurse, die in den Wissenschaftszeitschriften abgebildet werden. Der gesamte Komplex wird im vorliegenden Band unter dem Begriff der „Vergesellschaftung der Wissenschaft“ zusammengefasst.

1. Medienwissenschaften: Zeitschriften – eine Sonderform der Zeitung?

Die aktuellen Medien- und Kommunikationswissenschaften streifen das Thema „wissenschaftliche Fachzeitschrift“ nur kursorisch.[5] Ihr Interesse gilt hauptsächlich den Massenmedien. Die frühere Publizistik behandelte Wissenschaftszeitschriften als eine Sonderform der Zeitung: Da sie thematisch gebunden seien und eigene Anliegen verfolgten, hätten sie zwar weniger Publizität, seien aber auch weniger abhängig vom Tagesgeschehen.[6] Ungeachtet der Zuschreibung von größerer Autonomie und Entscheidungsfreiheit wurden auch wissenschaftliche Zeitschriften als „Schriften der Zeit“ wahrgenommen, die mehr oder weniger passiv die jeweiligen Sachverhalte und

3 Lutz Raphael, „Die Verwissenschaftlichung des Sozialen als methodische und konzeptionelle Herausforderung für eine Sozialgeschichte des 20. Jahrhunderts“, in: *Geschichte und Gesellschaft 22/1996*, 165–193.

4 Forschungsziele\ Die Problemstellung, in: DFG-Schwerpunkt 1143, *Wissenschaft, Politik und Gesellschaft. Deutschland im internationalen Zusammenhang im späten 19. und im 20. Jahrhundert: Personen, Institutionen, Diskurse*. vgl. http://spp1143.geschichte.hu-berlin.de/; 30.11.2008.

5 Werner Faulstich, *Mediengeschichte von 1700 bis ins 3. Jahrtausend*, Göttingen 2006, 50–57, spricht nur von Zeitschriften ganz allgemein als „Schlüsselmedien der bürgerlichen Gesellschaft“. Bei Schanne erscheinen sie nicht als eigenes Thema: Michael Schanne, „Mediengeschichte“, in: O. Jarren, H. Bonfadelli (Hg.), *Einführung in die Publizistikwissenschaft*, Bern, Stuttgart, Wien 2001, 47–68.

6 So auch Emil Dovifat, *Zeitungslehre*, Berlin 1937, 14.

Einstellungen spiegelten. Als Ernst Herbert Lehmann, der Leiter des 1936 gegründeten Arbeitskreises für Zeitschriftenforschung, in seiner Einführung in die Zeitschriftenkunde von der Zeitschrift als „publizistischem Führungsmittel"[7] sprach, folgte er seinerseits einer politischen Zeitströmung und lieferte nationalsozialistischer Zeitschriftenpropaganda eine grundsätzliche und im Medium selbst liegende Begründung.

Erstaunlicherweise belegte er seine These aber nicht mit politischen Artikeln in Tageszeitungen, sondern mit Publikationsorganen von Akademien und Gesellschaften, die „Gleichgesinnte" verbanden – ein Kriterium, das auf viele wissenschaftliche Zeitschriften zutreffe, die „oft als Sprachrohr eines bestimmten Kreises von Menschen" wirkten.[8] Auch Ludwik Fleck bezeichnet in seinem 1935 erschienenen grundlegenden Werk über die Entstehung und Entwicklung einer wissenschaftlichen Tatsache Artikel in wissenschaftlichen Zeitschriften als „persönlich", da sie noch nicht von der Forschung insgesamt bestätigt seien.[9] Damit waren die in Expertenkreisen sich herausbildenden Kommunikationsstrukturen und Meinungskartelle sowie ihr Einfluss auf das Genre zumindest indirekt angesprochen. Die von Lehmann nur indirekt thematisierte soziale Kommunikation geriet erst in den 1970er Jahren in den Fokus der Publizistik. Hans Bohrmann wies darauf hin, dass das Ringen um eine Definition des Genres Zeitschrift, die so unterschiedliche Gruppen wie die großen Publikumszeitschriften und spezielle Fachzeitschriften umfasse, wenig Erkenntnisgewinn bringe. Zu untersuchen seien vielmehr die publizistischen Möglichkeiten sozialer Kommunikation, die je nach dem historischen Kontext variierten. Entsprechend sei es Aufgabe der Zeitschriftenforschung, die Funktionen der Zeitschrift für die Gesellschaft herauszuarbeiten, insbesondere die von ihr in der Öffentlichkeit in Gang gesetzten Kommunikationsprozesse.[10] Hier besteht ein Anknüpfungspunkt für aktuelle wissenschaftssoziologische wie auch -historische Forschungen zur Entwicklung von Öffentlichkeit, Popularisierung und der Ausbildung einer Wissensgesellschaft, in die wir unsere Ergebnisse eingliedern.

In den 1970er und 1980er Jahren standen medienpädagogische und -didaktische Überlegungen für den Umgang mit Massenmedien im Mittelpunkt. Diskutiert wurde vor allem die Doppelfunktion der Medien als einer öffentlichen Institution, die den Auftrag hat, objektiv zu informieren, und einem Wirtschaftsunternehmen, das die Regeln des Marktes befolgen und gewinnbringend arbeiten muss. Zeitschriften wurden in diesem Zusammenhang am Rande erwähnt[11], allerdings ohne auf wissenschaftliche

7 Ernst Herbert Lehmann, *Einführung in die Zeitschriftenkunde*, Leipzig 1936, 85–108, hier 95, 108: „[...] es gilt, die zahlreichen im Wesen der Zeitschrift liegenden Möglichkeiten zur Menschenführung in vollem Umfang zu erkennen – es gilt, dieses eigengesetzliche publizistische Führungsmittel einzusetzen für den kulturellen und wirtschaftlichen Neuaufbau des Deutschen Reiches". Vgl. Mario Heidler, „Die Zeitschriften des J.F. Lehmanns Verlages bis 1945", in: Sigrid Stöckel (Hg.), *Die „rechte Nation" und ihr Verleger. Politik und Popularisierung im J.F. Lehmanns Verlag 1890–1979*, Berlin 2002, 47–101, hier 47.

8 Lehmann, *Einführung* (wie Anm. 7), 95, 107.

9 Ludwik Fleck, *Entstehung und Entwicklung einer wissenschaftlichen Tatsache. Einführung in die Lehre vom Denkstil und Denkkollektiv*. 6. Aufl. Frankfurt a. M. 2006, 156.

10 Hans Bohrmann, *Zeitschriftenforschung. Ein wissenschaftsgeschichtlicher Versuch*, Berlin 1975, 19f., 31–33.

11 Herbert Bergner, *Im Zeitalter der Massen. Vom Umgang mit Massenmedien. Unterrichtshilfen zur politischen Bildung in der Hauptschuloberstufe*, Stuttgart 1967; Dieter Baacke (Hg.),

Fachzeitschriften einzugehen. Mittlerweile liegen detaillierte Studien über ihre Inhalte und Stilmittel vor[12], aus denen Schlussfolgerungen über ihre jeweilige Funktion, aber kaum über das Genre insgesamt gezogen werden. Dies blieb der Wissenschaftsgeschichtsschreibung und der historisch arbeitenden Wissenschaftssoziologie vorbehalten, die insbesondere in den letzten Jahren das Verhältnis zwischen Wissenschaft, Politik und Öffentlichkeit anhand medialer Vermittlung analysiert.

2. Wissenschaftszeitschriften – Voraussetzung und Folge moderner Wissenschaft

Auch in der Wissenschaftshistoriographie wurden Wissenschaftszeitschriften primär als verlässliche Zeitdokumente wahrgenommen, die den jeweiligen Stand der Wissenschaft belegen: Das Medium präsentierte aktuelle Erkenntnisse und galt als Indikator für Fortschritte auf dem jeweiligen Gebiet. Gleichzeitig beschleunigte es den Forschungsprozess, indem es wissenschaftliche Ergebnisse schnell und periodisch veröffentlichte. Otto Dann spricht von einer „innovatorischen Funktion der Zeitschrift für die Entwicklung der modernen Wissenschaft".[13]

Als Ausgangspunkt der Geschichte des Genres gilt das Jahr 1665, in dem zwei berühmte Wissenschaftszeitschriften gegründet wurden: die *Philosophical Transactions* der Royal Society of London und das französische *Journal des Scavants*. Das *Journal* verstand sich als Forum für die wissenschaftlichen und literarischen Neuerungen einer Gelehrtenrepublik.[14] Adressat war die gebildete Gesellschaft des europäischen Kulturraums, und Bildung umfasste sowohl Literatur als auch Naturwissenschaft. Damit begann eine Form der Wissenschaftskommunikation, die an eine Öffentlichkeit gebunden war. Die adressierte Gruppe war zwar klein, ging aber deutlich über den Kreis der forschenden Wissenschaftler hinaus.

Bei ihrer Gründung waren beide Zeitschriften zunächst nicht repräsentativ für die damalige Wissenschaftskommunikation, sondern als Organe der neu gegründeten Akademien und wissenschaftlichen Gesellschaften eher ihre Vorbilder und „Leuchttürme". Die allmähliche Veränderung wissenschaftlicher Publikationspraxis ist daran abzulesen, dass im Zeitraum von 1665 bis 1790 unterschiedliche Textformate begannen, periodisch zu erscheinen: mehrbändige, nacheinander herauskommende Schrif-

Mediendidaktische Modelle. Zeitung und Zeitschrift, München 1973; ders., „Theorie, Praxis, Strategie: Zur Einführung in die Diskussion", in: ders. (Hg.), *Kritische Medientheorien. Konzepte und Kommentare*, München 1974, 7–14, hier 9.

12 Vgl. z. B. Sabine Ylönen, *Entwicklung von Textsortenkonventionen am Beispiel von Originalarbeiten der Deutschen Medizinischen Wochenschrift (DMW)*, Frankfurt a. M. 2001, sowie insbesondere die Reihe des Duisburger Instituts für Sprach- und Sozialforschung (DISS), betreut von Margarete und Siegfried Jäger: Margarete Jäger, *Biomacht und Medien. Wege in die Bio-Gesellschaft*, Duisburg 1997; Margarete Jäger, Siegfried Jäger, *Medien im Krieg. Der Anteil der Printmedien an der Erzeugung von Ohnmachts- und Zerrissenheitsgefühlen*, Duisburg 2002.

13 Otto Dann, „Vom Journal des Scavants zur wissenschaftlichen Zeitschrift", in: *Gelehrte Bücher vom Humanismus bis zur Gegenwart*, Wiesbaden 1983, 63–80, hier 74.

14 Bernard Houghton, *Scientific periodicals*, London 1975.

ten von Einzelautoren oder Autorengruppen, Hefte aus wenigen Blättern sowie als Journale angekündigte Werke, von denen nur wenige Ausgaben publiziert wurden.[15]

Die Periodizität der Texte bedeutete eine Abkehr vom Konzept eines fixierten Wissenskorpus, der mit dem Anspruch auf Vollständigkeit und entsprechend in Buchform erschienen war. An seine Stelle traten Beobachtungen und Experimente, deren Ergebnisse in vergleichsweise kurzen Kommunikationsformen notiert werden konnten und fortgeschrieben werden sollten.[16] Im Vergleich zu Monographien, Handbüchern und Enzyklopädien, in denen gesichertes Wissen „für die Ewigkeit" gesammelt und geordnet wurde, veränderte sich die Präsentation wissenschaftlicher Erkenntnisse. Die neuen Zeitschriften boten Wissen an, das aktuell war und gleichzeitig „persönlich", weil es aus den Erkenntnissen einzelner Forscher resultierte. Solange diese nicht von anderen Forschern bestätigt wurden, waren sie fragmentarisch und „vorläufig".[17] Damit war die Notwendigkeit eines ständigen Austausches verbunden, für den die Zeitschriften die jeweiligen Foren zur Verfügung stellten.[18] Voraussetzung für das neue Medium war sowohl seine technische Reproduzierbarkeit durch den Druck als auch die Zunahme an Erkenntnissen, deren schnelle Veröffentlichung geboten schien und nachgefragt wurde.[19]

In der zweiten Hälfte des 19. Jahrhunderts veränderte sich die Dimension der Zeitschriftenpublikationen grundlegend. Die Anzahl der Fachzeitschriften hatte noch stärker zugenommen als die der Unterhaltungsjournale. In der Physiologie beispielsweise – einer Disziplin, die in besonderem Maße im Mittelpunkt wissenschaftlichen Interesses stand – stieg die Anzahl der weltweit veröffentlichten Seitenzahlen von 1840 bis 1910 auf das Neunfache.[20] In diesem Zusammenhang wandelte sich auch das Genre. Die Zeitschriften richteten sich zunehmend weniger an „allgemein Gebildete", sondern an ein immer spezielleres Fachpublikum. Wo neue Forschungsansätze verfolgt oder Wissenschaftsfelder abgesteckt wurden, entstanden Zeitschriften, in denen Ergebnisse präsentiert, interpretiert und fortgeschrieben wurden. Sie wurden zu Kristallisationspunkten neuer Disziplinen. Damit waren sie sowohl Folge als auch Voraussetzung einer Ausdifferenzierung der Wissenschaften.

Verlage betrachteten wissenschaftliche Zeitschriften als Aushängeschilder ihrer inhaltlichen Schwerpunkte, akademisch gebildete Verleger initiierten Zeitschriftengründungen innerhalb ihrer eigenen Interessengebiete. Ab 1880 war das Genre so erfolgreich, dass Verlage aus rein ökonomischen Erwägungen Fachzeitschriften grün-

15 David A. Kronick, *A History of Scientific and Technical Periodicals. The Origins and Development of the Scientific and Technical Press 1665–1790*, 2. Aufl. Metuchen, N.J., 1976, 278.

16 Ebd., 279.

17 Fleck, *Entstehung und Entwicklung einer wissenschaftlichen Tatsache* (wie Anm. 9), 156f.

18 Vgl. z. B. Thomas H. Broman, *The Transformation of German Academic medicine, 1750–1820*, Cambridge 2002, 225–238; zu Science Publishing vgl. Adrian Johns, "The Past, Present, and Future of the Scientific Book", in: Maria Frasca-Spada, N. Jardine (Hg.), *Books and the Sciences in History*. Cambridge 2000, 408–426.

19 Dann, „Vom Journal des Scavants" (wie Anm. 13), 63–80.

20 Georg Jäger, „Wissenschaftliche und technische Zeitschriften", in: ders. (Hg.), *Geschichte des Deutschen Buchhandels im 19. und 20. Jahrhundert. Das Kaiserreich 1871–1918*, Teil 2, Frankfurt a. M. 2001, 390–408.

deten oder bestehende Organe aufkauften.[21] Gleichzeitig entstanden wissenschaftliche Spezialverlage, so z. B. 1878 mit JF Bergmann der erste Medizinverlag, 1886 gefolgt von Georg Thieme in Leipzig. Es gehörte zur Verlagspolitik, neben Monographien so genannte Longseller zu produzieren – außer Reihen, Lehrbüchern und Enzyklopädien vor allem Zeitschriften, die einen festen Absatz garantierten.[22]

Georg Jäger weist in seiner Geschichte des deutschen Buchhandels auf die unterschiedlichen Formen und Funktionen des Genres hin. Er unterscheidet von privaten Verlagen herausgegebene Periodicals zur Wissensvermittlung von Zeitschriften mit staatlicher Unterstützung, mit deren Hilfe national bedeutsame Wissenschaftsfelder besonders gefördert werden sollten, sowie Informations- und Annoncenblätter, die sowohl wissenschaftliche Forschung als auch praktische Verwertung thematisierten. Als Gegentendenz zur Spezialisierung wurden schließlich seit Ende des 19. Jahrhunderts wiederum fachübergreifende wissenschaftliche Zeitschriften für ein breiteres Fachpublikum und populärwissenschaftliche Magazine gegründet.[23] Gestützt und fortgeführt wird Jägers Analyse durch Untersuchungen über die Rolle der Zeitschriften in Professionalisierungsprozessen.[24] Hier erweist sich das Genre als Instrument für die vielfältigen Aspekte von Wissenschaft – es gewinnt Akzeptanz für den jeweiligen Forschungsgegenstand, überführt neue Erkenntnisse in das Allgemeinwissen der im Fach Tätigen und unterrichtet die breite Öffentlichkeit. Mittlerweile werden Fachzeitschriften in der Wissenschaftsgeschichte als „Repräsentationsformen des Wissens“ wahrgenommen, deren vielfältige Funktionen näher zu analysieren sind.[25]

Dabei wird deutlich, dass Inhalte und Strukturen von Zeitschriften nicht allein der Programmatik ihres Fachgebietes unterliegen. Sie werden ebenfalls durch die Aufgabe bestimmt, die Kommunikation zwischen den Autoren und ihrer jeweiligen Öf-

21 Vgl. Jäger, „Wissenschaftliche und technische Zeitschriften“ (wie Anm. 20), 368–389; Monika Estermann, „Der Verlag Salomon Hirzels in der historischen Frühzeit der Germanistik“, in: dies., Ute Schneider (Hg.), *Wissenschaftsverlage zwischen Professionalisierung und Popularisierung* (Wolfenbütteler Schriften zur Geschichte des Buchwesens; 41), Wiesbaden 2007, 13–34; Frank Bernstein, „Die ‚Weidmänner' und Theodor Mommsens leidenschaftliche Römische Geschichte“, in: ebd., 35–45; Andreas Meyer, „1896–1930 – Der Verlagsgründer und seine Rolle als ‚Kulturverleger'“, in: Gangolf Hübinger (Hg.), *Versammlungsort moderner Geister. Der Eugen Diederichs Verlag – Aufbruch ins Jahrhundert der Extreme*, München 1996, 26–89.

22 Georg Jäger, „Medizinischer Verlag“, in: ders., *Geschichte des Deutschen Buchhandels* (wie Anm. 20), 473–485, hier 478f.

23 Jäger, „Wissenschaftliche und technische Zeitschriften“ (wie Anm. 20), 390–408.

24 Vgl. grundlegend Christoph Meinel, *Die wissenschaftliche Fachzeitschrift. Struktur- und Funktionswandel eines Kommunikationsmediums. Fachschrifttum, Bibliothek und Naturwissenschaft im 19. und 20. Jahrhundert* (Vorträge des Bibliothekshistorischen Seminars 1993 des Wolfenbütteler Arbeitskreises für Bibliotheksgeschichte vom 4. bis 6. Oktober 1993 in der Herzog August Bibliothek Wolfenbüttel), Wiesbaden 1997, 138–155. In der Medizingeschichte gibt es zahlreiche Analysen einzelner Zeitschriften zur Untersuchung spezifischer Themenfelder; zum Profil einzelner Zeitschriften vgl. besonders Peter Bartrip, *Mirror of Medicine. A History of the British Medical Journal*, Oxford, New York, Toronto u. a. 1990, sowie W. F. Bynum, S. Lock u. a. (Hg.), *Medical Journals and Medical Knowledge. Historical Essays*. London, New York 1992. Für Fachzeitschriften anderer Disziplinen vgl. Matthias Middell, „Vom allgemeinhistorischen Journal zur spezialisierten Liste im H-Net. Gedanken zur Geschichte der Zeitschriften als Elementen der Institutionalisierung moderner Geschichtswissenschaft“, in: ders. (Hg.), *Historische Zeitschriften im internationalen Vergleich*, Leipzig 1999, 7–31.

25 So z. B. Michael Hagner (Hg.), *Ansichten der Wissenschaftsgeschichte*, Frankfurt a. M. 2001, 30.

fentlichkeit zu gestalten – zwischen Experten untereinander, Experten und Praktikern[26], Wissenschaftlern und interessierter Öffentlichkeit.[27] Wie dies geschieht, welche Inhalte öffentlich werden und welche Kreise die Öffentlichkeit umfasst, kann an Beispielen des Mediums Wissenschaftszeitschrift nachvollzogen werden.

3. Wissenschaft und Öffentlichkeit: Verwissenschaftlichung der Gesellschaft?

Die rasante quantitative Zunahme wissenschaftlicher Zeitschriften verleitet zu der Annahme, ihre Folge sei eine allgemeine Verwissenschaftlichung der Gesellschaft gewesen. Die Beziehungen zwischen Wissenschaft und gesellschaftlicher Öffentlichkeit, die sich in diesem Prozess herausbildeten, waren jedoch vielfältig und unterschiedlich. Wissenschaftliche Inhalte wurden zunehmend weniger einer „gelehrten Öffentlichkeit" mit dem Ziel einer breiten Allgemeinbildung präsentiert, sondern wandten sich v. a. an Fachspezialisten. Entsprechend etablierte sich Wissenschaft als separater Bereich, der zeitweise keiner öffentlichen Regelung unterlag und die Laienöffentlichkeit ausschloss – ein Prozess, der gerade nicht der Aufklärung der gesellschaftlichen Öffentlichkeit diente. Infolge der zunehmenden Trennung wissenschaftlicher Erkenntnis von Allgemeinwissen entstand in der Folge die Notwendigkeit, der Öffentlichkeit die Inhalte von Wissenschaft wiederum durch Popularisierung nahezubringen. Wie oben dargestellt, geschah und geschieht dies durchaus im Interesse der Wissenschaftler, denn erst wenn die Öffentlichkeit informiert ist, kann weitere Forschung gesamtgesellschaftlich wünschenswert erscheinen – oder aber kritisch zu ihr Stellung genommen werden. Wissenschaftler wandten sich mittels der Medien daher selbst an die Öffentlichkeit, um ihre Forschungsinteressen zu legitimieren[28], und Wissen wurde aktiv nachgefragt.[29] Erst im Zuge dieses Kommunikationsprozesses erhielt Wissenschaft ihren Ort in der Gesellschaft.

Unter Öffentlichkeit wird allgemein ein Bereich verstanden, der prinzipiell allen Mitgliedern der Gesellschaft zugänglich ist. Infolge der beschriebenen Spezialisierung und der damit verbundenen Ausdifferenzierung in sektorale Teilöffentlichkeiten wird dieses Kriterium von Wissenschaftszeitschriften nicht erfüllt. Requate möchte den Begriff der Öffentlichkeit auf die Gesamtgesellschaft begrenzen und plädiert dafür, das Verhältnis zwischen sektoraler und umfassender Öffentlichkeit historisch jeweils genau auszuloten.[30] Dem Plädoyer für die genaue Bestimmung des Verhältnisses im jeweiligen historischen Kontext ist ebenso beizupflichten wie der Unterscheidung zwischen offen zugänglichen und geschlossenen Kommunikationsräumen.

Dennoch schaffen Fachzeitschriften durch die Transparenz des Kommunikationsprozesses und die Möglichkeit, an ihm zu partizipieren, eine Öffentlichkeit von er-

26 Ludwik Fleck spricht am Beispiel der Medizin von Experten und Anwendern innerhalb desselben größeren Fachgebiets (wie Anm. 9), 148.
27 Bohrmann, *Zeitschriftenforschung* (wie Anm. 10), 19f., 31.
28 Vgl. Weingart „Die Wissenschaft der Öffentlichkeit" (wie Anm. 1).
29 Nikolow/Schirrmacher, *Wissenschaft und Öffentlichkeit als Ressourcen füreinander* (wie Anm. 2), 7.
30 Jörg Requate, „Öffentlichkeit und Medien als Gegenstände historischer Analyse", in: *Geschichte und Gesellschaft 25, 1/1999*, 5–32.

heblicher Reichweite. Die Autoren handeln als öffentlich sichtbare Subjekte, die publizierten Artikel sind einem erweiterten Fachpublikum offen zugänglich und können auch außerhalb der Fachöffentlichkeit zur Kenntnis genommen und kommentiert werden. Veröffentlichte Aussagen, Meinungen und Debatten sind zu verfolgen und gegebenenfalls nachzufragen. Ein Bezug zur gesamtgesellschaftlichen Öffentlichkeit ist dadurch gegeben, dass sie den Referenzpunkt darstellt, an dem der gesellschaftliche Nutzen von Wissenschaft gemessen wird.[31]

4. Die Öffentlichkeit der Profession und die Vergesellschaftung der Wissenschaft

Seit Ende des 19. Jahrhunderts war eine Hauptfunktion von Fachzeitschriften die Gestaltung von Professionalisierungsprozessen. Sie organisierten den Informationsaustausch und stellten Regeln der Kommunikation wie auch des professionellen Verhaltens auf.[32] Bunders und Whitley betonen die Relevanz der Publikation von Fachartikeln für die kollektive Bestätigung des Forschungsansatzes, den Anreiz für weitere Forschungstätigkeit und die Etablierung eines Autoritätsanspruches[33] und stellen damit die soziale Funktion der Fachzeitschriften heraus. Shinn und Whitley fassen die Popularisierung des Wissens unter dem Begriff „Expository Science" zusammen und bezeichnen sie als eine eigene Wissenschaft.[34] Der Politologe Gerhard Göhler spricht von wissenschaftlichen Zeitschriften als „sozialen Institutionen". Sie vermitteln „relativ auf Dauer gestellte, durch Internalisierung verfestigte Verhaltensmuster und Sinngebilde mit regulierender und orientierender Funktion", auf die das Lesepublikum seine Erwartungen ausrichtet und deren Ordnungsfunktion es verinnerlicht.[35] Zeitschriften dokumentieren das in einer Zeit Denk-, Formulier- und damit Machbare, gleichzeitig filtern sie aber Meinungen und Informationen und nehmen selbst Handlungsspielraum für sich in Anspruch.[36]

Relativ gut untersucht ist der Vorgang für medizinische Zeitschriften. Mit den im ersten Drittel des 19. Jahrhunderts begonnenen Gründungen ärztlicher Vereine hatten Ärzte eine Öffentlichkeit hergestellt, die ihnen sowohl die interne Kommunikation als auch die Selbstdarstellung nach außen ermöglichte. Über die Vereine präsentierten sie

31 Uwe Thaysen, „Öffentlichkeit aus politologischer Sicht", in: Werner Faulstich (Hg.), *Konzepte von Öffentlichkeit* (3. Lüneburger Kolloquium zur Medienwissenschaft), Bardowick 1993, 10–15, hier 13.

32 Middell, „Vom allgemeinhistorischen Journal" (wie Anm. 24), 7–9.

33 Joske Bunders, Richard Whitley, "Popularisation within the Sciences. The Purposes and Consequences of Inter-Specialist Communication", in: Terry Shinn, Richard Whitley (Hg.), *Expository Science: Forms and Functions of Popularisation*, Dodrecht u.a. 1985, 61–77.

34 Ebd.

35 Gerhard Göhler, „Politische Institutionen und ihr Kontext. Begriffliche und konzeptionelle Überlegungen zur Theorie politischer Institutionen", in: ders. (Hg.), *Die Eigenart der Institutionen. Zum Profil politischer Institutionstheorie*, Baden-Baden 1994, 19–46, hier 22; Middell, „Vom allgemeinhistorischen Journal" (wie Anm. 24), 9.

36 Middell, „Vom allgemeinhistorischen Journal" (wie Anm. 24), 11f.

sich in der Öffentlichkeit als Experten für gesellschaftliche Probleme.[37] Indem ärztliche Vereine Zeitschriften gründeten, konnten Ärzte über ihre lokalen Grenzen hinaus miteinander kommunizieren und gemeinsame Ziele formulieren, und sie wurden mit diesem Medium öffentlich wahrnehmbar. Ein Blick auf die 1854 gegründete medizinische Wochenschrift – das *Aerztliche Intelligenz-Blatt*, Vorläufer der *Münchner Medizinischen Wochenschrift* – zeigt die enge Verbindung von Verein und Zeitschrift. Erst im Revolutionsjahr 1848 kam der bayrische König dem Wunsch der Ärzte nach, einen „Ständigen Ausschusses bayrischer Ärzte" einzurichten, der die ärztliche Ausbildung und Praxis regeln sollte. Im Jahr 1854 unterstützte das bayrische Staatsministerium des Innern das vom Ständigen Ausschuss herausgegebene *Aerztliche Intelligenz-Blatt, Organ für Bayerns staatliche und öffentliche Heilkunde* „nachdrucksamst".[38] Ein Grund dafür mag gewesen sein, dass die Herausgeber die Öffentliche Gesundheitspflege als „physische Nationalökonomie" bzw. „physisches Betriebskapital des Staates"[39] zur Hauptaufgabe des Blattes erklärten. Auch die 1848 gegründete *Medizinische Reform* vertrat nicht nur standes- und gesundheitspolitische Forderungen, sondern betonte den Beitrag von Ärzten zum staatlichen Wohl.[40] Entsprechend wurden Gesundheitspflege und medizinalpolizeiliche Regelungen zu festen Bestandteilen medizinischer Zeitschriften. Das *Aerztliche Intelligenz-Blatt* publizierte Gesetze und Verordnungen sowie alle „auf (...) Heilkunde und Ärzte bezüglichen Vorgänge".[41] Die Förderung der Wissenschaft sowie Literaturberichte standen erst an dritter Stelle des Aufgabenkatalogs.

Ein Blick in den ersten Jahrgang von 1854 zeigt erstaunlicherweise eine beträchtliche Divergenz zwischen dem Programm der Zeitschrift[42] und den Kommunikationsbedürfnissen der Ärzte, die hauptsächlich Kontroversen um die „Übertragung der Syphilis durch Vaccine" austrugen und davon auch nicht abließen, als die Redaktion mahnte, „der Standpunkt des Thatsächlichen" sei allmählich verlassen worden.[43]

37 Lutz Raphael, „Experten im Sozialstaat", in: Hans Günter Hockerts (Hg.), *Drei Wege deutscher Sozialstaatlichkeit. NS-Diktatur, Bundesrepublik und DDR im Vergleich*, München 1998, 231–257, hier 235.

38 Jürgen Plötz, „Aloys Martin (1818–1891), Wegbereiter der Anästhesie. Nachträge zu seinem Leben und Wirken", in: *Anaesthesist 49/2000*, 214–224, hier 222. Vgl. das Programm für den zweiten Jahrgang des *Ärztlichen Intelligenz-Blattes*: *Aerztl. Intelligenz-Blatt 1, 48/1854*, 421–423, hier 422.

39 „Prospectus", in: *Aerztl. Intelligenz-Blatt 1, 1/1854,* 1. Heinrich Oettinger, „Einiges zur Lösung der Aufgaben dieses Blattes", in: *Aerztl. Intelligenz-Blatt 1, 1/1854,* 28f. Diese Haltung fand sich auch noch in der 1875 gegründeten *Deutschen Medizinischen Wochenschrift (DMW)*, die den Untertitel „Mit Berücksichtigung der öffentlichen Gesundheitspflege und der Interessen des ärztlichen Standes" führte, vgl. *DMW 1, 1/1875*, 1.

40 Vgl. Robert Jütte, „Die Entwicklung des ärztlichen Vereinswesens und des organisierten Ärztestandes bis 1871", in: ders. (Hg.), *Geschichte des deutschen Ärztestandes*, Köln 1997, 15–42, hier 29–34. Neben wissenschaftlichen Gesellschaften gründeten auch engagierte Fachvertreter und Verlegerpersönlichkeiten Zeitschriften, so z. B. 1875 der Arzt und Medizinpublizist Dr. Paul Boerner gemeinsam mit dem Verleger Carl Reimer, die beide weiterhin dem Konzept der Medizinischen Reform verbunden waren, die *DMW*. Vgl. Christian Staehr, *Spurensuche. Ein Wissenschaftsverlag im Spiegel seiner Zeitschriften 1886–1986*, Stuttgart 1986, 18.

41 Von 1857 bis 1871 war das Beziehen des Blattes für bayrische Amtsärzte obligatorisch, vgl. Plötz, „Aloys Martin" (wie Anm. 38), 222.

42 Vgl. Oettinger, „Einiges zur Lösung" (wie Anm. 39), 29.

43 *Aerztl. Intelligenz-Blatt 1, 25/1854*, 194–198, hier 198. Entsprechende Artikel erschienen von der 10. bis zur 30. wöchentlichen Ausgabe.

Offenbar waren die Redakteure nicht in der Lage, von den Standesgenossen eingereichte Texte abzulehnen. Eine Professionalisierung der Wochenschrift erfolgte erst mit der Einstellung eines Schriftleiters, zu dem sich das Herausgeberkollegium 1885 entschloss. Der neue Schriftleiter Dr. Bernhard Spatz verfügte über keine journalistische Erfahrung und besaß lediglich einige Kenntnisse in Forschung und Praxis sowie Auslandserfahrung.[44] Er änderte den bildungsbürgerlich und antiquiert wirkenden Titel *Intelligenz-Blatt* in *Münchner Medizinische Wochenschrift*, gewann in seinem Cousin J.F. Lehmann einen Verleger neuen Stils, der Werbekampagnen für die Zeitschrift startete, und steigerte die Auflage.[45] Von dem ursprünglichen *Organ für Bayerns staatliche und öffentliche Heilkunde* wurde eine ausführliche Berichterstattung über alle Aktivitäten ärztlicher Vereine und Gesellschaften beibehalten.[46] Zu Beginn jeder Ausgabe erschienen jetzt aber zwei bis drei wissenschaftliche Originalartikel.

Aus dem Vereinsblatt des Ständigen Ausschusses hatte sich eine wissenschaftlich wie auch standespolitisch ausgerichtete medizinische Wochenschrift entwickelt, die zu einer Autorität im professionellen Diskurs wurde. Gewandelt hatte sich nicht nur die Stellung der Ärzte, die zu wissenschaftlich informierten Praktikern wurden, sondern auch die Position des Genres. Medizinische Wochenschriften mussten nicht mehr primär über öffentliche Gesundheitspflege berichten, um den Beweis ihrer gesellschaftlichen Nützlichkeit zu erbringen, und Schriftleiter nicht mehr ohne weiteres drucken, was eingereicht wurde. Im Gegenteil übernahmen sie mehr und mehr eine „Gatekeeper"-Funktion und entschieden, was publiziert wurde und unter welcher Rubrik es erschien.

Das Beispiel zeigt, welche Funktionen das Genre bei der Professionalisierung übernehmen und welche Rolle es sowohl gegenüber der politischen Öffentlichkeit als auch in der Fachöffentlichkeit spielen konnte. Mit seiner programmatischen Schwerpunktsetzung der Öffentlichen Gesundheitspflege und des Medizinalwesens bildete es nicht nur die Forschungsinteressen der Ärzte ab, sondern bemühte sich, das Verhältnis der Profession zur Gesamtöffentlichkeit zu gestalten. Die Vermittlung wissenschaftlicher Erkenntnis wurde essentiell, aber nicht der ausschließliche Zweck des Genres. Gleichzeitig wurden die Interdependenzen der Veränderungen innerhalb der Profession und die von der Zeitschrift ausgehenden oder von ihr aufgegriffenen Impulse sichtbar. Ihre Hauptfunktion lag darin, die sozialen Strukturen innerhalb der Profession abzubilden und den Prozess zu gestalten, durch den sie sich dauerhaft etablieren konnte.

44 Nach seiner Approbation war er insgesamt zwei Jahre lang am Pathologischen Institut in Leipzig und Berlin, in einem Düsseldorfer Krankenhaus, als Landarzt und weitere zwei Jahre als Hausarzt am Deutschen Hospital in London tätig. Vgl. Hermann Kerschensteiner, „Bernhard Spatz †", in: *MMW 82/1935*, 325–326, hier 325.

45 Mario Heidler, „Biographische Skizze der Familie Lehmann/Spatz", in: Stöckel (Hg.), *Die „rechte Nation" und ihr Verleger* (wie Anm. 7), 17–30, hier 18; vgl. die Angaben zur Auflagenstärke der *MMW* in: Börsenverein der Deutschen Buchhändler (Hg.), *Sperlings Zeitschriften-Adressbuch*, Leipzig 1902–1925.

46 Entsprechend verzeichnete der Personenindex nicht nur Autoren, sondern alle genannten Personen, womit die *MMW* weiterhin eine starke Verbundenheit zur gesamten Ärzteschaft demonstrierte.

5. Anliegen und Perspektiven dieses Bandes

Ziel des vorliegenden Bandes ist es, aus der Vielfältigkeit und Verschiedenartigkeit der untersuchten Zeitschriften zentrale Aussagen über die diversen Funktionen des Genres sowie seine Entwicklung herauszuarbeiten. Die Vielfalt der Disziplinen sowie die unterschiedlichen Untersuchungszeiträume ab der Mitte des 19. Jahrhunderts ermöglichen einen Überblick über Publikationsorgane sehr unterschiedlich strukturierter Wissenschaftsbereiche und die Entwicklung ihrer Medien. Verglichen werden die Zeitschriften hinsichtlich der Art, in der sie intraprofessionelle Öffentlichkeiten bildeten und ansprachen und Fachkommunikation organisierten. Untersucht werden außerdem die unterschiedlichen Bezüge zur gesamtgesellschaftlichen Öffentlichkeit. Zusätzliche Erkenntnisse ergeben sich aus der Gegenüberstellung deutscher und britischer medizinischer Fachzeitschriften, die neben der Entwicklung der Profession die jeweiligen Formen professioneller wie auch gesamtgesellschaftlicher Öffentlichkeiten untersuchen.

Die Analyse intraprofessioneller Diskurse der Fachzeitschriften wird durch zwei Untersuchungen über die Schnittstelle von Wissenschaft und Medienöffentlichkeit am Ende des 20. Jahrhunderts ergänzt, die am Beispiel amerikanischer und deutscher Wissenschaftsmagazine vorgenommen werden.

Folgende Fragen waren leitend:

- Wie gestaltete sich das Verhältnis von Wissenschaft, Medien und Öffentlichkeit, und wann sind Einschnitte und Veränderungen festzustellen?
- Wie agierten Zeitschriften in den verschiedenen Disziplinen, von welchen Akteursgruppen wurden sie bestimmt, an welches Publikum wandten sie sich? Welche Ziele verfolgten und welche unterschiedlichen Funktionen übernahmen sie?
- Welches Verständnis von Wissenschaft und gesellschaftlicher Nützlichkeit der jeweiligen Profession wurde in den Zeitschriften deutlich? Inwiefern wurde neben der Teilöffentlichkeit der jeweiligen Profession die gesellschaftliche Gesamtöffentlichkeit thematisiert?
- Welche sozialen Ordnungsstrukturen werden in den Fachdiskursen deutlich? Wie werden Kommunikationsprozesse gestaltet? Wer wird beteiligt?

Der erste Beitrag thematisiert das Verhältnis zwischen Wissenschaftszeitschrift und Öffentlichkeit am Beginn der Akademisierung des Geschichtsdiskurses. *Martin Nissen* untersucht am Beispiel der *Historischen Zeitschrift* (*HZ*) für die zweite Hälfte des 19. Jahrhunderts den Wandel von einer Zeitschrift für eine gebildete Öffentlichkeit zu einem Publikationsorgan für ein akademisches Fachpublikum. Die gesellschaftliche Aufgabe der *HZ* verlagerte sich entsprechend von der Informierung der bildungsbürgerlichen Öffentlichkeit zur Instruktion einer wesentlich kleineren Fachdisziplin. Durch den Profilwandel der *HZ* entstand ein renommiertes Wissenschaftsblatt, in dem akademische Historiker den Ton angaben und die Aussagen anderer Autoren legitimierten bzw. de-legitimierten. Nissen beschreibt im Detail, wie das Medium eine Verwissenschaftlichung unter Ausschließung der gebildeten Öffentlichkeit anstrebte und umsetzte. Damit markiert er den Anfangspunkt eines Prozesses, in dem Wissenschaftler sich ihre eigene Öffentlichkeit getrennt von der Gesamtgesellschaft schufen.

Gerlind Rüve geht den Wandel der Öffentlichkeiten vom Ende des 19. Jahrhunderts bis zur Zwischenkriegszeit anhand deutscher und britischer medizinischer Wochenschriften nach und führt in die Medien ein, die von Wiebke Lisner und Sigrid Stöckel weiter verfolgt werden. Ausgehend von Überlegungen Peter Weingarts und Jörg Requates zum historischen Verhältnis von Medien und Öffentlichkeit stellt Gerlind Rüve einen grundlegenden Wandel der Selbstwahrnehmung der Akteure fest sowie der Öffentlichkeit, auf die sie sich beziehen und als deren Teil sie sich verstehen. Die entsprechenden Veränderungen des Genres konstatiert sie für das Ende des 19. Jahrhunderts. Obwohl dieser Befund für beide Länder gilt, bestehen erhebliche Unterschiede in der Gestaltung der Zeitschriften. Rüve führt sie auf die unterschiedliche historische Ausformung von Öffentlichkeit und Journalismus zurück sowie auf die gesellschaftliche Position der Medizin, die in Deutschland durch die staatliche Unterstützung gesicherter war als in England. Entsprechend habe sich die *medical community* in England wesentlich stärker an der öffentlichen Meinung orientieren müssen als in Deutschland, wo Staatsnähe und der Nimbus von Wissenschaftlichkeit die Fachöffentlichkeit vor öffentlicher Kritik schützte.

Die folgenden Beiträge thematisieren und differenzieren die Funktionen des Genres Wissenschaftszeitschrift als *Professionalisierungsinstrumente* in den jeweiligen Disziplinen. *Anke Sawahn* zeigt anhand von Landfrauen-Zeitschriften im frühen 20. Jahrhundert, wie das Medium zur Förderung weiblicher Professionalisierung eingesetzt wurde. Die Zeitschriften, die von landwirtschaftlichen Hausfrauen-Vereinen herausgegeben wurden, boten der Landfrauenbewegung ein Forum zum Austausch und zur gegenseitigen Mobilisierung. Die Gründerin der Landfrauenbewegung beschrieb die Aufgabe der „Berufspresse" in der „Formung eines Kollektivwillens". Der Beitrag der Zeitschriften zu einer Verwissenschaftlichung bestand in der Bewertung und Umsetzung technischer Innovationen. Der Nutzen, der in der öffentlichen Wahrnehmung der Landfrauen, einer Verbesserung ihrer Produktivität und einer Statuserhöhung lag, ist als eine Form von Vergesellschaftung der Wissenschaft zu beschreiben und stellte – so Anke Sawahn – das eigentliche Ziel der Zeitschriften dar.

Auch der zweite Beitrag zur Landwirtschaft hat den gesellschaftlichen Rahmen von Verwissenschaftlichung zum Thema. *Frank Uekötter* weist darauf hin, dass landwirtschaftliche Zeitschriften im 20. Jahrhundert zwischen wissenschaftlichen Erkenntnissen und einem traditionellen Wissenssystem vermitteln. Er beschreibt ihre Position als ein Scharnier zwischen Forscher und Praktiker. Sie seien bemüht, „einen gemeinsamen Code" auszubilden und dienten der Selbstvergewisserung der Profession. Entsprechend kommen nur Akteure zu Wort, die als vertrauenswürdig im Sinne des landwirtschaftlichen Wissenssystems gelten. Vertrauenswürdigkeit wird damit gewissermaßen vor die Information geschaltet. Uekötter beschreibt diese lebensweltliche Kategorie als Filter, den die Nachrichten passieren mussten und der die „Ausbildung bäuerlicher Kritikfähigkeit konterkarierte".

Die Funktion von Fachzeitschriften als Selbstvergewisserungsinstrumente der Profession ist auch das Thema des Beitrags von *Wiebke Lisner*. Sie untersucht deutsche und englische medizinische Wochenschriften in der Zwischenkriegszeit und konstatiert für beide Länder, dass die von den Zeitschriften betriebene Fortbildung nicht nur der Verwissenschaftlichung diente, sondern auch eine professionspolitische und damit gesellschaftliche Funktion hatte. Mit ihr wurden die ungleichartigen Positionen von Forschern und praktischen Ärzten soweit angeglichen, dass weiterhin von einem „Einheitsstand der Ärzte“ gesprochen werden konnte, der die Grundlage für ein Zusammengehörigkeitsgefühl und darauf fußende Standespolitik darstellte. In welcher Form die untersuchten Zeitschriften die Vermittlung leisteten, wird detailliert anhand der Rubriken untersucht, denen die Artikel zugeordnet wurden und die Schwerpunkte der Berichterstattung ebenso zeigen wie eine Lenkung der Leserschaft. Sie verdeutlichen zudem die unterschiedlichen Formen der deutschen und britischen Teilöffentlichkeiten, die von den *medical journals* abgebildet, geschaffen und bestätigt wurden. Anhand der Berichterstattung über Themen von gesamtgesellschaftlicher Brisanz erweisen sich die Zeitschriften als „selbständige Akteure, die Meinungsprozesse steuern“. Gleichzeitig werden nationale Unterschiede im Verhältnis der jeweiligen Fachöffentlichkeit zur gesellschaftlichen Öffentlichkeit deutlich.

Inwiefern Wissenschaftszeitschriften auch *Medien der Politik* waren, thematisieren Sigrid Stöckel und Christiane Pieper. *Sigrid Stöckel* fragt, welche politischen Haltungen medizinische Wochenschriften für die unmittelbare Nachkriegszeit und die 1950er Jahre einnahmen und vermittelten. Insbesondere für die deutschen Zeitschriften, die zunächst durch die Pressezensur im Nationalsozialismus und anschließend durch die Lizenzierungspolitik der Alliierten während der Besatzungszeit politischen Eingriffen unterlagen, sucht sie nach Neuorientierungen. Analysiert werden Editorials und Leitartikel, mit denen die Zeitschriften nach Erhalt einer Lizenz ihr neues Programm vorstellten und Interpretationen für die Rolle der Medizin im Nationalsozialismus anboten oder aber das Thema vollständig ausblendeten. Ein Vergleich der Rubriken dokumentiert die jeweiligen Schwerpunkte der Berichterstattung. Festzustellen ist eine Hinwendung zu „reiner Wissenschaft“ und das Ignorieren gesellschaftlicher Kontexte. Der englische *Lancet* präsentiert dagegen in der Nachkriegszeit verstärkt gesellschaftspolitisch ausgerichtete Themen und demonstriert gesamtgesellschaftliche Verantwortung. Der Unterschied bezüglich des Verständnisses von Wissenschaft und Gesellschaft als Referenzpunkte ärztlichen Handelns bestand auch in den 1950er Jahren nach Gründung der Bundesrepublik fort.

Christiane Pieper analysiert die Zeitschrift *Datenverarbeitung/Rechentechnik*, deren Gründung vom Ministerrat der Deutschen Demokratischen Republik mit Unterstützung der ostdeutschen Finanzwirtschaft und Informationswissenschaftlern initiiert wurde. Das erklärte Ziel der Zeitschrift war, die Entwicklung der elektronischen Datenverarbeitung voranzutreiben und zu einer gesellschaftlichen Aufgabe zu machen. Bei der Zeitschrift handelte es sich nicht nur um ein wissenschaftliches Fachorgan für Experten, das auch im Ausland abonniert wurde, sondern um ein Aufklärungsjournal für eine breite Öffentlichkeit, das über die Entwicklung informieren und ihre gesellschaftliche Akzeptanz steigern sollte. Dieser Prozess wurde in der Zeitschrift durch Editorials, die Ziele vorgaben, Berichte über Tagungen, die technische Innovationen vorstellten, Fortbildungsangebote und Diskussionen mit zögerlichen und kritisch nachfragenden Lesern transparent. Aufgabe der Zeitschrift war eine Verwissenschaftlichung der Staatspolitik, indem Verwaltungs- und Produktionsabläufe technisch geschaltet wurden, und gleichzeitig eine Vergesellschaftung der Wissenschaft im oben geschilderten Sinn: Sie wurde als gesellschaftlich erwünscht dargestellt, über staatliche Anreize zur Fortbildung informiert und die mit ihr verbundene Rationalisierung zum Staatsziel erklärt.

Torger Möller beschäftigt sich nicht mit einer Zeitschrift, sondern mit dem *Index Medicus* als einer *Metaordnung* medizinischer Zeitschriften. Das 1894 in den USA gegründete zentrale internationale Verzeichnis medizinischer Literatur listet die Zeitschriftenartikel nach Autoren und Stichworten geordnet auf. Am Beispiel der Epilepsie kann Torger Möller durch Auszählungen im *Index medicus* verfolgen, wann Artikel in größerer Anzahl zu dem Thema erschienen, welche Zeitschriften den Diskurs dominierten und wie sich der Wandel der Beurteilung der Epilepsie von einer psychischen Erkrankung zu einer Nervenkrankheit in den Zeitschriften abzeichnete. Gleichzeitig kommen Artefakte der Aufnahme (Mehrfachnennungen) und Lücken zum Vorschein. Der *Index medicus* erweist sich nicht als bloßes Instrument der Sammlung und Archivierung bibliographischer Daten, sondern ist seinerseits Teil der diskursiven Praxis und wirkt sowohl auf die Diskursteilnehmer, die sich an den vorgegebenen Kategorien orientieren, als auch auf die Fachzeitschriften zurück, die ihrerseits danach streben, vom *Index* wahrgenommen und zitiert zu werden. Damit kann Torger Möller Auswirkungen der Metaordnung auf den Diskurs selbst zeigen.

Die abschließenden beiden Beiträge thematisieren *Wissenschaftszeitschriften*, die sich an eine breitere Öffentlichkeit wenden bzw. einen Überblick über mehrere Disziplinen präsentieren. *Ina Heumann* vergleicht die Wissenschaftskommunikation im ersten Jahrzehnt der 1964 gegründeten Zeitschrift *Bild der Wissenschaft* und ihrem Vorbild *Scientific American*. Dabei stellt sie fest, dass beide Zeitschriften Wert darauf legten, „mit Würde“ über Wissenschaft zu berichten und sich gegen „populäre“ Magazine abzugrenzen. Trotz einer ähnlichen Gestaltung der Rubriken und des Covers entdeckt Ina Heumann in ihrer detaillierten Analyse Unterschiede beider Zeitschriften in Bildsprache, Rhetorik und der personellen Zusammensetzung der Autoren und Autorinnen, die sie auf unterschiedliche Kontexte und Programmatiken zurückführt. In *Bild der Wissenschaft* verändert sich die Positionierung von Herausgebern, Autoren und Redakteuren als Intellektuelle, Wissenschaftler und Experten im Untersuchungszeitraum hin zu einer Professionalisierung des Wissenschaftsjournalismus und zu einer Stärkung der Expertenrolle, die Politikberatung einschließt.

Martina Franzen fragt am Beispiel der internationalen und disziplinübergreifenden Wissenschaftszeitschriften *Science* und *Nature*, ob die beiden Journale mit ihrem umfassenden wissenschaftlichen Anspruch und heterogenen Leserkreis den Gesetzmäßigkeiten von Massenmedien unterliegen. Besondere Aufmerksamkeit widmet sie der Frage, ob der Auswahl respektive der Ablehnung von Artikeln eine Orientierung am Massenpublikum zugrunde liegt. Sie kommt zu dem Schluss, dies sei vom Ergebnis her zu bejahen. Beide Zeitschriften richten sich zusätzlich mittels Nachrichtenredaktion, Online-Angeboten und Pressemitteilungen direkt an die Massenmedien. Auch die allgemein gängige Bewertung des Impact-Faktors als Reputationsmaß wissenschaftlicher Zeitschriften, der quantitativen Output mit wissenschaftlicher Leistung und damit „Resonanz mit Qualität“ gleichsetzt, kritisiert sie als Einfluss einer massenmedialen Kultur und Medienaufmerksamkeit auf die Wissenschaft.

Damit erweisen sich Wissenschaftszeitschriften im untersuchten Zeitraum als unterschiedlich positionierte Schnittstellen zwischen Wissenschaft und Fach-, Professions- und breiter Öffentlichkeit. Seit der Mitte des 19. Jahrhunderts übernahmen sie die Funktion, Teilöffentlichkeiten zu bilden, indem sie Foren für die sich akademisierenden Professionen boten. Bereits am Ende des 19. Jahrhunderts dokumentieren sie einen grundlegenden Wandel der Öffentlichkeit, auf die sich die wissenschaftlichen Autoren beziehen und der unter den Begriffen der „Verwissenschaftlichung“ und dem „Entstehen von Teilöffentlichkeiten“ beschrieben wird. Obwohl diese Tendenz eine allgemeine ist, werden im internationalen Vergleich Differenzen deutlich, für deren Interpretation national unterschiedlich geprägte professionelle Entwicklungen und ihr Verhältnis zur gesamtgesellschaftlichen Öffentlichkeit zu beachten sind.

Wissenschaftliche Zeitschriften dienen in vielfacher Hinsicht und auf unterschiedlichen Ebenen der Professionalisierung der jeweiligen Fachbereiche wie auch des Wissenschaftsjournalismus. Dabei können nicht nur auf Wissenserwerb ausgerichtete Fortbildungsangebote im Mittelpunkt stehen, sondern auch Darlegungen, die dem Selbstfindungsprozess der jeweiligen Autoren- und Lesergruppe dienen und ihr Verhältnis zur gesellschaftlichen Öffentlichkeit thematisieren. In diesem Zusammenhang betreiben wissenschaftliche Zeitschriften nicht nur Professions- und Standespolitik, sondern sie können darüber hinaus politische Meinungen spiegeln und generieren sowie gesellschaftspolitische Funktionen übernehmen. Damit wirken sie als Medien der „Vergesellschaftung von Wissenschaft“.

Schließlich unterliegt das Genre Wissenschaftszeitschrift nicht nur dem Einfluss der Herausgeber, Autoren und professionellen Teilöffentlichkeiten, sondern es ist seinerseits eingebunden in Metaordnungen wissenschaftlicher Datenbanken und last, but not least in Zitationssysteme, die zunehmend über den wissenschaftlichen Wert der publizierten Aussagen entscheiden. Auch aus diesem Grund sei der vorliegende Band der öffentlichen Aufmerksamkeit empfohlen.

Wissenschaft für gebildete Kreise

Zum Entstehungskontext der *Historischen Zeitschrift*

Martin Nissen

1. Einleitung

In den Geistes- und Kulturwissenschaften stellen Bücher bis heute die zentrale Publikationsform dar. Zwar werden Einzelstudien, Forschungsberichte und Forschungskontroversen in den verschiedenen wissenschaftlichen Fachzeitschriften veröffentlicht, die „magna opera", die großen Synthesen, aber auch die Grundlagen der Spezialforschung erscheinen hingegen noch immer in dem im Vergleich zu anderen wissenschaftlichen Publikationsformen umfangreichen Medium Buch.

Für den Gelehrten des 19. Jahrhunderts war das Buch noch sehr viel selbstverständlicher. So nahmen Historiker in Briefkorrespondenzen mit Verlegern oder anderen Vertretern des Faches immer zunächst Bezug auf Neuveröffentlichungen in Buchform.[1] Zeitschriften konnten sich als Publikationsorgan der Geschichtswissenschaften bis in die 1860er Jahre hinein nicht durchsetzen. In für die Entwicklung des Faches als grundlegend angenommenen Werken führender Historiker wie Leopold von Ranke, Johann Gustav Droysen oder Heinrich von Treitschke finden sich nur vereinzelt Verweise auf Beiträge in Zeitschriften, und auch in den Zeitschriftenaufsätzen selbst werden andere Aufsätze sehr viel seltener zitiert als Quelleneditionen oder Monographien.

Auch nach der Gründung der *Historischen Zeitschrift* im Jahre 1859, die als erste überregionale und langlebigere deutsche historische Wissenschaftszeitschrift bezeichnet werden kann, änderte sich dies zunächst nicht.[2] Bis zu einer Gründungswelle spezialisierter Wissenschaftszeitschriften ab Mitte der 1870er Jahre überwog in den älteren historischen Zeitschriften, den allgemeinbildenden Kulturzeitschriften und den neueren wissenschaftlichen Fachorganen weiterhin die Auseinandersetzung mit dem Buch. Dies galt nicht nur für die umfangreichen Rezensionsteile und Forschungsberichte. Auch ein bedeutender Teil der eigentlichen Aufsätze fand seinen Ursprung in der Veröffentlichung oder Neuauflage eines größeren Werkes, über dessen Ergebnisse ausführlich berichtet wurde. In dieser Veröffentlichungspraxis unterschied sich auch die *Historische Zeitschrift* zunächst kaum von den älteren Geschichts- und Kulturzeitschriften. Sie verstand sich vorrangig als Wissens- oder Wissenschaftskorrektiv und weniger als Wissensproduzent. Jeder methodische Fehler und jede unsaubere Quellenkritik wurde scharf gerügt. Herausgeber und Autoren verstanden sich von Be-

1 Die folgenden Beobachtungen basieren auf der Auswertung von Verlags-Korrespondenzen der Verlage J. G. Cotta in Stuttgart und S. Hirzel in Leipzig mit verschiedenen Historikern. Vgl. dazu ausführlich Martin Nissen, *Populäre Geschichtsschreibung. Historiker, Verleger und die deutsche Öffentlichkeit (1848–1900)*, Köln u. a. 2009.

2 *Historische Zeitschrift*, hg. von Heinrich von Sybel, München: Literarisch-artistische Anstalt (Bd. 23ff.: Oldenbourg) 1859ff.

ginn an als Hüter der „wahre[n] historische[n] Methode".[3] Zum ersten Mal veröffentlicht wurde das die historische Kenntnis erweiternde Wissen jedoch überwiegend in Buchform.

Zeitschriften bzw. einzelne Zeitschriftenartikel wurden als Referenzpunkte für die fachinterne Erinnerung erst dann wichtiger, wenn sie etwas Außergewöhnliches auslösten und damit die Diskursabläufe grundlegend irritierten. So konnten etwa die Rezensionen und Gegenrezensionen zu umstrittenen Werken von Heinrich von Treitschke, Johannes Janßen und Karl Lamprecht eine im Verhältnis zum Textformat große Bedeutung entfalten, da sie zu für die disziplinäre Selbstverortung wichtigen Forschungskontroversen um borussische, katholische und kulturgeschichtliche Formen der Geschichtsschreibung führten.[4] In den daran anschließenden Auseinandersetzungen wurden sie wiederholt zitiert und in späteren historiographiegeschichtlichen Arbeiten als wichtige Texte eingeordnet. Die im Rahmen des so genannten „Lamprechtstreits" in den 1890er Jahren in verschiedenen Zeitschriften veröffentlichten Texte von Karl Lamprecht und seinen Kritikern Georg von Below, Friedrich Meinecke, Felix Rachfahl und anderen konnten so ins kollektive Gedächtnis der deutschen Historikerschaft eingehen, selbst wenn dabei selten Bezug auf die Bedeutung des jeweiligen Publikationsortes genommen wurde.

Dieses Verhältnis der Medien Buch und Zeitschrift in den Geschichtswissenschaften, denen zu Beginn der disziplinären Abgrenzung je unterschiedliche Funktionen zufielen, wird im Vergleich verschiedener wissenschaftlicher Disziplinen noch deutlicher. Stark zugespitzt lässt sich über die Bedeutung der Wissenschaftszeitschrift in den unterschiedlichen Wissenschaftsdisziplinen folgende These voranstellen: Je früher sich eine Disziplin spezialisierte und vom Alltagswissen entfernte, desto früher wurde die Wissenschaftszeitschrift zur zentralen Publikationsform.[5] Dieselbe These lässt sich auch auf den Wissenschaftsverlag beziehen. Die frühe Spezialisierung einer wissenschaftlichen Disziplin lief parallel zur frühen Ausprägung einer auf diese Disziplin spezialisierten Verlagsform. Neben den unterschiedlichen Methoden und Darstellungsformen, die unterschiedliche Publikationsformen erfordern, spiegelt sich hierin auch der ungebrochen öffentliche Charakter der Geschichtswissenschaft wider.

Im Folgenden soll die Bedeutung der Publikationsform Zeitschrift in ihren verschiedenen Ausprägungen für die Entwicklung der geschichtswissenschaftlichen Forschung in der zweiten Hälfte des 19. Jahrhunderts genauer untersucht werden. Der Schwerpunkt wird hierbei auf die von Heinrich von Sybel (1817–1895) ab 1859 in München herausgegebene *Historische Zeitschrift* gelegt. Die Gründung und frühe Ge-

3 Heinrich von Sybel: „Vorwort", in: *Historische Zeitschrift 1/1859*, III.

4 Zu den Historikerkontroversen vgl. Lutz Raphael, „Historikerkontroversen im Spannungsfeld zwischen Berufshabitus, Fächerkonkurrenz und sozialen Deutungsmustern. Lamprechtstreit und französischer Methodenstreit der Jahrhundertwende in vergleichender Perspektive", in: *Historische Zeitschrift 251/1990*, 326–363; Hans Schleier, „Kulturgeschichte und Historismus in Deutschland während des 19. Jahrhunderts", in: Horst Walter Blanke (Hg.), *Dimensionen der Historik: Geschichtstheorie, Wissenschaftsgeschichte und Geschichtskultur heute*, Köln [u.a.] 1998, 263–277; zum Streit um Heinrich von Treitschkes „Deutsche Geschichte im 19. Jahrhundert" vgl. zusammenfassend Andreas Biefang, „Der Streit um Treitschkes ‚Deutsche Geschichte' 1882/83. Zur Spaltung des Nationalliberalismus und der Etablierung eines national-konservativen Geschichtsbildes", in: *Historische Zeitschrift 262/1996*, 391–422.

5 Vgl. dazu auch die Beiträge von Gerlind Rüve und Torger Möller in diesem Band.

schichte der *Historischen Zeitschrift* erfolgte in einem komplexen Spannungsfeld von Wissenschaft, Politik und Öffentlichkeit, das sich in einem Oszillieren der Zeitschrift zwischen Öffentlichkeitsbezug und Spezialisierung, Politisierung und disziplinärer Abgrenzung widerspiegelte. Die Konkurrenzsituation zu anderen Zeitschriften, insbesondere zu den in den 1850er Jahren neu gegründeten Kulturzeitschriften, war dabei von entscheidender Bedeutung. Die Übergänge zwischen den verschiedenen Öffentlichkeiten erwiesen sich in diesem Entstehungskontext als äußerst fließend. Doch drängte die *Historische Zeitschrift* bereits ab den 1870er Jahren zunehmend aus diesem Zwischenraum zwischen allgemeinverständlichen und spezifisch fachwissenschaftlichen Darstellungsformen hinaus in einen Raum spezialisierter Wissenschaft und übernahm damit entscheidenden Einfluss auf die disziplinäre Entwicklung der deutschen Geschichtswissenschaften. Geschichte blieb im gesamten 19. Jahrhundert eine genuin öffentliche und politische Wissenschaft, dennoch lassen sich am Beispiel der *Historischen Zeitschrift* bei durchgängiger Politisierung Verwissenschaftlichungsprozesse beobachten, die auch mit dem Medium Wissenschaftszeitschrift zusammenhängen.

2. Die Vermittlung historischen Wissens in allgemeinbildenden Geschichts- und Kulturzeitschriften des 19. Jahrhunderts

Sowohl der Zeitraum der Verwissenschaftlichung des Faches als auch die Charakteristika, die diesen Prozess ausmachten, gehören zu den Fragen, die sich die deutsche Historiographiegeschichte immer wieder gestellt hat. Dabei wird die Herausbildung der Geschichte als Wissenschaft klassischerweise vor der Entstehung spezifisch fachwissenschaftlicher Publikationsformen in einem Zeitraum um 1800 angenommen.[6] Aus Sicht der Fachhistorie des 19. Jahrhunderts waren dafür die Orientierung an den Quellen und deren Kritik, die Nachvollziehbarkeit des Vorgehens, die Einhaltung einer gewissen Methodik und Systematik und die Orientierung des Urteils an dem zugrunde gelegten Material kennzeichnend.[7] Die Verwissenschaftlichung des Faches schlug sich auch in einer beschleunigten Wissensproduktion nieder. Neben der intensiveren Nutzung der neu gegründeten Archive, der Edition des Quellenmaterials, der Einrichtung von Forschungsinstituten, der besseren Vernetzung zwischen den Wissensproduzenten und der schnelleren und umfangreicheren Wissensweitergabe spielte hier vor allem die Aufwertung des historischen Denkens und eine damit verbundene neue Selbstinszenierung der Historikerschaft eine entscheidende Rolle.

6 Vgl. George P. Gooch, *Geschichte und Geschichtsschreiber im 19. Jahrhundert*, Frankfurt a. M. 1964; Reinhart Koselleck, „Geschichte, Historie“, in: Otto Brunner, Werner Conze, Reinhart Koselleck (Hg.), *Geschichtliche Grundbegriffe, Bd. 2*, Stuttgart 1975, 593–717; Wolfgang Hardtwig, „Geschichtsstudium, Geschichtswissenschaft und Geschichtstheorie in Deutschland von der Aufklärung bis zur Gegenwart“, in: ders., *Geschichtskultur und Wissenschaft*, München 1990, 13–58; Wolfgang Hardtwig, „Die Verwissenschaftlichung der neueren Geschichtsschreibung“, in: Hans-Jürgen Goertz (Hg.), *Geschichte: ein Grundkurs*, Reinbek bei Hamburg 1998, 245–260; Rüdiger vom Bruch, „Geschichtswissenschaft“, in: Stefan Jordan (Hg.), *Lexikon Geschichtswissenschaft. Hundert Grundbegriffe*, Stuttgart 2002, 124–130.

7 Vgl. Hardtwig, „Verwissenschaftlichung der neueren Geschichtsschreibung“ (wie Anm. 6), 246.

Um die Mitte des 19. Jahrhunderts gab es in Deutschland trotz der zunehmenden Nationalisierung der Geschichtsschreibung noch keine bedeutendere nationale historische Wissenschaftszeitschrift, die zur schnelleren Veröffentlichung dieses anwachsenden Wissens zur Verfügung gestanden hätte. Sowohl die spezielleren Forschungsergebnisse als auch die allgemeineren Forschungssynthesen wurden überwiegend in Büchern veröffentlicht. Daneben hatte sich ein vielfältiger und häufig unübersichtlicher Zeitschriftenmarkt herausgebildet, der sich den Historikern gegenüber bereitwillig öffnete. So bot sich ihnen um 1850 eine Fülle mehr oder weniger spezieller Publikationsorgane, in denen sie kleinere Forschungen präsentieren, Beiträge der Fachgenossen kritisieren und die politischen Streitfragen der Zeit aus historischer Perspektive kommentieren konnten. Zwar handelt es sich bei der *Historischen Zeitschrift* um die erste bedeutendere historische Wissenschaftszeitschrift, doch gab es zur Mitte des 19. Jahrhunderts bereits eine Vielzahl historischer Zeitschriften unterschiedlichen fachlichen Zuschnitts, die auf eine längere Tradition zurückblicken konnten. Bereits das 18. Jahrhundert wies eine erstaunliche Vielfalt historischer Zeitschriften auf, die von genealogischen, numismatischen und statistischen Spezialorganen über Rezensionszeitschriften bis zu landesgeschichtlichen Zeitschriften reichte.[8] Einzelne Zeitschriften wie Gatterers *Allgemeine historische Bibliothek* begriffen sich dabei neben den spezialisierten Zeitschriften der historischen Hilfswissenschaften bereits als wissenschaftliche Zeitschriften allgemeineren Zuschnitts.[9] Den wissenschaftlichen Kriterien des 19. Jahrhunderts genügten sie jedoch nicht; zudem erwiesen sie sich überwiegend als äußerst kurzlebig. Die Historiker des 19. Jahrhunderts nahmen auf diese älteren Zeitschriften nur in seltenen Fällen Bezug.

Im 19. Jahrhundert war das Feld der historischen Zeitschriften im Vergleich zum 18. Jahrhundert noch unübersichtlicher und wurde bisher nicht systematisch untersucht. Umfassende bibliographische Hinweise gibt die „Bibliographie der Zeitschriften des deutschen Sprachgebietes bis 1900", die von Joachim Kirchner in den 1970er und 1980er Jahren herausgegeben wurde und zumindest einen Eindruck von der Vielfalt dieser Zeitschriftenlandschaft vermittelt.[10] Für den Zeitraum zwischen 1831 und 1870 führt Kirchner in der Kategorie „Historische und Geographische Zeitschriften" 344, in der Kategorie „Historisch-politische Zeitschriften" 454 Titel auf. In dem

8 Vgl. Otto Dann, „Das historische Interesse in der deutschen Gesellschaft des 18. Jahrhunderts. Geschichte und historische Forschung in den zeitgenössischen Zeitschriften", in: Karl Hammer, Jürgen Voss (Hg.), *Historische Forschung im 18. Jahrhundert*, Bonn 1976, 386–415; Marlies Prüsener, „Lesegesellschaften im 18. Jahrhundert", in: *Börsenblatt für den deutschen Buchhandel 10, 28/1982*, 189–301; Horst Walter Blanke, „Verwissenschaftlichung und Aufklärung. Historische Zeitschriften im 18. Jahrhundert", in: *Dimensionen der Historik* (wie Anm. 4), 237–253. Seit Mitte der 1980er Jahre lässt sich insgesamt eine Neubewertung der Aufklärungshistorie feststellen, die im Übergang von der Aufklärungshistorie zur historistischen Geschichtsschreibung eher von einer „Akzentverlagerung" als von einem scharfen Bruch ausgeht. Hans Erich Bödeker, „Einleitung", in: ders. (Hg.), *Aufklärung und Geschichte: Studien zur deutschen Geschichtswissenschaft im 18. Jahrhundert*, Göttingen 1986, 9–24, hier 20.

9 *Allgemeine historische Bibliothek. Von Mitgliedern des Kgl. Instituts der historischen Wissenschaften zu Göttingen*, hg. von Johann Christoph Gatterer, Halle: Gebauer 1767–1771.

10 Joachim Kirchner (Hg.), *Bibliographie der Zeitschriften des deutschen Sprachgebietes bis 1900: in 4 Bänden*, Stuttgart 1969–1989. Diese Titeldurchsicht gibt erste Hinweise auf die Vielfalt historischer Zeitschriften im 19. Jahrhundert. Eine systematischere und umfassendere Auswertung der historischen Wissenschaftszeitschriften stellt hingegen weiterhin ein Forschungsdesiderat dar.

daran anschließenden Zeitraum zwischen 1871 und 1900 sind in der Kategorie „Historische und Geographische Zeitschriften“ 549 Titel verzeichnet, was auf einen deutlichen Anstieg der Titelzahlen hinweist. Die Kategorie „Historisch-politische Zeitschriften“ wurde von Kirchner hingegen nicht mehr aufgenommen und die relevanten Zeitschriften auf andere Kategorien verteilt. Andererseits finden sich auch unter der Kategorie „Historische und Geographische Zeitschriften“ zahlreiche Titel, in denen das historische Wissen allenfalls eine untergeordnete Rolle spielte. Der größte Teil dieses umfassenden Zeitschriftenbestandes erwies sich zudem als äußerst kurzlebig. Meist überwogen die Orientierung an der Gegenwart und die primär politische Ausrichtung deutlich. Den größten Teil bildeten die ab den 1820er Jahren verstärkt publizierten Zeitschriften der Geschichts- und Altertumsvereine, in denen am umfassendsten wissenschaftliche Spezialforschungen publiziert wurden.[11] Aufgrund der begrenzten regionalen Reichweite und des häufig singulären Charakters der Einzelforschungen blieben sie in ihrer Bedeutung für die Entwicklung der Geschichte als Wissenschaft hinter den überregionalen Wissenschaftszeitschriften zurück. Auch hier lässt sich in der zweiten Jahrhunderthälfte jedoch die Tendenz zur Verwissenschaftlichung feststellen.[12]

Bereits im Vormärz gab es einige überregionale wissenschaftliche Zeitschriften, die jedoch keinen längerfristigen Erfolg hatten. So wurde etwa die von Leopold von Ranke ab 1832 herausgegebene *Historisch-politische Zeitschrift* sowohl von Historikern als auch von einer breiteren Öffentlichkeit ausdrücklich begrüßt, doch musste das Unternehmen nach vier Jahrgängen eingestellt werden.[13] Ranke war als politischer Autor und Journalist wenig geeignet; zudem gelang es ihm nicht, die Arbeit effektiv zu verteilen, so dass die Hauptlast an ihm hängen blieb und kaum noch von einer Zeitschrift im eigentlichen Sinne gesprochen werden konnte. Ein anderer Versuch, von Adolph Schmidt, der ab 1844 die *Zeitschrift für Geschichtswissenschaft* herausgab, musste ebenfalls nach vier Jahrgängen eingestellt werden.[14] Beide Zeitschriften wurden nur von einem eng begrenzten Fachpublikum gelesen. Daneben gab es auch weiterhin ältere historische Zeitschriften wie das von Friedrich von Raumer ab 1830 herausgegebene *Historische Taschenbuch*, bei dem der allgemeinverständliche den fachwissenschaftlichen Charakter jedoch bei weitem überlagerte.[15]

Die Historiker waren zur Mitte des 19. Jahrhunderts allerdings nicht auf die disziplinär begrenzten Zeitschriften angewiesen, sondern griffen für ihre Veröffentlichungen auch auf allgemeinwissenschaftliche Zeitschriften und allgemeinbildende Kulturzeitschriften zurück. Bei den Kulturzeitschriften handelte es sich um keine wissenschaftlichen Zeitschriften im engeren Sinne, dennoch standen sie verschiedenen Wissenschaften als Kommunikations- und Distributionsplattform zur Verfügung.[16] Die

11 Joachim Kirchner, *Das deutsche Zeitschriftenwesen: seine Geschichte und seine Probleme. Teil 2: Vom Wiener Kongress bis zum Ausgange des 19. Jahrhunderts*, Wiesbaden 1962, 265.

12 Georg Kunz, *Verortete Geschichte: regionales Geschichtsbewußtsein in den deutschen historischen Vereinen des 19. Jahrhunderts*, Göttingen 2000, 73ff.

13 *Historisch-politische Zeitschrift*, hg. von Leopold von Ranke, Hamburg: Perthes (Bd. 2: Berlin: Duncker) 1832–1836. Vgl. dazu Volker Dotterweich, *Heinrich von Sybel: Geschichtswissenschaft in politischer Absicht (1817–1861)*, Göttingen 1978, 320.

14 *Zeitschrift für Geschichtswissenschaft*, hg. von Wilhelm Adolph Schmidt, Berlin: Veit 1844–1848.

15 *Historisches Taschenbuch*, hg. von Friedrich von Raumer, Leipzig: Brockhaus 1830ff.

16 Durch die umfassenden bibliographischen Arbeiten von Alfred Estermann und anderen sind die

Themen- und Formenvielfalt war dabei äußerst breit und reichte von kulturhistorischen Bildern und biographischen Skizzen über aktuelle Themen aus Politik, Wirtschaft und Kultur bis hin zu kürzeren literarischen Texten, Ankündigungen und Rezensionen. Funktional bestand ein Ziel der Kulturzeitschriften darin, die kulturellen Inhalte so zu vermitteln, dass das Publikum auf ein höheres kulturelles Niveau gehoben würde.[17] Gerade in den umfassenden Rezensionsteilen entfalteten sie einen wissenschaftlichen Anspruch, der mit den Wissenschaftszeitschriften durchaus konkurrieren konnte.

Auch die Kulturzeitschriften stellten keine Erfindung des 19. Jahrhunderts dar, sondern bildeten bereits im späten 18. Jahrhundert einen integralen Bestandteil der bürgerlichen Öffentlichkeit.[18] Stilbildend wurde hier der von Christoph Martin Wieland herausgegebene *Teutsche Merkur* (1773–1810), der die synergetische Verbindung verschiedener Wissensfelder beispielhaft vorführte.[19] In der ersten Hälfte des 19. Jahrhunderts erwiesen sich die Kulturzeitschriften neben den Beilagen der Tageszeitungen ebenfalls als für die bürgerliche Wissenskultur prägend. In der Folgezeit der 1848er Revolution kam es schließlich in Deutschland zu einer Gründungswelle neuer Kulturzeitschriften. Zahlreiche Liberale waren kurzfristig aus ihren Ämtern verdrängt worden und hatten versucht, sich auf dem Buch- und Zeitschriftenmarkt zu etablieren. Die Reaktionszeit der frühen 1850er Jahre erwies sich hierzu als erstaunlich günstig.

So wurden ab 1848 in Leipzig von dem Schriftsteller, Journalisten und Kulturhistoriker Gustav Freytag und dem Publizisten und Literaturhistoriker Julian Schmidt die *Grenzboten* herausgegeben, die sich als anspruchsvolle „Deutsche Revue für Politik, Literatur und öffentliches Leben" zu einem liberalen Leitmedium der 1860er und 1870er Jahre entwickelten.[20] 1851 gründete der Schriftsteller und Literaturhistoriker Robert Prutz zusammen mit dem Publizisten Wilhelm Wolfsohn in Leipzig das *Deutsche Museum*, das in seinem Anspruch unter den Kulturzeitschriften eine Mittelstellung einnahm.[21] Etwas populärer wiederum waren die ab 1856 von dem Verleger George Westermann in Braunschweig herausgegebenen *Illustrirten deutschen*

Kulturzeitschriften des 19. Jahrhunderts als Quellengattung gut erschlossen. Alfred Estermann (Hg.), *Inhaltsanalytische Bibliographien deutscher Kulturzeitschriften des 19. Jahrhunderts: IBDK*, München u.a. 1995–1996. Zwar liegen darüber hinaus für einige Zeitschriften einzelne Untersuchungen vor, als spezifische Quellengattung wurden die Kulturzeitschriften des 19. Jahrhunderts hingegen noch nicht systematisch untersucht.

17 Zur Einordnung und Konzeption der Kulturzeitschriften als Untersuchungsgegenstand vgl. den Sammelband zu Wielands „Teutschem Merkur": Andrea Heinz (Hg.), *Der „Teutsche Merkur" – die erste deutsche Kulturzeitschrift?* Heidelberg 2003, Vorwort.

18 Vgl. John A. McCarthy, „Wielands Teutscher Merkur und die republikanische Freiheit des Lesers. Zur Rolle des Teutschen Merkur im öffentlichen Leben des 18. Jahrhunderts", in: Heinz (Hg.), *Der „Teutsche Merkur"* (wie Anm. 17), 51–67.

19 *Der teutsche Merkur*, hg. von Christoph Martin Wieland, Weimar: Verlag der Gesellschaft, 1773–1810.

20 *Die Grenzboten. Eine deutsche Revue für Politik, Literatur und öffentliches Leben*, hg. von Gustav Freytag u. Julian Schmidt, Leipzig: Herbig 1848ff.

21 *Deutsches Museum. Zeitschrift für Geschichte, Literatur, Kunst und öffentliches Leben*, hg. von Robert Prutz u. Wilhelm Wolfsohn, Leipzig: Hinrichs (Jg. 3ff: Brockhaus) 1851ff.

Monatshefte, die in anschaulicher Weise Literarisches mit Neuigkeiten aus verschiedenen Wissenschaften zu verbinden suchten.[22]

In der zweiten Hälfte des 19. Jahrhunderts entwickelten sich die Kulturzeitschriften zu einem wesentlichen Bestandteil der bürgerlichen Wissenskultur. Mit einer Auflage zwischen 5000 und 15 000 Exemplaren blieb der Leserkreis begrenzt, doch wurden gerade die Entscheidungsträger der Gesellschaft als Abonnenten erreicht.[23] Zudem waren die Kulturzeitschriften in allen wichtigeren Bildungseinrichtungen und Bibliotheken einem größeren Publikum zugänglich. Zwar blieb der Anspruch an die Leser erstaunlich hoch, doch verstanden sich selbst führende Kulturzeitschriften keineswegs als elitär. Gemäß bürgerlicher Utopie wurde in einem anspruchsvollen Medium wie den *Grenzboten* in den 1850er und 1860er Jahren noch immer der Glaube aufrechterhalten, alle zur Bildung Befähigten als Leserkreis gewinnen zu können. Erst im letzten Drittel des 19. Jahrhunderts differenzierten sich die verschiedenen Öffentlichkeiten deutlicher aus und wurden als Teilöffentlichkeiten zunehmend spezifischer adressiert.[24] In den 1850er und 1860er Jahren hingegen war bei der Vermittlung historischen Wissens der Unterschied zwischen einem Fachpublikum und dem größeren Publikum der Kulturzeitschriften relativ klein.

Die enge Verbindung von Wissenschaft, Politik und Öffentlichkeit lässt sich am Beispiel der historischen Aufsätze in den *Grenzboten* in der Folge der 1848er Revolution verdeutlichen. Bis Ende des Jahres 1849 wurden in den *Grenzboten* vorrangig die politischen Tagesereignisse diskutiert. Ab dem Jahre 1850 richtete sich das Augenmerk der Herausgeber und Autoren verstärkt auf neuere Entwicklungen in Literatur und Wissenschaft. Ab 1851 wiederum wurde gerade auch historischen Themen breiter Raum gegeben. Die Beiträge stellten einerseits einen Kommentar zu politischen und gesellschaftlichen Fragen der Zeit dar und versuchten andererseits, die Entwicklungen der neueren geschichtswissenschaftlichen Forschung wiederzugeben. So richteten sich die Herausgeber in der Grußadresse zum Jahr 1851 an die Leser und betonten die zurückgenommene Politisierung bei gleichzeitiger Hinwendung zur Wissenschaft in allgemeinverständlicher Form: „Endlich werden wir versuchen, von dem gegenwärtigen Höhepunkt, den jüngsten Forschungen und Entdeckungen der Wissenschaft in populärer Darstellung Bericht zu geben."[25] In der historischen Forschung ist diese Entwicklung häufig mit der eskapistischen Tendenz der Reaktionszeit erklärt worden. Ebenso gut könnte man jedoch auch von einer Verschiebung der Politisierung hin zu Wissenschaft und Kultur sprechen. Der politisierte Raum wurde wissenschaftlich durchdrungen. Das Wechselspiel von der Verwissenschaftlichung der Gesellschaft und der Vergesellschaftung von Wissenschaft ist hier deutlich zu greifen. Wissenschaftliches Wissen wurde nicht nur in einen politisierten öffentlichen Kontext eingebracht, sondern in diesem Kontext originär erzeugt und veröffentlicht.

22 *Westermann's illustrirte deutsche Monats-Hefte für das gesammte geistige Leben der Gegenwart*, Braunschweig: Westermann 1856ff.

23 Vgl. Kirchner, *Das deutsche Zeitschriftenwesen* (wie Anm. 11), 220ff.; Reinhart Wittmann, *Geschichte des deutschen Buchhandels*, München 1999, 278ff.

24 Hierin ist ein Hauptunterschied zwischen den Zeitschriften des 19. und des 20. Jahrhunderts zu sehen. Vgl. dazu die weiteren Beiträge in diesem Band.

25 *Die Grenzboten 1/1851,* 1–3, hier 3.

Gerade hierfür erwies sich die Geschichte als genuin öffentliche Wissenschaft als besonders geeignet. Zwar war für die Kulturzeitschriften des 19. Jahrhunderts die Verbindung verschiedener Wissenschaften und Wissensfelder charakteristisch, unter denen sich die aufstrebenden Naturwissenschaften besonders hervortaten. In nahezu allen Kulturzeitschriften der 1850er Jahre bildeten die historischen Beiträge jedoch einen gewichtigen Anteil. Insbesondere biographische Studien und kulturgeschichtliche Bilder waren äußerst beliebt. Auch zentrale und wissenschaftlich anerkannte Werke einflussreicher Philologen und Historiker wie Moriz Haupt, Otto Jahn oder Gustav Freytag wurden in Kulturzeitschriften wie den *Grenzboten* zum ersten Mal veröffentlicht.

Am einflussreichsten erwiesen sich jedoch die ausführlichen Literaturberichte und Rezensionsteile, in denen nicht nur der wissenschaftliche Standard der besprochenen Neuerscheinungen diskutiert, sondern die Ergebnisse der historischen Forschung umfangreich präsentiert wurden. Für die Besprechungen konnten häufig ausgewiesene Spezialisten des jeweiligen Forschungsfeldes gewonnen werden. Hierbei erwiesen sich nicht nur die Kontakte der Herausgeber zu führenden Wissenschaftskreisen als bedeutsam, die Verleger ihrerseits griffen in die Suche nach geeigneten Rezensenten tatkräftig ein. So wurde beispielsweise der erste Band von Rankes „Englischer Geschichte" von dem Historiker und Publizisten Gustav Adolph Bergenroth für die *Grenzboten* des Jahres 1860 einer äußerst kritischen Rezension unterzogen.[26] Bergenroth hatte nach der 1848er Revolution, während der er Mitglied des demokratischen Klubs in Berlin war, seine Tätigkeit als Jurist aufgegeben und sich als selbstständiger Historiker und Journalist betätigt. 1856 war er nach London übergesiedelt, um sich intensiver den Quellenstudien zur englischen Geschichte der Frühen Neuzeit widmen zu können. Im Auftrag der englischen Regierung veröffentlichte er drei Quellenbände zur englisch-spanischen Diplomatiegeschichte der Tudorzeit, die auf umfangreichen Quellenstudien in englischen und spanischen Archiven beruhten. In seiner Rezension bemängelte Bergenroth nicht nur eine Reihe von Ungenauigkeiten im Umgang mit den Quellen, sondern wies Ranke nach, bei welchen Autoren er abgeschrieben und welche Vorlagen er dabei falsch zitiert habe. Zwar ist dieses Beispiel im Kontext der Ranke gegenüber kritischen Haltung des Herausgebers Julian Schmidt zu sehen, doch war dieser Umgang mit anerkannten Werken führender Historiker in den Kulturzeitschriften durchaus üblich.

Um die Mitte des 19. Jahrhunderts waren die allgemeinbildenden Kulturzeitschriften wichtige Produzenten, Rezensenten und Vermittler historischen Wissens. Im Falle der Geschichtswissenschaften ging die Wissensvermittlung an ein größeres Publikum somit der Verwissenschaftlichung des Faches voraus, während man im Falle der Naturwissenschaften die Popularisierung des neuen Wissens u. a. als Reaktion auf die zunehmende Spezialisierung in wissenschaftliche Teildisziplinen verstehen kann.[27] Die Geschichte musste sich als wissenschaftliche Disziplin mit der

26 *Die Grenzboten 4/1860*, 121–137.

27 Zur Popularisierung der Naturwissenschaften in der zweiten Hälfte des 19. Jahrhunderts siehe Andreas W. Daum, *Wissenschaftspopularisierung im 19. Jahrhundert: bürgerliche Kultur, naturwissenschaftliche Bildung und die deutsche Öffentlichkeit, 1848–1914*, München 1998; Angela Schwarz, *Der Schlüssel zur modernen Welt: Wissenschaftspopularisierung in Großbritannien und Deutschland im Übergang zur Moderne (ca. 1870–1914)*, Stuttgart 1999.

bürgerlichen Wissenskultur erst auseinandersetzen. Die Grenzen zwischen verschiedenen Formen der Geschichtsschreibung waren dabei äußerst fließend. Gerade in den Kulturzeitschriften wurden Wissenschaftlichkeit und Popularität eng zusammengeführt, so dass diese Periodika auch eine Brücke für die Rückbindung der Geschichtswissenschaft an die Gesellschaft darstellten. Wissenschaftliche Texte mussten weiterhin so gestaltet sein, dass sie für eine breitere Öffentlichkeit rezipierbar blieben.

3. Die Gründung der *Historischen Zeitschrift* (1859): Bürgerliche Kultur und die Spezialisierung der Geschichtswissenschaften in Deutschland

Im internationalen Vergleich stellt die *Historische Zeitschrift* eine frühe Gründung dar. Die vom dänischen Historikerverband herausgegebene *Historisk Tidsskrift* erschien als erste bedeutende und langlebigere fachwissenschaftliche Zeitschrift zwar bereits ab 1839, doch wurden die französische *Revue historique* erst ab 1876, *The English Historical Review* ab 1886 und *The American Historical Review* ab 1895 herausgegeben.[28] Dem Herausgeber der *Historischen Zeitschrift* Heinrich von Sybel gelang es, bedeutende Kräfte der deutschen Geschichtswissenschaft zur dauerhaften Unterstützung heranzuziehen. Er selbst leitete die Zeitschrift bis zu seinem Tod im Jahre 1895.[29] Auch nachfolgende Herausgeber wie Friedrich Meinecke (Herausgeber 1893–1935), Theodor Schieder (Herausgeber 1957–1984) und Lothar Gall (seit 1970) waren für die Zeitschrift über längere Zeiträume verantwortlich, so dass sich die *Historische Zeitschrift* über knapp 150 Jahre mit verhältnismäßiger Kontinuität entwickelte. Heute stellt sie weiterhin ein führendes Organ der deutschen Geschichtswissenschaft dar.

Bereits 1857 hatte Heinrich von Sybel in Briefkorrespondenzen mit anderen Vertretern des Faches die Absicht geäußert, ein nationales Organ der historischen Forschung in Deutschland zu gründen.[30] Von Beginn an stieß er dabei in Historikerkreisen auf wenig Widerstand. Zwar beteiligten sich führende Historiker wie Leopold von Ranke, Johann Gustav Droysen oder Theodor Mommsen selbst wenig an der Zeitschrift, doch stellte deren Unterstützung einen wichtigen Grund für den schnellen Er-

28 *Historisk Tidsskrift*, Kopenhagen: Forening 1839ff.; *Revue historique*, Paris: Presses universitaires de France 1876ff.; *The English Historical Review*, Oxford: University Press 1886ff.; *The American Historical Review*, Washington DC u. a.: The American Historical Association 1895ff.

29 Zur Biographie Heinrich von Sybels und zur Einordnung seines Werkes siehe Dotterweich, *Heinrich von Sybel* (wie Anm. 13); Helmut Seier, „Heinrich von Sybel", in: Hans-Ulrich Wehler (Hg.), *Deutsche Historiker, Bd. 2*, Göttingen 1971, 24–38; Utz Haltern, „Geschichte und Bürgertum. Droysen – Sybel – Treitschke", in: *Historische Zeitschrift 259/1994*, 59–107.

30 Die Geschichte der *Historischen Zeitschrift* wurde vor allem im Rahmen von Jubiläumsausgaben untersucht. Grundlegend ist die umfassende Darstellung von Theodor Schieder zum 100. Geburtstag der Zeitschrift: Theodor Schieder, „Die deutsche Geschichtswissenschaft im Spiegel der Historischen Zeitschrift", in: *Historische Zeitschrift 189/1959*, 1–104. Volker Dotterweich gibt in seiner Biographie zu Heinrich von Sybel weitere Hinweise zur Entstehungssituation der *Historischen Zeitschrift*: Dotterweich, *Heinrich von Sybel* (wie Anm. 13). An älterer Literatur ist zudem zu nennen: Friedrich Meinecke, „Geleitwort zum 100. Bande der Historischen Zeitschrift", in: *Historische Zeitschrift 100/1908*, 1–10; J. Schulze, „Zur Entstehungsgeschichte der Historischen Zeitschrift", in: *Historische Zeitschrift 124/1921*, 474–483; Walter A. Ricklinger, *Heinrich von Sybel und die Historische Zeitschrift*, Diss. Durlach 1936.

folg dar, da ein großer Teil der Beiträge von jungen Historikern stammte, die in den Seminaren von Ranke und Droysen den Umgang mit der historischen Methode gelernt hatten. Die redaktionelle Arbeit übernahm Sybel gemeinsam mit wechselnden Redakteuren selbst und steuerte bis zum letzten von ihm herausgegebenen Band durchgängig eigene Aufsätze bei. Wichtig war zudem die Förderung durch den bayrischen König Maximilian II., der auch die zeitgleich von Sybel initiierte und ebenfalls in München ansässige „Historische Commission bei der Kgl. Academie der Wissenschaften" unterstützte.[31]

Das erste Heft erschien im März 1859 und wurde von der Kritik überwiegend zustimmend aufgenommen. Die Breite der sie rezipierenden Medien spiegelt die öffentliche Wirkung der Zeitschrift wider. In den Rezensionen wurde mehrfach der gelungene Ausgleich zwischen Wissenschaftlichkeit und Allgemeinverständlichkeit hervorgehoben. So lobten die *Blätter für literarische Unterhaltung*, dass „alle Verehrer und Freunde der historischen Wissenschaft mit Vergnügen ein Unternehmen begrüßen werden, das eine wesentliche Lücke im Organismus der historischen Wissenschaft auszufüllen bestimmt ist."[32] Auch die *Preußischen Jahrbücher* zeigten sich überzeugt, dass die *Historische Zeitschrift* „nicht allein bei den Fachgenossen, sondern auch in weiteren Kreisen Freunde erwerben" werde.[33] Die *Allgemeine Zeitung* widmete der neuen historischen Wissenschaftszeitschrift die ausführlichste Rezension, in der auch auf den Zusammenhang mit den jüngsten Entwicklungen des Faches verwiesen wurde:

> „Der von Sybel beabsichtigten Zeitschrift zur Geschichtswissenschaft ist in weiteren Kreisen mit Spannung entgegengesehen worden. War es doch nicht bloß für den Historiker von Fach Bedürfnis, ein eigenes Organ zur Besprechung neuer Fragen und Leistungen zu erhalten, sondern auch von großem Interesse für den Gebildeten überhaupt, in fortlaufender Kenntnis erhalten zu werden von dem, was auf dem ausgedehnten und von jedem mit Aufmerksamkeit betrachteten Gebiet der Geschichtsforschung und Geschichtsschreibung vor sich gehe."[34]

Die in Wien erscheinende *Katholische Literatur-Zeitung* hingegen äußerte sich aufgrund der konfessionellen Auseinandersetzungen der 1840er und 1850er Jahre, an denen sich auch Sybel tatkräftig beteiligt hatte, kritisch und wünschte dem Unternehmen keinen Erfolg.[35]

Die Auflagen- und Verkaufszahlen der *Historischen Zeitschrift* sind nicht durchgängig überliefert und wurden bisher nicht systematisch untersucht. Bei der Gründung im Jahre 1859 lag die Auflagenhöhe bei rund 600 Exemplaren und stieg mit einigen Schwankungen bis zum Ende des Jahrhunderts auf rund 1000 Exemplare an.[36] Diese Entwicklung spiegelt einerseits die hohe Kontinuität eines über die engeren fachwissenschaftlichen Grenzen hinausgehenden Publikumsbezugs wider, lässt sich

31 Vgl. Schieder, „Deutsche Geschichtswissenschaft" (wie Anm. 30), 3; Dotterweich, *Heinrich von Sybel* (wie Anm. 13), 334ff.

32 *Blätter für literarische Unterhaltung 1/1859*, 291–294, hier 291.

33 *Preußische Jahrbücher 3/1859*, 384–385, hier 384.

34 *Allgemeine Zeitung 1859, Bd. 2, Nr. 109*, 1770–1772, hier 1770.

35 *Katholische Literatur-Zeitung 27/1859*, 212.

36 Joachim Kirchner zufolge lag die Auflagenhöhe 1891 bei 1000 und stieg bis 1912 auf 1350 Exemplare an: Kirchner, *Das deutsche Zeitschriftenwesen* (wie Anm. 11), 472. Ricklinger gibt für 1861 571, für 1865 520 und für 1895 818 verkaufte Exemplare an. Ricklinger, *Heinrich von Sybel* (wie Anm. 30), 40 u. 42.

jedoch auch auf das starke Anwachsen der Historikerschaft in der zweiten Hälfte des 19. Jahrhunderts zurückführen. Im Verhältnis zu der Entwicklung auf dem deutschen Buchmarkt, der gerade im Zeitschriftenbereich gegen Ende des 19. Jahrhunderts ein deutliches Wachstum aufwies, ist die Auflagenentwicklung als durchschnittlich einzuschätzen.[37] Zwar richtete sich die *Historische Zeitschrift* auch gegen Ende des 19. Jahrhunderts an einen Leserkreis jenseits enger fachlicher Grenzen; aufgrund der exponentiell gestiegenen Konkurrenz verschiedenster Zeitschriftenformate war es jedoch sehr viel schwieriger geworden, eine vergleichbare öffentliche Aufmerksamkeit zu erzielen.

Der Publikumsbezug entsprach bei der Gründung dem Verständnis von der Geschichte als einer öffentlichen Wissenschaft und unterschied sich nicht grundlegend von anspruchsvolleren Kulturzeitschriften wie den *Grenzboten*. So hielt auch Georg Waitz, der in den folgenden Jahren wiederholt spezielle Studien etwa zur deutschen Verfassungsgeschichte in der *Historischen Zeitschrift* veröffentlichte, in seinem Beitrag für den ersten Band an der prinzipiellen Vereinbarkeit von Wissenschaftlichkeit und Allgemeinverständlichkeit fest:

> „Sie will weder gelehrte Specialuntersuchungen noch populäre Unterhaltung bringen; sie will der Wissenschaft dienen, ihre Aufgaben und Fragen aber so verhandeln, daß auch andere als die Männer von Fach daran theilnehmen können, überzeugt, daß kaum eine andere Disciplin heutzutage dem allgemeinen Interesse näher steht als die Geschichte, daß für die richtige und unbefangene Würdigung der Gegenwart, ihrer Strebungen und Aussichten, nichts wichtiger ist, als eine lebendige Erkenntniß der Vergangenheit."[38]

Bei der Gründung hatte Heinrich von Sybel das Vorbild der englischen und französischen Geschichtsschreibung vor Augen gehabt, die sich durch ihren essayistischen und publikumswirksamen Stil auszeichneten. Der historische Essay war jedoch für den größten Teil der deutschen Historiker ungewohnt, die eher eine ältere gelehrte Tradition mit einer neueren wissenschaftlichen Methodik zu verbinden suchten und für ihre Geschichtsdarstellungen viel Raum beanspruchten. Auch hierin ist ein Grund für die zögerliche Mitarbeit führender Historiker zu sehen, die die *Historische Zeitschrift* zwar grundsätzlich unterstützten, dem Format Zeitschrift und den damit verbundenen historiographischen Implikationen jedoch zurückhaltend gegenüberstanden.

Neben dem Ausgleich zwischen Wissenschaftlichkeit und Allgemeinverständlichkeit in der Darstellungsform zeigte sich der öffentliche Charakter der Geschichtswissenschaft auch in der ausdrücklichen Politisierung. Doch sollte die politische Ausrichtung der *Historischen Zeitschrift* ein objektives historisches Urteil dennoch ermöglichen. Auch wenn Sybel dies sogar als Voraussetzung für die Überparteilichkeit seiner Zeitschrift ansah, war die politische Parteinahme von Beginn an eindeutig und wurde von ihm dem ersten Band programmatisch vorangestellt. Die einzureichenden Beiträge sollten den Primat der Politik und des Staates betonen, das Übergewicht der deutschen Nationalgeschichte garantieren und die Ablehnung aller katholischen und

37 Vgl. zur Entwicklung des Zeitschriftenmarktes im Kaiserreich Georg Jäger (Hg.), *Geschichte des deutschen Buchhandels im 19. und 20. Jahrhundert. Teil 2: Das Kaiserreich 1871–1918,* Frankfurt a. M. 2003, 368–389.

38 Georg Waitz, „Falsche Richtungen. Schreiben an den Herausgeber", in: *Historische Zeitschrift 1/1859*, 17–27, hier 22.

sozialistischen Tendenzen durchsetzen.[39] Gleichzeitig war damit ein stärkerer Gegenwartsbezug verbunden, der nicht nur der politischen Selbstverortung der Zeitschrift dienen, sondern das Interesse des gebildeten Lesers wach halten sollte. In den Beiträgen sollte der Schwerpunkt auf die Neueste Geschichte gelegt werden:

> „Andererseits wollen wir kein antiquarisches Organ gründen. Wir wünschen also vorzugsweise solche Stoffe, oder solche Beziehungen in den Stoffen zu behandeln, welche mit dem Leben der Gegenwart einen noch lebenden Zusammenhang haben. Wenn es die höchste Aufgabe der geschichtlichen Betrachtung ist, die Gesetzlichkeit und Einheit alles Werdens und Lebens zu erkennen, so wird sich eine solche Erkenntniß nicht deutlicher ausprägen lassen, als durch den Nachweis, daß das Vergangene gegenwärtig ist, und in uns selbst bestimmend fortwirkt. Es ist nicht bloß der Reiz des Pikanten, es ist ein wissenschaftlich berechtigter Trieb, wenn das Publicum mit fester Vorliebe nach Stoffen der bezeichneten Gattung greift, wenn die hierhin gehörigen Bücher überall der bedeutendsten Wirkung sicher sind.“[40]

Im Unterschied zu den älteren historischen Zeitschriften und den Kulturzeitschriften beanspruchten in der *Historischen Zeitschrift* die an den Universitäten und in den verschiedenen Forschungseinrichtungen tätigen Historiker die Deutungsmacht für eine allgemeinverständliche wissenschaftliche Geschichtsschreibung zunehmend für sich. Bereits in dem Verlagsvertrag, den Sybel mit dem Cottaverlag abschloss, wurde ausdrücklich auf die Unterstützung der führenden Fachhistoriker Leopold von Ranke, Johann Gustav Droysen, Ludwig Häusser und Theodor Mommsen verwiesen, auf deren „erlauchte Patenschaft“ sich noch Friedrich Meinecke in seinem Geleitwort zum 100. Band der *Historischen Zeitschrift* berief.[41] In einem länger andauernden Prozess gelang es der *Historischen Zeitschrift* so, entscheidend zum „korporativen Zusammengehörigkeitsgefühl“ einer „Berufsgenossenschaft der deutschen Historiker“ beizutragen.[42] Historiker hingegen, die nicht aus dem Umkreis der führenden Fachhistoriker stammten, wurden zunehmend ausgeschlossen.[43]

In scharfen Worten hatte Georg Waitz bereits in seiner Grußadresse an den Herausgeber im ersten Band diese Ausgrenzung der „falschen Richtungen“ der Geschichtsschreibung gefordert.[44] Neben der Kritik an der ultramontanen Geschichtsschreibung hatte Waitz dabei vor allem die Amateur-Historiker vor Augen, die in den landesgeschichtlichen Zeitschriften, den älteren historischen Zeitschriften und den

39 Sybel, „Vorwort“ (wie Anm. 3), III. In dieser Programmatik und der damit verbundenen Ausgrenzung abweichender Formen der Geschichtsschreibung stellt die *Historische Zeitschrift* jedoch keinesfalls eine Ausnahme dar. Die Ausrichtung der bedeutenderen Kulturzeitschriften war damit durchaus vergleichbar. Auch deshalb verfügte etwa die katholische Geschichtsschreibung bis zur Gründung des *Historische[n] Jahrbuch[s]* der Görresgesellschaft im Jahre 1880 über kein eigenes Publikationsorgan (s. unten).

40 Ebd., IV.

41 Der Verlagsvertrag zwischen Sybel und dem Cottaverlag vom 29. Juni 1858 ist abgedruckt in: Ricklinger, *Heinrich von Sybel* (wie Anm. 30), 28f.; Meinecke nimmt in seinem Jubiläumsbeitrag darauf Bezug, um die von Beginn an große Bedeutung dieses Unternehmens zu betonen. Meinecke, „Geleitwort“ (wie Anm. 30), 2.

42 Ebd., 3.

43 Zu den Ausgrenzungs- und Marginalisierungsprozessen in der deutschen Geschichtswissenschaft vgl. Raphael, „Historikerkontroversen“ (wie Anm. 4); Robert Deutsch, Wolfgang Weber, „Marginalisierungsprozesse in der deutschen Geschichtswissenschaft im Zeitalter des Historismus“, in: *Schweizerische Zeitschrift für Geschichte 35/1985*, 174–197.

44 Waitz, „Falsche Richtungen“ (wie Anm. 38).

Kulturzeitschriften einen Großteil der Aufsätze beigesteuert hatten.[45] Die Geschichtswissenschaft sollte sich selbstbewusst zu einer fachwissenschaftlichen Disziplin entwickeln und alle abweichenden Formen scharf ausgrenzen:

> „Es gibt überhaupt auf dem Gebiet der Geschichte, ja mehr fast auf diesem als auf dem irgend einer anderen Disciplin, Strebungen, die krankhaft und verderblich in hohem Grade sind, die in der Anwendung, die sie auf das Leben suchen, und in dem, was sie in der Wissenschaft selber thun, großen Schaden stiften. Diese muß unsere Zeitschrift bekämpfen, offen und entschieden, rücksichtslos. Da darf sie sich nicht scheuen, mit dem Schwerte dreinzuschlagen, darf sich nicht für zu gut halten, Unkraut auszujäten, und wenn sie einen ordentlichen Haufen beieinander hat, ein lustiges Feuer davon zu machen. Sie braucht darum nicht persönlich zu werden; sie hat es mit den falschen und verderblichen Richtungen zu tun, und wenn gelegentlich auch ein Freund oder Bekannter getroffen wird, so muß das eben um der Sache willen mit hingenommen werden.“[46]

Dementsprechend wurden Werke von Amateur-Historikern in den Literaturberichten der *Historischen Zeitschrift* nur kurz angezeigt und keiner ausführlicheren Besprechung unterzogen. So blieben etwa Wilhelm Heinrich Riehls „Naturgeschichte des deutschen Volkes“ oder Gustav Freytags „Bilder aus der deutschen Vergangenheit“ in der *Historischen Zeitschrift* nahezu unerwähnt, selbst wenn sie äußerst erfolgreich und wissenschaftlich durchaus ernst zu nehmen waren.[47] Werke wie Theodor Mommsens „Römische Geschichte“ hingegen wurden selbst bei späteren Neuauflagen trotz ihres populären Charakters rezensiert, wenn der Autor zum Mitarbeiterkreis der Zeitschrift gehörte.[48]

In den landesgeschichtlichen Zeitschriften, den älteren historischen Zeitschriften und den Kulturzeitschriften hingegen blieb die Mitarbeit von Amateur-Historikern durchaus erwünscht und bis zum Ende des Jahrhunderts gängige Praxis. Der Ausgrenzungsprozess durch die *Historische Zeitschrift* stellte um 1860 eine Neuerung in der Geschichtskultur des 19. Jahrhunderts dar. Die Zeitschrift wurde so der Forderung von Georg Waitz gerecht, wissenschaftlich-methodisch, politisch und konfessionell abweichende Ansätze auszuschließen und sich überwiegend auf führende Historiker an den Universitäten und deren Schülerkreis zu stützen.[49] Zwar waren unter den Mitarbeitern durchaus Anhänger unterschiedlicher historischer Schulen vertreten, doch wurde die positive Abgrenzung der borussisch-kleindeutschen Richtung von anderen Richtungen der deutschen Historiographie deutlich. Die für die *Historische Zeitschrift* der 1860er und 1870er Jahre wichtigste Autorengruppe waren junge, in

45 Als Amateur-Historiker werden im Folgenden in Abgrenzung von den universitären Historikern und den professionellen außeruniversitären Historikern die nicht-professionellen Historiker bezeichnet, die mit der Vermittlung historischen Wissens nicht vorrangig ihren Lebensunterhalt verdienten und ihre historischen Forschungen jenseits beruflicher Pflichten betrieben.

46 Ebd., 19.

47 Wilhelm Heinrich Riehl, *Die Naturgeschichte des deutschen Volkes*. Stuttgart u.a. 1851ff.; Gustav Freytag, *Bilder aus der deutschen Vergangenheit, 5 Bd.*, Leipzig: Hirzel 1859–1866. Zum Erfolg vgl. die Tabellen bei Nissen, *Populäre Geschichtsschreibung* (wie Anm. 1), 113–116 uns 149–158.

48 Die ersten Bände von Mommsens „Römische[r] Geschichte“ erschienen zwischen 1854 und 1856 bei Weidmann in Berlin. Der fünfte Band, der die Geschichte der Provinzen in der Kaiserzeit behandelte, folgte 1885. Den geplanten vierten Band zur politischen Geschichte der Kaiserzeit hat Mommsen nie geschrieben. Die ersten drei, populärer gehaltenen Bände wurden in der *Historischen Zeitschrift* selbst bei späten Neuauflagen erneut besprochen.

49 Zum Autorenkreis der *Historischen Zeitschrift* siehe Schieder, „Deutsche Geschichtswissenschaft“ (wie Anm. 30), 10 u. 22ff.

den Seminaren von Ranke und Sybel ausgebildete Historiker wie Wilhelm Maurenbrecher, Theodor Bernhardt, Konrad Varrentrapp und Karl Menzel.[50] Zudem konnten Autoren aus dem Mitgliederkreis der Historischen Kommission und dem groß angelegten Editionsunternehmen „Monumenta Germaniae Historica“ gewonnen werden. Nach dem Umzug der Redaktion nach Berlin im Jahre 1875 übernahmen zunehmend Historiker aus den preußischen Archiven die Führung der Zeitschrift, die noch mehr Gewicht auf kritische Quellenstudien legten.[51] Dadurch trug die *Historische Zeitschrift* wesentlich dazu bei, die historisch-kritische Methode und die historistische Geschichtsauffassung als Leitparadigma der deutschen Geschichtswissenschaft durchzusetzen.

Neben der Vermittlung der historisch-kritischen Methode an einen größeren Leserkreis bestand somit von Beginn an die zweite Aufgabe darin, ein fachwissenschaftliches und überregionales Standesorgan zu bilden. Bereits im Vorwort zum ersten Band hatte dies der Herausgeber Heinrich von Sybel der Zeitschrift programmatisch vorangestellt: „Die Zeitschrift soll vor allem eine wissenschaftliche sein. Ihre erste Aufgabe wäre also, die wahre historische Methode der historischen Forschung zu vertreten, und die Abweichungen davon zu kennzeichnen.“[52] So wurden von Sybel in den ersten Band nicht nur essayistisch gehaltene Beiträge von Ludwig Häusser, Eduard Zeller, Johann Wilhelm Loebell und ihm selbst aufgenommen, die eine Verbindung von Wissenschaftlichkeit und Allgemeinverständlichkeit anstrebten. Er bat Leopold von Ranke, Georg Heinrich Pertz und Johann Gustav Droysen auch um den Abdruck von drei Denkschriften, die diese im Herbst 1858 der „Historischen Commission bei der Kgl. Academie der Wissenschaften“ vorgelegt hatten. Bereits aufgrund des ursprünglichen Publikationsortes störten diese Denkschriften die Balance zwischen Wissenschaftlichkeit und Allgemeinverständlichkeit deutlich. Leopold von Ranke forderte in seiner Denkschrift die staatliche finanzielle Unterstützung für wissenschaftliche Spezialstudien und umfangreichere Quelleneditionen, die keinesfalls im unmittelbaren Interesse einer größeren Öffentlichkeit lag.[53] Zudem wurde mit dem Aufsatz „Die Königinhofer Handschrift und ihre Schwestern“ des Sybelschülers Max Büdinger die erste ausgewiesen quellenkritische Spezialstudie aufgenommen, in der Büdinger durch den Verweis auf eine bisher nicht beachtete Handschrift die Königinhofer Handschrift, eine als mittelalterlich angenommene tschechische Liedersammlung, als Fälschung entlarvte und dadurch einen längeren Streit um deren Echtheit auslöste.[54]

Verschiedene Gründe führten in der Folgezeit dazu, dass die *Historische Zeitschrift* sich langfristig zu einer spezialisierten Wissenschaftszeitschrift entwickelte und sich dadurch von konkurrierenden Zeitschriftentypen wie den Kulturzeitschriften und den *Preußischen Jahrbüchern* entfernte. Der wichtigste Grund hierfür ist in der Anwendung der Methode der Quellenkritik zu sehen, die sich zum Schwerpunkt der Zeitschrift entwickelte und einen Unterschied zu vergleichbaren Unternehmungen

50 Vgl. Dotterweich, *Heinrich von Sybel* (wie Anm. 13), 328.

51 Vgl. Schieder, „Deutsche Geschichtswissenschaft“ (wie Anm. 30), 32.

52 Sybel, „Vorwort“ (wie Anm. 3), III.

53 Leopold von Ranke, „Denkschrift“, in: *Historische Zeitschrift 1/1859*, 28–35.

54 Max Büdinger, „Die Königinhofer Handschrift und ihre Schwestern“, in *Historische Zeitschrift 1/1859*, 127–152.

markierte. Ein erheblicher Anteil der Aufsätze behandelte vorrangig den Wert einzelner Quellen bzw. Quelleneditionen, die Verwendung dieses Quellenmaterials in anderen Arbeiten und die Aufdeckung von Fälschungen und Fehlinterpretationen. Im Verhältnis zu heute wurde diese Fokussierung auch auf einzelne Stellen in weniger zentralen Quellentexten sehr viel weiter getrieben. Der Glaube an die Entschlüsselbarkeit der Vergangenheit auf der Grundlage gesicherter Quellenkenntnis war weithin ungebrochen. Der Maßstab blieb dabei neben den Arbeiten des Herausgebers vor allem das Werk seines Lehrers Leopold von Ranke, an dessen Leistungen wiederholt erinnert wurde.[55] Auch im Selbstbewusstsein der Mitarbeiter nahm die historische Quellenkritik eine zentrale Bedeutung ein. Sie wurde darüber hinaus auf Werke aus dem europäischen Ausland angewandt, denen man sich in diesem Punkt überlegen fühlte.

Die Quellenkritik stand im Zentrum von Sybels Ideal einer reinen Geschichtswissenschaft, der zufolge Ereignisse und Zusammenhänge des Verlaufs der Geschichte eindeutig rekonstruierbar seien. In den Beiträgen der *Historischen Zeitschrift* der 1860er und 1870er Jahre trat der Glaube an die Möglichkeiten der historischen Forschung besonders deutlich hervor. Sybel selbst hat kein systematisches Werk zur Methodologie der Geschichtswissenschaft verfasst. Den umfassendsten Einblick in seine Methodologie gewährt eine akademische Festrede von 1864 „Ueber die Gesetze des historischen Wissens".[56] In dieser Rede argumentierte Sybel, dass die Geschichtswissenschaft trotz der fragmentarischen Quellenüberlieferung imstande sei, den Verlauf der Geschichte lückenlos zu erschließen. Die ältere Geschichtsschreibung als die wichtigste Quelle des Historikers sei zwar immer eine „Mischung von Wahrheit und Dichtung", die objektive Rekonstruktion der Vergangenheit sei durch die historische Kritik dieser Quellen jedoch möglich.[57] Hierzu gelte es nur, die historische Methode konsequent anzuwenden:

> „Aus der Erzählung nun auf die erste Form des Eindrucks, und aus diesem auf die Gestalt der Thatsache zurück zu schließen, die Zuthaten und Aenderungen der subjectiven Einwirkung zu beseitigen, und dadurch den objectiven Thatbestand wieder herzustellen: das ist, nach seinem umfassendsten und präcisesten Ausdruck, das Geschäft der historischen Kritik."[58]

Darin sei die Geschichtswissenschaft auch den Naturwissenschaften nicht unterlegen, selbst wenn das methodische Vorgehen ein anderes, vielfach schwierigeres bleibe.

Diese Tendenz zur Verwissenschaftlichung wird auch anhand der Entwicklung des Anmerkungsapparats in der *Historischen Zeitschrift* in der zweiten Hälfte des 19. Jahrhunderts deutlich. Aus der Durchsicht der Fußnoten und Verweise der Bände 1 bis 84 (1859–1900) folgt, dass bis zur Mitte der 1860er Jahre in den Fußnoten vorrangig das verwendete Quellenmaterial angegeben wurde. Gerade Beiträge zur alten Geschichte beschränkten sich in den ersten Jahrgängen nahezu vollständig darauf und gaben damit bereits Hinweise auf ihren ganz auf Quellen basierenden Arbeitsstil. So

55 Vgl. etwa den programmatischen Aufsatz von Georg Waitz, „Die Würdigung von Ranke's historischer Kritik", in: *Historische Zeitschrift 6/1861*, 349–355. Eine Würdigung von Rankes Geschichtsschreibung hinsichtlich der Darstellungsform blieb hingegen weitgehend ausgespart.

56 Heinrich von Sybel, „Ueber die Gesetze des historischen Wissens", in: ders., *Vorträge und Aufsätze*, 3. Aufl., Berlin 1885, 3–20.

57 Ebd., 9.

58 Ebd.

finden sich etwa in Theodor Mommsens erstem Beitrag „Das römische Gastrecht und die römische Clientel“ auf 14 Anmerkungsseiten bereits hundert Quellenverweise.[59] Zwischen den verschiedenen Textgattungen bestanden jedoch deutliche Unterschiede. Während die essayistisch gehaltenen Beiträge teilweise auf Anmerkungen verzichteten, wurde in den historischen Quellenkritiken das verwendete Quellenmaterial von Beginn an genau vermerkt. Erst im Verlauf der 1860er Jahre häuften sich Verweise auf die verwendeten Sekundärtexte. Mit der Ausdifferenzierung des Zeitschriftenmarktes ab Mitte der 1870er Jahre nahm die Bezugnahme auf Zeitschriftenartikel zu, so dass um 1900 in einem Großteil der Aufsätze in der *Historischen Zeitschrift* ein umfangreicherer Anmerkungsapparat zu finden ist.

Das wichtigste Instrument zur Durchsetzung der Wissenschaftlichkeit stellten in der *Historischen Zeitschrift* die Rezensionen und kritischen Literaturberichte dar. Auch in den Kulturzeitschriften waren diese bereits umfangreich und wissenschaftlich anspruchsvoll eingesetzt worden. In der *Historischen Zeitschrift* bildeten sie jedoch nicht nur einen erheblich umfangreicheren Bestandteil der Zeitschrift, sondern waren auch stärker am methodischen Vorgehen der rezensierten Werke interessiert. Die Wissenschaftlichkeit eines Werkes wurde deutlich über die Darstellungsform gestellt. Die Verbindung zwischen historischer Methode und historischer Darstellung blieb dabei weitgehend unbeachtet.[60] Insbesondere jüngere Historiker, die in den Seminaren von Ranke oder Sybel in der historischen Methode geschult worden waren, übernahmen hier das Wächteramt über einen neu formulierten wissenschaftlichen Standard. Diejenigen, die die historische Methode der Quellenkritik nicht sauber anwendeten, wurden scharf kritisiert, auch wenn sie wie beispielsweise Hermann Oncken selbst zum Kreis der führenden Historiker in Deutschland zählten.[61] Unter der Leitung von Max Lehmann konnte in den 1870er Jahren die Aktualität und Wissenschaftlichkeit der Rezensionsteile noch einmal gesteigert werden.[62]

Einen weiteren Einschnitt stellte der Eintritt Friedrich Meineckes in die Redaktion dar, der ab 1893 Max Lehmann als Redakteur und Mitherausgeber ersetzte. Wohl auf Anregung Meineckes wurde im selben Jahr die Rubrik „Notizen und Nachrichten“ eingeführt, die neben die Literaturberichte trat und diese ergänzte. Dem Leser sollte hier ein „Überblick über die in den Zeitschriften niedergelegten Forschungen“ gegeben werden, in dem aktuelle Neuveröffentlichungen in Zeitschriften zusammengestellt wurden.[63] Hierdurch wurde nicht nur die Spezialisierung der Zeitschrift vorangetrieben, sondern auch das Medium Wissenschaftszeitschrift deutlich aufgewertet. Für einen Amateur-Historiker war diese Form der Zusammenschau der neuesten Forschungsergebnisse endgültig zu speziell.

59 Theodor Mommsen, „Das römische Gastrecht und die römische Clientel“, in: *Historische Zeitschrift 1/1859*, 332–379. Mommsen hat danach bis 1877 keinen Beitrag für die *Historische Zeitschrift* beigesteuert.

60 Diese zunehmende Zurückhaltung in der Reflexion über die Darstellungsformen der Geschichtswissenschaft ist ab der Mitte des 19. Jahrhunderts als allgemeine Tendenz festzustellen. Vgl. dazu Wolfgang Hardtwig, „Formen der Geschichtsschreibung: Varianten des historischen Erzählens“, in: *Geschichte: ein Grundkurs* (wie Anm. 6), 169.

61 Siehe Reinhold Koser, „Das Zeitalter Friedrich’s des Großen. Von Wilhelm Oncken. 2 Bd. Berlin: Grote 1881 1883“, in: *Historische Zeitschrift 51/1883,* 543–548.

62 Vgl. Schieder, „Deutsche Geschichtswissenschaft“ (wie Anm. 30), 7.

63 *Historische Zeitschrift 71/1893*, 163.

Zusammenfassend lässt sich ausgehend von einem angestrebten Ausgleich von Wissenschaftlichkeit und Allgemeinverständlichkeit in der zweiten Hälfte des 19. Jahrhunderts für die *Historische Zeitschrift* ein zunehmendes Streben nach fachspezifischer Wissenschaftlichkeit feststellen. Dies führte nicht nur zu einer Umorientierung im Öffentlichkeitsbezug. Auch die Politisierung der Wissenschaft verschob sich zunehmend. Zwar waren die *Historische Zeitschrift* und ihr Herausgeber Heinrich von Sybel zunächst in München, dann in Bonn und Berlin in zahlreiche politische Auseinandersetzungen verwickelt.[64] Doch nahm die Zeitschrift selbst zu Kulturkampfzeiten selten am politischen Tageskampf teil und entwickelte sich nicht zum Organ einer politischen Partei im engeren Sinne. Die bürgerlich kleindeutsch-protestantische Ausrichtung des größten Teils der Mitarbeiter blieb dessen ungeachtet jedoch bestehen und spiegelte sich in den erwähnten Marginalisierungs- und Ausgrenzungsprozessen abweichender Richtungen der deutschen Historiographie wider.[65]

4. Die Gründung spezialisierter Wissenschaftszeitschriften in der zweiten Hälfte des 19. Jahrhunderts

Durch die langfristige Ausgrenzung von Amateur-Historikern, den Aufbau einer fachspezifischen Identität und die Kontrolle über die Einhaltung der historisch-kritischen Methode nahm die *Historische Zeitschrift* in der zweiten Hälfte des 19. Jahrhunderts entscheidenden Einfluss auf die Entwicklung der Geschichtswissenschaften in Deutschland. Ihre Gründung im Jahre 1859 kann als Einschnitt bei der Verwissenschaftlichung des Faches verstanden werden. Zunächst war die *Historische Zeitschrift* die einzige bedeutende historische Wissenschaftszeitschrift, die sich auch deshalb zum zentralen Standesorgan entwickelte. Dass die nachfolgende Entwicklung der Wissenschaftszeitschriften erstaunlich langsam erfolgte, lässt sich u. a. auf die Dominanz der *Historischen Zeitschrift* zurückführen. So wurden fast zeitgleich ab 1862 im Auftrag der Historischen Kommission in München von Georg Waitz, Christoph Friedrich von Stälin und Ludwig Häusser die *Forschungen zur Deutschen Geschichte* herausgegeben, die ebenfalls als Reaktion auf die beschleunigte Entwicklung der deutschen Geschichtswissenschaft in den 1850er Jahren zu verstehen sind.[66] Im Unterschied zur *Historischen Zeitschrift* waren die *Forschungen zur Deutschen Geschichte* jedoch eher bibliographisch ausgerichtet und wurden von der Historischen Kommission gegründet, um die Ergebnisse der sich spezialisierenden deutschen Geschichtswissenschaft einem wissenschaftlichen Fachpublikum verfügbar zu machen. Ihre Ausrichtung war sehr viel spezieller. In der Folge kamen ihnen damit eher hilfswissenschaftliche Funktionen zu.

Ab Mitte der 1870er Jahre lässt sich eine Gründungswelle spezialisierter Wissenschaftszeitschriften beobachten. Ab 1877 erschien die von Theodor Brieger herausge-

64 Vgl. Dotterweich, *Heinrich von Sybel* (wie Anm. 13), 330ff.

65 Vgl. Wolfgang Hardtwig, „Von Preußens Aufgabe in Deutschland zu Deutschlands Aufgabe in der Welt. Liberalismus und borussianisches Geschichtsbild zwischen Revolution und Imperialismus“, in: ders., *Geschichtskultur und Wissenschaft* (wie Anm. 6), 103–161.

66 *Forschungen zur Deutschen Geschichte*, hg. durch die historische Commission bei der Kgl. Academie der Wissenschaften, Göttingen: Dietrich 1862–1886.

gebene *Zeitschrift für Kirchengeschichte*, die die Fortschritte der kirchenhistorischen Forschungen zu bündeln suchte.[67] Ab 1878 wurden von der Historischen Gesellschaft in Berlin die *Jahresberichte der Geschichtswissenschaft* in Auftrag gegeben, die ähnlich wie die *Forschungen zur Deutschen Geschichte* einen Überblick über die Entwicklung der deutschen und internationalen Geschichtswissenschaft in Form ausführlicher Forschungsberichte anstrebten.[68] 1880 gründeten Hermann Grauert, Ludwig Pastor und Gustav Schuster das *Historische Jahrbuch* der Görresgesellschaft, das als Reaktion der katholischen Geschichtsschreibung auf die Erfolge der protestantisch geprägten historistischen Richtung der deutschen Geschichtswissenschaft verstanden werden kann.[69] Zudem gab Reinhold Koser ab 1888 die *Forschungen zur Brandenburgischen und Preußischen Geschichte* heraus, die über eine rein landesgeschichtliche Zeitschrift hinausgingen und ihren Ursprung in den umfangreichen Quelleneditionen zur preußischen Geschichte des 18. Jahrhunderts hatten.[70]

Die angeführten Zeitschriften stellen nur einen Teil der Neugründungen dar, doch wird die Tendenz der Forschungsentwicklung anhand dieser Beispiele bereits deutlich. Nach der Gründung der *Historischen Zeitschrift* und weiterer bibliographischer Spezialorgane um 1860 differenzierte sich die Wissenschaftslandschaft im frühen Kaiserreich stärker aus. Auch andere Richtungen der historischen Forschung versuchten, durch die Gründung eigener Wissenschaftszeitschriften auf die Erfolge dieses neuen Zeitschriftentyps zu reagieren. Einerseits erwuchs der *Historischen Zeitschrift* dadurch eine stark aufgefächerte Konkurrenz, andererseits konnte aufgrund der zunehmenden Spezialisierung keine dieser Zeitschriften eine ähnlich umfassende Bedeutung entfalten.[71]

Gegen Ende des Jahrhunderts setzte sich die Tendenz zur fortschreitenden Spezialisierung fort. Auch vom Historismus abweichende Richtungen gründeten eigene Fachorgane. Ab 1891 wurde die *Zeitschrift für deutsche Kulturgeschichte* zunächst von Christian Meyer, in einer neuen Folge ab 1894 von Georg Steinhausen herausgegeben.[72] 1893 wurde die *Zeitschrift für Social- und Wirthschaftsgeschichte* gegründet,

67 *Zeitschrift für Kirchengeschichte*, hg. von Theodor Brieger, Gotha: Perthes 1877ff.

68 *Jahresberichte der Geschichtswissenschaft*, hg. von F. Abraham, F. Hermann u. E. Meyer, Berlin: Mittler u. Sohn 1878ff.

69 *Görres-Gesellschaft. Historisches Jahrbuch*, hg. von Hermann Grauert, Ludwig Pastor u. Gustav Schuster, Münster i. W.: Theißing in Comm. 1880ff.

70 *Forschungen zur Brandenburgischen und Preußischen Geschichte*, hg. von Reinhold Koser, Berlin: Duncker & Humblot 1888ff. Vgl. dazu Johannes Schultze, „Der Verein für die Geschichte der Mark Brandenburg“, in: *Forschungen zur Brandenburgischen und Preußischen Geschichte 35/1923*, 1–20.

71 Dies zeigt sich etwa in den im Vergleich zur *Historischen Zeitschrift* geringeren Auflagenzahlen, die wenige hundert Exemplare nicht überschritten.

72 *Zeitschrift für deutsche Kulturgeschichte,* hg. von Christian Mayer (1894ff. von G. Steinhausen als *Zeitschrift für Kulturgeschichte*), Berlin, Weimar: H. Felber 1891–1902. Bereits 1856 war von Mitarbeitern des Germanischen Nationalmuseums eine *Zeitschrift für deutsche Kulturgeschichte* gegründet worden, die jedoch nur wenige Jahrgänge fortgeführt wurde. Ein neuer Versuch in den 1870er Jahren scheiterte ebenfalls. Die *Zeitschrift für Kulturgeschichte* wurde zwar 1902 zunächst eingestellt, als *Archiv für Kulturgeschichte* ab 1903 dann jedoch langfristig weitergeführt. Vgl. Hans Schleier, *Geschichte der deutschen Kulturgeschichtsschreibung, Bd. 1*, Waltrop 2003, 606ff.; Stefan Haas, *Historische Kulturforschung in Deutschland 1880–1930. Geschichtswissenschaft zwischen Synthese und Pluralität.* Köln u.a. 1994, 222ff.

die die Fortschritte der aufstrebenden Sozialwissenschaften für die historische Forschung fruchtbar machen wollte.[73] Zudem erhielten auch andere historische Epochen wie die Alte Geschichte eine eigene Wissenschaftszeitschrift.[74] Diese Zeitschriften unterschieden sich von der *Historischen Zeitschrift* bereits durch den veränderten Entstehungskontext. Ab den 1870er Jahren konkurrierten neue historische Wissenschaftszeitschriften nicht mehr vorrangig mit älteren allgemeinverständlichen historischen Zeitschriften oder allgemeinbildenden Kulturzeitschriften, sondern mit den neuen Wissenschaftszeitschriften selbst. Sie entstanden nicht mehr in einem zunächst öffentlichen Raum, in dem sie einen Ausgleich zwischen Wissenschaftlichkeit und Allgemeinverständlichkeit suchen mussten, sondern richteten sich in einem stärker verwissenschaftlichten Feld unmittelbar an ein Fachpublikum. In den 1890er Jahren führte dies wiederum zu einem verstärkten Bedürfnis nach neuer Einheitlichkeit der Geschichtsdarstellung, das im wissenschaftlichen Feld in größeren Synthesen etwa von Karl Lamprecht oder Dietrich Schäfer, im jetzt klarer abgegrenzten außerwissenschaftlichen Feld in einer Neugründungswelle populärer Serien, Reihen und Sammelwerken seinen Ausdruck fand.

5. Zusammenfassung

Bis zum letzten Drittel des 19. Jahrhunderts war das Verhältnis von Geschichtswissenschaft und Öffentlichkeit deutlich anders organisiert, als es sich gegen Ende des Jahrhunderts durch die Aufsplitterung in Teilwissenschaften und Teilöffentlichkeiten zeigte. Bürgerlichem Selbstverständnis entsprechend wurde in den verschiedenen älteren historischen Zeitschriften, allgemeinbildenden Kulturzeitschriften und Beilagen zu Tageszeitungen das wissenschaftlich interessierte Zielpublikum als relativ homogen angenommen. Diesem stand der Gelehrte gegenüber, der sich seinerseits in die „gebildete Welt" einfügte. Die *Historische Zeitschrift* stand zunächst ebenfalls in dieser Tradition und richtete sich an „weitere Kreise, die für die geschichtliche Wissenschaft Interesse haben".[75] Auch wenn aus dem Kreis der Mitarbeiter von Beginn an Dilettanten ausgeschlossen wurden, sollte den Intentionen des Herausgebers Heinrich von Sybel und seiner ersten Mitarbeiter zufolge ein Zielpublikum jenseits enger fachwissenschaftlicher Grenzen erreicht werden. Hindernisse, dieses breitere bürgerliche Publikum tatsächlich zu erreichen, stellten eher politische und konfessionelle Auseinandersetzungen innerhalb der Gesellschaft dar.

Geschichtswissenschaftliche Beiträge wurden in der Folge der 1848er Revolution sowohl in den Kulturzeitschriften als auch in den verschiedenen historischen Zeitschriften veröffentlicht. Den Kulturzeitschriften gelang es dabei, das Ideal wissenschaftlicher Forschung einem größeren Leserkreis zu vermitteln und die Anwendung der historischen Methode als Teil bürgerlicher Wissenskultur zu normalisieren. Auf geschickte Weise wurde hierbei wissenschaftliches Wissen an Kulturen und Rezepti-

73 *Zeitschrift für Social- und Wirthschaftsgeschichte*, hg. von St. Bauer, C. Grünberg, L. M. Hartmann u. E. Szanto, Freiburg i. Br., Leipzig: J. C. B. Mohr 1893ff. Ab 1903 wurde sie unter dem Titel *Vierteljahresschrift für Social- und Wirtschaftsgeschichte* fortgesetzt.

74 *Klio. Beiträge zur alten Geschichte*, hg. von C. F. Lehmann, Leipzig: Dietrich 1901ff.

75 Waitz, „Falsche Richtungen" (wie Anm. 38), 18.

onsformen des Alltags angebunden. Die Durchsetzung historistischen Denkens hat auch hierin eine Ursache und konnte als Weltbild und Methode in der Folge sogar über konfessionell und methodisch abweichende Richtungen der Geschichtsschreibung vermittelt werden.

Die *Historische Zeitschrift* entstand zwar in diesem Zwischenraum zwischen allgemeinverständlichen und stärker fachwissenschaftlichen Darstellungsformen, trug jedoch trotz permanenter Politisierung zunehmend zum Übergang von einer öffentlichen zu einer spezialisierten Wissenschaft bei, die den angestrebten Ausgleich zwischen Wissenschaftlichkeit und Allgemeinverständlichkeit nicht mehr aufrechterhalten konnte. Durch die Ausgrenzung von Amateur-Historikern und die Verwissenschaftlichung der Zeitschrift auf verschiedenen Ebenen wurde die disziplinäre Abgrenzung verstärkt; der breitere Publikumsbezug erwies sich entsprechend als zunehmend problematisch. Ab Mitte der 1870er Jahre wurde dieser Prozess durch die Gründung weiterer wissenschaftlicher Fachzeitschriften beschleunigt, so dass die Geschichtswissenschaft ab dem späten 19. Jahrhundert nicht mehr dem Ideal der Allgemeinverständlichkeit unterlag. Neben den teilweise hoch spezialisierten Zeitschriften überschritten Teile des Neo-Rankeanismus oder der materialistischen Kulturgeschichtsschreibung diese Grenzen besonders deutlich.

Trotz aller Tendenz zur Spezialisierung, zu der die im 19. Jahrhundert neu gegründeten Wissenschaftszeitschriften in nicht unerheblicher Weise beitrugen, ist der weiterhin öffentliche Charakter der Geschichtswissenschaft nicht zu übersehen. Wie eingangs erwähnt, lässt sich der starke Bezug auf die Buchkultur in diesen Kontext einordnen. Auch für die *Historische Zeitschrift* stellte dies ein Problem dar. Gerade unter den älteren der führenden deutschen Historiker blieb ein gewisses Unbehagen dem neuen Medium gegenüber bestehen. So gewährte Leopold von Ranke, der akademische Lehrer Sybels und Verfasser eines 54-bändigen Oeuvres, der Zeitschrift zwar seine Unterstützung und sagte zwischen 1859 und 1874 den Abdruck einer Denkschrift, eines Gutachtens und zweier Totenreden zu. Einen eigenständigen Aufsatz steuerte er jedoch nicht bei.

Vom „personal mouthpiece" zur medizinischen Fachzeitschrift

Deutsche Medizinische Wochenschrift, Münchener Medizinische Wochenschrift, British Medical Journal und *The Lancet* in sich wandelnden Öffentlichkeiten vom 19. zum 20. Jahrhundert

Gerlind Rüve

1931 reflektierte Bruno Hauff, Teilhaber und Geschäftsführer des Thieme Verlags in Leipzig – der Verlag, in dem die *Deutsche Medizinische Wochenschrift* erschien – über seine Tätigkeit als Verleger. In der Zeit vor dem Ersten Weltkrieg sei der Wissenschaftsverleger „Unternehmer und patriarchalischer Mäzen" gewesen: „Das Buch war Verlagsware, die nach den üblichen kaufmännischen Gepflogenheiten des Berufsstandes völlig frei bewirtschaftet wurde. Die Hauptsache war die Produktion, der Markt musste das annehmen, was der Verleger ihm bot."[1] Inzwischen jedoch seien die Marktbedürfnisse vorrangig geworden. Auf sie sei ein Verleger gezwungen zu reagieren: „Der Verleger tritt von sich aus mit Verlagsplänen an die Wissenschaft heran."[2]

Hauff führte den Wandel des Verhältnisses von Wissenschaft und Öffentlichkeit auf die Freisetzung wirtschaftlicher Dynamik zurück. Diese Veränderung zwischen Wissenschaft und Öffentlichkeit beschäftigt auch die heutige Forschung, insbesondere die Wissenschaftssoziologen und Wissenschaftshistoriker. In der Zwischenkriegszeit, so der Soziologe Peter Weingart, habe sich „die mediale Vermittlung der Wissenschaft als eigenständige Funktion innerhalb der Massenmedien heraus[gebildet]. (…) [D]ie Medien instrumentalisieren die Wissenschaft als einen Bereich unter anderen, um Aufmerksamkeit einer aus ihrer Perspektive beliebigen Öffentlichkeit zu gewinnen."[3] Die Ausführungen des Weimarer Zeitgenossen Bruno Hauff lesen sich wie ein Beleg für diese Analyse: Der Verleger müsse selbst mit Verlagsvorschlägen an die Wissenschaft herantreten, er müsse mit dem Stand der Wissenschaft vertraut sein, um erfolgreiche Marktstrategien zu entwickeln und der Markt selbst sei ein Akteur – diese Aspekte charakterisierten die Medialisierung der Wissenschaft nach dem Ersten Weltkrieg.

Die Anfänge dieser Entwicklung liegen bereits im Kaiserreich. Der Thieme Verlag, 1886 in Leipzig gegründet, traf eine bewusste Entscheidung, als er den Reichs-Medizinal-Kalender als Serviceangebot für Ärzte übernahm. Der seit 1890 in Berlin ansässige S. Karger Verlag hatte mit der Idee, Fachkompendien für Medizinstudenten und Ratgeber für den praktischen Arzt zu veröffentlichen, großen kommerziellen Erfolg.[4] Der Münchener medizinische Fachverlag J.F. Lehmanns umwarb seit 1892

1 o.V., *Georg Thieme Verlag Leipzig 1886–1936*, Leipzig 1936, 21.

2 Ebd.

3 Peter Weingart, „Die Wissenschaft der Öffentlichkeit und die Öffentlichkeit der Wissenschaft", in: ders., *Die Wissenschaft der Öffentlichkeit. Essays zum Verhältnis von Wissenschaft, Medien und Öffentlichkeit*, Weilerswist 2005, 9–33, hier 20.

4 Vgl. Harold M. Schmeck, *1890–1990. Karger. Turning Medical Progress into Print. A Mirror of a Century of Medical Scientific Publishing*, Basel 1990, 147.

seine Kunden mit medizinischen Handatlanten, mit denen sie sich anhand sorgfältiger Illustrationen und durch präzise Darstellung über die verschiedenen Teilgebiete der Medizin informieren konnten.[5]

Ziel dieses Aufsatzes ist es, die Mediensorte „medizinische Wochenschrift" in dieser Phase des Umbruchs zu untersuchen und nach dem Wandel ihrer Funktion und Bedeutung zu fragen. Dabei sollen zunächst theoretische Einordnungen zur Bestimmung des Verhältnisses zwischen Wissenschaft und Öffentlichkeit vorgenommen werden, um dann die Charakteristika des Mediums „medizinische Wochenschrift" herauszuarbeiten. Es folgen Ausführungen zu einem mit dem Wandel zwischen Wissenschaft und Öffentlichkeit zusammenhängenden Berufszweig, nämlich dem der sich professionalisierenden Medizinjournalisten. Abschließend wird die konkrete Kommunikationspraxis der medizinischen Wochenschriften beleuchtet.

1. Zum Verhältnis zwischen Medien, Wissenschaft und Öffentlichkeit: theoretische Überlegungen

Dieser Aufsatz verortet seinen Gegenstand darin, die Mediensorte „medizinische Wochenschrift" für die Kommunikation von Wissenschaft in der Öffentlichkeit zu untersuchen. Er profitiert dabei neben der Wissenssoziologie von historischen Arbeiten, die den Komplex „Medien und Öffentlichkeit" untersuchen. So interessiert den Historiker Jörg Requate diese Frage vor dem Hintergrund der Erforschung zivilgesellschaftlicher Prozesse. Die Funktionsweise des öffentlichen Raums sei in der jeweiligen konkreten historischen Ausformung noch zu wenig erforscht und die historische Analyse über eine bloße Beschreibung von Teilöffentlichkeiten oder sektoralen Öffentlichkeiten selten hinausgegangen. Dabei, so sein Plädoyer, könnten durch die konsequente Historisierung der Öffentlichkeit und die stärkere Berücksichtigung von Rolle und Funktion der Medien in ihren wechselseitigen Beziehungen zum jeweiligen Publikum neue Erkenntnisse erzielt werden.[6] Für den Wissenschaftssoziologen Weingart hingegen ist die Rolle und Funktion von Medien in ihrem Legitimationspotenzial für die Wissenschaft von Interesse. Denn die Wissenschaft wende sich vorrangig über Medien an die Öffentlichkeit und erhalte erst im Zuge des Kommunikationsprozesses ihren Ort in der Gesellschaft.

Beide Ansätze sind deshalb hilfreich, weil sie von wechselseitigen Bezügen zwischen Öffentlichkeit und (wissenschaftlichen) Medien ausgehen und damit offen für den Blick auf die Wandlungsprozesse historisch spezifischer Konstellationen sind. Anschlussmöglichkeiten für den vorliegenden Beitrag ergeben sich somit erstens mit der Identifikation der jeweiligen Öffentlichkeit – im vorliegenden Fall die deutsche und britische Ärzteschaft – und den sie betreffenden Veränderungen in der Zwischenkriegszeit, zum zweiten geht es um die (medizinisch-)wissenschaftliche Wochenschrift als spezifisches Medium im Vergleich zu Monographien, Handbüchern,

5 Vgl. Susanne Hahn, „Erfolge des Verlages. Atlanten und Medizinische Fachliteratur", in: Sigrid Stöckel (Hg.), *Die „rechte Nation" und ihr Verleger. Politik und Popularisierung im J.F. Lehmanns Verlag 1890–1979*, Berlin 2002, 31–45, hier 33ff.

6 Vgl. Jörg Requate, „Öffentlichkeit und Medien als Gegenstände historischer Analyse", in: *Geschichte und Gesellschaft 25/1999*, 5–32.

wissenschaftlichen Fachzeitschriften und Popularisierungszeitschriften als von diesen abgrenzbares Medium von Wissenschaft und Öffentlichkeit. Drittens können Rückkopplungen aus der Öffentlichkeit ins Visier genommen werden: Neue Marktstrategien als Reaktion auf Veränderungen in der Öffentlichkeit oder die Entstehung neuer Rubriken können unter dieser Perspektive eingeordnet werden.[7]

Die Rolle und Funktion von Medien für die Kommunikation von Wissenschaft hat bisher wenig Beachtung von Historikern gefunden.[8] Es liegen jedoch Arbeiten vor, die der sozialen Rolle der Wissenschaft und ihrer Beziehung zur Öffentlichkeit systematisch nachgegangen sind.[9] Untersucht wurden dabei Schnittstellen zwischen Öffentlichkeit und Wissenschaft wie bürgerlich-wissenschaftliche Vereine und Museen, weiterhin gibt es Studien zur Popularisierung von Wissenschaft und der öffentlichen Resonanz auf neues wissenschaftliches Wissen wie beispielsweise Röntgenstrahlen. Bereits im Zeitraum zwischen 1870 und 1914, so haben diese Studien ergeben, begann die Ausdifferenzierung der Öffentlichkeit in Teilöffentlichkeiten oder sektorale Öffentlichkeiten wie auch eine Ausdifferenzierung der Wissenschaften. Sie hatte die Spezialisierung und Professionalisierung der Experten sowie den Ausschluss der Laienöffentlichkeiten einerseits und die Pluralisierung des Bürgertums andererseits zur Folge. Diese Entwicklung setzte sich in der Zeit der Weimarer Republik fort.

Dieser Aufsatz ist vergleichend angelegt. Er stützt sich im Wesentlichen auf die Auswertung von vier Zeitschriften, der *Deutschen Medizinischen Wochenschrift*, der

7 Vgl. die Abbildung des ausdifferenzierten medizinischen Wissens in den Rubriken der medizinischen Zeitschriften in dem Aufsatz von Wiebke Lisner in diesem Band.

8 Vgl. die Überblicksdarstellung bei Georg Jäger, „Das Zeitschriftenwesen", in: ders., Monika Estermann (Hg.), *Geschichte des Deutschen Buchhandels im 19. und 20. Jahrhundert. Das Kaiserreich 1870–1918*, Teil 2, Frankfurt a. M. 2003, 368–389; Monika Estermann, Ute Schneider (Hg.), *Wissenschaftsverlage zwischen Professionalisierung und Popularisierung*, Wiesbaden 2007. Vgl. außerdem Christoph Meinel, „Die wissenschaftliche Fachzeitschrift. Struktur- und Funktionswandel eines Kommunikationsmediums", in: ders. (Hg.), *Fachschrifttum, Bibliothek und Naturwissenschaft im 19. und 20. Jahrhundert*, Wiesbaden 1997, 138–155; als Verlagsgeschichte: Frank Holl, „Produktion und Distribution wissenschaftlicher Literatur von 1913 bis 1933. Der Physiker Max Born und sein Verleger Ferdinand Springer", in: *Archiv für Geschichte des Buchwesens 45/1996*, 1–225, darin das Kapitel über die wissenschaftlichen Zeitschriften des Verlags: 125–135; Mario Heidler, „Die Zeitschriften des J.F. Lehmanns Verlages bis 1945", in: Sigrid Stöckel (Hg.), *Die „rechte Nation" und ihr Verleger. Politik und Popularisierung im J.F. Lehmanns Verlag 1890–1970*, Berlin 2002, 47–101. Für Fachzeitschriften anderer Disziplinen siehe Matthias Middell, „Vom allgemeinhistorischen Journal zur spezialisierten Liste im H-Net", in: ders. (Hg.), *Historische Zeitschriften im internationalen Vergleich*, Leipzig 1999, 138–155. Für Großbritannien vgl. Peter Bartrip, *Mirror of Medicine. A History of the British Medical Journal*, Oxford 1990 und William F. Bynum, Stephen Lock, Roy Porter (Hg.), *Medical Journals and Medical Knowledge*, London, New York 1992. Demgegenüber stehen eher deskriptive Festschriften zu medizinischen Fachzeitschriften wie J.F. Volrad Deneke und Richard E. Sperber (Hg.), *Einhundert Jahre Deutsches Ärzteblatt – Ärztliche Mitteilungen*, Köln 1973.

9 Vgl. Andreas W. Daum, *Wissenschaftspopularisierung im 19. Jahrhundert. Bürgerliche Kultur, naturwissenschaftliche Bildung und die deutsche Öffentlichkeit 1848–1914*, München 1998; Constantin Goschler (Hg.), *Wissenschaft und Öffentlichkeit in Berlin 1870–1930*, Stuttgart 2000; Mitchell G. Ash, Christian Stifter (Hg.), *Wissenschaft, Politik und Öffentlichkeit. Von der Wiener Moderne bis zur Gegenwart*, Wien 2002; Sybilla Nikolow, Arne Schirrmacher (Hg.), *Wissenschaft und Öffentlichkeit als Ressource füreinander. Studien zur Wissenschaftsgeschichte im 20. Jahrhundert*, Frankfurt a. M. 2007.

Münchener Medizinischen Wochenschrift, des *British Medical Journal* und *The Lancet*. Daneben werden punktuell Beiträge aus anderen medizinischen Zeitschriften hinzugezogen. Im deutsch-britischen Vergleich treten die Unterschiede des Verhältnisses von Öffentlichkeit, Wissenschaft und Medien nicht nur diachron hervor, sondern durch die Einbeziehung der nationalen Kontexte soll eine zusätzliche Konturierung und Schärfung auf synchroner Ebene erreicht werden. Mit der *Deutschen Medizinischen Wochenschrift* und der *Münchener Medizinischen Wochenschrift* werden die beiden auflagenstärksten der wöchentlich erscheinenden deutschen Fachzeitschriften für Ärzte in Deutschland untersucht.[10] *The Lancet* und das *British Medical Journal* fanden von allen wöchentlich herausgegebenen Zeitschriften die weiteste Verbreitung innerhalb der britischen Ärzteschaft. Ihnen wird der größte Einfluss in Bezug auf die Professionalisierung und die Reformbestrebungen der britischen Medizin zugeschrieben.[11]

Die Gestaltung der Zeitschriften und die Kommunikationspraktiken innerhalb des Mediums, so die These des vorliegenden Beitrags, hingen eng mit der Konzipierung des öffentlichen Raums zusammen. Die Art und Weise, in der die vier Zeitschriften Wissenschaft kommunizierten, als Medien agierten und sich selbst darstellten, stand in Wechselbeziehung zu der jeweiligen Öffentlichkeit. Dabei konnten sich, wie im Folgenden zu sehen sein wird, die Schriftleiter der vier untersuchten Zeitschriften einerseits auf gemeinsame Probleme und zukünftige Perspektiven in Bezug darauf verständigen, wie eine medizinische Wochenschrift gestaltet werden müsse. Andererseits haben Unterschiede im Zugang zur Profession, die jeweilige Bedeutung der Öffentlichkeit für die Strukturierung des gesellschaftlichen und politischen Lebens und die Position der wissenschaftlichen Medizin in den beiden Ländern das Verhältnis von Wissenschaft, Medien und Öffentlichkeit unterschiedlich ausgeprägt.[12] Wie diese Unterschiede und Gemeinsamkeiten konkret in den Zeitschriften Form annahmen, soll Thema dieses Beitrags sein.

Die Medialisierung der Wissenschaft in der Zwischenkriegszeit unterscheidet Weingart von der Position, die die Wissenschaft in der bürgerlichen Öffentlichkeit des 19. Jahrhunderts einnahm. Charakteristisch für das 19. Jahrhundert war demnach, was Hauff mit dem patriarchalen und unternehmerorientierten Verhalten des Verle-

10 Vgl. dazu die Auflagenzahlen in Sperlings Zeitschriften-Adressbuch; für die *Münchener Medizinische Wochenschrift* (MMW) siehe außerdem Heidler, „Die Zeitschriften des J.F. Lehmanns Verlages bis 1945“ (wie Anm. 8), 49.

11 Vgl. Stephen Lock, „Medical Journals“, in: John Walton, Jeremiah A. Barodness und Stephen Lock (Hg.), *The Oxford Medical Companion*, Oxford, New York, Tokio 1995, 524–528.

12 In Deutschland gab es seit 1852 den universitär ausgebildeten ärztlichen Einheitsstand, dessen Position durch staatliche Gesetze gesellschaftlich aufgewertet und gefestigt wurde. Vormals tätige niedere und praktisch ausgebildete Ärztekategorien wurden abgeschafft. Vgl. Claudia Huerkamp, *Der Aufstieg der Ärzte im 19. Jahrhundert. Vom gelehrten Stand zum professionellen Experten. Das Beispiel Preußens*, Göttingen 1985. In Großbritannien hingegen wurde zwar mit dem *medical act* von 1858 erstmals der Zugang zum so genannten *medical marketplace* reglementiert. Seitdem gab es ein jährlich aktualisiertes *medical register*, in das nur Ärzte aufgenommen wurden, die entweder eine *hospital medical school* durchlaufen hatten, die Lizenz einer *medical corporation* erworben hatten oder Absolventen einer *university medical faculty* waren. Dieses Gesetz verbot jedoch nicht das Angebot anderer *healer*, wodurch das Entstehen eines medizinischen Monopols verhindert wurde. Vgl. William F. Bynum, *Science and Practice of Medicine in the 19th Century*, Cambridge 1994, 179.

gers in der überschaubaren Öffentlichkeit des 19. Jahrhunderts meinte, der Bücher behandelte wie andere Unternehmer ihre Waren auch. In dieser Öffentlichkeit nämlich produzierten Bürger für andere interessierte Bürger und die Ware, das Buch, wendete sich in erster Linie an Angehörige des bürgerlichen Publikums. Im 19. Jahrhundert war die Öffentlichkeit der Wissenschaft das gebildete Bürgertum, welches sich in Vereinen organisierte und von gleichgesinnten, akademisch gebildeten Bürgern herausgegebene Zeitschriften oder Bücher las.[13] Nach dem Ersten Weltkrieg jedoch hatten sich sowohl die Öffentlichkeit und die mediale Vermittlung von Wissenschaft als auch die Wissenschaft selber gewandelt.[14] Ausdruck dessen war unter anderem eine Form der Wissenschaftspopularisierung, bei der die Wissenschaft dann interessant war, wenn sie versprach, Werbeeinnahmen für den Verleger einzubringen. Auch das Publikum hatte sich geändert: Der Adressatenkreis der Wissenschaft bestand nicht mehr vornehmlich aus akademisch interessierten oder gebildeten Bürgern, sondern war ein Massenpublikum oder eine Massenöffentlichkeit geworden. So wandten sich Autoren populärwissenschaftlicher Schriften auch an die Arbeiterschaft, die zu den Konsumenten oder Rezipienten der Massenmedien wurde.

Nun handelt es sich bei einer medizinischen Fachzeitschrift wie der *Deutschen Medizinischen Wochenschrift* offensichtlich nicht um ein Medium, das sich an ein Massenpublikum richtet. Auch bilden Ärzte kein Publikum, das sich in der Zwischenkriegszeit der Massenöffentlichkeit im engeren Sinne geöffnet hätte. Trotzdem hilft der von Weingart beschriebene Wandel des Verhältnisses von Wissenschaft, Medien und Öffentlichkeit, Veränderungen des Mediums „medizinische Fachzeitschrift" vom 19. zum 20. Jahrhundert zu verstehen. Denn der „Grad der Ausdifferenzierung der Wissenschaft", die Beziehung zu „der politischen Verfassung einer Gesellschaft" und der Zusammenhang „mit der in ihr jeweils relevanten Öffentlichkeit"[15] – Faktoren, die laut Weingart das Verhältnis von Wissenschaft, Öffentlichkeit und Medien verändern – erklären auch den Wandel, den medizinische Fachzeitschriften durchliefen. Denn diese agierten als Teil der Öffentlichkeit und reagierten auch auf ihre Veränderungen, sie mussten sich neu positionieren und veränderten sich dadurch als Medien. Im 19. Jahrhundert waren sowohl die *Deutsche Medizinische Wochenschrift* als auch die *Münchener Medizinische Wochenschrift* und ihre Vorgängerinnen – die beiden führenden medizinischen Zeitschriften des 20. Jahrhunderts in Deutschland – ärztliche „Kampfblätter". Sie wurden im 19. Jahrhundert im Zuge der ärztlichen Einheits- und Professionalisierungsbestrebungen von Ärzten gegründet, welche den naturwissenschaftlich ausgebildeten, gesellschaftliche Führungsrollen übernehmenden, engagierten Arzt etablieren wollten. Es waren Medien, in denen sich Bürger an Bürger wendeten und welche der bürgerlichen Öffentlichkeit des 19. Jahrhunderts verhaftet waren.

13 Vgl. Daum, *Wissenschaftspopularisierung* (wie Anm. 9).
14 Weingart, „Die Wissenschaft der Öffentlichkeit" (wie Anm. 3), 20.
15 Ebd., 11.

2. Kennzeichen medizinischer Fachzeitschriften in der Zwischenkriegszeit

Im 20. Jahrhundert blieb die medizinische Fachzeitschrift natürlich weiterhin ein Medium bürgerlicher Ärzte. Ihr wurde jedoch eine andere Funktion zugeschrieben: Sie verstand sich nunmehr vornehmlich als Fortbildungsorgan und Orientierungshilfe des praktischen Arztes in der sich ausdifferenzierenden Wissenschaft. Die Vernaturwissenschaftlichung der Medizin und die darauf basierende gesellschaftliche Position als medizinischer Experte waren so weit gefestigt, dass sie nicht mehr auf der Agenda medizinischer Zeitschriften stehen mussten. Die Zeitschrift verstand sich nun vielmehr als Mittlerin zwischen Wissenschaftlern und Praktikern. Der Berliner Medizinprofessor und spätere Direktor des Kaiser-Wilhelm-Instituts für Arbeitsphysiologie Max Rubner sprach diese Aufgabenverteilung im Jahr 1925 auch ausdrücklich so aus:

> „Wenn wir uns in die Zeit (...) [um 1850; gr] zurückversetzen, (...) trieb [der Arzt] Botanik und Zoologie, auch Mineralogie neben der Chemie und Physik, und selbst für manche philosophischen Kollegs blieb noch Zeit genug. (...) Aber von Jahr zu Jahr steigerte sich der Inhalt der Medizin selbst mit der Gliederung in Teile und Unterteile. Die Anatomie erweitert sich durch die Histologie und Entwicklungsgeschichte, zur Physiologie fügt sich die physiologische Chemie, die Pathologie zweigt die pathologische Physiologie ab.“[16]

Dem praktischen Arzt „war es daher von Jahr zu Jahr weniger möglich, sich selbst die Literatur anzuschaffen oder auch nur aus der Lektüre eine Übersicht zu gewinnen, da sich der Boden, auf dem die studentische Ausbildung ehemals für ihn geruht hatte, verschob und veränderte“.[17] Aufgabe der medizinischen Wochenschriften musste es deshalb sein, „[a]us dem sozusagen täglich zuströmenden Material der verschiedensten Fächer mit Kritik, Vorsicht und Scharfsinn das [herauszuholen], was für die Allgemeinheit von Bedeutung erscheint. Es gilt dabei Eintagsfliegen wissenschaftlicher Entdeckungen zu entgehen, falsche Gleise und blinde Wege zu meiden“.[18] Medizinische Fachzeitschriften sollten die Fortbildung der praktischen Ärzte übernehmen und für ihren Anschluss an den wissenschaftlichen Kenntnisstand sorgen. Rubner vertrat keine Einzelmeinung. In dem vielfach aufgelegten Buch „Vom Arzt und seinen Kranken“, in dem der Münchener Chirurg Albert Krecke zu verschiedenen (standes-) ethischen Fragen Stellung bezog und Handlungsanweisungen für ärztliches Verhalten gab, findet sich auch eine Art Gebrauchsanweisung für die medizinische Wochenschrift. In dem entsprechenden Kapitel seines Buches, „Wie soll der Arzt seine Wochenschrift lesen?“ weist Krecke ausdrücklich auf die Bedeutung von medizinischen Wochenschriften für die Arbeit des praktischen Arztes hin.[19]

Fast zeitgleich mit den Äußerungen des Thieme-Verlegers Hauff aus den 1930er Jahren erschien die Studie des Wissenschaftstheoretikers Ludwik Fleck *Entstehung*

16 Max Rubner, „Medizinische Wissenschaft und medizinische Presse“, in: *WMW 75/1925*, 36–37, hier 36.

17 Ebd.

18 Ebd.

19 Vgl. Albert Krecke, *Vom Arzt und seinen Kranken*, München 1932, 322–330. Das vom Lehmanns Verlag herausgegebene Buch erschien bis 1955 in mehreren Auflagen. Den gleichen Duktus haben die Ausführungen des Münchener Professors für Innere Medizin Friedrich von Müller (1858–1941), einem langjährigen Mitglied und Vorsitzenden des Herausgeberkollegiums der *Münchener Medizinischen Wochenschrift*. Vgl. Friedrich von Müller, *Lebenserinnerungen*, München 1951, 137.

und Entwicklung einer wissenschaftlichen Tatsache, in der er den wissenschaftlichen Zeitschriften ein eigenes Kapitel widmete. Auch Fleck beobachtete eine Ausdifferenzierung der Öffentlichkeit in verschiedene (Teil-)Öffentlichkeiten, an die sich die Wissenschaft nun jeweils richtete und die auf die Herausbildung und Weiterentwicklung verschiedener, von Fleck so bezeichneten, wissenschaftlichen „Denkstile“ rückwirkten. Zur Veranschaulichung seiner Beobachtung traf Fleck eine Unterscheidung zwischen populärem und „fachmännischem“ Wissen und trennte eine „Zeitschrift-“ von einer „Handbuch-“ und einer „Lehrbuchwissenschaft“.[20] Mit diesen Unterscheidungen konnte Fleck verschiedene Adressaten- und Produzentengruppen wissenschaftlichen Wissens identifizieren. Den praktischen Arzt zählte Fleck dabei zur Zielgruppe einer populären Darstellung von Wissenschaft, die auf „Gewissheit, Einfachheit“ und „Anschaulichkeit“ wissenschaftlicher Erkenntnisse angewiesen war:[21] Während Forscher bakteriologische Untersuchungsbefunde beispielsweise zur innerwissenschaftlichen Verständigung empirisch ausführlich und theoretisch präzise in ihren morphologischen und kulturellen Eigenschaften beschreiben mussten, genügte für den Arzt die kurze und griffige Bezeichnung ‚Löffler-Bazillus', weil sie „für praktische Zwecke wohl genügend begründet“ sei.[22]

Richteten sich nach Fleck Lehrbücher an Studenten und orientierten sich an pädagogisch-didaktischen Maßstäben, waren praktische Ärzte Adressaten von Handbüchern, in denen wissenschaftliches Wissen (zumindest temporär) kanonisiert wurde und in verlässliches Wissen gerann. Das von Fleck so bezeichnete „Zeitschriftwissen“ zeichnete sich demgegenüber durch Dynamik und Schnelllebigkeit aus. In wissenschaftlichen Zeitschriften im engeren Sinn – also in Periodika, in denen Forscher sich mit ihren Kollegen über neue wissenschaftliche Ergebnisse auseinandersetzten – erschienen Ergebnisse, die „vorläufig“, „unsicher“ und „persönlich gefärbt“ seien: „Die Zeitschriftwissenschaft trägt also das Gepräge des Vorläufigen und Persönlichen.“[23]

Wird Flecks Definition gefolgt, beteiligten sich die medizinischen Wochenschriften der Ärzte gar nicht mehr an den Auseinandersetzungen, die von der Forscheröffentlichkeit im engeren Sinne geführt wurde. Dass sie dennoch dem Anspruch der medizinischen Fachzeitschriften genügten, macht der oben zitierte Berliner Geheimrat Dr. Max Rubner einmal mehr deutlich. In seinem Beitrag fuhr er fort, dass die weiteren Aufgaben der medizinischen Zeitschrift darin bestünden, die Volksgesundheit zu fördern und Einfluss auf die Verbreitung hygienischer Kenntnisse zu nehmen. Daneben habe sich die medizinische Presse für Standesangelegenheiten und den Schutz des medizinischen Nachwuchses einzusetzen, der von der spezialisierten Ausbildung überfordert werden könnte.[24] Innerwissenschaftlichen Diskussionen ein Forum zu geben, gehörte nicht zu den von Rubner aufgestellten Kriterien einer medizinischen Wochenschrift.

20 Vgl. Ludwik Fleck, *Entstehung und Entwicklung einer wissenschaftlichen Tatsache. Einführung in die Lehre vom Denkstil und Denkkollektiv*. Mit einer Einleitung hg. v. Lothar Schäfer, Thomas Schnelle, Frankfurt 1980 [zuerst 1935], 150.

21 Ebd., 152.

22 Ebd., 151.

23 Ebd., 156.

24 Vgl. Rubner, „Medizinische Wissenschaft und medizinische Presse“ (wie Anm. 16), 36–37.

3. Medizinjournalismus um die Jahrhundertwende

Vorboten des veränderten Verhältnisses von Wissenschaft, Medien und Öffentlichkeit kündigten sich bereits um die Jahrhundertwende an. 1894 regte Julius Schwalbe, der in dem Jahr Schriftleiter der *Deutschen Medizinischen Wochenschrift* geworden war, die Gründung einer *Vereinigung der deutschen medicinischen Fachpresse* an, wozu es anlässlich der 66. Versammlung deutscher Naturforscher und Ärzte in Wien am 25. September des Jahres kam.[25] Geschäftsführer wurde Schwalbes Vorgänger und zeitweiliger Vorgesetzter bei der *Deutschen Medizinischen Wochenschrift*, der Berliner Mediziner Albert Eulenburg. 1895 zählte die Vereinigung, die den deutschsprachigen Raum umfasste, 29 Mitglieder, darunter auch Bernhard Spatz, den Schriftleiter der *Münchener Medizinischen Wochenschrift*. Gemäß den Statuten verfolgte die Vereinigung das Ziel, „das Ansehen und den Einfluss der medicinischen Fachpresse zu heben und zu kräftigen, ihre gemeinsamen Interessen nachdrücklich zu wahren" und weiterhin „die Sorge für eine verbesserte und beschleunigte, den Wünschen der Mitglieder gemäss geregelte gemeinsame Berichterstattung" zu tragen und „geschlossenes Vorgehen gegenüber unberechtigten und schädlichen Bestrebungen, insbesondere gegen Auswüchse der medicinischen Journalistik" zu üben.[26] Mitglieder konnten nur leitende Redakteure medizinischer Fachzeitschriften im deutschen Sprachraum werden. Das Publikum, an das die Medizinjournalisten sich richteten, war eine Fachöffentlichkeit. Abgrenzen mussten sie sich gegen fachfremde Journalisten, die über Medizin schrieben. Der Medizinjournalist um die Jahrhundertwende war also ein akademisch ausgebildeter Arzt, der seine Tätigkeit gegen selbsternannte, nicht medizinisch ausgebildete Journalisten verteidigte. Seine Arbeit bestand darin, medizinisches Wissen an den in der Praxis tätigen Arztkollegen zu vermitteln. Weiter reichte sein Aktionsraum nicht. Der Medizinjournalismus richtete sich also nicht an eine breite Öffentlichkeit und betrieb nicht, wie etwa in der Zeit nach dem Zweiten Weltkrieg, die gesundheitliche Aufklärung von Laien: Diese Form der Wissenspopularisierung nahmen vorwiegend Professoren vor, Experten also, die neben ihrer eigentlichen Tätigkeit Ratgeber schrieben oder einzelne Beiträge für populärwissenschaftliche Zeitschriften verfassten. Mediziner wie Julius Schwalbe oder Bernhard Spatz, die die journalistische Tätigkeit zu ihrem Haupterwerb machen konnten, waren nur in leitenden Stellungen medizinischer Zeitschriften zu finden.

Dabei gab es keine formale Ausbildung für den Weg in den Medizinjournalismus. Die Schriftleiter der medizinischen Fachzeitschriften wurden durch Zufall oder Neigung zu Journalisten. Auch praktizierten sie nach ihrem Studium zunächst weiter Medizin und wandten sich erst dann oder nebenbei der journalistischen Tätigkeit zu. So war Julius Schwalbe (1863–1930) nach seinem Examen zunächst Arzt in einem Berliner Krankenhaus und trat 1890 in eine private Praxis ein. Neben seiner Tätigkeit als Arzt schrieb er regelmäßig Beiträge für verschiedene medizinische Zeitschriften, bevor er 1892 die Schriftleitung der *Fortschritte der Krankenpflege* übernahm. Ein gutes Jahr später wurde er Redaktionsmitglied der *Deutschen Medizinischen Wochen-*

25 Hans-Werner Koeppe, „Die ‚Vereinigung der Deutschen Medizinischen Fach- und Standespresse'", in: Heinz-Dietrich Fischer (Hg.), *Handbuch der Medizinkommunikation. Informationstransfer und Publizistik im Gesundheitswesen*, Köln 1988, 29–31, hier 29.

26 Ebd., 30.

schrift, die er ab 1904 leitete. 1902 wurde ihm der Professorentitel verliehen, 1911 wurde er zum Geheimen Sanitätsrat ernannt.[27] Der Schriftleiter der *Münchener Medizinischen Wochenschrift*, Bernhard Spatz (1856–1935), arbeitete nach Stationen als Krankenhausarzt und Hausarzt am Deutschen Hospital in London als praktischer Arzt in München. Seinen Einstieg in den Medizinjournalismus verdankte er persönlichen Kontakten aus der Zeit des Studiums: Das Vorgängerblatt der *Münchener Medizinischen Wochenschrift* stand unter der Leitung von Otto Bollinger, einem Münchener Pathologen, unter dessen Vorgänger Spatz studiert hatte. Als Bollinger 1885 das bayerische *Ärztliche Intelligenzblatt* reformieren wollte, griff er auf Bernhard Spatz zurück, unter dessen Ägide es bis 1930 stand.[28]

Die Vereinigung der Deutschen Medicinischen Fachpresse lebte vom Engagement der einzelnen Mitglieder und besonders vom Einsatz Julius Schwalbes. Der Schriftleiter der *Deutschen Medizinischen Wochenschrift* entwarf beispielsweise 1924 einen Vertrag für die Rechte an Aufsätzen und Büchern und erstellte Entgeltregelungen für die Verfasser.[29] Dieser Vertragsentwurf, abgedruckt in der *Deutschen Medizinischen Wochenschrift*, richtete sich an potentielle Autoren und sollte ihre Rechte schützen. Schwalbe hatte zu diesem Zweck die gesetzlichen Bestimmungen zum Urheberrecht und zum Verlagsrecht konsultiert und auf die Autoren in medizinischen Fachzeitschriften zugeschnitten. Diese Verfasser waren rechtlich kaum abgesichert. Schwalbe wollte diesen Notstand, der „die wirtschaftlichen Verhältnisse der Geistesarbeiter" insbesondere nach dem Krieg stark beeinträchtigte, beseitigen und die journalistische Arbeit von den Verlagen angemessen entlohnt wissen.[30]

Die deutschsprachige medizinische Fach- und Standespresse hielt ihre Generalversammlungen gelegentlich auf der Jahrestagung der deutschen Naturforscher und Ärzte ab. Weitere Formen der Institutionalisierung und Zeugnisse dieser Tätigkeit – Sitzungsberichte oder Schriftenreihen – gab es nicht. Die Schriftleiter berichteten in ihren Zeitschriften je nach Gusto über die Tätigkeit der Vereinigung. So gab Julius Schwalbe beispielsweise ein Referat des Münchener Schriftleiters Bernhard Spatz über die wirtschaftliche Notwendigkeit von Anzeigen in medizinischen Fachzeitschriften wieder und wies auf Grenzen und Notwendigkeiten einer solchen Kommerzialisierung hin. Für homöopathische Arzneimittel beispielsweise dürfe geworben werden, weil die Homöopathie staatlich zugelassen sei, die so genannte „Schüßlersche Biochemie" und die „Komplexbiochemie" galten hingegen als „Kurpfuscherverfahren" und durften nicht beworben werden.[31] Die Gefahr einer möglichen Einflussnahme auf die medizinischen Zeitschriften durch die Arzneimittelhersteller wurde in erster Linie von der Leserschaft gesehen, die drohte, ihr Abonnement zu kündigen. Die Journalisten hingegen fanden Werbeanzeigen eher unproblematisch. Es dürfe alles gedruckt werden, was nicht „gegen die guten Sitten und gegen den feineren Ge-

27 Vgl. Reinhard von der Felden, Paul Wolff, „Julius Schwalbe", in: *DMW 56/1930*, Beilage zu Nr. 10, 1–6.

28 Vgl. Friedrich Müller, „Zum 70. Geburtstag unseres Mitherausgebers und Schriftleiters Dr. Bernhard Spatz", in: *MMW 73/1926*, Sonderbeilage zu Nr. 50, o.S.

29 Julius Schwalbe, „Über Verlagsverträge", in: *DMW 50/1924*, 1548–1549 und 1588–1589.

30 Ebd., 1548.

31 Vgl. Julius Schwalbe, „Der Anzeigenteil in der medizinischen Fachpresse", in: *DMW 51/1925*, 403–404.

schmack, im besonderen gegen die ärztliche Ethik verstößt".[32] Nach Ansicht der Journalisten gehörten kommerzielle Anzeigen nicht dazu. Für die Bestimmung dessen, was den „guten Sitten" entsprach, hielten sie sich an gesetzliche Bestimmungen und die Vorgaben ihres Berufsverbandes: Solange auch nicht-naturwissenschaftliche Heilmittel staatlich zugelassen waren, durften Hersteller auch für sie in medizinischen Fachzeitschriften werben, so der Beschluss der medizinischen Fachpresse. Als der Deutsche Ärztevereinsbund im Jahr 1925 die Werbung für homöopathische Arzneien verbot, übernahm die medizinische Fachpresse dann einfach dieses Urteil.[33] Die ethischen Dimensionen der kommerziellen Werbung waren letztlich zweitrangig, denn, darauf wies der Referent Spatz auf der Generalversammlung der Fachpresse 1924 ganz deutlich hin, die Werbeeinnahmen waren lebensnotwendig: „[O]hne die Anzeigen [müssten] die Blätter entweder sehr viel teurer oder sehr viel schmächtiger sein."[34] Die britischen Zeitschriften vertraten eine ähnliche Haltung. Zwar finanzierte sich eine Zeitschrift wie das *British Medical Journal* als Verbandsorgan über einen Anteil an den Mitgliederbeiträgen, aber Werbung stellte auch hier die wichtigste Einnahmequelle dar.[35]

Nach dem Ersten Weltkrieg war die Vereinigung der deutschen medizinischen Fach- und Standespresse der 1901 gegründeten „Union Internationale de la Presse Médicale" beigetreten. Bereits auf dem „Ersten Internationalen Kongress der medizinischen Presse" in Paris 1900 hatten sich Schriftleiter französischer, italienischer, englischer, amerikanischer und deutscher medizinischer Fachzeitschriften über gemeinsame Probleme verständigt. Vorausgegangen war diesem Kongress die Gründung eines „Ausschusses der Internationalen Medizinischen Fachpresse" im Jahr 1894, der „der unaufhörlichen Entwicklung des unaufhaltsamen Fortschritts der Errungenschaften und Kenntnisse auf dem unendlich großen und mannigfalligen Gebiete des menschlichen Wissens" Rechnung trug und die „möglichst innige und geregelte Annäherung der verschiedenen Nationalitäten zu einer unumgänglichen Nothwendigkeit" erklärte. Zu ihren Gründungsmitgliedern zählte auch Julius Schwalbe. Der Zweck der internationalen Vereinigung sollte „in der Verbreitung der wissenschaftlichen Errungenschaften und deren practischen Verwerthung" bestehen.[36] Die Institutionalisierung dieses Projekts scheiterte zunächst zwar daran, dass die deutschen Ärzte das Programm des internationalen Ausschusses für nicht weitreichend genug hielten[37], ein Handlungsbedarf diesbezüglich wurde jedoch von allen Seiten konstatiert. So wurden einheitliche Standards in der medizinischen Presse gefordert:

32 Ebd.

33 Vgl. Julius Schwalbe, „Kleine Mitteilungen", in: *DMW 51/1925*, 1291. Die MMW schloss sich dem Urteil ebenfalls an: o.V., „Tagesgeschichtliche Notizen", in: *MMW 72/1925*, 1187–1188, hier 1188 und o.V., „Tagesgeschichtliche Notizen", in: *MMW 72/1925*, 1277–1278, hier 1278.

34 Ebd.

35 Vgl. die Zahlen bei: Bartrip, *Mirror of Medicine* (wie Anm. 8), 218.

36 J.-V. Laborde, „Bericht über die Zweckmässigkeit der Gründung der Internationalen Vereinigung der medizinischen Presse und ueber die Bedingungen unter welchen diese Vereinigung in Wirksamkeit treten soll", in: *Premier congrès international de la Presse médicale Paris (26–28 Juillet 1900). Comte rendu officiel des séances*, Paris 1901, 15–20, hier 15.

37 Helmut Demus, „Am 25.09.1894 wurde die Vereinigung der Deutschen Medizinischen Fach- und Standespresse gegründet", in: *INFO. Mitgliederrundschreiben der Vereinigung der Deutschen Medizinischen Fach- und Standespresse e.V. 4/1993*, 1–5, hier 2.

Ein ungarischer Arzt beispielsweise verlangte nach einem standardisierten Weltformat der Bücher und einem Zusammenschluss zur Vereinheitlichung des Referat-, Kongress- und Sitzungsberichtteils. Außerdem schlug er vor, dass jede Redaktion eine Person abstellen müsste, die sich in diesen Zusammenschluss einbrächte.[38]

Eine gute medizinische Zeitschrift zeichne sich dadurch aus, dass sie „hinter der wissenschaftlichen Entwicklung überhaupt nicht zurückgeblieben" sei, „sondern dass der weitgehenden Arbeitstheilung in der medicinischen Forschung und Praxis eine ebenso weitgehende Arbeitstheilung der Publicistik gefolgt ist".[39] So jedenfalls sah Bernhard Spatz seine Zeitschrift, als er sie auf dem „Ersten Internationalen Kongress der Medizinischen Fachpresse" im Jahr 1900 vorstellte. Sir Squire Sprigge, Schriftleiter von *The Lancet*, hielt ein Plädoyer für die Notwendigkeit gemeinsamer ethischer Standards in der medizinischen Presse und kritisierte kommerzielle Zeitschriften, die den Primat der kritischen Wissenschaftsberichterstattung hinten anstellten.[40] Eine gute medizinische Zeitschrift dürfe niemals nur die Partikularinteressen einer kleinen Gruppe von Medizinern vertreten und auch nicht primär ökonomischen Zwecken dienen. Nur dann könne sie dem Gemeinwohl dienen. Sprigges Äußerung war vor dem Hintergrund der rasanten Entwicklung der Zeitschriftenproduktion zu verstehen. 1836 gab es nur sieben medizinische Zeitschriften in Großbritannien. Drei wurden vierteljährlich, eine vierzehntägig und drei wöchentlich herausgegeben. 1932 waren es dann bereits hundert medizinische Zeitschriften. Ungefähr 55 von ihnen waren Fachzeitschriften und 13 richteten sich an Medizinstudenten.[41] Ein Großteil dieser Zeitschriften, so Sprigges Kritik, sei von schlechter Qualität, weil sie von Nicht-Medizinern geführt würden oder Organe nicht-naturwissenschaftlicher Mediziner darstellten. Denn gemeinsamer Bezugspunkt aller Schriftleiter, die sich auf dem internationalen Kongress zusammenfanden, war der naturwissenschaftlich ausgebildete Arzt, dessen Interessen zu vertreten waren und dessen gesellschaftliche Position

38 Jenö Kollarits, „Der energetische Imperativ (Ostwald) und die medizinischen Zeitschriften", in: *Wiener Klinische Wochenschrift 26/1913*, 758–759; Hermann Berger, „Plan eines ‚Deutschen Verbandes für die medizinische Literatur'", in: *MMW 61/1914*, 315–316, hier 316; Carl Oppenheimer, „Reformen im medizinischen Publikationswesen", in: *MMW 57/1910* , 27–30. Auch in Großbritannien sorgten sich die Mediziner um die Sprache und plädierten für größere Präzision und Reflektion in der Wortwahl: o.V., „Nomenclature", in: *The Lancet 211/1928*, 194–195.

39 Bernhard Spatz, „Die Deutsche medicinische Fachpresse", in: *Premier Congrès International* (wie Anm. 36), 219–226, hier 220f.

40 Squire Sprigge, „L'éthique du journalisme médical anglais", in: *Premier Congrès International* (wie Anm. 34), 210–218. Sprigge begab sich auf Vortragsreisen – unter anderem in die USA –, die dokumentiert wurden: vgl. Squire Sprigge, „Medical Journalism and Scientific Progress", in: *JAMA 91/1928*, 1990–1993. Bei diesem Beitrag handelt es sich um einen Vortrag, der am 15. November 1928 vor der *Medical Society of the County of Kings* in Brooklyn gehalten wurde. Ein weiterer Vortrag von Sprigge, gehalten anlässlich der Eröffnung der *medical session* am „St. George's Hospital" in London am 1. Oktober 1919, wurde in der New Yorker Zeitschrift *Medical Record* abgedruckt. Vgl. Squire Sprigge, „The Outlook of Medical Practice", in: *Medical Record 96/1919*, 622–624. Darin sprach er über die Hoffnungen auf eine bessere Organisation des englischen Gesundheitssystems, die an die Errichtung des Gesundheitsministeriums geknüpft waren.

41 Vgl. N. Gerald Horner, „Medical Journalism in the British Empire", in: *The Lancet 220/1932*, 273–274, hier 274.

als medizinischer Experte gefestigt werden sollte. Soweit war die wissenschaftliche Medizin international angekommen.[42]

Weitere internationale Kooperationen, in die sich der Zusammenschluss der internationalen medizinischen Fachpresse einbrachte, wurden im Rahmen des 1920 gegründeten Völkerbundes geschaffen. Initiativen zur Friedenssicherung, als Konsequenz aus der Erfahrung des Ersten Weltkriegs, erstreckten sich auch auf die Arbeit der Wissenschaftler. 1924 wurde die „International Co-Operation in Science“ als Unterabteilung der Vereinten Nationen gegründet. Als Sitz des „International Institute of Intellectual Cooperation“ wurde – trotz anfänglicher Befürchtungen, Frankreich könnte diese Sektion dominieren – Paris gewählt; die „International Co-Operation in Science“ wurde auch von der französischen Regierung finanziell erheblich unterstützt.[43] Julien Luchaire, Preisträger der *Académie française* und Generalinspekteur für Bildung, leitete das Institut. Den sieben Abteilungen – Allgemeine Beziehungen, Beziehungen zwischen Universitäten, Bibliographien und Wissenschaft, rechtliche Beziehungen, Literatur, Kunst und Information – standen ein Brite, ein Pole, ein Deutscher, ein Spanier, eine Chilenin, ein Belgier und ein Italiener vor. Die Wissenschaftsabteilung plante eine umfassende Bibliographie der Naturwissenschaften, darunter auch eine Rezensionsbibliographie. Zudem sollten Verbindungen zwischen Bibliotheken geschaffen werden, damit Zentren wissenschaftlicher Sammlungen entstanden, die für alle zugänglich wurden. Zudem sollte das internationale Fernleihwesen verbessert und in der Nachwuchsförderung und Forschung enger zusammengearbeitet werden. Weiterhin gab es gemeinsame Standards der Nomenklatur, Messeinheiten und Nosologie. Länder, deren Sprachen nicht zu den häufig gesprochenen europäischen Fremdsprachen gehörten, wurden aufgefordert, ihren Forschungsarbeiten Kurzzusammenfassungen beizulegen. Der internationale Austausch, besonders unter jungen Wissenschaftlern, sollte gefördert werden. Dazu wurde überlegt, eine internationale Universität zu gründen. Die britischen Ärzte erhofften sich zudem von der internationalen *scientific community* Unterstützung in Bezug auf die Handhabung ihres Urheberrechts: Weder konnten sich Wissenschaftler im Jahre 1925 Entdeckungen patentieren lassen, noch besaßen sie die Rechte an ihren Beiträgen in Zeitschriften und Handbüchern. Die stärkere internationale Vernetzung gab hingegen Anlass zur Hoffnung, dass literarische Erzeugnisse den wissenschaftlichen rechtlich gleichgestellt würden.[44]

Am Ende des 19. Jahrhunderts hatte die Professionalisierung des Medizinjournalismus eingesetzt, dessen Profil sich durch Zusammenschluss und Abgrenzung von Nicht-Medizinern entwickelte. Diese Medizinjournalisten, akademisch ausgebildet und der Etablierung und Förderung des naturwissenschaftlichen Arztes verpflichtet, erhielten nach dem Ersten Weltkrieg ein weiteres internationales Betätigungsfeld. Die Gründung des Völkerbundes/League of Nations mit einer Abteilung zur Förderung der internationalen wissenschaftlichen Zusammenarbeit verstärkte die Professionalisierungsbestrebungen der Medizinjournalisten institutionell, indem die Schaffung international verbindlicher Publikationsstandards, die Sicherung von Urheberrechten

42 Demus, „Am 25.09.1894“ (wie Anm. 37), 1.

43 o.V., „Health Work of the League of Nations“, in: *The Lancet 209/1925*, 758.

44 Vgl. o.V. „Scientific Copyright“, in: *The Lancet 209/1925*, 613–614, hier 613.

und der Wunsch nach wissenschaftlichem Austausch, an dem die medizinische Literatur großen Anteil hatte, als Mittel der Friedenssicherung betrachtet wurden.

Welche verlegerischen und publizistischen Reaktionen auf die Ausdifferenzierung der Medizin und der Öffentlichkeiten gab es noch? Der Thieme-Verleger Bruno Hauff hatte in seiner Rede von 1931 darauf hingewiesen, dass es zu den Aufgaben des Verlegers gehörte, publizistisch aktiv zu werden und „an die Wissenschaft heranzutreten“. Dadurch nahm der Verlag Einfluss auf die Produktion medizinwissenschaftlicher Literatur. Vor diesem Hintergrund ist die Entstehung der zahlreichen Handbücher und Nachschlagewerke für den Arzt zu verstehen. Bereits ab 1880 gab Albert Eulenburg das führende Nachschlagewerk für den praktischen Arzt heraus, die 26 Bände umfassende *Real-Encyklopädie der gesammten Heilkunde.* 1882 erschien das zehnbändige *Handbuch der speciellen Pathologie und Therapie* des Münchener Pathologen und Mitglied des Herausgeberkollegiums Hugo von Ziemssen. Ein weiterer, in München ansässiger Medizinprofessor, der Pädiater Meinhard Pfaundler gab 1906 sein zweibändiges *Handbuch der Kinderheilkunde. Ein Buch für den praktischen Arzt* heraus. Diese kompakten Handreichungen für praktische Ärzte wurden stets begrüßt und in ihrer Eigenschaft als wissenschaftliches Medium positiv rezensiert. Dieses medizinische Genre war nicht auf den deutschen Buchmarkt beschränkt, es entstand international.[45] Die Handbücher und Kompendien erschienen in mehreren Auflagen und wurden ständig aktualisiert. Eulenburgs *Real-Encyklopädie* erschien in vier Auflagen, Pfaundlers *Kompendium der Kinderheilkunde* wurde ebenfalls viermal aufgelegt. Damit reagierten nicht nur die Zeitschriften auf die Herausforderung, die durch die Ausdifferenzierung des Wissens und der Öffentlichkeiten entstand. Auch bibliographische Großprojekte wie der *Index Medicus*[46] und die eben genannten medizinische Enzyklopädien und Handbücher sind als Antwort auf diesen Wandel zu verstehen.

4. Die kommunikative Praxis medizinischer Fachzeitschriften

Wie sah die Praxis einer „medizinische Wochenschrift“ aus und welche Charakteristika des Mediums lassen sich anhand der konkreten Kommunikationsformen weiterhin benennen? Die Verortung der Zeitschrift im Vergleich zu anderen wissenschaftlichen Medien – Handbüchern oder Lehrbüchern – ist vorgenommen worden. An dieser Stelle wird die Herstellung und Produktion der Zeitschrift am Anfang des 20. Jahrhunderts untersucht: Wie kamen die Inhalte und Gegenstände in die Zeitschriften? An welchen Maßstäben wurde die Qualität einer medizinischen Wochenschrift gemessen? Wie verhält sich die historische medizinische Wochenschrift zu aktuellen

45 Vgl. beispielsweise die zehnbändige Loseblattsammlung, in die Aktualisierungen eingeheftet werden konnten, von Frederick Tice (Hg.), *Practice of Medicine*, 10 Bde., Hagerstown 1922ff. Weitere Werke waren Henry A. Christian (Hg.), *Oxford Monographs on Diagnosis and Treatment*, 10 Bde., New York [16]1947 oder Frederick Forchheimer, *The prophylaxis and treatment of internal diseases designed for the use of practitioners and of advanced students of medicine*, New York 1906. Für den deutschsprachigen Raum siehe beispielsweise Wilhelm Ebstein (Hg.), *Handbuch der praktischen Medizin*, 5 Bde., Stuttgart 1889–1901. Schwalbe arbeitete an diesem Werk redaktionell mit.

46 Vgl. zum *Index Medicus* den Beitrag von Torger Möller in diesem Band.

Kriterien der wissenschaftlichen Qualitätskontrolle wie *peer review*, *impact factor* oder *publication bias*?

Es wird sich zeigen, dass die britischen Medizinjournale der Öffentlichkeit ein größeres Gewicht beimaßen als die deutschen Zeitschriften und sich dies auch in der Gestaltung der Blätter niederschlug. Die britischen Ärzte nahmen die Öffentlichkeit als Bezugsgröße, vor der sie sich rechtfertigen mussten, viel ernster. Gleichzeitig aber konnten die britischen Zeitschriften die Öffentlichkeit zur Durchsetzung ihrer Ziele auch in Anspruch nehmen und griffen als Medium aktiv in die Gestaltung des öffentlichen Raums ein. Wie sich dies ausgestaltete, sei anhand der „Biographien" der vier Zeitschriften skizziert.

Zum 50jährigen Bestehen der *Deutschen Medizinischen Wochenschrift* im Jahr 1924 kam Julius Schwalbe zu der Ansicht, die strukturellen Veränderungen des Blattes entsprächen dem Anspruch, eine wissenschaftliche Fachzeitschrift, aufbereitet für den praktischen Arzt, zu sein. Die Ausdifferenzierung der Themen, die sich der Fortbildung des praktischen Arztes annahmen und die sich in der Rubrikenwahl der Zeitschrift auch gestalterisch niederschlugen, machte dies deutlich: So gab es seit 1904 (seitdem also Schwalbe das Blatt redigierte) systematisch Reihen von didaktischen Aufsätzen, die sinngemäß Titel trugen wie „Vorträge über praktische Therapie", „Klinische Vorlesungen", „Fortbildungsvorträge", „Der derzeitige Stand bedeutsamer wissenschaftlicher Probleme", „Spezialärztliche Ratschläge für den Praktiker" oder „Vorträge über diagnostische und therapeutische Technik".[47] Auch die Berichte über die neu erschienene wissenschaftliche Literatur, über Fragen der ärztlichen Rechtspraxis, Sozialpolitik und technische Innovationen und Instrumente verhandelte Schwalbe als wissenschaftlich-medizinische Fortbildung.

In einer kleineren Rubrik namens „Kleine Mitteilungen", seit 1875 Bestandteil der *Deutschen Medizinischen Wochenschrift*, wurde zu wichtigen „Tagesfragen" Stellung genommen. Im Gesamtumfang der Zeitschrift nahm diese Rubrik meist eine Seite ein. Mit dieser Rubrik orientierte man sich an britischen Verhältnissen, denn „ähnlich wie in den großen englischen Wochenschriften", in denen „hierbei gelegentlich selbst allgemeine politische Verhältnisse berücksichtigt wurden"[48], gab es an dieser Stelle Kommentare zu Themen wie dem Stand der Revolution, dem Ärztestreik 1919 oder den Verhandlungen aus dem Reichstag. Doch während zur *Deutschen Medizinischen Wochenschrift* vor allen Dingen das Selbstverständnis einer „wissenschaftliche Fachzeitschrift" gehörte, schrieb die englische Zeitschrift *The Lancet* sich viel klarer und ausdrücklich als die deutschen Zeitschriften politisches Engagement als journalistische Aufgabe zu. Squire Sprigge sprach sowohl für das *British Medical Journal* als auch für *The Lancet*, als er postulierte, dass beide

> „were not only publishing communications which formed the basis on which a great scientific literature was founded, but assisting the government in framing medical legislation and reforming public abuses in connection with sanitary administration. The Medical Act of 1858 was the outcome of medical journalism. (...) It was medical journalism which brought abuses to pass."[49]

47 Julius Schwalbe, „Fünfzig Jahrgänge Deutsche Medizinische Wochenschrift", in: *DMW 50/1924*, 1678–1682, hier 1681.

48 Ebd.

49 Squire Sprigge, „Medical Journalism", in: *Glasgow Medical Journal 109/1928*, 110–119, hier 118.

Während sich die *Deutsche Medizinische Wochenschrift* als Sprachrohr und Multiplikator von medizinischen Experten verstand, die sich mit den Erstveröffentlichungen namhafter Wissenschaftler wie Robert Koch, Paul Ehrlich oder Emil Behring rühmte, nahm eine Zeitschrift wie *The Lancet* sich als Akteur im öffentlichen Raum viel ernster. Sie schrieb sich einen größeren Handlungsraum zu und nahm entsprechend eine aktivere Rolle für sich in Anspruch.

1823 hatte Thomas Wakley (1795–1862) die Zeitschrift *The Lancet* mit der Intention gegründet, „to entertain, instruct, and reform“.[50] In den ersten Ausgaben der Zeitschrift waren sowohl Theaterrezensionen, politische Kommentare als auch Schachrätsel neben Rubriken abgedruckt, die man eher in einer medizinischen Zeitschrift erwartet, nämlich Transkripte der Londoner Medizinvorlesungen und Kasuistiken. Die Theaterrezensionen und Rätsel wurden zwar bald aufgegeben, die Medizinal- und Professionspolitik aber blieb neben der Vermittlung medizinischen Wissens das wichtigste Thema, womit sich die Zeitschrift bis heute rühmt. Zu den Reformbemühungen im 19. Jahrhundert gehörten die Einführung von Qualitätsstandards für Mediziner, staatliche Kontrolle über Lizensierung, Zulassung zum Medizinstudium und die Reform der Krankenhäuser. Sie waren Inhalt des Medical Act von 1858, dessen Verabschiedung Sprigge auf das Engagement von *The Lancet* und *British Medical Journal* zurückgeführt hatte. Um die Mitte des 19. Jahrhunderts hatte sich das *Provincial Medical Journal*, der Vorgänger des *British Medical Journals*, ebenfalls für diese Reformbestrebungen eingesetzt und sich als ihr Forum eine Zunahme an Zirkulation und Einfluss gesichert.

Thomas Wakley selbst war ein Außenseiter in der Medizin, der kein besonders hohes Ansehen besaß. Wakley hatte sich zunächst als Matrose verdingt und sich bis nach Kalkutta durchgeschlagen, bevor er 1815 das Medizinstudium aufnahm. 1835 zog er ins britische Unterhaus ein und übte neben seiner journalistischen Tätigkeit das Amt des Leichenbeschauers in West Middlesex aus.[51] Seine Zuwendung zum medizinischen Journalismus wird persönlichen Krisenerfahrungen zugeschrieben: Die Arztpraxis brannte nieder, was ihn seiner wirtschaftlichen Grundlage beraubte. Er musste einen Prozess gegen die Versicherungsgesellschaft führen, die ihn der Brandlegung bezichtigte, er gewann diesen Prozess jedoch. Er wurde von politischen Gegnern niedergeschlagen und überlebte den Anschlag nur knapp. Doch ein amerikanischer Arzt namens Walter Channing, der Wakleys Bemühungen für medizinische Reform teilte, sanierte ihn finanziell und erleichterte ihm dadurch den Schritt in den Journalismus. Channing war seit 1825 Mitherausgeber des *New England Journal of Medicine and Surgery*, das 1811 von ihm und fünf weiteren Bostoner Ärzten ins Leben gerufen worden war. Channing regte an, dass Wakely in London ein ähnliches medizinisches Journal gründete, das ungewöhnliche Kasuistiken, neueste medizinische Forschungsergebnisse, innovative Chirurgie und monatliche Berichte über medizinische Fakultäten veröffentlichte.[52]

The Lancet trug sich dadurch, dass Wakley medizinische Vorlesungen Londoner Universitäten und Colleges transkribierte und abdruckte. Dies sicherte ihm die Medi-

50 Vgl. William F. Bynum, „The Lancet: the First to Last“, in: *The Lancet 352/1998*, 3–6, hier 4.

51 Ebd.

52 Mary Bostetter, „The Journalism of Thomas Wakley“, in: Joel Weiner (Hg.), *Innovators and Preachers. The Role of the Editor in Victorian England*, Westport/Ct. 1985, 275–292, hier 276.

zinstudenten und jungen Praktiker als Leser in einer Zeit, in der Lehrbücher noch nicht zu den Standards der medizinischen Ausbildung zählten. Allerdings zog Wakley auch den Zorn der etablierten Londoner Dozenten auf sich, die sich über ihre Vorlesungen finanzierten und nicht wollten, dass die Hörer ihre Veranstaltungen in gedruckter Form vor sich hatten. Wakley musste deshalb manchen Gerichtsprozess durchstehen.[53] Die Gründungsintention „to entertain, instruct and inform“ stellte auf eine Form von Reform und Engagement ab, die sich gegen die Vetternwirtschaft und die Korruption seiner Profession wandte, in der Aufstieg von persönlichen Seilschaften abhängig war und nicht von Qualifikation.[54] Die Veröffentlichung der Transkripte war Wakleys Aussage nach entsprechend ein Mittel zur Transparenz innerhalb der Profession und zu ihrer Demokratisierung. Zugleich gerieten ärztliche Praktiken unter öffentliche Kontrolle. So griff Wakleys erster Autor, sein ehemaliger Lehrer Sir Astley Cooper, ein Chirurg, das Londoner Guy's Hospital an, mit der Anwendung von Quecksilber leichtfertig umzugehen und damit den Kranken eher zu schaden als sie zu heilen. *The Lancet* erregte mit dieser Kritik so viel Aufmerksamkeit, dass die Ärzte des Krankenhauses den Gebrauch von Quecksilber einstellten.[55]

Die Gründung von *The Lancet* fiel in eine Zeit des 19. Jahrhunderts, in der medizinische Zeitschriften dem amerikanischen Historiker John Burnham zufolge dem Modell eines „more general journalism“ folgten: Die medizinische Zeitschrift ähnelte dem „personal journalism“ allgemeiner Magazine und Zeitungen.[56] Medizinische Zeitschriften Anfang des 19. Jahrhunderts als „persönlich“ und als „journalistisch“ zu bezeichnen, bezieht Plausibilität aus dem Engagement Einzelner in der bürgerlichen Öffentlichkeit, die bestimmten politischen oder öffentlichen Anliegen Raum verschaffen wollten. Die medizinischen Zeitschriften des 19. Jahrhunderts in England dienten nicht nur der Veröffentlichung neu gewonnener medizinischer Kenntnisse, sondern in genau so großem Maße der Meinungsbildung und der Verbreitung von politischen Anliegen. Medizinische Zeitschriften fungierten als „personal mouthpieces“ und entstanden in großer Zahl, wenn es für den Arzt – als Bürger und Vertreter einer bürgerlichen Öffentlichkeit – einen Anlass gab, sich öffentlich zu artikulieren.

Sowohl die *Münchener Medizinische Wochenschrift* als auch die *Deutsche Medizinische Wochenschrift* hatten ihre Wurzeln im politischen Umfeld der Revolution von 1848. Für die Ärzte in Deutschland gab es mit den standespolitischen Bestrebungen um Einheit und Vernaturwissenschaftlichung im 19. Jahrhundert und verstärkt durch die Revolution 1848 einen Anlass, sich öffentlich zu artikulieren. Rudolf Virchow – auf den die *Deutsche Medizinische Wochenschrift* sich in ihrer Selbstdarstellung auch in späteren Jahren ausdrücklich bezog –, personifizierter Ausdruck dieses öffentlichen Engagements, gründete in dieser Zeit zwei Zeitschriften: Die *Medizinische Reform* entstand 1848, um sozial- und standespolitische Anliegen zu vertreten, während die aus dem Jahr 1847 stammende Zeitschrift *Archiv für pathologische Anatomie und Physiologie und klinische Medicin* eine rein wissenschaftliche war. Auch die bayerischen Ärzte kamen 1848 zusammen, um einen „ständigen Ausschuß der bayerischen

53 Vgl. Bynum, „The Lancet“ (wie Anm. 50), 5.
54 Vgl. ebd., 4.
55 Vgl. Bostetter, „The Journalism of Thomas Wakley“ (wie Anm. 52), 277.
56 John C. Burnham, „The Evolution of Editorial Peer Review“, in: *JAMA 263/1990*, 1323–1329, hier 1324.

Ärzte“ zu wählen, der sich „in Auseinandersetzungen mit den Amtsgewalten der Regierung allerlei Reformen des Gesundheitswesens zuwenden sollte“.[57] Mit dieser Medizinischen Reform, an der Rudolf Virchow maßgeblich beteiligt war, forderten die Ärzte die freiheitliche Organisation des ärztlichen Standes, Freizügigkeit und eine Medizinalreform. Sie markiert zugleich den Beginn des naturwissenschaftlich-medizinischen Experten.[58]

Das *Ärztliche Intelligenz-Blatt*, der Vorläufer der *Münchener Medizinischen Wochenschrift*, 1854 begründet von PD Dr. Alois Martin, bestand bis 1876 und wurde mit Unterstützung des bayerischen Staates gedruckt. Martin bildete gemeinsam mit einer Gruppe Gleichgesinnter den „Ständigen Ausschuss der bayerischen Ärzte“. Martin beabsichtigte,

> „über Dinge der Medizinalgesetzgebung und einschlägige Verordnungen zu berichten, er wollte Originalmitteilungen statistischen Inhalts bringen, das Augenmerk der Leser auf Kranken-, Irren- und Versorgungsanstalten, auf Epidemien, auf Mortalitätsverhältnisse, Geburts- und Sterberegister, Witterung hinlenken und u.a. auch Aufsätzen über Stellung und Berufsverhältnisse der Ärzte, über öffentliche Gesundheitspflege sowie Personalnachrichten aus dem Ärztekreis Raum zu gewähren“.[59]

Als Eigentümer und Herausgeber des Blattes zeichnete jener „Ständige Ausschuss der bayerischen Ärzte“.[60] 1876 verließ das *Ärztliche Intelligenzblatt* den „Münchener ärztlichen Verein“ nach Abstimmung der Mitglieder. Aus den letzten Mitgliedern des Ständigen Ausschusses konstituierte sich ein Herausgeberkollegium. Es erhielt dadurch auch keine staatliche Unterstützung mehr. 1885 übernahm Bernhard Spatz die Schriftleitung und sorgte dafür, dass das Blatt nach geschäftlichen Schwierigkeiten im Verlag seines Cousins Julius Lehmann weitergeführt wurde. Ab 1890 erschien das ehemalige Organ der bayerischen Ärzteschaft als *Münchener Medizinische Wochenschrift* im J.F. Lehmanns Verlag.[61] Der Münchener Verleger Julius Friedrich Lehmann machte sich seit den 1920er Jahren einen Namen mit der Herausgabe rassenhygienischer Werke. Er verkörperte eine Sympathie für rechtskonservative und antisemitische Strömungen, die er als Privatmann und als Verleger ideell und finanziell unterstützte.[62]

Die *Deutsche Medizinische Wochenschrift* wurde 1876 von Paul Börner, einem Arzt, der sich den Ideen Rudolf Virchows verpflichtet fühlte, im Georg Reimer Ver-

57 Georg B. Gruber, „Hundert Jahre Münchener Medizinische Wochenschrift“, in: *MMW 95/1953*, 1–10, hier 1.

58 Constantin Goschler hat in seiner Virchow-Biographie herausgearbeitet, in welch hohem Maße Rudolf Virchow als Projektions- und Identifikationsfigur der unterschiedlichsten Gruppen dienen konnte. Dabei präsentierte er sich – ob in der Berliner Stadtverordnetenversammlung, im preußischen Abgeordnetenhaus oder Deutschen Reichstag – als Experte, der darum bemüht war, politische Probleme in wissenschaftliche Sachfragen zu verwandeln, die von Fachleuten entschieden werden konnten. Vgl. Constantin Goschler, *Rudolf Virchow. Mediziner. Anthropologe. Politiker*, Köln, Wien 2002.

59 Gruber, „Hundert Jahre Münchener Medizinische Wochenschrift“ (wie Anm. 57), 1.

60 Ebd., 2.

61 Vgl. Gottlieb Merkel, „Vom ärztlichen Intelligenzblatt zur Münchener Medizinischen Wochenschrift“, in: *Festschrift zum 50jährigen Stiftungsfest der Münchener Medizinischen Wochenschrift*, München 1903, 41.

62 Vgl. Mario Heidler, „Biographische Skizze der Familie Lehmann/Spatz“, in: Stöckel, *Die „rechte“ Nation und ihr Verleger* (wie Anm. 8), 17–30, hier 27f.

lag gegründet. Georg Reimer galt als Liberaler, der den Ideen der Revolution von 1848 nahestand. Bei Reimer war 1849 Virchows Zeitschrift *Die medizinische Reform* verlegt worden, die aber schon wenige Monate später der Zensur zum Opfer fiel. Nachfolgeorgan der *Medizinischen Reform* war *Die deutsche Klinik* mit ihrem Schriftleiter Alexander Göschen (1813–1873). Nachdem Göschen 1873 starb, führte Börner das Blatt weiter und benannte es um. 1884 wurde es vom Georg Thieme Verlag in Leipzig aufgekauft.

Ähnlich der *Münchener Medizinischen Wochenschrift* hatte das *British Medical Journal* einen Vorgänger, der auch als Vertreter einer medizinischen Gesellschaft firmierte, das *Provincial Medical and Surgical Journal (PMSJ)*.[63] Es erschien erstmals 1840 und war von zwei Mitgliedern der „Provincial Medical and Surgical Association" gegründet worden. Diese Vorläufervereinigung der BMA gab es seit 1832, sie repräsentierte Landärzte und schloss in London ansässige Mediziner und solche, die den „Royal Societies" angehörten, ausdrücklich aus. Sie wollte die Regionen bzw. das Land als Gegengewicht zur dominanten Metropole London stärken. 1856 wurden die Gesellschaft in „British Medical Association" und ihr Organ in *British Medical Journal* umbenannt.[64] Erst seit 1871 hatte die „British Medical Association" ihren Hauptsitz in London. Sie logierte in zwei Räumen über einem Laden und hatte den Anspruch entwickelt, vom Zentrum aus in die übrigen Landesteile ausstrahlen zu wollen. „Provincial" war ein Schimpfwort geworden, das reflektierte, dass auch die britische Profession sich in die Machtzentrale London bewegen wollte, um von dort aus zu agieren.

Die britischen Ärzte wollten sich weithin sichtbar im öffentlichen Raum positionieren und umgekehrt auch von der Öffentlichkeit wahrgenommen werden. Dies zeigte sich durch die gewählte Adresse. 1925 war die „British Medical Association" in neue Räumlichkeiten umgezogen. Sie bezog ihr Quartier am Tavistock Square, in einem ehemaligen herzoglichen Landsitz aus dem Anfang des 18. Jahrhunderts, als der Adel seinen Wohnsitz noch außerhalb der Stadt nahm. Anfang des 20. Jahrhunderts befand sich die Adresse Tavistock Square in Bloomsbury, einem Stadtteil in Central London, in dem auch das British Museum und die British Library lagen und deren Straßen von renommierten Colleges gesäumt wurden. 1836 war in Bloomsbury das University College London (UCL) eröffnet worden, eine Universität, die anders als Cambridge und Oxford zu der Zeit auch Nichtanglikaner zum Studium zuließ. Zahlreiche Universitätsprofessoren und Intellektuelle lebten hier. Die Schriftstellerin Virginia Woolf beispielsweise wohnte seit 1924 mit ihrem Mann am Tavistock Square 52, wo die Künstler der „Bloomsbury Group" ihre Treffen abhielten und mit ihrer Kritik am Spätviktorianismus den Wandel der modernen Gesellschaft vorwegnahmen. Die „British Medical Association" war hocherfreut über ihren neuen, zukunftsweisenden Standort, sie habe mit dem Gebäude „one of the greatest pieces of good fortune that has ever befallen a professional organization in this country" erhal-

63 Die *PMSA* wurde 1832 von Charles Hastings, einem Arzt aus Worcester, und 50 Kollegen gegründet. Vgl. Bartrip, *Mirror of Medicine* (wie Anm. 8), 6.

64 Das BMJ zirkulierte weitgehend unter den Mitgliedern der BMA. 1918 waren 85 Prozent der Bezieher auch Mitglieder der BMA, für 1939 lautete diese Zahl 92 Prozent. Mit der Entrichtung des Mitgliederbeitrags für die *British Medical Association* erhielt man auch das Blatt. Vgl. Bartrip, *Mirror of Medicine* (wie Anm. 8), 216.

ten. Mit diesem Ort verband die Vereinigung der britischen Ärzte hochgesteckte Erwartungen: „The situation of the New House is admirable; if it does not perhaps lie in a quarter of established social pre-eminence, it possesses something better than that – it has the future on its side.”[65]

Die Topographie spielte eine große Rolle für die gesellschaftliche Verortung der Ärzte und macht deutlich, dass die britischen Ärzte die Gründung und Zukunft der Profession sowie die Narration darüber im Vergleich zur Darstellung deutscher medizinischer Wochenschriften anders gestalteten. Die Positionierung im öffentlichen Raum in einem ganz konkreten Sinn – durch Orte, Plätze und Stadtteile – verwies auf eine andere Form der Selbstdarstellung als die ihrer deutschen Kollegen, die sich in der Darstellung ihrer Wurzeln und Perspektiven auf berühmte Wissenschaftler oder medizinische Errungenschaften bezogen. Die Sichtbarkeit in der Öffentlichkeit war für die britischen Ärzte ein viel gewichtigerer Faktor. Diese Form der Verortung zeigte sich an den ausführlichen Beschreibungen der Architektur sowie der stilistischen Besonderheiten, der Innenausstattung des Gebäudes und der Würdigung des Architekten sowohl im *British Medical Journal* als auch in *The Lancet*.[66] Nicht zuletzt wurden die vormaligen Eigentümer und Bewohner des Hauses – unter anderem hatte der Schriftsteller Charles Dickens in „Tavistock House“ gelebt – genannt, um eine Verbindung zwischen dem topographischen Ort und der gesellschaftlichen Position, mit der in diesem Fall eine soziale Aufwertung einherging, herzustellen.

Die feierliche Eröffnung des neuen Gebäudes der „British Medical Association“ wurde musikalisch von der „Grenadier Guards Band“, des ältesten und prestigereichsten Musikkorps der britischen Armee, begleitet. Der Erzbischof von Canterbury, das Königspaar (der König war der Schirmherr der „British Medical Association“ und übernahm die formelle Eröffnung) sowie der damalige Gesundheitsminister, Neville Chamberlain, wohnten der Zeremonie ebenfalls bei. Die „British Medical Association“ erhielt damit die höchsten Ehrbekundungen der britischen Gesellschaft.[67] Es war also die Öffentlichkeit, die den britischen Ärzten ihre gesellschaftliche Position zumaß und um deren Anerkennung sie sich umgekehrt stark bemühen musste. In Deutschland hingegen hatte der obrigkeitliche Staat dazu beigetragen, den sozialen Platz der deutschen Ärzte festzuschreiben und die naturwissenschaftliche Medizin durch eine engere Bindung an den Staat, wie der Einführung von staatlichen Examina, aufzuwerten.

65 o.V., „The New Headquarters of the British Medical Association. Description of the Building“, in: *BMJ, 18. Juli 1925*, 127–130, hier 127.

66 o.V., „The opening of the new house“, in: *The Lancet 209/1925*, 144–146; E. Muirhead Little, „Historical Notes on the Site of the Association's New House”, in: *BMJ, 18. Juli 1925*, 111–114; o.V., „The British Medical Association: Its homes in London and its spread throughout the empire“, in: *BMJ, 18. Juli 1925*, 115–126.

67 1925 war die Mitgliederzahl der BMA auf einen Höchststand von 30.500 Mitgliedern gestiegen, was das *BMJ* als Meilenstein der Werbung für einen Einheitsstand wertete: „The member can hardly ignore the responsibility for contributing to the direction of such a force in the evolution of the profession; the non member can hardly ignore its existence“. Vgl. o.V., „The Association in 1925“, in: *BMJ. 5. Dezember 1925*, 1076. 1871 zählte die BMA lediglich 4403 Mitglieder, das BMJ zirkulierte in einer Auflage von 7000 Stück wöchentlich. Vgl. o.V., „The British Medical Association“, in: *BMJ, 18. Juli 1925*, 115.

Die unterschiedliche Bedeutung der Öffentlichkeit für beide Länder, bei der die Öffentlichkeit in England eine Bezugsgröße darstellte, vor der man sich rechtfertigen musste, offenbarte sich an kleinen, aber bezeichnenden Ereignissen. 1925 erschien ein Leserbrief mit dem Titel „A Journalistic Indiscretion" im *British Medical Journal*, in dem sich Drury Pennington, Leiter einer Privatklinik mit der Adresse Brook Street 86, über Berichte beschwerte, die über seine Praxis in der liberal-bürgerlichen *Daily News* erschienen waren.[68] Brook Street Nr. 86 war eine exquisite Adresse, das Haus gehörte seit 1922 einer Gruppe von *consultants*, Fachärzten also, die dort ihre Praxisräume eingerichtet hatten. Dr. Pennington bat nun das *British Medical Journal*, seinen in einem Leserbrief geäußerten Ärger zu veröffentlichen. Die *Daily News* hatte Reporter mit der Absicht in die Privatklinik geschickt, diese zu prüfen, „on precisely the same terms and under the same conditions as would be accorded to any ordinary member of the public". Als Vertreterin und Anwältin der allgemeinen Öffentlichkeit beschwerte sich die *Daily News* über den Titel des Leserbriefs "A Journalistic Indiscretion" mit den Worten: „Surely it is a matter of legitimate enterprise for a newspaper to make an actual and genuine test of a scheme which is so important from the public point of view."[69] Auch hochrangige Experten mussten es sich gefallen lassen, von Journalisten quasi investigativ auf den Prüfstand gestellt zu werden.

Wie nun kann man sich die Praxis einer medizinischen Wochenschrift vorstellen, wie arbeitete sie? Wer war daran beteiligt, dass Ausgaben Woche für Woche erscheinen konnten? Welche Rolle für die Zeitschrift spielte der Verlag, in dem sie erschien? Anders als beim *British Medical Journal* ist davon auszugehen, dass die Herstellung der *Deutschen Medizinischen Wochenschrift* räumlich vom Thieme Verlag unabhängig war. Der Thieme Verlag, zu dessen Grundstock der Reichsmedizinalkalender als eines von 40 Objekten gehörte, die er dem Verlag Theodor Fischer in Kassel abgekauft hatte, bestand 1886 aus einigen wenigen Räumen, in denen drei Gehilfen und ein Markthelfer beschäftigt waren. Vor Weihnachten jeweils wurden weitere Gehilfen eingestellt, um das Zettelmanuskript des Personalverzeichnisses im Reichsmedizinalkalender zu erstellen. 1901 kam ein vierter Gehilfe hinzu, 1913 drei weitere Gehilfen, eine Stenotypistin und ein zweiter Markthelfer. 1935 belief sich die Zahl der Mitarbeiter auf 66. Die Anzeigenverwaltung übernahm eine eigene Firma.[70]

Bereits zu den vom Kasseler Verlag Fischer übernommenen Autoren hatte Robert Koch gehört. Er veröffentlichte 1890 den ersten Artikel über Tuberkulin, der großes Aufsehen in der medizinischen wie in der Laienwelt erregt hatte und innerhalb eines Monats zu einer Verdopplung der Bezieherzahl der Zeitschrift führte. Um den Ansturm von fast 400 Posteingängen zu bewältigen, mussten zu den vier ständigen noch acht Hilfskräfte herangezogen werden – in der Folge wurde der Name des Verlags

68 Vgl. Drury Pennington, „A Journalistic Indiscretion", in: *BMJ, 21. Februar 1925*, 388.

69 J. Hugh Jones, „A Journalistic Indiscretion", in: *BMJ, 28. Februar 1925*, 427. Aber auch die Fachöffentlichkeit, die eigenen Ärztekollegen, wurden als Öffentlichkeit betrachtet, die es ernstzunehmen galt: „Our public – or the part of it that matters – consists of educated men and women, keen on their work and jealous of the good name of their profession. They want the greatest measure of sound information and guidance, but they do not ask us to vulgarise our pages in pursuit of a spurious brightness." So jedenfalls äußerte sich auch Sprigges Nachfolger beim Lancet, Norman Gerald Horner, Schriftleiter des *British Medical Journal*. N. Gerald Horner, „Medical Journalism in the British Empire", in: *The Lancet 220/1932*, 273–274, hier 274.

70 Vgl. *Georg Thieme Verlag Leipzig* (wie Anm. 1), 11.

weltbekannt. Mit dem Jahr 1890 begann das Unternehmen mit dem Verlag eigener Werke.[71]

Auffällig im öffentlichen Auftritt von *The Lancet* und der *Deutschen Medizinischen Wochenschrift* war die starke Präsenz der Schriftleiter. Paul Börner nannte in der ersten Ausgabe seiner Zeitschrift 1876 *The Lancet* und seinen Herausgeber Thomas Wakley als Vorbild und stellte hier sogar ausdrücklich eine Beziehung her. In den ersten Dekaden des 20. Jahrhunderts fielen Julius Schwalbe und Sir Squire Sprigge öffentlich viel stärker ins Gewicht als ihre Kollegen Dawson Williams und Bernhard Spatz. An der Dauer ihrer Herausgebertätigkeit kann es nicht gelegen haben. Julius Schwalbe war von 1904 bis zu seinem Tod 1930 Schriftleiter, Sprigge (1860–1937), ein Cambridge-Absolvent, der wenige Jahre als Krankenhausarzt in London tätig war, stand *The Lancet* von 1909 bis 1937 vor. Bernhard Spatz leitete die *Münchener Medizinische Wochenschrift* schon, bevor der Verlag seines Cousins Julius Lehmann sie übernahm, nämlich seit 1885. 1930 übergab er die Leitung an seinen Sohn Otto Spatz. Anfang 1898 wurde Dawson Williams, bis dahin Assistant Editor seit 17 Jahren, vom Council der „British Medical Association“ zum neuen Schriftleiter des *British Medical Journal* gewählt. 1921 wurde er zum Ritter geschlagen. 1928 starb Williams, ebenfalls ein Absolvent der Universität Cambridge und Inhaber zahlreicher Doktortitel ehrenhalber. Er ging in die Annalen als höchstbezahlter Editor ein und war der erste Schriftleiter, der diese Tätigkeit Vollzeit ausübte.[72] Während Julius Schwalbe und Squire Sprigge sich durch eine rege Veröffentlichungstätigkeit auszeichneten und insbesondere Schwalbe nicht mit Kommentaren aller Art in der *Deutschen Medizinischen Wochenschrift* sparte, traten Dawson Williams und Bernhard Spatz öffentlich kaum in Erscheinung. Von Bernhard Spatz ist bekannt, dass er mehrere Jahre der Vereinigung der deutschsprachigen Fachpresse vorstand, er zeichnete jedoch nicht als Herausgeber der gesammelten Werke von Robert Koch[73] oder äußerte sich zum Medizinstudium wie Julius Schwalbe. Sprigge verfasste eine Biographie über Thomas Wakley, schrieb die Einführung zur Autobiographie des englischen Schriftstellers Walter Besant und äußerte sich zu Fragen des Verlagswesens und dem Verhältnis zwischen Medizin und Öffentlichkeit.[74]

Dabei kann in allen vier Fällen davon ausgegangen werden, dass die Gestaltung der medizinischen Wochenschriften von den Schriftleitern abhing. Insbesondere Julius Schwalbe machte deutlich, dass er sich um die Urteile oder die Einflussnahme von außen nicht sorgte und allein für die Zeitschrift verantwortlich war. So mokierte sich der Schriftleiter im Jahr 1929 über Leser, die glaubten, dass er Woche für Woche nicht mehr zu tun hätte, als „Manuskripte der Druckerei zu übermitteln und die abgesetzten Aufsätze allwöchentlich zum Druck zusammenzustellen“.[75] Vielmehr bean-

71 Vgl. ebd., 14.

72 Vgl. o.V., „Death of Sir Dawson Williams. Editor of the ‘British Medical Journal’, 1898–1928“, in: *BMJ, 21. Januar 1928*, 361.

73 Vgl. Robert Koch, *Gesammelte Werke*, hg. v. Julius Schwalbe, Leipzig 1912 oder Julius Schwalbe, *Zur Neuordnung des medizinischen Studiums*, Leipzig 1918.

74 Vgl. beispielsweise Squire Sprigge, *The Life and Times of Thomas Wakley*, London 1897; Walter Besant, *Autobiography of Sir Walter Besant*. With a prefatory note by S. Squire Sprigge, London 1902; Squire Sprigge, *The Methods of Publishing*, London 1890; Squire Sprigge, *Medicine and the Public*, London 1905.

75 Julius Schwalbe, „Briefe aus vergangenen Tagen“, in: *DMW 55/1929*, 1772–1774, hier 1772.

spruchten die Texte, mit denen er zu tun hatte, viel Arbeit. So beschwerte er sich, es komme nicht selten vor, dass „Autoren – und nicht bloß die Anfänger – ihre Manuskripte nicht der Schriftleitung, sondern dem Verlag übersenden, dass sie den Wunsch der Schriftleitung, vor der Entscheidung über die Annahme ihrer Aufsätze die Manuskripte zu prüfen, entrüstet ablehnen und sowohl Vorschläge, diesen oder jenen Teil zu ändern als auch redaktionelle Aenderungen selbst (und seien es auch Verbesserungen von Stilungeheuern) als ein Crimen laesae majestatis betrachten.“[76]

Zu Schwalbes Tätigkeitsfeldern gehörte die Annahme und Ablehnung von Artikeln genauso wie die Entwicklung von redaktionellen Ideen und Vorschlägen zur Gestaltung des Blattes. Die Artikel gelangten auf Anfrage des Herausgebers, aber auch auf Eigeninitiative der Beiträger in die *Deutsche Medizinische Wochenschrift*:

> „Wieviele Aufsätze aus der Initiative der Schriftleitung hervorgehen, wieviele mehr oder weniger auf ihre Veranlassung geändert – verkürzt oder ergänzt – werden, wie viele (...) vom Lichte der Welt ferngehalten werden, davon pflegen die wenigsten Leser sich eine rechte Vorstellung zu bilden.“[77]

Der langjährige Autor der Zeitschrift, der Immunologe Emil Behring, bat beispielsweise um die Rechte zum Wiederabdruck von Artikeln, die in der *Deutschen Medizinischen Wochenschrift* erschienen waren. Ein Jahr später, 1915, schlug er Schwalbe vor, zum 25jährigen Jubiläum der Serumtherapie verschiedene bahnbrechende Artikel nochmals zu veröffentlichen.[78]

Wilhelm Ebstein (1836–1912), Professor für Innere Medizin in Göttingen und Spezialist für Stoffwechselkrankheiten, hingegen bot Schwalbe eigene Beiträge an. Ebstein schickte ihm einen Essay über „Die vegetarische Diät als Volksernährung und als Heilmittel“ und fragte, ob er diesen „für die Wochenschrift brauchen [könne]“.[79] Der Essay umfasse „etwa 12 Oktavblätter Schreibmaschine“ und gehöre „zu den apokryphischen Büchern im biblischen Sinne, d.h. nützlich und gut zu lesen.“ Ebstein arbeitete nicht nur für die Wochenschrift mit Schwalbe zusammen. Er war auch Herausgeber des von Schwalbe redigierten *Handbuchs der praktischen Medizin*, das 1905 zum zweiten Mal aufgelegt wurde. Ebstein kommentierte das Erscheinen der Neuauflage ein wenig lapidar, wenn auch freundlich: „Ich benutze fast nur die erste. Seien wir froh, dass die Kritik doch recht anständig mit uns umgegangen ist und warten wir das weitere ab, auch ob und wie es geht.“[80] Schwalbe musste auch Absagen auf Veröffentlichungsanfragen hinnehmen: Der Neurologe und Neuropathologe Wilhelm Erb (1840–1921), Professor in Heidelberg, antwortete Schwalbe auf eine Anfrage für sein *Handbuch der praktischen Medizin:* „Ich bedauere lebhaft, auf Ihr Anerbieten nicht eingehen zu können. Das Thema ‚liegt' mir gar nicht, und speziell für die Psychiatrie des Greisenalters bin ich absolut nicht kompetent.“[81]

Die *Münchener Medizinische Wochenschrift* und das *British Medical Journal* waren ein wenig anders organisiert. Im Fall der *Münchener Medizinischen Wochenschrift* gab es seit den Anfängen ein Herausgeberkollegium, das aber eher beratende

76 Ebd.
77 Ebd.
78 Ebd.
79 Ebd., 1773.
80 Julius Schwalbe, „Briefe aus vergangenen Tagen“, in: *DMW 5/1929*, 1846–1848, hier 1847.
81 Ebd.

Funktion hatte und nicht in Erscheinung trat. Darauf hob jedenfalls das langjährige Mitglied und der Vorsitzende des Herausgeberkollegiums der *Münchener Medizinischen Wochenschrift*, der Münchener Internist und Professor Friedrich von Müller (1858–1941), ab, als er seine zahlreichen Tätigkeiten um 1906 reflektierte. Er stellte die Bedeutung des Schriftleiters für das Blatt heraus:

> „[Bernhard] Spatz erweiterte den Kreis seiner Mitarbeiter weit über Bayern hinaus und erhob sein Blatt zu einer gesuchten Stätte der Veröffentlichung für ganz Deutschland. Es ist uns allen noch wohl bekannt, dass z. B. Ehrlich mit Vorliebe seine Entdeckungen in der MMW publizierte. (...) In Übereinstimmung mit dem Herausgeberkollegium hielt Spatz an dem Grundsatz fest, dass die MMW in erster Linie den Interessen jener praktischen Ärzte zu dienen hätte, welche in ernstlicher Weise an den Fortschritten ihres Faches teilnehmen wollen. Da Spatz an den Aufgaben und Sorgen des ärztlichen Standes selber tätigen Anteil nahm, so stellte er sein Blatt den Diskussionen über standesärztliche Fragen und Bewegungen zur Verfügung.“[82]

Ab 1924 wandelte sich das Herausgeberkollegium der *Münchener Medizinischen Wochenschrift*. Es bestand nicht mehr allein aus Vertretern der Münchener Ärzteschaft einschließlich ihrer Hochschullehrer, auch auswärtige Medizinprofessoren wurden in den Kreis der Herausgeber aufgenommen. Ab 1927 stand dem Schriftleiter auch ein wissenschaftlicher Beirat zur Verfügung.[83] Auch das *British Medical Journal* arbeitete mit der „British Medical Association“ zusammen. Mitte der 30er Jahre wurde beim *British Medical Journal* ein Board of Directors eingeführt, das aber nur in Sachen Produktion und Management tätig wurde. Das Journal Comittee, das dieses Amt vorher bekleidete, übernahm seitdem Aufgaben der inhaltlichen Gestaltung.[84]

Inwieweit das Herausgeberkollegium oder das Journal Committee in die Gestaltung der Wochenschriften aktiv eingriffen, ist aufgrund der Quellenlage leider nicht zu klären. Dass die Aufnahme und Ablehnung von Beiträgen in dieser Zeit jedoch noch nicht extern beeinflusst wurde, vermutet der ehemalige Herausgeber des *British Medical Journal* zwischen 1975 und 1991, Stephen Lock. Mögen die Herausgeber der *Münchener Medizinischen Wochenschrift* und das Journal Commitee des *British Medical Journal* auch als Vorläufer eines *Peer-Review-Verfahrens* eingeordnet werden können – ähnlich wie es *Abstracts* oder *Summaries* als journalistische Textsorten sporadisch bereits in den 1920er Jahren gab –, übergeordnete, nicht personalisierte Formen der Qualitätssicherung in wissenschaftlichen Zeitschriften begannen jedoch erst in den 1940er Jahren umfassender Fuß zu fassen.[85]

5. Zusammenfassung und Ausblick

Welche Rolle und welche Funktion nahm das Medium „medizinische Wochenschrift“ am Anfang des 20. Jahrhunderts ein? Zunächst waren die medizinischen Zeitschriften dem, was der amerikanische Medizinhistoriker John Burnham „a more general journalism“ genannt hat, insofern noch stark verhaftet, als die Gestaltung des Blattes stark

82 Müller, *Lebenserinnerungen* (wie Anm. 19), 137.

83 Gruber, „Hundert Jahre Münchener Medizinische Wochenschrift“ (wie Anm. 57), 4.

84 Vgl. Bartrip, *Mirror of Medicine* (wie Anm. 8), 227f.

85 Vgl. Stephen Lock, „As things really were?“, in: ders. (Hg.), *The Future of Medical Journals. In Commemoration of 150 Years of the Britsh Medical Journal*, London 1991, 21–35, hier 22.

von dem Engagement einer Einzelperson, nämlich dem Schriftleiter, abhing. Die prominenteste Person diesbezüglich für die deutschen Zeitschriften war sicher Julius Schwalbe, für die englischen Journale nahm diese Rolle Squire Sprigge ein. Dabei trat Julius Schwalbe in seiner *Deutschen Medizinischen Wochenschrift* durch Kommentare und Anmerkungen stärker in Erscheinung als Sprigge. Wenn auch Dawson Williams oder Bernhard Spatz als Personen eine geringere Präsenz zeigten, so ist auch in ihren Fällen davon auszugehen, dass sie letztlich darüber entschieden, welche Artikel in die Zeitschrift aufgenommen wurden.

Weiterhin gibt es keine Hinweise auf Verfahren zur Qualitätssicherung wie etwa ein *Peer Review*. Die Qualität einer Zeitschrift bemaß sich, noch offensichtlicher in den deutschen als in den britischen Fällen, an dem Renommee der Beiträger, ihrer Erstveröffentlichungen und Originalbeiträge. Zwar hatte die *Münchener Medizinische Wochenschrift* seit ihren Anfängen ein Herausgeberkollegium und führte 1927 einen wissenschaftlichen Beirat ein, die Rolle dieses Gremiums bleibt jedoch im Unklaren. Julius Schwalbe rühmte sich vielmehr seiner persönlichen Kontakte zu Wissenschaftlern wie Robert Koch, die auf seine Aufforderungen hin in der *Deutschen Medizinischen Wochenschrift* veröffentlichten. Es ist auch hier davon auszugehen, dass das Renommee des Blattes stark mit dem Engagement der Schriftleiterpersönlichkeit zusammenhing.

Die seit dem Ende des 19. Jahrhunderts einsetzende Ausdifferenzierung des Wissens und der Öffentlichkeit wurde von den Blättern insofern reflektiert, als sie sich nun explizit an den „praktischen Arzt“ richteten, der sich durch seinen Berufsalltag von der Wissenschaft entfernte und fortgebildet werden musste. Durch den Entwurf eigener, auf diese Bedürfnislage ausgerichteter Rubriken beispielsweise entwickelten die Wochenschriften sich zu eigenen Akteuren, die das Verhältnis zwischen Wissenschaft und Öffentlichkeit gestalteten. Gefördert wurde diese Entwicklung durch die Schriftleiter. Hervorzuheben ist dabei die Herausgebertätigkeit Julius Schwalbes.

Die Verortung der medizinischen Wochenschrift speiste sich in Großbritannien und in Deutschland aus dem unterschiedlichen Umgang mit der Öffentlichkeit. Die *Münchener Medizinische Wochenschrift* und *Deutsche Medizinische Wochenschrift*, beziehungsweise ihre Vorgängerinnen, begannen als standespolitische Blätter, die in den gesellschaftspolitischen Forderungen im Zuge von 1848 verwurzelt waren, und die im weiteren Verlauf den hohen sozialen Status der Wissenschaft in Deutschland für ihre (Selbst)Darstellung im öffentlichen Raum nutzen konnten. Die Aktionslinien ihrer britischen Kollegen verliefen anders: Zu nennen ist dabei die Berufung von *The Lancet* schon bei Wakley, aber auch bei seinem Nachfolger Sprigge bis zu den heutigen Herausgebern als „reformist medical newspaper“. Nicht die Wissenschaftlichkeit diente als Hauptkriterium der Selbstverortung, sondern das Ringen um einen festen Platz in der Öffentlichkeit, den die deutschen Ärzte qua Berufung auf Werte wie Wissenschaftlichkeit und Objektivität bereits hatten. Auch Anfang des 20. Jahrhunderts schrieb Squire Sprigge sowohl dem *Lancet* als auch dem *British Medical Journal* den Status eines öffentlichen Akteurs zu. Er verstand die Presse als *Fourth Estate*, als Korrektiv staatlicher und gesellschaftlicher Prozesse. Entsprechend wurden die beiden wichtigsten britischen Zeitschriften als Motoren verschiedener Reformbewegungen gewertet, die aktiv an der Meinungsbildung beteiligt waren und in die politischen Prozesse eingriffen. Die britischen Ärzte sahen sich viel stärker der Öffentlichkeit verpflichtet und waren gleichzeitig bemüht, sich öffentlich – auch topographisch, wie der Umzug der BMA 1925 zum Tavistock Square zeigt – zu etablieren. Auch innerhalb der Profession gab es ein größeres öffentliches Forum. In den englischen Zeitschriften gab es beispielsweise Leserbriefe, in den deutschen hingegen erst, und auch in geringem Maße, in den 1930er Jahren.

Die deutschen Zeitschriften hingegen verstanden sich stärker als Sprachrohre von Ärzten, als die Multiplikatoren von ärztlichen Interessen, ihre Position als professionelle Elite verteidigend. Die deutschen Ärzte konnten durch ihren Status als wissenschaftliche Experten, gepaart mit einem bürgerlichen Elitebewusstsein, im Vergleich zu den britischen Medizinern zur Durchsetzung ihrer Interessen auf die breitere Zustimmung der Öffentlichkeit weitgehend verzichten. Es stellt sich jedoch weiterführend die Frage, wie sich dies mit der neuen Regierungsform nach dem Ersten Weltkrieg, dem Aufkommen der Massendemokratie, vertrug. Die Mediziner stießen auf eine veränderte, stimmgewaltigere Öffentlichkeit, die sie möglicherweise andere Strategien, sich im öffentlichen Raum zu verhalten, ausbilden lassen musste. Damit bleibt zu untersuchen, welche Konsequenzen diese Veränderungen für das Verhältnis der Ärzte zur Öffentlichkeit in der Weimarer Republik besaßen und welche Bedeutung die Inanspruchnahme von Objektivität und Rationalität als politische Strategie hatte.[86]

86 Dieser Aspekt soll in einem weiteren Aufsatz näher beleuchtet werden. Vgl. dazu die an der Universität Bielefeld entstehende Dissertation von Tobias Weidner, Vom „social-politischen Standpunkt“ zur „unpolitischen Gesundheitspolitik“. „Politik“ und medizinische Wissenschaften zwischen 48er-Revolution und früher BRD (Arbeitstitel) sowie Roger Cooter, „The Rise and Decline of the Medical Member. Doctors and Parliament in Edwardian and Interwar Britain“, in: *Bulletin of the History of Medicine 78/2004*, 59–107.

Landfrauen-Zeitschriften als Instrumente weiblicher Professionalisierung[1]

Anke Sawahn

Die ersten Landfrauenvereine und ihre Zeitschriften

„Landfrauenarbeit ist vaterländischer Hilfsdienst! Nein, weit mehr als das. Landfrauenarbeit ist planvoller, zielbewusster Kampf gegen englischen Vernichtungswillen.“[2] Diese patriotische, ja chauvinistische Programmatik konnten die in Landfrauenvereinen organisierten Frauen in ihrem Publikationsorgan *Land und Frau* lesen, als sich der Erste Weltkrieg (1914–1918) für Deutschland schon lange zum Schlechten gewendet hatte und die städtische Bevölkerung von Ernährungskrisen und Hungertoden bedroht war. Selbst auf dem Lande wurde gehungert und nur noch der Mangel verwaltet, weil der lang andauernde Krieg allmählich alle Ressourcen erschöpfte. Doch gerade die Notzeiten des Ersten Weltkriegs wirkten als Schubkraft im Auf- und Ausbau der deutschen Landfrauenbewegung.

Den ersten Landwirtschaftlichen Hausfrauenverein (LHV)[3] hatte 1898 die Gutsfrau Elisabet Boehm (1859–1943) im ostpreußischen Rastenburg gegründet und seitdem im Deutschen Reich ein Netz von Landfrauenvereinen aufgebaut. Sie war von der bürgerlichen Frauenbewegung inspiriert worden, die sich 1894 im reichsweiten Dachverband „Bund Deutscher Frauenvereine“ (BDF) organisiert hatte. Boehm blieb über drei Jahrzehnte bis 1929 von der Dorf- bis zur Reichsebene LHV-Vorsitzende und übte auch danach noch bis zu ihrem Tod starken Einfluss auf das ländliche Frauenvereinsleben aus.[4] Sie bewertete ihr Engagement als volkswirtschaftliche und soziale Aufgabe zugunsten der Landfrauen. Später fügte sie hinzu, der Hauptgrund für den Aufbau der Landfrauenbewegung sei die geringe Wertschätzung ihrer gutsherrschaftlichen Hausfrauenarbeit gewesen.[5] Die Landfrauen definierten ihren Zusammenschluss als nutzbringend für die gesamte Gesellschaft.

Mehr noch wurde Boehm durch die Standespolitik der agrarischen Männerbünde angeregt. Während der Agrarkrise um 1893 erwuchs mit dem Bund der Landwirte (BdL, seit 1921 Reichslandbund, RLB) „eine agrarische Massenbewegung, die mit

1 Die Ausführungen in diesem Aufsatz gehen teilweise auf Ergebnisse zurück, die die Verf. unter anderer Fragestellung in ihrer Dissertation unter dem Titel *Die Frauenlobby vom Land. Die Landfrauenbewegung in Deutschland und ihre Funktionärinnen 1899 bis 1948*, Frankfurt a.M. 2009, veröffentlicht hat.

2 N. N., „Leitartikel“, in: *Land und Frau 1, 1/1917*, 7.4.1917, 1. *Land und Frau* trug bis 1922 den Untertitel *Illustrierte Wochenschrift für deutsche Landfrauen-Arbeit* und erschien sonnabends als Beilage der Zeitschrift *Deutsche Landwirtschaftliche Presse*, hg. vom angesehenen Landwirtschaftsverlag Paul Parey in Berlin. Die Beilage konnte als Zeitschrift auch einzeln bezogen werden.

3 Im Folgenden wird der historische Name gleichbedeutend mit der seit der Reorganisation der LHV 1948ff. eingeführten Bezeichnung „Landfrauenverein“ verwendet.

4 Elisabet Boehm, *Die Berufsorganisation der Landfrauen. Kurzer Überblick über die Entwicklung der Landwirtschaftlichen Hausfrauenvereine (L.H.V.)*, Berlin 1928.

5 Elisabet Boehm, *Wie ich dazu kam!*, Berlin 1941.

geradezu elementarer Gewalt (...) organisatorisch Gestalt fand".[6] Mit etwa 300.000 männlichen Mitgliedern entwickelte sich der BdL in der Kaiserzeit zum mächtigsten wirtschaftspolitischen Lobbyisten der Landwirtschaft. Personell aufs Engste mit der Deutschkonservativen Partei verknüpft, beeinflusste er aggressiv Presseorgane und Gesetzgebung zugunsten des ostelbischen Großgrundbesitzes. Als politische Massenorganisation entfaltete der BdL mit modernsten Agitationsmethoden massiven Wahlterror.[7] Die landwirtschaftlichen Vereine[8] und Landwirtschaftskammern[9] stellten geschlossene Männergesellschaften dar und waren Träger eines politischen Sonderlebens mit autonomistischen Bestrebungen. Von diesen strukturellen standespolitischen Machthierarchien waren die Landfrauen abhängig.

Obwohl die Landwirtschaftlichen Hausfrauenvereine (LHV) an die Grenzen dieser homosozialen Männerformationen stießen und erst allmählich von ihnen Unterstützung bekamen, waren deren Durchsetzungsstrategien Vorbild für Elisabet Boehm. Sie lernte von ihnen und ahmte ihre Öffentlichkeitspolitik nach, denn der multiplikatorische Wert von Zeitungen war ihr bewusst. Schon bevor sie 1898 offiziell mit 15 Frauen den ersten LHV gründete, erschien im informellen Kreis von fünf Frauen „die erste, wirklich ganz kleine Zeitung für unsere Nachrichten", die eine der Frauen zu Werbezwecken austrug.[10] Boehm betrieb eine intensive Medienarbeit, indem sie sich als definitionsmächtige Publizistin hervortat. Ab 1904 gab sie ihre eigene Zeitschrift *Ostdeutsche Frauenarbeit* heraus[11], die als Beilage der *Ostpreußische[n] Zeitung* erschien. Darin forderte sie „zur Mitarbeiterschaft (…) alle unsere lieben Vereinsmitglieder" aus den bis dahin gegründeten 15 Landfrauenvereinen auf[12]; die meisten

6 Thomas Nipperdey, „Interessenverbände vor dem Ersten Weltkrieg" (1961), in: ders., *Gesellschaft, Kultur, Theorie. Gesammelte Aufsätze zur neueren Geschichte,* Göttingen 1976, 319–337, hier 321.

7 Neben Nipperdey hierzu die grundlegenden Untersuchungen von Hans-Jürgen Puhle, *Agrarische Interessenpolitik und preußischer Konservatismus im wilhelminischen Reich (1893–1914). Ein Beitrag zur Analyse des Nationalismus in Deutschland am Beispiel des Bundes der Landwirte und der Deutsch-Konservativen Partei,* Hannover 1966, und Jens Flemming, *Landwirtschaftliche Interessen und Demokratie. Landwirtschaftliche Gesellschaft, Agrarverbände und Staat 1890–1925,* Bonn 1978.

8 Landwirtschaftliche Vereine waren bis zur Boehmschen Gründung des Landwirtschaftlichen Hausfrauenvereins 1898 nur Männern vorbehalten. Hauptanliegen der Zusammenkünfte war die Weiterbildung der Landwirte durch Lesezirkel, Aussprachen, Beratungen und Vorträge.

9 Zur Bündelung und Stärkung der berufsständischen Interessenvertretungen auf dem Lande konstituierten sich in preußischen Provinzen und außerpreußischen Ländern Deutschlands Landwirtschaftskammern. Der preußische Staat setzte am 30. Juni 1894 Landwirtschaftskammern per Gesetz durch.

10 Erna Siebert-Corben, „Elisabet Boehm zum Gedenken.", in: *Land und Frau 11, 48/1968,* 1.6.1968, 282f.; Fortsetzung ebd., *12, 48/1968*, 15.6.1968, 313–315. Erna Siebert (1883–1975) vom ostpreußischen Gut Corben gehörte zu den Landfrauen-Vereinsvorsitzenden der ersten Stunde.

11 Die *Ostpreußische Zeitung* war ein Blatt der Konservativen, deren Beilage auch einzeln oder in Verbindung mit der Frauenzeitung *Das traute Heim* bezogen werden konnte, die ebenfalls ein Beiblatt war. Die Auflagenhöhen und die Erscheinungsdauer lassen sich mangels Quellen nicht klären.

12 Elisabet Boehm-Lamgarben, „Was wir wollen!", in: *Ostdeutsche Frauenarbeit 1, 1/1904,* 30.10.1904, Leitartikel auf der Titelseite. Der Untertitel lautete *Organ des Verbandes der landwirtschaftlichen Hausfrauenvereine.* Ab April 1906 hieß der Untertitel *Zeitung für die Interessen der landwirtschaftlichen Hausfrauenvereine.* Elisabet Boehm bewirtschaftete mit ihrem Ehemann Otto Boehm seit 1880 das 350 ha große Gut Lamgarben bei Rastenburg und fügte deshalb ihrem Familiennamen den Gutsnamen hinzu.

Artikel schrieb sie aber selbst. Die Zeitung im Folioformat[13] erschien in Königsberg als Pflichtblatt für die LHV-Mitglieder jeden Sonntag mit meist drei eng bedruckten Textseiten und einer Anzeigenseite zum vierteljährlichen Abonnementpreis von 45, später 60 Pfennigen.[14]

Doch Zeitungen und Fachzeitschriften mit werbenden Informationen gehörten nicht zur alltäglichen Frauenlektüre. Seit Mitte des 19. Jahrhunderts hatte es auf dem platten Land bis zur Verabschiedung des Reichsvereinsgesetzes[15] von 1908, das auch Frauen Politikfähigkeit und Versammlungsrechte zugestand, neben dem „Vaterländischen Frauenverein vom Roten Kreuz" (VFV) nur karitative und konfessionelle Frauenvereine gegeben. Viele Frauen vom Land waren dem Vereinsleben gegenüber skeptisch und schlossen sich nur zögerlich an. Überdies besaßen sie nicht das informelle Netz der in Städten angesiedelten bürgerlichen Frauenbewegung und verfügten nur über eine ungünstige verkehrs- und informationstechnische Infrastruktur. Wirtschaftlich und beruflich orientierte Organisationen wie die Landwirtschaftlichen Hausfrauenvereine blieben die Ausnahme.

Bei den seinerzeit begrenzten Kommunikationstechniken boten Printmedien eine hervorragende Gelegenheit für Landfrauenfunktionärinnen, sich untereinander zu verständigen und andere zu unterrichten, um für sich und ihre Sache werbend in Erscheinung zu treten. Sie erkannten und nutzten den hohen Wert einer „Berufspresse [zur] Formung eines Kollektivwillens [statt] machtloser Zersplitterung und unfruchtbarer Eigenbrötelei".[16] Ihr angestrebter Einfluss auf Behörden und Körperschaften in sozialpolitischen Fragen, auf die Erziehung und Ausbildung des beruflichen Nachwuchses – hier der weiblichen Landjugend – und auf das Bedürfnis nach Verbundenheit und Gemeinschaft bis zur „beruflichen Seelsorge" gingen durch konsequente Bearbeitung in der Berufspresse ins öffentliche Bewusstsein ein.

Die Landfrauen konnten in ihrer neuen Zeitschrift allem voran Nachrichten über das Vereinsleben ihrer LHV oder vom Vaterländischen Frauenverein (VFV) lesen, aber nicht selten auch über den „Hofzaun" blicken. Boehm berichtete zum Beispiel ausführlich aus Berlin über den Kongress des International Council of Women (ICW) von 1904[17], auf dem weltweit miteinander verbundene Frauen engagiert Austausch suchten[18], und informierte regelmäßig über Fachausstellungen. Auch warb sie vehe-

13 Nicht mehr gebräuchliches Papierformat (Fol., Kanzleiformat) 24 x 33 cm oder mehr als 35 cm.

14 Eine Preisrelation ist problematisch, denn der Lebenshaltungskostenindex im Deutschen Reich war zu uneinheitlich. Die Budgets in einzelnen Haushalten waren überdies unterschiedlich. Das Pro-Kopf-Einkommen betrug 1913 in Ostpreußen 486 Mark, das waren 64,9 Prozent des Reichsdurchschnitts. Landwirtschaftliche Familienbetriebe mit Grundbesitz, Immobilien und eigenen Naturalien sind jedoch statistisch nicht vergleichbar mit den Einkommen und Ausgaben städtischer Arbeiter- oder Beamtenfamilien, vgl. Gerd Hohorst, Jürgen Kocka, Gerhard A. Ritter (Hg.), *Sozialgeschichtliches Arbeitsbuch II. Materialien zur Statistik des Kaiserreichs 1870–1914,* München 1978[2], 104.

15 Das Reichsvereinsgesetz trat am 15.05.1908 in Kraft.

16 Else Kesting, „Die Frauenberufsorganisationen und ihre Presse", in: Emmy Wolff (Hg.), *Frauengenerationen in Bildern,* Berlin 1928, 134–139, hier 139. Kesting erwähnt jedoch nicht den Reichsverband LHV als Berufsorganisation.

17 Elisabet Boehm-Lamgarben, „Erinnerungen an den internationalen Frauenkongreß. Teil I", in: *Ostdeutsche Frauenarbeit 27, 1/1905*, 30.4.1905, 1f.; Teil II ebd. *28*, 7.5.1905, 1.

18 Zu dem Kongress vom 12. bis 18. Juni 1904 in Berlin des 1899 gegründeten ICW kamen einige Tausend Delegierte und Besucherinnen.

ment für eine qualifizierte Mädchenausbildung, die auf dem Lande erst in den Anfängen steckte und nur den Töchtern des Landadels oder wohlhabenden Bauernmädchen Möglichkeiten bot, Fachkenntnisse für anerkannte land- und hauswirtschaftliche Berufe zu erlangen.[19] Veröffentlicht wurden ferner nützliche Tipps etwa über Geflügel- und Bienenzucht, Eierkonservierung, Schweineschlachten, Wurst- und Schinkenräuchern, Garten- und Obstbaumpflege, Marmeladen- und Backrezepte, kurz, alles, was Arbeitsabläufe von Bäuerinnen erleichtern und qualifizieren konnte, die Familie und Gesinde in einem großen Hofhaushalt gleichermaßen versorgen mussten. Die Wertschätzung ihrer geleisteten Arbeit wurde in vielen Artikeln als „Ehrenrettung der Hausarbeit“ eingefordert.[20]

Neben Frage- und Antwortkasten, schöngeistigen Versen und Erbaulichem für den Feierabend fanden die Leserinnen scharfzüngige Streitschriften von Mitgliedsfrauen, die ihre gegensätzlichen Positionen zur Frauenbewegung ausfochten. Während diese für die einen „den Mindestanspruch für ein menschenwürdig freies Ausleben der weiblichen Persönlichkeit“ vertrat, sahen andere – wie das Aufsichtsratmitglied des Verlags, Adolf von Batocki – deren Forderungen als „Entgleisungen (…), Schamlosigkeit und Entartung“ an.[21] Zu den Befürworterinnen gehörte Elisabet Boehm, weil sie, wie sie ein Vierteljahrhundert später betonte, in dem überwiegend städtisch strukturierten Bund deutscher Frauenvereine (BDF) ihren „Einfluss rechtsstehenden bodenständigen, landwirtschaftlichen Denkens“[22] ausüben wollte. Die Landfrauen ihrerseits sollten von der „tüchtigen Arbeit der Frauenbewegung“ der gewandteren und weltläufigeren Stadtfrauen lernen. Mit dieser Indoktrination hatte Boehm sich zuviel vorgenommen; ihr Anspruch ließ sich nicht verwirklichen, weil die Männer aus den landwirtschaftlichen Körperschaften den Landfrauenvereinen den Beitritt zum BDF erst 1920 gestatteten. Es wurde aber eine streitbare, kurze Liaison nur bis 1932, denn inzwischen hatten sich die Landfrauen im rechten Spektrum angesiedelt.

Auf den wenigen ihr zur Verfügung stehenden Seiten griff die *Ostdeutsche Frauenarbeit* immer wieder die zentralen Anliegen der Landfrauenbewegung auf: Sie motivierte zu Vereinsgründungen, in denen die Grundlage für eine wirtschaftlich ertragreiche, rationelle Hauswirtschaft vermittelt wurde, kurz, sie forderte und förderte Qualifizierung und Professionalisierung. Der kommunikative Austausch und die Fortbildung unter den Frauen bei den Vereinsnachmittagen fand Ausdruck in der medialen Vermittlung. Die Leserinnen auf den weitflächigen ostpreußischen Höfen oder in den Landstädten waren erstmals durch das Vereinswesen und die Zeitschrift mit ihren Alltagsfragen vernetzt, sie erhielten durch Anzeigenwerbung Kenntnis von neuen

19 In der Satzung, die sich der erste LHV in Rastenburg am 1. Februar 1898 gab, hieß es unter Punkt 2 sogar: „Ausbildung der Töchter und Hilfskräfte“. Diese Originalsatzung blieb nicht erhalten, sondern wurde von Boehm in Erinnerungen zitiert, hier 1928.

20 Elisabet Boehm-Lamgarben, „Ehrenrettung der Hausarbeit“, in: *Ostdeutsche Frauenarbeit 29, 1/1905*, 14.5.1905, 2.

21 Wiedergabe eines Beitrags von Adolf von Batocki-Bledau in der *Ostpreußischen Zeitung* unter dem Titel „Grenzen der Hausfrauentätigkeit“, in: *Ostdeutsche Frauenarbeit 2, 2/1906*, 14.1.1906, 1f. Elisabet Boehm kommentierte diese Ansichten als „Chaos von Meinungen“ und „weit auseinander gehende Ansichten“. Batocki (1868–1944) war ferner Vorsitzender der Ostpreußischen Landwirtschaftskammer und Landrat im Kr. Königsberg.

22 Elisabet Boehm, *Die deutsche Landfrau und ihr Wirken in Haus und Vaterland,* Berlin 1924, 171.

Konsumprodukten und erreichten eine, wenn auch anfangs begrenzte, öffentliche und gesellschaftlich akzeptierte Aufmerksamkeit.

Das Anliegen der Landfrauen zielte satzungsgemäß auf die Anerkennung ihres Landfrauendaseins als Beruf[23]; dafür traten sie in allen ihren Publikationen ein. Sie wollten sich nicht – wie in den Statistiken – als „mithelfende weibliche Familienangehörige" gemindert sehen. Ihr Verband sollte als Berufsorganisation akzeptiert werden, die sich auf breiter Ebene für weibliche Bildung, Ausbildung und Erwerb, für Qualifizierung, Professionalisierung und verbesserte Lebensbedingungen von Frauen auf dem Land engagierte. Die Anerkennung ländlicher Hausfrauenarbeit als Beruf drückte sich darin aus, dass eine „Berufs"-Landfrau als Lehrfrau die weibliche Jugend ausbilden und ein Zertifikat vergeben durfte. Zur Durchsetzung dieser Ziele forderten die Landfrauenvereine auch in Zeitungsaufsätzen Mitspracherechte in entscheidenden staatlichen und wirtschaftspolitischen Gremien, obwohl sie das politische Frauenstimmrecht noch weitgehend ablehnten. Um ihren bildungs- und frauenpolitischen Anliegen mehr Nachdruck zu verleihen, suchten die Landfrauen immer die Gemeinschaft mit Männern, da sie mit ihnen ihre wirtschaftliche Existenz teilten.

Den größten Erfolg der Landfrauenvereine stellten die Verkaufsstellen dar, auch Markthallen genannt, von denen die erste bereits ein halbes Jahr nach Vereinsgründung im Oktober 1898 in Rastenburg eröffnet wurde.[24] Der „unter Dach gebrachte Markt" (Boehm) war für das Vereinsleben Sinnstiftung, Bindung und Antrieb zugleich.[25] Die Verbandszeitschrift veröffentlichte Liefer- und Verkaufsbedingungen; in Tageszeitungsanzeigen wurden die jahreszeitlich frischen landwirtschaftlichen Produkte angefordert und günstig angeboten. Verkaufsstellen gaben Bäuerinnen die Möglichkeit, ihre landwirtschaftlichen Produkte ohne beschwerliche Marktwege und Transporte bei Wind und Wetter, unabhängig von ambulanten Zwischenhändlern und fremdbestimmten Preisen zu verkaufen, kurz, eigenes Geld zu verdienen. Bargeld war auf den Höfen immer rar. Doch es ging nicht allein ums Geschäft, denn fortan mussten die Landfrauen beste Qualität zu produzieren versuchen, die sich optimal verkaufte, und letztlich den gesamten betriebswirtschaftlichen Vorgang erlernen. Boehm verstand das als „Erziehungsarbeit", denn die Produzentinnen nutzten bis dahin ihre Erzeugnisse aus Garten, Kleinvieh- und Hühnerställen nur für den eigenen Bedarf. Sie sollten sich künftig den Gesetzen des freien Marktes stellen, um wirtschaftlichen Mehrwert zu erzielen und marktfähig werden.

Gleichzeitig sollten auch die Städterinnen zur Warenkunde erzogen werden, denn städtische Haushalte verlangten immer mehr, bessere und preiswertere landwirtschaftliche Erzeugnisse. Im Ergebnis sollten die Hausfrauen in Land und Stadt optimal zu einer rationellen, marktgerechten Warenproduktion einerseits und rationalem Konsumverhalten andererseits gebracht werden. Ausdruck dessen war seit Beginn der Landfrauenbewegung das Motto „Stadt und Land – Hand in Hand", das bis in die Gegenwart heraufbeschworen wird. Die Eintracht in dieser Devise war allerdings

23 Elisabet Boehm, „Die Anfänge der Landfrauenbewegung", in: *Die Frau 12, 40/1932/33*, 718–722, hier 720.

24 Der *Landfrauenkalender* bilanzierte 1933 reichsweit 146 Verkaufsstellen, davon allein 62 in Ostpreußen. *Landfrauenkalender* 1934, 2. Teil, 46ff.

25 Für die aktuelle Diskussion über Einkommensalternativen auf dem Lande sind diese Verkaufsstellen heute Vorbild.

durch die Konkurrenz zwischen Land- und Stadthausfrauenvereinen in praxi oft brüchig, denn sie rivalisierten um Mitglieder und öffentliche Anerkennung. Nicht wenige Beiträge in den Landfrauenperiodika spiegeln diese wechselvolle Harmonie und den Ehrgeiz einiger Vorsitzender um Bedeutungszuwachs wider. Elisabet Boehms Schlagwort hieß daher auch: „Getrennt marschieren, vereint schlagen!“[26]

Die Landfrauen und ihre neuen Zeitschriften im Ersten Weltkrieg bis zur Inflation

Anderthalb Jahrzehnte lang blieben die Landfrauenvereine auf die zwei ostelbischen, agrarisch geprägten Provinzen Ost- und Westpreußen begrenzt. An der rastlos quer durchs Deutsche Reich reisenden und unermüdlich in den Landwirtschaftskammern für ihre LHV werbenden Elisabet Boehm lag das nicht. Sie wartete auf „grünes Licht“ durch die Entscheidungsträger in Ministerien und Kammern. Erst 1912 kam es zu LHV-Gründungen in Pommern und 1913 in Schleswig-Holstein. 1914 konstituierte sich als einflussreichster Dachverband der Preußische Landesverband LHV in Berlin.

Um außerhalb Preußens reichsweit agieren zu können, wurde im Januar 1917 der LHV-Reichsverband (RLHV) gegründet. Im Oktober 1917 gehörten dem RLHV bereits 42.000 Mitglieder in 303 Vereinen an, davon waren mehr als die Hälfte erst seit 1915 entstanden. Mit der Ausdehnung ihres Vereinswesens konnten die Landfrauen ihre Pressearbeit intensivieren. Das Verbandsorgan *Ostdeutsche Frauenarbeit* wurde überregional als *Zeitung des Reichsverbandes* in *Deutsche Frauenarbeit* umbenannt; Elisabet Boehm blieb Schriftleiterin.[27]

Waren bei Beginn des Ersten Weltkriegs Front und Heimat noch klar getrennt, brachte die weiterentwickelte Kampf- und Verkehrstechnik den Krieg allmählich ins Hinterland zur Zivilbevölkerung, zu Frauen und Kindern. In Zeitungen und von Politikern wurden die Frauen nun mit Aufrufen, Vorträgen und Vorführungen belehrt, sie seien die „Kerntruppe der Heimarmee“, die „in Küche und Haushalt für ein Durchkommen“ kämpfen müsse; es sei „die große Aufgabe der Hausfrauen, dem Heere, das unsere Schlachten schlägt, ein wohlorganisiertes Heer an die Seite zu stellen, das den Sieg innerhalb des Landes erkämpft“.[28] Die Beiträge bekamen in der Kriegsatmosphäre oftmals einen scharfen nationalistischen Akzent.

Die Nahrungsmittelproduktion ging im Kriegsverlauf um ein Drittel zurück; das bedeutete eine Versorgungsverminderung von etwa 45 Prozent. Zudem erhielt zwei Drittel der produzierten Nahrungsmittel das Heer. Die Versorgung der Bevölkerung hing deshalb tatsächlich weitgehend von der Tatkraft gut organisierter Frauen mit land- und hauswirtschaftlichen Fertigkeiten ab. Mit diesem Krieg kam Hausarbeit aus der Privatsphäre heraus und erhielt in der Öffentlichkeit eine politische und ökonomische Aufwertung. Mit viel Geschick versuchten Stadthausfrauen- und Landfrauenvereine, aus Wenigem und Schlechtem viel zu machen. Für sie war das die Chance, ihre

26 Boehm über die Zusammenarbeit mit dem Hausfrauenverband, in: *Die Gutsfrau 21, 3/1915*, 1.8.1915, 420.

27 Mangels Quellen ist die Umbenennung des Blattes nicht genau zu terminieren, vermutlich war es 1913, vielleicht erst 1914.

28 „Kriegsaufruf“, in: *Lüneburgsche Anzeigen* 27.11.1915.

Alltagsarbeit, die Kriegshauswirtschaft, zur Aufgabe der Frauenbewegung zu machen und durch ihren Beitrag als Staatsbürgerinnen anerkannt zu werden. So wurde, während die Männer beim Militär oder in der Etappe waren, der Krieg auch zur Stunde der Frauen.

Tageszeitungen und Zeitschriften waren voll von Appellen und Anzeigen, die die „Heimarmee“ zu Koch-, Einmach-, Flick- und Schusterkursen für kriegsgemäße Lebensweise durch Improvisation und Einschränkung auf allen Gebieten aufforderten. Im ganzen Deutschen Reich fanden staatlich organisiert für Hunderte von Vereinsfunktionärinnen und Landwirtschaftslehrerinnen „Kriegsfrauentage“ statt, deren Abläufe, Reden und Ratschläge sich seitenlang auch in den Landfrauenzeitschriften niederschlugen. Ein abgedruckter Wochenspeiseplan für eine „bemittelte“ Berliner Fünf-Personen-Familie ging allerdings völlig an der Kriegswirklichkeit vorbei.[29] Es sollte zwar täglich Graupen- oder Kohlrübensuppe geben, aber ganz unrealistisch auch reichlich Fleisch, Fisch, Käse, Zucker und Kuchen. Der berüchtigte „Wrukenwinter“ (Steckrüben) 1916/1917 ging in die Geschichtsbücher ein. Der Speiseplan für Berliner Stadtkinder, die sich 1917 zur Erholung in einer „Sommerkolonie“ auf dem Lande aufhielten, bestand aus Streckfett von Futterrüben, Buttermilchrüben, saurem und süßem Rübenauflauf, falscher Linsensuppe aus Kohlrüben, süßsauren Futterrüben, Spartanersuppe aus sauren Rüben, Preußengericht aus gebratenem Blut und Sauerkraut, Rübensalat, Rübenfleisch (4 ½ Pfund Futterrüben, ½ Pfund Backobst, Fleisch oder Fisch), Kohlrübenauflauf und Wildgemüse aus Vogelmiere und Brennesseln. Getreidekaffee wurde aus getrockneten Rübenblättern geröstet und Marmelade aus Rübenschalen gekocht.[30]

In dieser fast ausweglosen Lage schienen nicht nur die Landfrauen allen Grund zu haben, wie im oben zitierten Aufruf gegen die vom feindlichen England verhängte Blockade zu wüten, welche die durch deutsche Kriegspolitik bewirkte Situation täglich verschärfte. Denn die weit über die deutschen Küsten und Häfen hinausreichende militärische Fernblockade durch die britische Flotte verhinderte jeglichen Nachschub an Nahrungsmitteln und Versorgungsgütern auf dem Seeweg. Um diese Engpässe zu überbrücken, wurde die Arbeit der Landfrauenvereine geradezu unersetzlich. Die in den Landwirtschaftlichen Hausfrauenvereinen organisierten Gutsfrauen, Großbäuerinnen und Ehefrauen von land- und kleinstädtischen Honoratioren (Frau Pastor, Frau Lehrer, Frau Landrat, Frau Brauereibesitzer) taten in praktischer Alltagsarbeit, organisatorisch in Vereinen und multiplikatorisch in Zeitschriften ihr Bestes.

Nach Kriegsende, zu Beginn der Weimarer Republik, hatten manche Beiträge in der *Deutschen Frauenarbeit* soziale und politische Inhalte[31], aber vorrangig ging es um Tipps für die Nutzgeflügelzucht, den Gemüseanbau und die Obsternte, fürs Schweineschlachten und für die Kartoffelverwertung, ferner wie gewohnt um Ver-

29 N. N., „Ernährung einer Berliner bemittelten Familie. Speiseplan“, in: *Land und Frau 1, 1/1917*, 7.4.1917, 4. Der Kriegsalltag in den Großstädten wurde eindringlich aufgezeigt von Ute Daniel, *Arbeiterfrauen in der Kriegsgesellschaft. Beruf, Familie und Politik im Ersten Weltkrieg,* Göttingen 1989, bes. 167–232.

30 N. N., „Rezepte für eine Sommerkolonie von elf Kindern und einer Hausmutter“, in: *Die Gutsfrau 19, 5/1917*, 1.7.1917, 402.

31 So wurde von Alice Salomon (1872–1948) ein Artikel nachgedruckt, der während der Nachkriegszeit für bestimmte Gesellschaftskreise eine Umstellung der Lebenshaltung forderte, „Der Maßstab von 1913“, in: *Deutsche Frauenarbeit 16/1920,* 14.8.1920, 130f.

einsnachrichten; der Anzeigenteil verkleinerte sich während der anhaltenden wirtschaftlichen Not. Die *Deutsche Frauenarbeit* erschien mit fortgeführter Jahrgangszählung und laufender Paginierung weiterhin jeden Sonntag; der vierteljährliche Bezugspreis erhöhte sich auf 1,50 Mark.[32] Sie musste 1922 in der Inflationszeit nach der Geldentwertung ihr Erscheinen einstellen, was besonders Boehm sehr schmerzte.

Deutsche Frauenarbeit

Bezugspreis 1,50 Mk. für das Vierteljahr ohne Bestellgeld. — Erscheint jeden Sonntag. — Bestellungen nehmen sämtliche Postanstalten sowie die Briefträger entgegen.

Zeitung des Reichsverbandes der landwirtschaftl. Hausfrauenvereine

Anzeigen für die 45 mm breite Petitzeile 40 Pf. Reklamen für die 92 mm breite Petitzeile 120 Pf. Bei Wiederholungen Ermäßigung. Erfüllungsort Berlin SW. 11.

Reichsverband: Vorsitzende Elisabet Boehm; Winterwohnung: Königsberg i. Pr., Henschestr. 13, Sommerwohnung: Haus Lamgarben-Neukuhren. Geschäftsstelle: Berlin SW. 11, Hafenplatz 4III, Geschäftsführerin Margarete v. d. Decken. Kassenkonto: Postscheckamt Hannover Nr. 10841. Kassenführerin: Frau Annemarie Schulz-Lüchow.

Ostpreußischer Verband: Zahl der Vereine: 63. ...

Westpreußischer Verband: Zahl der Vereine: 20. ...

Verband für Pommern: Zahl der Vereine: 27. ...

Verband für Schlesien: Zahl der Vereine: 32. ...

Verband für Hannover: Zahl der Vereine: 24. ...

Verband f. d. Herzogt. Braunschweig: Zahl der Vereine: 6. ...

Verband für die Provinz Sachsen: Zahl der Vereine: 21. ...

Verband für das Königreich Württemberg: Zahl der Vereine: 50. ...

Nr. 35. Berlin, den 28. August 1920. 16. Jahrgang

Abb. 1: Titelseite Deutsche Frauenarbeit *16 /1920 vom 28.8.1920; Fachzeitschrift des Reichsverbandes der landwirtschaftlichen Hausfrauenvereine (RLHV)*

Für die gebildete Frau auf dem Lande: *Die Gutsfrau*

Die bereits mit Fotos illustrierte *Gutsfrau*[33] wurde unter Mitwirkung bekannter Frauen herausgegeben, die sich im weiblich-ländlichen Bildungsbereich einen Namen gemacht hatten, u. a. Elisabet Boehm[34], die sich in ländlichen Wohlfahrtsfragen expo-

32 Auch hier sind vergleichende Zahlen problematisch. Ein Kilo Roggenbrot kostete 1921 in Berlin 301 (Papier)Pfennige, 1922 schon 27,56 Mark, 1923 waren es 50,1 Milliarden Mark. Vgl. Dietmar Petzina, Werner Abelshauser, Anselm Faust, *Sozialgeschichtliches Arbeitsbuch Band III. Materialien zur Statistik des Deutschen Reiches 1914–1945,* München 1978, 83. Die unten beschriebene Halbmonatsschrift *Die Gutsfrau* kostete von 1913 bis 1919 vierteljährlich 2 Mark, 1920 waren es 3 Mark, 1921 stieg der Preis auf 4,50 Mark, 1922 von 6 auf 12 Mark, in der Inflation 1923 von 120 auf 200 Mark für die letzten Ausgaben.

33 Die erste Ausgabe erschien am 1. Oktober 1912. *Die Gutsfrau* wurde bei der reaktionären *Deutsche[n] Tageszeitung* gedruckt. Viele Periodika, vor allem Frauenblätter wie *Die Gutsfrau*, mussten aus wirtschaftlichen Gründen ihr Erscheinen einstellen. N. N., „Abschied", in: *Die Gutsfrau* 7, *11/1923*, 1.1.1923, 95. Die letzte Ausgabe Nr. 8 erschien am 15.1.1923. Die Auflagenhöhe ist unbekannt.

34 Elisabet Boehm gründete nach dem Vorbild der Reifensteiner Schulen in Metgethen (Kr. Königsberg) die „Kronprinzessin-Cecilien-Schule", die später vom Reifensteiner Verband übernommen wurde. Vgl. zu den Reifensteiner Schulen Ortrud Wörner-Heil, *Frauenschulen auf dem Lande. Reifensteiner Verband 1897–1997,* Kassel 1997^2, sowie weitere Veröffentlichungen der Autorin. Der Reifensteiner Verband und seine Schulen hatten vielfach eigene Hauszeitschriften, in denen detailliert über den Bildungsstand und persönliche Daten berichtet wurde, auch noch nach

nierende schlesische Gutsfrau Gertrud Dyhrenfurth, Ida von Kortzfleisch[35], Elisabeth Freiin von Pawel-Rammingen und Marie Gräfin von Schwerin-Löwitz. Inhalte waren „die sozialen und wirtschaftlichen Aufgaben der gebildeten Frauen auf dem Lande“. Wie der exkludierende Untertitel kundtat, konnte ein ausgewählter „gebildeter“ Leserinnenkreis alle zwei Wochen auf rund 20 Seiten ausführliche Beiträge zur (bildungs)politischen und sozialen Lage, Fachberichte aus der land- und hauswirtschaftlichen Praxis, pädagogische Richtlinien für Kinder und Gesinde, Tagungs- und Ausstellungsreportagen, Informationen über alle konservativ ausgerichteten Frauenvereine sowie viel „Besinnliches“ lesen und in einem „Briefkasten“ Fachkenntnisse, Rezepte und Meinungen austauschen.

Dem vorrangigen Anliegen der Herausgeberinnen folgend, widmete sich *Die Gutsfrau* in vielen Beiträgen unter statuserhaltendem Aspekt der ländlichen Besitz- und Bildungselite und betont der qualifizierenden Aus- und Weiterbildung der land- und stadtadligen, grundbesitzenden oder großbürgerlichen Töchter in ländlich-hauswirtschaftlichen Fachschulen. Beispielsweise auf dem thüringischen Landgut Amalienruh (nahe Meiningen) der Elisabeth Freiin von Pawel-Rammingen, das sich als viersemestriger Lehrbetrieb, nicht als Schule verstand; der Pensionspreis war nur für Begüterte erschwinglich.[36] In kurzen oder längeren *Amalienruher Mitteilungen* in der *Gutsfrau* war zu lesen, wie Pawel-Rammingen in Pionierarbeit den anerkannten Berufsabschluss der Landwirtschaftlichen Beamtin entwickelte. Junge Frauen sollten praktisch und theoretisch gut ausgebildet auf dem Lande eine sie zufriedenstellende selbstständige wirtschaftliche Stellung ausüben können, die ihren Lebensunterhalt mit guter Bezahlung, Alters- und Krankenversorgung sicherte. Eine solche Position war die einem Inspektor vergleichbare „Hofdame“. Nach Abschluss der Lehrzeit war diese zuständig für das Vieh, auch Großvieh, für Garten, Imkerei, Feldanbau, für alles, was auf dem Hof und auf dem Felde passierte, auch für die Tagelöhner und Tagelöhnerinnen, die Buchführung und Geschäftskorrespondenz. In der Frauenbewegung wurde diese weibliche Ausbildung in der Großviehzucht anerkennend registriert. Auf Bullenschauen erhielt die Amalienruher Tierzucht Medaillen, Ehrenpreise und Geldprämien. Auf einem Gut im nahegelegenen Sülzfeld richtete Pawel-Rammingen 1917 noch ein einjähriges Landfrauenseminar zur Ausbildung für landwirt-

Auflösung des Verbandes, so z. B. die *Reifensteiner Maidenzeitung* (ab 1905), *Das Maidenblatt* (ab 1916) und das *Blatt der Altmaiden* (ab 1949).

35 Ida von Kortzfleisch begründete 1895 in Hannover den Verein für Wirtschaftliche Frauenschulen auf dem Lande (Reifensteiner Verband). Die erste Frauenschule entstand 1897 in Nieder-Ofleiden (Hessen) und wurde 1900 nach Reifenstein (Eichsfeld, heute Thüringen) verlegt.

36 Erst Jahrzehnte nach Gründung der ersten Ackerbauschule für die männliche Landjugend (1851) entstanden gegen Ende des 19. Jahrhunderts drei hierarchisch gegliederte berufliche Schultypen für Mädchen auf dem Lande: 1. Die von Ida von Kortzfleisch 1895 in Hannover begründeten Wirtschaftlichen Frauenschulen auf dem Lande (Reifensteiner Verband), 2. die überwiegend durch Landwirtschaftskammern getragenen Landwirtschaftlichen Haushaltungsschulen für begüterte Bauerntöchter und 3. staatlich geförderte Wanderhaushaltungsschulen für Mädchen aus klein- und unterbäuerlichen Schichten. Die Verzögerung weiblicher Ausbildung auf dem Lande lag in dem geringen Ansehen qualifizierter Frauenerwerbsarbeit und der unzureichenden Professionalisierung begründet. Mädchen und Frauen waren auf den Höfen entweder mit Hilfsarbeiten „in Stellung“ oder mithelfende Familienangehörige.

schaftlich-soziale Lehrerinnen ein. Obwohl Amalienruh und Sülzfeld auf Jahre hinaus ausgebucht waren, wurden beide Einrichtungen 1920 geschlossen.[37]

Die anfangs konservative, aber zurückhaltende Geisteshaltung in der *Gutsfrau* verengte sich während der Kriegszeit stetig bis zur reaktionär-nationalistischen Indoktrination nach der Revolution von 1918, ohne aber die qualifizierte weibliche Ausbildung aus dem Blick zu verlieren. Im Inflationsjahr 1923 musste sie ihr Erscheinen ebenfalls einstellen.

Abb. 2: Titelseite Die Gutsfrau 1/1912/13 *vom 1.10.1912*

Öffentlichkeitsarbeit der Landfrauen durch ihre Presseorgane

Seit Gründung der Landfrauenvereine nutzten viele Landfrauen offensiv eine Fülle an Periodika für ihre Publizität, als Kommunikationsmedium und für geschlechtsspezifisch berufsständische Zwecke.[38] Sie ergriffen jede Möglichkeit der Selbstdarstellung, einerseits „vermittelt in Form der kleinen Münze des landwirtschaftlichen Pressewesens“[39], andererseits in lokalen und überregionalen, oft parteipolitisch gefärbten

37 Wörner-Heil, *Frauenschulen* (wie Anm. 34), 169–171. Der Grund lag darin, dass Amalienruh nie gewinnbringend gewirtschaftet hatte, sondern dank der Spenden eines Mäzens existieren konnte. Nach dessen Tod übernahm sein Erbe das Gut in eigene Bewirtschaftung. Letzte Mitteilungen über Amalienruh und Sülzfeld, in: *Die Gutsfrau 8, 9/1921*, 15.1.1921, 92, und ebd., *12*, 15.3.1921, 150f.

38 Ulla Wischermann, „Die Presse der deutschen Frauenbewegung 1848–1918. Anregungen zur Erforschung einer fast vergessenen Öffentlichkeit“, in: Elger Blühm, Hartwig Gebhardt (Hg.), *Presse und Geschichte II. Neue Beiträge zur historischen Kommunikationsforschung,* München u. a. 1987, 349–363, betont das Desiderat in der historischen Presseforschung. Sie erwähnt 60 Frauenberufszeitschriften (1928), aber keine Landfrauenperiodika.

39 Die „kleine Münze“ bedeutet im Allgemeinen eine Begrenzung, hier das quantitativ eingeschränkte Lesepublikum der landwirtschaftlichen Periodika, vgl. Dieter Gessner, „Die Landwirtschaft und die Machtergreifung“, in: Wolfgang Michalka (Hg.), *Die nationalsozialistische Machtergreifung,* Paderborn u. a. 1984, 124–136, hier 128.

Tageszeitungen[40] und Zeitschriften, auch in denen der bürgerlichen Frauenbewegung.[41] Vor dem Ersten Weltkrieg gab es bereits 550 landwirtschaftliche Zeitschriften, nach den Eingriffen des Reichsnährstands bis 1939 noch etwa 300 mit einer Auflage von 4,5 Millionen.[42] 1952 erschienen in der Bundesrepublik wieder 300 Titel in 4 Millionen Exemplaren.

Schon 1913 wurden Zeitungen und Flugblätter „nicht als die schlechtesten Bildungsträger" dort bezeichnet, wo Bäuerinnen keine anderen Möglichkeiten zu Weiterbildung und Austausch hatten.[43] In württembergischen Bauernhäusern mit Zeitungsabonnements wurden in einer Untersuchung die „geistig reicheren" Interessen gegenüber „geringerer geistiger Zufuhr" in Familien ohne diese Lektüre nachgewiesen.[44] Unter den bekanntesten Publikationsorganen der Landfrauen waren zeitweise von reichsweitem Einfluss die Zeitschriften *Die Gutsfrau* und *Land und Frau.*

Abb. 3: Titelseite Land und Frau 3/1919 *vom 22. 2.1919*

Seit 1917 erreichte die Wochenzeitschrift *Land und Frau* vermutlich einen größeren Leserinnenkreis; sie war ein inhaltlich gehaltvolleres Äquivalent zu Boehms *Deutsche[r] Frauenarbeit.* Mit der Ausweitung der Landfrauenorganisation wurde *Land und Frau* offizielles Zentralorgan des Reichsverbandes LHV[45] und eröffnete schreib-

40 Zur Provinzpresse und zu lokalen Tageszeitungen gibt es einige Untersuchungen, z. B. Klaus Wernecke, „Die Provinzpresse am Ende der Weimarer Republik. Zur politischen Rolle der bürgerlichen Tageszeitungen am Beispiel der Region Osthannover", in: Blühm/Gebhardt (Hg.), *Presse und Geschichte II* (wie Anm. 38), 365–404.

41 Eine kritische Untersuchung über das landwirtschaftliche Zeitschriftenwesen fehlt bis heute. Den umfangreichen Niederschlag von Agrarzeitschriften spiegelt das 1893 angelegte Pressearchiv vom Bund der Landwirte (BdL) wider, das erst seit der Wiedervereinigung der beiden deutschen Staaten leicht zugänglich ist. Dazu Alfred Smolny, „Das Pressearchiv des Bundes der Landwirte 1893–1944", in: *Zeitschrift für Agrargeschichte und Agrarsoziologie 2, 4/1956,* 185f. [im Folgenden ZAA], und Günther Meyer, „Das Pressearchiv des Bundes der Landwirte (1893–1945)", in: *Zeitschrift für Geschichtswissenschaft 7/1959,* 1121–1123. Das Archiv wurde nach 6.000 Sachgebieten angelegt; unter den 5.000 Personalia sind viele weibliche Persönlichkeiten.

42 Gottlieb Klauder, „Entwicklung des landwirtschaftlichen Zeitschriftenwesens", in: *ZAA 1, 4/1956,* 60–69, hier 65. Die Zeitschriften für Landfrauen werden hier mit nur einem Satz über das Organ *Die Deutsche Landfrau* aus der NS-Zeit abgefertigt.

43 Marta Wohlgemuth, *Die Bäuerin in zwei badischen Gemeinden,* Karlsruhe 1913, 147.

44 Maria Bidlingmaier, *Die Bäuerin in zwei Gemeinden Württembergs,* Reprint [Erstausgabe 1918], Kirchheim/Teck 1993², 141f., 153.

45 Auch die Zeitschrift *Land und Frau* litt in der Nachkriegs- und Inflationszeit unter wirtschaftlichen Problemen. Ihr Bezugspreis lag 1917 bei 1,25 M, 1918 bei 1,50 M, Anfang 1920 bei 2,60 M, Ende

freudigen Landfrauen, aber auch Männern vom Fach eine breite Austauschbasis ihrer Kenntnisse aus Praxis und Theorie und ihrer Meinungen. Auch ungeübte Schreiberinnen scheuten keine Gelegenheit, über Vereinsbelange, Ausstellungen, politische Ansichten, neue Rezepte und praktische Arbeitstipps für Haus, Hof und Garten zu texten. Die Zeitschrift war mit Fotos reich illustriert und hatte zusätzlich zur Präzisierung viele Strichzeichnungen, etwa für „Tauben-Fangkäfige aus Drahtgeflecht, Birnensorten, angekeimte Gurkenkerne oder Gurkenpflänzchen nach zwei Tagen". Ein Fragekasten und Personalia ergänzten die mindestens zwei Seiten über reine Vereinsinformationen mit Terminen, Jahresberichten und Arbeitsplänen.

Im Ergebnis machten sich seit 1920 in der redaktionellen Gestaltung von *Land und Frau* das fortgeschrittene Landfrauenvereinswesen und das gewachsene Selbstbewusstsein der Organisierten durch gesellschaftliche Akzeptanz in Form von Mitspracherechten deutlich bemerkbar. Seit dem Winter 1920/21 hatte der Reichsverband LHV eine eigene Geschäftsstelle und in der akademisch gebildeten, gewandten Liselotte Kuessner-Gerhard eine Geschäftsführerin, die mit Hilfe ausgewiesener Fachfrauen professionell die Vereinsinteressen durch politische Gremien und landwirtschaftliche Körperschaften im In- und Ausland steuerte. Als „Agrarierin des Herzens"[46] berichtete die Großstädterin regelmäßig über die erreichten Fortschritte, Leistungen, Ziele, Partizipationen und bestehenden Interessen des Landfrauenverbandes in *Land und Frau* sowie in vielen anderen Periodika.

Für die Frauen vom Land waren auch die Blätter der dem RLHV nahe stehenden vaterländischen und evangelischen Verbände sowie die der städtischen Hausfrauen, des Adels, zeitweise des BDF und der politischen Parteien Foren, um ihre Ansichten kundzutun. 1927 beschickte der Reichsverband LHV mit seinen Informationen außer der Reichslandbundpresse und Blättern der Landwirtschaftskammern 22 Tageszeitungen und Zeitschriften.[47] Innerhalb des Gesamtvorstands des RLHV bildete sich 1929 anlässlich der „Landwirtschaftlichen Woche", der „Grünen Woche"[48] am Funkturm in Berlin, ein Presseausschuss aus drei, später fünf in Fachgremien vernetzten Frauen, um die Öffentlichkeitsarbeit zu koordinieren und zu verstärken. Wie intensiv die Rezeption der Landfrauenpublikationen bei ihrer Klientel war, lässt sich nicht feststellen, wohl aber begründet vermuten, dass diese Medienarbeit dem erfolgreichen Ausbau der Vereinsorganisation förderlich war.

1920 bei 3,50 M, Mitte 1922 bei 13 M, Ende 1922 bei 40 M, im Januar 1922 bei 220 M, im April 1923 monatlich bei 700 M, im August 1923 bei 320.000 M. Nach Stabilisierung der Währung Ende 1923 kostete ein Monatsabonnement 0,65 Goldmark, eine Einzelnummer 0,20 Goldmark. (Zum Vergleich: Im Januar 1923 kostete in Hannover ein Liter Milch 188 M, Ende Oktober 1923 waren es 2,24 Milliarden M.) Ab 1923 wurde der Untertitel von *Land und Frau* ergänzt mit *Zugleich Organ des Reichsverbandes Landwirtschaftlicher Hausfrauen-Vereine*. Paginiert wurde fortlaufend jahrgangsweise.

46 So charakterisierte Else Erbe, *Wie ich Elisabeth Boehm und ihr Werk erlebte,* Berlin 1924, 137, die LHV-Mitglieder, die sich ohne Grundbesitz und ohne bäuerliche Herkunft für die Vereinsbelange engagierten.

47 *Landfrauenkalender* 1928, 2. Teil mit dem Jahresbericht für 1927, 44.

48 Im Volksmund hieß diese traditionell im Januar jeden Jahres stattfindende Landwirtschaftsveranstaltung „Grüne Woche", ab 1926 wurde sie offiziell so genannt. Nach Unterbrechung während des Zweiten Weltkriegs wurde diese außerordentlich populäre Fachmesse 1948 wiedereröffnet und findet bis in die Gegenwart statt.

Nachdem Landwirtschaftskammern und Bauernverbände die Nützlichkeit und Notwendigkeit erkannt hatten, Fachkenntnisse und Organisationsfähigkeit von Landfrauen ins Pressewesen einzubinden, sicherten sie sich deren Ressourcen auch im Nahbereich. Aufgrund des großen Informations- und Qualifizierungsbedürfnisses gaben sie in ihren Wochenblättern Beilagen für die Landhausfrauen heraus, deren Erscheinen und Umfang aber vom guten Willen der Vorstände, des jeweiligen Schriftleiters und der Wirtschaftslage abhingen. Fast alle Landfrauenverbände verfügten spätestens ab Mitte der 1920er Jahre über eine regelmäßige Frauenbeilage in den Zeitschriften ihrer Kammern. Dort schrieben LHV-Vorsitzende und die mittlerweile neu eingestellten Kammerreferentinnen in der Abteilung für Landfrauenarbeit als gut ausgebildete Fachfrauen seitenlang über rationelles ländliches Wirtschaften, zukunftsträchtige Frauenbildungs- und Berufsmöglichkeiten, über rechtliche, soziale, politische Frauenfragen und ihr Vereinswesen.[49] Sie sorgten dafür, dass lokale Tageszeitungen protokollähnliche Versammlungsberichte mit oft spaltenlanger Wiedergabe von Fachreferaten brachten und die Vereinsmitglieder mit deutlich durch die Biene, dem Vereinsemblem, gekennzeichneten Anzeigen zu Versammlungen eingeladen wurden.

Rationalisierung und Technisierung

Zur Steigerung der reproduktiven Tätigkeiten in der ländlichen Hauswirtschaft trug seit 1926 wesentlich die Einrichtung einer hauswirtschaftlichen Forschungsabteilung in der Versuchsanstalt für Landarbeitslehre im sächsischen Pommritz bei.[50] Sie erlangte Weltruf vor allem durch ihren Leiter Prof. Dr. Georg Derlitzki und durch die Arbeiten seiner Ehefrau, der promovierten Sprachwissenschaftlerin Dorothea Derlitzki. Der Reichsverband LHV plante in Pommritz für seine Mitglieder praktische und theoretische Lehrgänge in Hauswirtschaft, der „vierten wirtschaftlichen Macht“ neben Landwirtschaft, Industrie und Handel. Geforscht wurde zur Arbeitslehre in Landhaushalten, wie über Rationalisierung der Arbeitsabläufe durch neue Haustechnik und spezielle Wirtschaftsmöbel für landwirtschaftliche Betriebe, über Ernährung der Landbevölkerung und neue Erkenntnisse im Bau- und Wohnungswesen auf dem Lande. Neu entwickelte Haustechniken und -möbel wurden darauf geprüft, ob sie gesundheitsschonend, zeit- und kräftesparend, materialsicher, preisangemessen und wirtschaftlich waren. Nach erfolgreicher Produktprüfung wurden Küchen- und andere Arbeitsgeräte, Lebens-, Wasch- und Putzmittel, Haushaltstextilien und Gebrauchsartikel des alltäglichen Bedarfs mit Prüfsiegeln zertifiziert.

Die Initiative zur Erforschung der rationalisierten Arbeitsorganisation im Landhaushalt ging von Dorothea Derlitzki aus. Sie orientierte sich am amerikanischen Taylorsystem, mit dem ein möglichst effizienter Betriebsablauf erzielt werden sollte: Nicht nur der „Betrieb“, sondern auch der Faktor „Arbeit“ konnte und sollte durch

49 Die Beschreibung dieser Periodika sprengte den Rahmen des vorliegenden Aufsatzes und muss einer anderen Veröffentlichung vorbehalten bleiben.

50 Die Einweihung der Wissenschaftlichen Forschungsabteilung für Hauswirtschaft fand 1926 statt. Parallel unterhielten städtische Hausfrauenverbände (RDH) seit 1925 in Leipzig eine „Versuchsstelle für Hauswirtschaft“.

Planung unter wissenschaftlichen Aspekten neu organisiert und damit die Ressource weibliche Arbeitskraft besser genutzt werden.[51] Gegenüber Stadthaushalten bedeutete ein Landhaushalt für Bäuerinnen schwere körperliche Arbeit bei der Verarbeitung großer Mengen von Nahrungsmitteln für die Versorgung vieler zum Hof gehörender Personen, Bergen von schmutziger Kleidung bei der „großen Wäsche", meist noch ohne Strom- und Wasseranschluss und ohne technische Hilfsmittel, weite Wege zwischen Wohnhaus, Stall, Waschküche, Hof, Garten und Bleiche.[52] Die Landbewohnerinnen der umliegenden Dörfer nutzten Pommritz als „Waschsalon der ganzen Umgebung", weil es dort eine Versuchswaschküche gab, in der die neuen Trommelwaschmaschinen als die am leistungsstärksten getestet wurden.

Leitende Landfrauenfunktionärinnen gingen in Pommritz ein und aus, weil sie sich die „Vervollkommnung der Hausarbeit" zu eigen machten.[53] *Land und Frau* berichtete oft über Pommritz und Geräteneuigkeiten für die Landfrau. Auch andere Fachzeitschriften informierten über Prüf- und Versuchsverfahren in Pommritz, über Rationalisierungsergebnisse und neue hauswirtschaftliche Literatur.[54] Gelehrt wurde die rationalisierte Arbeitsorganisation in Pommritz aber nie. Obwohl ein großer Hörsaal eingerichtet wurde, fanden Kurse für die Landfrauen nicht statt.

Nur wenige Höfe konnten sich wegen hoher Anschaffungskosten moderne Haushaltsgeräte leisten. Dennoch waren die Bäuerinnen gegenüber dem neuen hauswirtschaftlichen Fachwissen, einer rationellen Gestaltung der Arbeitsabläufe, der effektiven Verwertung von Lebensmitteln und einem umsichtigen Verbrauch von Betriebsmitteln aufgeschlossen. Die Landfrauen setzten aber die durch hauswirtschaftliche Rationalisierung gewonnene Arbeitszeit meist für Leistungs- und Produktionssteigerungen auf anderen Gebieten ein und hatten deshalb kaum eine Arbeitserleichterung.

Der RLHV beschickte seit 1922 den neuen Ausschuss zur Prüfung land- und hauswirtschaftlicher Geräte in der Deutschen Landwirtschaftsgesellschaft (DLG)[55],

51 Der amerikanische Ingenieur Frederick W. Taylor (1856–1915) gilt als Begründer der wissenschaftlichen Betriebsführung. Zusammenfassend zur taylorisierten und rationalisierten Küche in bürgerlichen Stadthaushalten: Michael Wildt, „Technik, Kompetenz, Modernität. Amerika als zwiespältiges Vorbild für die Arbeit in der Küche, 1920–1960", in: Alf Lüdtke, Inge Marßolek, Adelheid von Saldern (Hg.), *Amerikanisierung. Traum und Alptraum im Deutschland des 20. Jahrhunderts,* Stuttgart 1996, 78–95, sowie Mary Nolan, „Housework made easy: The Taylorized Housewife in Weimar Germany's Rationalized Economy", in: *Feminist Studies 3, 16/1990*, 549–577.

52 Dorothea Derlitzki, *Arbeitsersparnis im Landhaushalt*, Berlin 1926. Dies., Georg Derlitzki, „Landarbeitslehre und Landhaushalt", in: *Landfrauenkalender 1926*, 76–81. Georg Derlitzki, *Die Versuchsanstalt für Landarbeitslehre Pommritz i. Sa.,* Pommritz 1931.

53 So die *Mitteilungen zur Vervollkommnung der Hausarbeit*, Untertitel der Beilage *Die Hauswirtschaft* in: *Land und Frau 9, 9/1925*, 101.

54 Ausführlich dazu aus zeitgenössischer Sicht mit Abb., Aenne von Strantz, „Die Arbeitsforschung für den Landhaushalt an der Versuchsanstalt für Landarbeitslehre Pommritz i. Sa.", in: Clara Mende (Hg.), *Deutsches Frauenstreben. Die deutsche Frau und das Vaterland,* Stuttgart, Berlin o. J. [1930], 201–230. Die promovierte Chemikerin Aenne von Strantz veröffentlichte viel im Bereich der Arbeitsforschung.

55 Die DLG wurde 1885 von Max Eyth als agrarische Fachvereinigung zur Modernisierung besonders der ostelbischen Landwirtschaft in Berlin gegründet, 1934 in den Reichsnährstand eingegliedert und 1947 wieder eigenständig reorganisiert. Vgl. Fritz Lachenmaier (Bearb.), *DLG. 100 Jahre Deutsche Landwirtschafts-Gesellschaft. Ein Rückblick in Wort und Bild,* Frankfurt a. M. 1985, 68.

den seit 1924 sogar eine Mitgliedsfrau leitete: Emilie Burg-Görg aus Sachsen. Deren Mitarbeit in dieser Männergesellschaft 40 Jahre nach Gründung der DLG war nach Ansicht eines Chronisten „ein erster (…) Schritt in Richtung Gleichberechtigung der Landfrau". Bis dahin hatten die Landfrauen die DLG-Ausstellungen nur mit ihren Produkten bestückt, nun nahmen sie Einfluss auf die dort neu zu entwickelnde Hauswirtschaftstechnik. Die Verengung und Lenkung von Bäuerinnenarbeiten in die Hauswirtschaft drückte sich seit 1929 in der Beilage von *Land und Frau*, dem *Hauswirtschaftlichen Beratungsdienst* (HBD)[56] aus. Zusammen mit der DLG veröffentlichten Referentinnen aus den Landwirtschaftskammern und Landfrauenverbandsmitglieder hier Ergebnisse der hauswirtschaftlichen Forschung zu Neuerungen auf dem Gebiet der hauswirtschaftlichen Technik und Lesetipps zur hauswirtschaftlichen Literatur. In dieser Beilage und in *Land und Frau* selbst wurden regelmäßig technische Neuerungen wie die „Dosen-Verschluß- und Abschneide-Haushaltungsmaschine" vorgestellt.

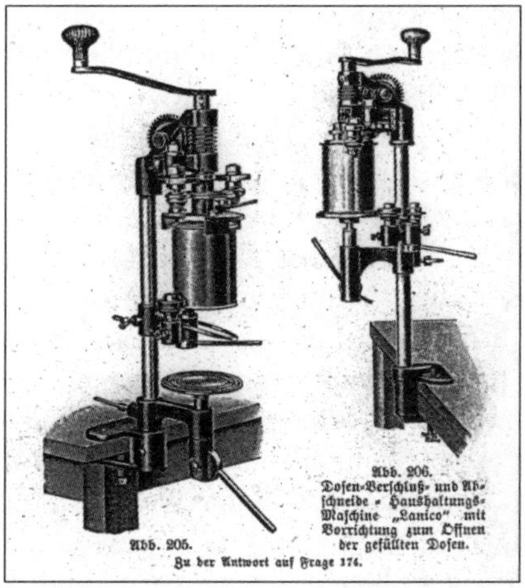

Abb. 4: Strichzeichnung einer Dosen-Verschluß- und Abschneide-Haushaltungsmaschine, Land und Frau 4/1920 *vom 6.11.1920, 360*

Auf dem Weg zur Professionalisierung: Ländliche Ausbildung und Beratung

Grundlage allen ertragreichen bäuerlichen Wirtschaftens war die nach Qualifikationen abgestufte ländlich-hauswirtschaftliche Ausbildung an Fachschulen, über die alle Landfrauenzeitschriften ausführlich fortgesetzt informierten. Die Landfrauenschulen waren „erste Versuche, (...) die außerfamiliäre Töchterbildung zu institutionalisieren", allerdings mit sozialer Rangordnung.[57] Die innerbetriebliche Ausbildung der

56 *Hauswirtschaftlicher Beratungsdienst.* Bearbeitet vom Reichsverband landwirtschaftlicher Hausfrauenvereine und den hauswirtschaftlichen Ausschüssen der Deutschen Landwirtschafts-Gesellschaft. Monatsbeilage von *Land und Frau,* 1, 2.3.1929, 164f.

57 Doris Tillmann, *Der Landfrauenberuf. Bäuerliche Arbeit, Bildungsstätten und Berufsorganisationen der Landfrauen in Schleswig-Holstein 1900–1933,* Neumünster 1997, 138–217, hier 194.

Töchter vom Land in allen Arbeitsbereichen eines Hofes führte allmählich zu einem ländlich-hauswirtschaftlichen Lehrlingswesen mit Lehrvertrag, Prüfung und gut ausgebildeten Lehrfrauen. Um 1930 gab es eine Reihe anerkannter landwirtschaftlicher Frauenberufe, Lehrerinnen für die Landwirtschaftliche Haushaltungskunde eingeschlossen. Die berufliche Anerkennung und die Einrichtung vielfältiger Ausbildungsgänge für ländliche Berufe lassen sich als Erfolg der Landfrauenbewegung bewerten. Dieses Ergebnis war von agrarwirtschaftlichem Nutzen im Allgemeinen und betriebswirtschaftlichem Wert für einzelne Höfe. Ausgebildete Bäuerinnen setzten ihre Arbeitskraft durch fachlichen Austausch und steten Erfahrungszuwachs geplant, rational und wirtschaftlich effektiv ein, statt wie zuvor beliebig durch tradierte Erfahrungen und nach eigenem Gutdünken. Sie steigerten die Produktion und fanden über die Identifikation mit ihren Höfen berufliche Bestätigung, blieben aber auf die traditionellen Arbeitsfelder beschränkt. Alle Bestrebungen zur Gleichberechtigung wurden im Ansatz der bäuerlichen Familienwirtschaft untergeordnet; an der geschlechtsspezifischen Rollenzuweisung wurde kein bisschen gerüttelt. Doch das modernisierte Berufsbild der Bäuerin führte zu Frauen, die an ökonomischen Erfolgen teilhatten und daraus ein berufliches Selbstbewusstsein entwickelten.

Während sich jedoch die Bäuerinnen großer Höfe ganz der Hauswirtschaft widmen konnten, weil sie weder im Garten noch im Stall und auf dem Feld mitarbeiten mussten, entsprach die Akzentuierung der ländlichen Hauswirtschaft in den Landfrauenzeitschriften nicht der Lebensrealität von Klein- und Mittelbäuerinnen; die aber waren sicherlich keine LHV-Mitglieder, weil sie dafür weder Kraft, Zeit noch Geld erübrigen konnten. Ihre Hauptarbeit lag auf dem Feld, im Stall und Garten. Sollten sie zu den Leserinnen von *Land und Frau* gehört haben, was bei ihrem arbeitsüberfüllten Alltag unwahrscheinlich war, hätten sie eher Ratschläge zu den erwerbsträchtigen landwirtschaftlichen Arbeitsbereichen benötigt, die vernachlässigt wurden. Zu Beginn des 20. Jahrhunderts schienen noch einige weibliche Zuständigkeitsbereiche wie Geflügel- und Gartenwirtschaft ein verheißungsvolles Potential für marktorientierte bäuerliche Erwerbsarbeit zu bieten. *Die Gutsfrau* und *Land und Frau* veröffentlichten illustrierte Serien über erfolgreiche Geflügelzüchterinnen, zeigten deren Brut- und Stallanlagen, berichteten über ihre Kenntnisse bei Kükenkrankheiten, über Füttertechniken, Zucht-, Ausstellungs- und Verkaufserfolge.

Getrennte männliche und weibliche Ausbildung führte aber zu männlich-produktiven und weiblich-reproduktiven Qualifikationen und Tätigkeiten. Als Wissenschaftsdisziplin wurde die ländliche Hauswirtschaft theoretisch fundiert und sollte die Arbeit der Bäuerinnen aufwerten, was auf Dauer wenig Erfolg hatte. Die traditionellen produktiven Arbeitsfelder der Frauen verloren im Verlauf des agrarischen Strukturwandels und in Zeiten von Agrarfabriken mit normierter Massentierhaltung ihre Bedeutung. Selbst als für Frauen ein Landwirtschaftsstudium möglich wurde[58], kaprizierten

Helene Albers, *Zwischen Hof, Haushalt und Familie. Bäuerinnen in Westfalen-Lippe (1920–1960)*, Paderborn u. a. 2001, 245–283.

58 An der Technischen Hochschule München (heute TU) als einer von drei TH konnten Frauen bereits seit 1901 als Hospitantinnen, seit 1903 offiziell Landwirtschaft studieren. Die Zahl blieb bis 1945 sehr gering und betrug pro Semester nie mehr als acht Studentinnen. 1921 wurde die erste Studentin der Landwirtschaft promoviert, vgl. Margot Fuchs, *Wie die Väter so die Töchter. Frauen-*

sich auch promovierte Diplom-Landwirtinnen in staatlichen und körperschaftlichen Verwaltungen überwiegend auf die Vermittlung der (ländlichen) Hauswirtschaftswissenschaft und das häusliche Frauenideal. Das Bild der immer perfekter werdenden Hausfrau in immer perfekteren (Bauern)Haushalten verfestigte sich auch in den Landfrauenzeitschriften.

Indem deren Autorinnen sich um eine effektive Verbreitung ihrer Anliegen bemühten, schufen sie ein Forum für die Professionalisierung von Frauen in einem Landhaushalt innerhalb der Landfrauenbewegung und im landwirtschaftlichen Fachdiskurs. Die zentralen Themen der Aus- und Fortbildungsmöglichkeiten in der weiblichen Landarbeit veränderten sich durch Technisierung und Verwissenschaftlichung, doch die Autorinnen profilierten sich weniger durch Fachdiskussionen über spezialisierte Tätigkeiten als vielmehr innerhalb eines geschlechtsspezifisch festgeschriebenen Berufsstandes, weil sie die vielfältigen weiblichen Pflichten auf dem Lande in Hof, Garten und Haus dem traditionellen Frauenbild unterordneten.

Zusammenfassend lässt sich die Pressearbeit der Landfrauen (wie auch ihre Beteiligung am modernen Medium des Rundfunks, vor dem sie keinerlei Berührungsängste hatten) als agil, fleißig, informativ, professionell und zielgerichtet bewerten, die lobbyorientiert sowohl ihr Lesepublikum als auch politische Entscheidungsgremien genau im Blick behielt.

Das in den Landfrauen-Zeitschriften der Weimarer Republik weit gefächerte Professionalisierungsangebot für die „Bäuerin statt BauersFrau!“[59] veränderte sich radikal im Nationalsozialismus, dem die bäuerliche Bevölkerung begeistert zustimmte. Die Reichsnährstandspresse[60] propagierte mit Bauerntümelei die rassistische Blut-und-Boden-Ideologie, und im Zweiten Weltkrieg wurden überwiegend die Verwaltung des Mangels und die Ausbeutung der Ressourcen formuliert. Ab August 1948 erschien wieder die Zeitschrift *Land und Frau* für die in Westdeutschland reorganisierten Landfrauenvereine.[61] Ihre Themen spiegelten die Haus- und Hofwirtschaft der kargen Nachkriegsjahre wider. Im „Wirtschaftswunder“ der 1950er Jahre verengten sich die Bäuerinnenarbeiten auf das „normative Szenario“ der Familienarbeit.[62] Doch diese komplexen Entwicklungen müssen einer anderen Abhandlung vorbehalten bleiben.

studium an der Technischen Hochschule München von 1899–1970, München 1994 (Faktum; Bd. 7), passim.

59 Angelehnt an den Titel der NDR-Radiosendung vom 20. Oktober 2002 über Landfrauen von Frauke Schäfer.

60 Die Landfrauenvereine wurden im Januar 1934 in den Reichsnährstand eingegliedert und arbeiteten in dessen Frauenabteilungen in personeller und inhaltlicher Kontinuität weiter.

61 Von August bis Oktober 1948 lautete der Titel *Land und Frau. Wochenschrift für Geflügelhaltung, Gartenbau und Hauswirtschaft. Organ der Arbeitsgemeinschaft der Deutschen Landfrauenverbände,* erste Ausgabe *1, 28/1948*, 7.8.1948. Ab Nr. 12 (23.10.1948) war der Untertitel *Organ des Deutschen Landfrauenverbandes e. V.*, später *Illustrierte Fachzeitschrift für die Ländliche Hauswirtschaft*, Landwirtschaftsverlag Paul Parey, Berlin und Hamburg.

62 Karin Hausen, „Wirtschaften mit der Geschlechterordnung: Ein Essay“, in: dies. (Hg.), *Geschlechterhierarchie und Arbeitsteilung. Zur Geschichte ungleicher Erwerbschancen von Männern und Frauen,* Göttingen 1993, 40–67, hier 56.

Heute liegt auch bei den Landfrauen „das Netz voll im Trend“.[63] Der Cyberspace als neuer Lern- und Wissensraum ist auf dem Lande nicht unbekannt.[64] Landfrauenvereine veränderten sich zu Kompetenzträgern, die mit IT-Landfrauenprojekten gruppendynamische Lernprozesse für nutzorientiertes Lernen begleiten.

63 Die virtuelle LandFrauenwelt fördert der Deutsche LandFrauen Verband (DLV) durch Weiterbildung, in Kursen und Gestaltungshilfen, *LandFrauen Aktuell 3/2006*, 8f. Der DLV trägt seit 2002 sichtbar identifikatorisch als geschlechterbetontes Markenzeichen das groß geschriebene **F** in der Bezeichnung LandFrau.

64 Monika Michael, „Lernort Verein: LandFrauen auf dem Weg in die Wissensgesellschaft“, in: *LandFrauen Aktuell 1/2007*, 4f.

Landwirtschaftliche Zeitschriften als Medien der Verwissenschaftlichung der Landwirtschaft und der Vergesellschaftung der Agrarwissenschaften

Frank Uekötter

Es ist nicht ungewöhnlich, dass Fachzeitschriften im normalen Zeitschriftenhandel nicht erhältlich sind. Wenn es sich jedoch um eine Zeitschrift handelt, die jede Woche in mehr als 400 000 Exemplaren aufgelegt wird, ist diese Situation zumindest verwunderlich. Ebenso verhält es sich mit den landwirtschaftlichen Wochenblättern, die in elf regionalen Ausgaben allwöchentlich einer geneigten Leserschaft offeriert werden und deren Gesamtauflage 2005 bei 427 162 Exemplaren lag.[1] Diese Zahl ist umso bemerkenswerter, als sie höher lag als die Zahl der landwirtschaftlichen Betriebe: Laut „Agrarpolitischem Bericht der Bundesregierung" gab es im gleichen Jahr in Deutschland nur noch 366 600 landwirtschaftliche Betriebe mit mehr als zwei Hektar landwirtschaftlicher Nutzfläche.[2] Die landwirtschaftlichen Wochenblätter sind offenkundig eine Art stiller Star auf dem deutschen Zeitschriftenmarkt, die mit einer kaum zu übertreffenden Reichweite unter den potentiellen Lesern zu glänzen vermögen. Dass die Wochenblätter dennoch außerhalb landwirtschaftlicher Zirkel kaum bekannt und selbst in Bahnhofsbuchhandlungen mit ihrem bekannt breiten Zeitschriftenangebot nur selten aufzutreiben sind, ist zugleich ein Fingerzeig, dass eine rein textimmanente Analyse dieses Zeitschriftengenres zu kurz greifen würde. Würde man das gesellschaftliche Umfeld ausblenden, erschienen die landwirtschaftlichen Wochenblätter leicht als banale Illustrierte für den ländlichen Raum. Tatsächlich handelt es sich jedoch um eine eminent wichtige Zeitschriftengattung, ohne die das landwirtschaftliche Wissenssystem in seiner bestehenden Form kaum zu denken wäre.[3]

Um eine solche Kontextualisierung dieses Zeitschriftengenres zu erreichen, wird hier versucht, die landwirtschaftlichen Wochenblätter zugleich als Medien der Verwissenschaftlichung der Landwirtschaft und der Vergesellschaftung der Agrarwissenschaften zu behandeln. Verwissenschaftlichung wird dabei verstanden als der Prozess der Anreicherung des landwirtschaftlichen Produktionswissens durch agrarwissenschaftliche Wissenselemente, die einen jeweils spezifisch zu benennenden Beitrag zur Steigerung der betrieblichen Produktivität oder Profitabilität zu leisten versprachen. Als Beispiele für eine solche Verwissenschaftlichung wären in der Landwirtschaft des 20. Jahrhunderts etwa die Chemisierung und die Maschinisierung der Agrarproduktion zu erwähnen, die zu wesentlichen Teilen auf den wissenschaftlichen Forschungen der Agrikulturchemie und der angewandten Entomologie bzw. der Ingenieurwissenschaften und der Betriebslehre basierten. Vergesellschaftung versteht sich hier als

1 Arbeitsgemeinschaft Organisationsgebundene Landpresse, *MediaDaten 2007*, 5, verfügbar im Internet unter www.agrarpresse-aol.de (zuletzt abgerufen am 13. August 2007).

2 Bundesministerium für Ernährung, Landwirtschaft und Verbraucherschutz, *Agrarpolitischer Bericht der Bundesregierung 2006*, Berlin 2006, 91.

3 Die folgenden Bemerkungen stehen im Kontext meiner im Erscheinen begriffenen Habilitationsschrift zur Wissensgeschichte der Landwirtschaft im 20. Jahrhundert. Für die übergreifenden Perspektiven wird auf diese Arbeit verwiesen.

Prozess der Integration in eine gesellschaftliche Gruppe durch Übernahme spezifischer Rollen und Identitäten, wobei dieser Sozialisationsprozess in Anlehnung an eine in der Soziologie gängige Interpretation als lebenslange Entwicklung begriffen wird.[4] Die Leitthese ist also, dass sich der Prozess der Vermittlung von Ergebnissen aus der Forschung in die landwirtschaftliche Praxis verschränkt mit einem in entgegengesetzter Richtung verlaufenden Prozess, durch den die wissenschaftlichen Experten „vergesellschaftet“ werden, also in die Gemeinschaft der Anwender ihres Wissensangebots integriert werden. Vergesellschaftung bezieht sich somit nicht auf die bundesdeutsche Gesellschaft als Ganzes, sondern auf die Teilgesellschaft der in der Landwirtschaft tätigen Bevölkerung, die in der Bundesrepublik entsprechend einer ebenso populären wie diskutablen agrarischen und agrarsoziologischen Tradition als bäuerliche Gesellschaft bezeichnet wird.[5] Die Verwissenschaftlichung der Landwirtschaft war insofern ohne die Vergesellschaftung der Agrarwissenschaften nicht zu denken, und das Gleiche galt in umgekehrter Richtung. Als Scharnier in diesem Vermittlungsprozess hatten die landwirtschaftlichen Wochenblätter eine wichtige Bedeutung: Hier trafen Experten und Praktiker direkt aufeinander und waren qua Medium gezwungen, aufeinander zu reagieren und einen gemeinsamen „Code“ zu entwickeln.

Eine Analyse, die die Wochenblätter gleichermaßen als soziales wie als wissenschaftliches Medium betrachtet, bedarf einer Begrifflichkeit, die in beiden Sphären Gültigkeit beanspruchen kann. Als ein solcher Begriff wird im Folgenden der Begriff des *Vertrauens* verwendet, der von einer Bielefelder Forschergruppe um Ute Frevert in die Geschichtswissenschaft eingeführt worden ist. In deren Arbeiten wurde Vertrauen als Kategorie sozialer Interaktion eingeführt, die sich häufig nichtverbal in regelmäßigen menschlichen Verhaltensweisen dokumentierte.[6] Im Umgang mit landwirtschaftlichem Wissen fand Vertrauen – so die hiesige Leitthese – seinen praktischen Ausdruck in der Zuschreibung von *Glaubwürdigkeit*, also der expliziten oder impliziten Behauptung, dass die von einer Person oder Institution geäußerten Sichtweisen „vertrauenswürdig“ seien. Eine solche Zuschreibung macht die jeweilige Person oder Institution zugleich zu einem Mitglied der erwähnten landwirtschaftlichen Gesellschaft, die in diesem Sinne als eine agrarische Vertrauensgesellschaft anzusehen ist. Der Vertrauensbegriff ist dabei in der Analyse der Wochenblätter aus zwei Gründen von besonderer Bedeutung. Zum einen fehlt es den dort publizierten Beiträgen, wie zu zeigen sein wird, in besonderer Weise an textimmanenten Methoden, Glaubwürdigkeit zu erzeugen. Zum anderen sind die Wochenblätter ein Ersatz für persönliche Kontakte, die in der Landwirtschaft schon aufgrund der großen Zahl der Praktiker und ihrer geographischen Dekonzentration nur begrenzt herzustellen sind. Wenn Freverts These zutrifft, dass „gerade Wissenschaft und Technik (...) in ihrer Überzeugungskraft auf persönliche Vermittlung angewiesen“ seien, aber zugleich in den Agrarwissenschaften ein erheblicher Mangel an populären Autoritätspersonen

4 Vgl. Hans Paul Bahrdt, *Schlüsselbegriffe der Soziologie. Eine Einführung mit Lehrbeispielen*, 5. Aufl., München 1992, 78.

5 Zur Kritik vgl. Eva Barlösius, „Worüber forscht die deutsche Agrarsoziologie? Zum Verhältnis von Agrarsoziologie und Agrarpolitik“, in: *Kölner Zeitschrift für Soziologie und Sozialpsychologie 47/1995*, 319–338.

6 Vgl. Ute Frevert (Hg.), *Vertrauen. Historische Annäherungen*, Göttingen 2003.

festzustellen ist, gab es folglich einen erheblichen Bedarf an äquivalenten Vertrauensbeziehungen.[7] Bei der Deckung dieses Bedarfs kam den landwirtschaftlichen Wochenblättern eine wichtige Rolle zu.

Schließlich erscheint eine kurze Bemerkung zur Terminologie geboten. Als Agrarwissenschaft wird im Folgenden die Gesamtheit der zu landwirtschaftlichen Themen wissenschaftlich Forschenden verstanden, unabhängig davon, ob sie an einer Universität, einer Forschungsanstalt oder einer industriellen Forschungseinrichtung beschäftigt waren. Davon unterscheidet sich der Begriff agrarisches Wissenssystem, der über die Gesamtheit der Agrarwissenschaftler hinaus auch die Gruppe der Berater und der landwirtschaftlichen Praktiker umfasst. Dahinter steht die hier nicht näher zu erläuternde These, dass sich der agrarische Kanon der „guten fachlichen Praxis" als das Resultat eines Verhandlungsprozesses begreifen lässt, an dem Fachwissenschaftler genauso partizipierten wie Berater und Praktiker.[8] Diese Sicht wendet sich gegen simplizistische Modelle einer Verwissenschaftlichung als Top-Down-Prozess, die von einem eingleisigen „Durchsickern" der wissenschaftlichen Befunde in die Praxis ohne Möglichkeiten von Rückkopplungen und Feedback ausgehen. Die landwirtschaftlichen Wochenblätter sind insofern in jedem Fall Teil eines agrarischen Wissenssystems. Ob sie zugleich ein agrarwissenschaftliches Medium sind, ist eine Frage, die sich letztlich als durchaus verfehlt erweisen wird.

Die landwirtschaftlichen Wochenblätter als Phänomen der „longue durée"

Die landwirtschaftlichen Wochenblätter haben in vielen Fällen eine lange und durchaus bewegte Geschichte aufzuweisen. Gegründet wurden diese Zeitschriften im Kontext der Agrarreformen des späten 18. und frühen 19. Jahrhunderts, die einen ersten, nach heutigem Verständnis aber noch sehr dezenten Verwissenschaftlichungsschub der Agrarproduktion auslösten.[9] Das *Landwirtschaftliche Wochenblatt Westfalen-Lippe* erscheint beispielsweise unter verschiedenen Titeln seit 1844, das *Landwirtschaftliche Wochenblatt für das Großherzogthum Baden* erschien erstmals 1833, und die Wurzeln des *Landwirtschaftlichen Wochenblatts für Kurhessen und Waldeck* reichen gar bis ins späte 18. Jahrhundert zurück. Diese Wochenblätter sind insofern die letzten „Überlebenden" einer regelrechten Gründungswelle landwirtschaftlicher Zeitschriften seit Mitte des 18. Jahrhunderts, mit der die agrarische Publizistik als Zeitschriftengenre überhaupt erst entstand. Zwar lassen sich bis 1800 mehr als 50 spezifisch landwirtschaftliche Zeitschriften identifizieren, aber von diesen bestanden etwa 40 Prozent nur ein oder zwei Jahre, und weitere 35 Prozent stellten das Erscheinen vor dem zehnten Jahr ihres Bestehens ein. Auch im frühen 19. Jahrhundert lagen die

7 Ute Frevert, „Vertrauen – eine historische Spurensuche", in: Frevert, *Vertrauen* (wie Anm. 6), 7–66, hier 58.

8 Vgl. dazu Frank Uekötter, „Virtuelle Böden. Über Konstruktion und Destruktion des landwirtschaftlichen Bodens in den Agrarwissenschaften", in: *Zeitschrift für Agrargeschichte und Agrarsoziologie, 2, 55/2007, 23-42.*

9 Dazu Stefan Brakensiek, „Das Feld der Agrarreformen um 1800", in: Eric J. Engstrom, Volker Hess, Ulrike Thoms (Hg.), *Figurationen des Experten. Ambivalenzen der wissenschaftlichen Expertise im ausgehenden 18. und frühen 19. Jahrhundert*, Frankfurt a. M. 2005, 101–122.

Überlebenschancen einer landwirtschaftlichen Zeitschrift nicht wesentlich höher. Erst um die Mitte des 19. Jahrhunderts war eine Konsolidierung im landwirtschaftlichen Zeitschriftenmarkt zu konstatieren.[10]

Die Wochenblätter gewannen in diesem entstehenden Zeitschriftenmarkt ein Profil als „eine wöchentlich erscheinende, regionale, fachtechnische Abonnentenzeitschrift, die sich an alle praktischen Landwirte einer Region richtet und ihnen knappe und konkrete Ratschläge und Informationen zu betriebstechnischen und betriebswirtschaftlichen Fragen gibt".[11] Sie standen damit von Anfang an in Konkurrenz zu Spezialzeitschriften, die sich zunächst vor allem dem Gartenbau und der Imkerei, später auch der Tierzucht widmeten.[12] Anders als die Wochenblätter konnten sich diese Spezialorgane jedoch zunächst nicht auf Dauer halten, und so gewannen die Wochenblätter erst in der zweiten Hälfte des 19. Jahrhunderts eine dauerhafte Konkurrenz durch stärker wissenschaftlich orientierte Zeitschriften, die über einen regionalen Leserkreis hinausreichten; beispielhaft seien die *Mitteilungen der Deutschen Landwirtschafts-Gesellschaft* genannt, die erstmals 1886 erschienen, ein Jahr nach der Gründung der DLG durch Max Eyth. Daneben entstanden wissenschaftliche Zeitschriften wie das *Journal für Landwirtschaft* (seit 1853), das als *Landwirtschaftliches Centralblatt für das Königreich Hannover* gegründet und 1944 in *Zeitschrift für Acker- und Pflanzenbau* umbenannt wurde und das seit 1985 als *Journal of Agronomy and Crop Science* erscheint, oder die *Zeitschrift für Pflanzenernährung, Düngung und Bodenkunde* (seit 1922, inzwischen *Journal of Plant Nutrition and Soil Science*), die nicht mehr der Betriebsberatung, sondern der agrarwissenschaftlichen Forschung dienten. Die landwirtschaftlichen Wochenblätter konnten sich jedoch nicht nur behaupten, sondern behielten eine dominierende Stellung als meistgelesenes Publikationsorgan im landwirtschaftlichen Bereich, das selbst durch die Spezialisierung der Agrarproduktion seit den 1960er Jahren bemerkenswert wenig angefochten wurde.

Aufgrund dieser Beständigkeit lohnt es sich, die landwirtschaftlichen Wochenblätter als ein Phänomen der „longue durée" zu betrachten und den Blick nicht auf eine kurze Zeitspanne zu beschränken. Damit soll selbstredend kein archetypischer Charakter der Zeitschrift suggeriert werden, der sich im 20. Jahrhundert allen Veränderungen des Agrarischen gegenüber immun erwiesen hätte. Es bedarf keiner ausführlichen Begründung, dass die rasante Umwälzung der Landwirtschaft und des ländlichen Raumes im 20. Jahrhundert auch im Inhalt der Wochenblätter ihren Niederschlag fand. Aber der Wandel der Inhalte verdeckt, dass sich das Ziel der Blätter nicht grundsätzlich veränderte: Stets ging es darum, die landwirtschaftlichen Betriebsleiter umfassend mit Informationen zu versorgen und dabei einen breiten Leserkreis vom Großbetrieb bis zum Nebenerwerbslandwirt im Blick zu behalten. Spätestens seit dem frühen 20. Jahrhundert, der Sattelzeit der modernen Intensivlandwirtschaft, spielten dabei Informationen aus Wissenschaft und Technik eine zentrale

10 Vgl. Klaus Herrmann, „Das Aufkommen landwirtschaftlicher Fachzeitschriften in Deutschland", in: ders., Harald Winkel (Hg.), *Vom „belehrten" Bauern. Kommunikation und Information in der Landwirtschaft vom Bauernkalender bis zur EDV*, St. Katharinen 1992, 64–79.

11 Arno Panzer, „Entstehung und Wirken landwirtschaftlicher Wochenblätter im 19. Jahrhundert", in: Herrmann/Winkel, *Vom „belehrten" Bauern* (wie Anm. 10), 80–98, hier 82.

12 Herrmann, „Das Aufkommen" (wie Anm. 10), 76.

Rolle.[13] Die allgemeinen Parameter blieben bemerkenswert unverändert: Es ging um die Mechanisierung der Betriebe, um eine effektivere Nutzung der Arbeitskraft und um Produktivitätssteigerung sowie um die Bewertung und Nutzung von Innovationen, nicht zuletzt um agrarpolitische Weichenstellung und Orientierung in einer sich urbanisierenden ländlichen Gesellschaft. Immer wieder wurde dabei implizit oder explizit auf wissenschaftliches Wissen zurückgegriffen. Als Medium der Verwissenschaftlichung des Agrarischen spielten die Wochenblätter dabei eine Schlüsselrolle.

Die folgenden Ausführungen liefern zunächst ein genaueres Profil der Zeitschriftengattung „landwirtschaftliches Wochenblatt" und skizzieren Themenspektrum und Rubriken sowie die Stellung der Wochenblätter im landwirtschaftlichen Zeitschriftenmarkt. Der nächste Abschnitt diskutiert die Rolle der Wochenblätter für die Vermittlung wissenschaftlicher, für die Betriebspraxis relevanter Informationen und bewertet Chancen und Grenzen des Wochenblatts als Organ der Betriebsberatung. Daraufhin wird näher auf das Kontinuum von wissenschaftlichen und außerwissenschaftlichen Themen eingegangen, das für die Wochenblätter so charakteristisch ist. Die Leitthese ist dabei, dass die Glaubwürdigkeit des Wochenblatts als Quelle wissenschaftlicher Informationen nicht zuletzt durch die diskursive Schaffung einer Sphäre inneragrarischen Vertrauens konstituiert wird, die mit einer scharfen Abgrenzung nach außen einhergeht. Der letzte Abschnitt stellt die Frage, wie viel Raum vor diesem Hintergrund noch für divergierende Meinungen bleibt und greift damit abschließend die Frage nach dem schwierigen Verhältnis zwischen der agrarischen Wissensgesellschaft und der breiten Öffentlichkeit auf.

Themen und Rubriken

Die anhaltende Dominanz der landwirtschaftlichen Wochenblätter kontrastiert deutlich mit der Tatsache, dass der Markt für landwirtschaftliche Zeitschriften in den vergangenen Jahrzehnten stark in Bewegung gekommen ist. Ausschlaggebend war dafür vor allem die Spezialisierung der Agrarproduktion, die neben Größenwachstum und regionaler Konzentration seit den 1950er Jahren zu den zentralen Charakterzügen der landwirtschaftlichen Entwicklung gehört. Ähnlich wie das vielzitierte „Wachsen oder Weichen" galt Spezialisierung rasch als nahezu unhinterfragtes Dogma im Agrarsektor: „Niemand wird diese Entwicklung zur Schwerpunktbildung im landwirtschaftlichen Betrieb aufhalten wollen", erklärte ein Artikel in der *Deutschen Landwirtschaftlichen Presse* 1965 apodiktisch.[14] Darauf reagierte der Zeitschriftenmarkt, der eine immer noch wachsende Zahl von Spezialpublikationen hervorbrachte, die nun im

13 Vgl. Frank Uekötter, „Ist der Gigant zäsurfähig? Zur Problematik von Wendepunkten in den Agrarwissenschaften", in: Rüdiger vom Bruch, Uta Gerhardt, Aleksandra Pawliczek (Hg.), *Kontinuitäten und Diskontinuitäten in der Wissenschaftsgeschichte des 20. Jahrhunderts*, Stuttgart 2006, 281–290, sowie ders., „Die Chemie, der Humus und das Wissen der Bauern: Das frühe 20. Jahrhundert als Sattelzeit einer Umweltgeschichte der Landwirtschaft", in: Andreas Dix, Ernst Langthaler (Hg.), *Grüne Revolutionen. Agrarsysteme und Umwelt im 19. und 20. Jahrhundert*, Innsbruck u.a. 2006 (Jahrbuch für Geschichte des ländlichen Raumes, Bd. 3), 102–128.

14 G. Haerkötter, „Betriebsvereinfachung ohne Scheu", in: *Deutsche Landwirtschaftliche Presse 88/1965*, 481–482, hier 481.

Unterschied zum 18. und 19. Jahrhundert eine stabile Leserschaft fanden. So gibt es seit 1953 *Schweinezucht und Schweinemast* als „Fachzeitschrift für den spezialisierten Schweinehalter“ (Untertitel), zur Rinderzucht publiziert die Arbeitsgemeinschaft Süddeutscher Rinderzüchter gleich zwei offizielle Organe mit den Titeln *Rinderzucht/Fleckvieh* und *Rinderzucht/Braunvieh*. Selbst Zeitschriften, die sich um ein Gesamtbild bemühen, kamen nicht umhin, dem Spezialisierungsprozess Tribut zu zollen. Das *dlz agrarmagazin* bietet im monatlichen Wechsel die Fachsupplemente *Primus Rind* und *Primus Schwein*, die *DLG-Mitteilungen* behelfen sich mit Beilagen wie *Futtermittel-Magazin*, *Schweine-Magazin*, *Milch-Magazin* oder auch *Mulchsaat-Praxis*. Die Maschinisierung der Landwirtschaft beförderte die Gründung von Spezialzeitschriften für Agrartechnik wie *top agrar* (seit 1972) und *profi* (seit 1989). Der neueste Trend ist die Gründung osteuropäischer Schwesterzeitschriften wie *top agrar polska* oder *Новое сельское хозяйство*, der russischen Ausgabe von *Neue Landwirtschaft*. Die landwirtschaftlichen Wochenblätter präsentieren sich insofern als Teil einer ausdifferenzierten Hierarchie landwirtschaftlicher Zeitschriften im agrarischen Wissenssystem.

Das besondere Merkmal, mit dem die Wochenblätter sich in diesem Markt positionieren, ist zum einen das Ziel, landwirtschaftliche Praktiker jeglicher Art, Größe und Provenienz anzusprechen und umfassend zu informieren. Zwar zielten auch andere Organe wie die *Deutsche Landwirtschaftliche Presse* (erschienen 1874–1974) oder das *dlz agrarmagazin* (gegründet 1950 als *Der Traktor*, 1954 umbenannt in *Deutsche Landtechnische Zeitschrift*) auf eine breitere Leserschaft, aber nicht mit der Konsequenz der Wochenblätter. Zum anderen charakterisiert die Wochenblätter eine ausgeprägte Regionalität: Sie konzentrieren sich auf eine zumeist schon im Titel spezifizierte Region und treten insofern nicht miteinander in Konkurrenz. Dies liegt zum Teil in den landwirtschaftlichen Produktionsbedingungen begründet, die regional sowohl aus geographischen und klimatischen wie auch aus betriebsstrukturellen Gründen deutlich variieren können. Am deutlichsten kommen diese funktionalen Gesichtspunkte beim niedersächsischen *Land & Forst* zum Tragen, das in zwei Regionalausgaben für das Weser-Ems-Gebiet – eine Hochburg der Massentierhaltung – und die übrigen Regionen Hannover, Lüneburg und Braunschweig erscheint. Zugleich dokumentiert sich in der regionalen Gliederung aber auch ein Respekt vor traditionellen heimatlichen Loyalitäten. Obwohl das Bundesland Bayern vom Weinbau am Main bis zur Milchwirtschaft in den Alpen ein breites Spektrum landwirtschaftlicher Produktionsweisen umfasst, hat es mit dem *Bayerischen Landwirtschaftlichen Wochenblatt* nur ein einziges regionales Organ, das im Jahre 2005 auf eine verbreitete Auflage von 103 966 Exemplaren kam und damit das auflagenstärkste Wochenblatt Deutschlands war. In Baden-Württemberg gibt es hingegen drei Zeitschriften: das *Landwirtschaftliche Wochenblatt* aus Stuttgart (Auflage 2005: 33 829 Exemplare), die *Badische Bauern Zeitung* aus Freiburg (16 187 Exemplare) und den *Schwäbischen Bauern* aus Ravensburg (17 183). In Rheinland-Pfalz teilen sich die Koblenzer *Rheinische Bauernzeitung* mit 14 273 Exemplaren und der *Pfälzer Bauer* aus Mainz mit 8 425 Exemplaren den Markt.[15] Offenkundig ist im zentralistischen Bayern eine Konzentration möglich, die in anderen Bundesländern mit Rücksicht auf die Heimat-

15 Alle Zahlen aus Arbeitsgemeinschaft Organisationsgebundene Landpresse, *MediaDaten 2007* (wie Anm. 1), 5.

verbundenheit der Leser unterbleibt. In Nordrhein-Westfalen gibt es nach wie vor zwei Wochenblätter, obwohl die Landwirtschaftskammern Rheinland und Westfalen-Lippe kürzlich fusionierten.

Insgesamt gibt es in der Bundesrepublik heute 13 landwirtschaftliche Wochenblätter mit der schon erwähnten Gesamtauflage von knapp 430 000 Exemplaren. Wie groß der Abstand zu anderen Zeitschriften in diesem Bereich ist, lässt ein kurzer Blick auf einige andere Auflagenzahlen erkennen. So erreichte das *dlz agrarmagazin*, das den gesamten deutschsprachigen Raum im Blick hat, nur eine verkaufte Auflage von 69 733 Exemplaren.[16] Von den *DLG-Mitteilungen* wurden im zweiten Quartal 2006 sogar nur 18 227 Exemplare verkauft.[17] Selbst *top agrar*, das sich als „die mit Abstand auflagenstärkste landwirtschaftliche Fachzeitschrift im deutschen Sprachraum" annonciert, kommt nur auf 117 541 verkaufte Exemplare.[18] Zugleich weisen die landwirtschaftlichen Wochenblätter nach den von der Arbeitsgemeinschaft Organisationsgebundene Landpresse vertriebenen MediaDaten 2007 durchweg Nettoreichweiten auf, wie sie höher kaum zu denken sind. Spitzenreiter ist Baden-Württemberg mit einer Nettoreichweite – „bezogen sowohl auf die Zahl der erreichten Betriebe wie auch im Hinblick auf die landwirtschaftliche Fläche" – von 90 Prozent, dicht dahinter folgen Schleswig-Holstein, Niedersachsen, Nordrhein-Westfalen und Hessen mit jeweils 89 Prozent und Bayern mit 87 Prozent. Selbst in den neuen Bundesländern, die aufgrund ihrer völlig anderen Agrarstruktur besondere Bedingungen aufweisen, erreicht die in Berlin publizierte *BauernZeitung* – übrigens ein bemerkenswerter Titel für eine Region, die nach gängiger Ansicht eine umfassende Entbäuerlichung erlebt hat! – eine Reichweite von 80 Prozent.[19]

Für eine nähere Betrachtung soll hier das *Landwirtschaftliche Wochenblatt Westfalen-Lippe* herausgegriffen werden, das zu den auflagenstärksten und bekanntesten Organen seiner Art gehört. Zugleich verfügt es über eine unabhängige Redaktion, was im Bereich der Landwirtschaft durchaus nicht selbstverständlich ist. Im Regelfall sind die Redaktionen der Wochenblätter nämlich Teil der staatlichen oder quasistaatlichen Agrarverwaltung und insofern an Weisungen und Wünsche der Amtsleitung gebunden. Beim *Landwirtschaftlichen Wochenblatt Westfalen-Lippe* ist die Redaktion von der regional zuständigen Landwirtschaftskammer hingegen formal getrennt, auch wenn durch Überschneidungen bei Autoren und Themen sowie der geographischen Nähe der Redaktions- und Amtsräume eine gewisse Affinität deutlich wird. Die relative Unabhängigkeit der Redaktion hat wohl nicht unerheblich dazu beigetragen, dass das *Landwirtschaftliche Wochenblatt Westfalen-Lippe* zu den erfolgreicheren Blättern seiner Art gehört und in einer Region mit nur noch 36 000 Vollerwerbslandwirten auf eine verkaufte Auflage von 62 564 Exemplaren kommt. Die enge Leserbindung der Zeitschrift drückt sich auch darin aus, dass nicht weniger als 96 Prozent dieser Auf-

16 dlz agrarmagazin, *media 2006*, 2, im Internet unter www.dlz-agrarmagazin.de (zuletzt abgerufen im Dezember 2006).

17 DLG-Mitteilungen, *Media-Daten 2007*, 5, im Internet unter www.dlg-mitteilungen.de (zuletzt abgerufen am 13. August 2007).

18 top agrar, *Media-Daten 2007*, 2, 7, im Internet unter www.lv-h.de (zuletzt abgerufen am 13. August 2007).

19 Arbeitsgemeinschaft Organisationsgebundene Landpresse, *MediaDaten 2007* (wie Anm. 1), 3.

lage an Abonnenten gehen.[20] Bemerkenswert ist schließlich, dass die Zeitschrift in den vergangenen Jahrzehnten nicht an Auflage verlor: Für das Jahr 1980 berichtet das *Landwirtschaftliche Wochenblatt Westfalen-Lippe* von einer wöchentlichen Auflage von 56 000 Exemplaren, womit das Organ im vergangenen Vierteljahrhundert bei abnehmender Zahl der Vollerwerbslandwirte sogar einen leichten Anstieg der Auflage verzeichnen konnte.[21] Damit befand sich dieses Wochenblatt im Gegensatz zur Gesamtentwicklung des Marktsegments, das mit dem Rückgang der Betriebszahlen nahezu zwangsläufig schrumpfte. Noch 1960 lag die Gesamtauflage in der alten Bundesrepublik bei 848 309 Exemplaren, was nahezu das Doppelte der heute im wiedervereinigten Deutschland erzielten Verkaufszahl ist.[22]

Die aktuellen Hefte folgen einer klaren Gliederung in vier Themenkomplexe. Am Anfang steht eine Rubrik „Aktuelles“ mit politischen Berichten und kleineren Meldungen, es folgen Beiträge zur Betriebsberatung, gegliedert in die Rubriken „Tier“, „Pflanze“, „Technik“ sowie „Betrieb und Markt“, der dritte Themenschwerpunkt ist ein ausführlicher Marktüberblick, und am Schluss steht ein bunter Familienteil; kurze Rubriken für den Waldbauern sowie „Natur und Jagd“ vervollständigen das Heft. Überraschend ist jedoch, dass diese Gliederung recht jungen Datums ist. Für den größten Teil seiner Geschichte verzichtete das *Wochenblatt* auf eine transparente Struktur und lieferte einfach eine Abfolge von Beiträgen. Nur selten war wenigstens eine implizite Gliederung erkennbar, am deutlichsten vielleicht während der NS-Zeit, als die zeitweilig in *Westfälischer Bauernstand* umbenannte Zeitschrift zunächst in stupender Regelmäßigkeit mit Ausführungen im Stile der Blut-und-Boden-Romantik begann.[23] Aber noch 1980 begann das *Landwirtschaftliche Wochenblatt Westfalen-Lippe* mit einem langen Hauptteil, der Beiträge zu einer breiten Palette von Themen bot, erst gegen Ende folgten zwei Rubriken mit den Titeln „Wir – zwischen heute und morgen“ und „Für die Landfrau“. Allein im Register erfuhr die Masse der Artikel eine Strukturierung. Da finden sich zum Teil themenübergreifende Obertitel wie „Bekanntmachungen“, „Ausbildung, Fortbildung“ und „Agrarpolitik und Allgemeines“, aber auch Kernthemen der wissenschaftlichen Betriebsberatung wie „Acker- und Pflanzenbau, Düngung“, „Schädlingsbekämpfung – Pflanzenschutz“, „Tierzucht und -haltung, Fütterung“, „Tiergesundheit“ und „Technik – Bauen“, Rubriken zu ökonomischen und rechtlichen Aspekten der Betriebsführung wie „Markt und Genossenschaften“, „Betriebswirtschaft“, „Recht, Pacht, Buchführung, Steuer“, „Recht + Pacht“ und „Löhne, Tarife, Versicherungen“ sowie die Überschriften „Wichtige Versammlungen und Tagungen“ und „Ausstellungen und Schauen“. Schließlich gibt es Rubriken wie „Ehrungen“, „Landjugend“, „Leserbriefe“, „Wichtige Fragebeantwor-

20 Landwirtschaftliches Wochenblatt Westfalen-Lippe, *Media-Daten 2006*, 7, im Internet unter www.lv-h.de/wochenblatt (zuletzt abgerufen im Dezember 2006).

21 *Landwirtschaftliches Wochenblatt Westfalen-Lippe 137/1980*, Register für das 1. und 2. Vierteljahr, 20.

22 *Neue Zürcher Zeitung*, Nr. 171 (26./27. Juli 2003), 49.

23 Z. B. Erwin Metzner, „Blut und Boden als Grundlage der deutschen Kultur“, in: *Westfälischer Bauernstand 91/1934*, 61. Die Ideologisierung ging allerdings nach einiger Zeit merklich zurück, was sich auch im Titel der Zeitschrift niederschlug: Nach der Umbenennung in *Westfälischer Bauernstand* 1934 erschien das Wochenblatt ab 1936 unter dem etwas nüchterneren Titel *Wochenblatt der Landesbauernschaft Westfalen*.

tung", „Pferdesport", „Unterhaltung" und „Wir gedenken", die die sozialen Funktionen des *Wochenblatts* erkennen lassen.[24]

Vermutlich hat der Verzicht auf eine explizite Gliederung mit einer Besonderheit des agrarischen Wissenssystems zu tun. Die Wochenblätter offerieren nicht nur allgemeine Informationen, sondern häufig auch aktuelle Hinweise. Diese sind jedoch in der Landwirtschaft oft an den saisonalen Verlauf gebunden: Informationen über Saatgut und Düngemittel sind vor allem im Frühjahr von Interesse, Hinweise zur Wartung und Pflege landwirtschaftlicher Maschinen am ehesten in den Wintermonaten. Eine ungeschickt angelegte Gliederung läuft insofern Gefahr, dass sich die jeweiligen Rubriken je nach Jahreszeit mit einem Mangel oder einer Überfülle anstehender Meldungen konfrontiert sehen. Die erwähnte Aufteilung nach „Tier" und „Pflanze" ist deshalb nicht zufällig saisonal unempfindlich und entspricht einer Differenzierung der landwirtschaftlichen Betriebe in Pflanzenbau und Veredelungswirtschaft. Allerdings wird diese Rubrikenstruktur seit einiger Zeit durch Sonderhefte erweitert, mit denen die Wochenblätter anscheinend auf die Konkurrenz der Spezialpublikationen reagieren möchten. Das *Landwirtschaftliche Wochenblatt Westfalen-Lippe* offerierte im Jahre 2006 Schwerpunktausgaben zur Frühjahrsbestellung bei Getreide, Kartoffeln, Rüben, Mais und Grünland, zum Pflanzenschutz, zur Hygiene im Kuhstall und zum Milchvergleich, zur Sauenhaltung, Geflügel- und Schafzucht, zum Zwischenfruchtanbau, zur Bioenergie, zu Mehrzweckhallen, zum Urlaub auf dem Bauernhof und zur Technik im Bauernwald.[25] Inwiefern solche Sonderhefte die Wochenblätter auf Dauer gegen die Konkurrenz der Spezialorgane immunisieren können, bleibt freilich vorerst eine offene Frage.

Wissenschaft im Wochenblatt

Die landwirtschaftlichen Wochenblätter besaßen im Wissenssystem der Landwirtschaft nie ein Monopol. Die MediaDaten 2006 der Arbeitsgemeinschaft Organisationsgebundene Landpresse veröffentlichten eine Umfrage, die insgesamt 19 verschiedene Informationsquellen für Landwirte bis hin zu Fax- und SMS-Informationsdiensten unterschied. Die regionalen Wochenblätter wurden dabei als zweitwichtigste Informationsquelle eingestuft und mussten in ihrer Bedeutung nur hinter der mündlichen Kommunikation mit anderen Landwirten zurückstehen. Nicht weniger als 82 Prozent der befragten Landwirte stuften das Wochenblatt als „wichtige" oder „sehr wichtige" Informationsquelle ein, während überregionale Fachzeitschriften nur auf 55 Prozent und Fachbücher auf 46 Prozent kamen.[26] Man mag quellenkritisch monieren, dass dieses Ergebnis durch den Auftraggeber der Studie unter Umständen eine gewisse Einfärbung erfuhr, aber in seiner Kernaussage erscheint es durchaus plausibel. Das beweisen nicht zuletzt die Leserfragen, die bei den Wochenblättern seit Jahrzehnten in solchem Umfang einlaufen, dass sie allwöchentlich eine mehrseitige Rubrik zu füllen vermögen. Die Fülle dieser Anfragen spiegelt die Autorität, die das Wochenblatt in Fragen moderner Betriebsführung genießt, auch wenn sich wohl nur we-

24 Halbjahresregister für das *Landwirtschaftliche Wochenblatt Westfalen-Lippe 137/1980.*
25 Landwirtschaftliches Wochenblatt Westfalen-Lippe, *Media-Daten 2006* (wie Anm. 20), 4.
26 Arbeitsgemeinschaft Organisationsgebundene Landpresse, *MediaDaten 2006* (wie Anm. 1), 6.

nige Landwirte in ihren Entscheidungen ausschließlich auf Berichte des Wochenblatts stützen dürften.

Die Wochenblätter versuchten nie, sich offen oder auch nur implizit gegen andere Informationsquellen abzugrenzen. Im Gegenteil: Hinweise auf, sowie Berichte über Ausstellungen und Informationsveranstaltungen sind seit jeher ein fester Bestandteil ihrer Berichterstattung. „Wir laden ein zur Feldbesichtigung" lautete etwa der Titel eines Beitrags aus dem Jahr 1950, der eine gemeinsame Feldbegehung von Bauern und Wirtschaftsberatern schilderte, bei der erstere ihre Problemfelder vorführten und letztere Verbesserungsratschläge erteilten. Typisch war auch das abschließende Lob auf den Praxisbezug: „Grau ist alle Theorie, grün ist der Praxis goldner Baum", lautete das beschwingte Resümee[27] – im Prinzip ein bemerkenswertes Eingeständnis der immanenten Grenzen der Agrarpublizistik. Im gleichen Jahrgang findet sich ein Bericht über die Versuchsgüter der Landwirtschaftskammer Westfalen-Lippe, der ausführlich darlegte, wie durch geschickte Organisation „die enge Verbindung zwischen Wissenschaft und Praxis (...) gewährleistet" wurde; auch hier stand am Ende des Artikels die Aufforderung zu einem persönlichen Besuch.[28] Als einige Jahre zuvor intensiv für Bodenuntersuchungen geworben wurde, brachte das Wochenblatt einen anheimelnden Bericht über die Landwirtschaftliche Versuchsstation in Münster: „Große, helle Laboratorien empfangen uns [...], in denen ein emsiges Leben herrscht", hob die Schilderung an und warb mit Hinweisen auf „hochempfindliche, modernste Meßapparate" und „feinste Analysewaagen" um Vertrauen.[29] Das Wochenblatt ist insofern Teil eines Netzwerks des agrarischen Wissens, das andere Informationsquellen legitimiert und durch diese wiederum legitimiert wurde und wird.

Bemerkenswert ist dabei nicht zuletzt, dass diese Hinweise sich nicht nur auf Einrichtungen und Aktivitäten der Landwirtschaftskammer und mit ihr verbundener Organe bezogen. Auch Einrichtungen mit einem offenkundigen kommerziellen Interesse durften sich freundlicher Querverweise erfreuen und erhielten Platz zur Selbstdarstellung. So erklärte ein Bericht über die Kali-Forschungsanstalt Büntehof bei Hannover, der 1960 im *Landwirtschaftlichen Wochenblatt für Westfalen und Lippe* erschien, gleich im ersten Satz: „Es ist ganz natürlich, daß die Düngerindustrien ihre eigenen Forschungsanstalten unterhalten wollen, ohne daß man zu befürchten hat, daß diese Institute mehr der Reklame als der Forschung dienen."[30] Das Ziel, bäuerliche Kritikfähigkeit zu schulen und den Praktikern Informationen für die Unterscheidung zuverlässiger und unzuverlässiger Berater an die Hand zu geben, lag den Wochenblättern offenkundig fern. In einer Werbung für Kontrolluntersuchungen, die allem Anschein nach von einer Landwirtschaftlichen Untersuchungs- und Forschungsanstalt platziert worden war, wurde das mit solchen Kontrollen zwangsläufig verbundene Vertrauensdefizit sogar offen negiert: „Es ist nicht Zweck dieser Ausführungen, zwi-

27 Knoblich, „Wir laden ein zur Feldbegehung", in: *Landwirtschaftliches Wochenblatt für Westfalen und Lippe 107/1950*, 817–818, hier 818.

28 Rintelen, „Die Versuchsgüter der Landwirtschaftskammer Westfalen-Lippe", in: *Landwirtschaftliches Wochenblatt für Westfalen und Lippe 107/1950*, 1765–1766, hier 1765.

29 R. Balks, „Die Arbeit der Landwirtschaftlichen Versuchsstation für den Bauern und seine Scholle", in: *Westfälischer Bauernstand 91/1934*, 1570–1572, hier 1571.

30 *Landwirtschaftliches Wochenblatt für Westfalen und Lippe 117/1960*, 881.

schen Düngemittelverbraucher und Düngemittelhersteller ein gewisses Mißtrauen zu säen." Es gehe bei den Untersuchungen, so die beschwichtigende und zugleich arg durchsichtige Behauptung, nur darum, Irrtümer und Qualitätsverluste durch Lagern aufzuspüren.[31]

Vertrauen war im agrarischen Wissenssystem offenkundig eine kostbare Ressource und Vertrauensentzug die ultimative Sanktion, zu der die Wochenblätter fähig waren. Mit wenigen Ausnahmen war Vertrauen stets inkludiert, wenn ein Wochenblatt einen Beiträger zu Wort kommen ließ; die in vielen anderen Zeitschriften gängige Praxis, provozierende Beiträge zur Diskussion zu stellen, fand in der Betriebsberatung jedenfalls auf der Ebene der Wochenblätter nie viele Anhänger. Der mit der Autorenschaft verbundene Vertrauensvorschuss machte es jedoch zugleich möglich, auf die üblichen Insignien der Wissenschaftlichkeit zu verzichten. Methodische Prämissen wurden nur selten expliziert und fielen häufig einem gezielten „blackboxing" anheim. Der zitierte Beitrag über die Münsteraner Versuchsstation war in dieser Beziehung typisch: Der Leser wusste am Ende, wie lebendig es im Labor zuging, aber über die verwendeten Methoden, ihre Genauigkeiten und Defizite erfuhr er praktisch nichts.[32] Auch auf Fußnoten verzichten die Beiträge, ja selbst Literaturangaben finden sich nur in seltenen Ausnahmefällen, und deren Fehlen galt keineswegs als Problem. Die Landwirtschaftskammer Schleswig-Holstein erklärte etwa 1985 mit Blick auf ihre Veröffentlichungen lakonisch, es sei „ganz überwiegend (...) so, daß wir im Hinblick auf den Leserkreis (Berater/Landwirte) vollständig auf Literaturangaben verzichten."[33] Allenfalls die Nennung akademischer Titel fällt als Referenz an die Wissenschaft ins Auge: Wer einen Doktor- oder gar einen Professorentitel sein Eigen nannte und einen Aufsatz für ein Wochenblatt schrieb, konnte ziemlich sicher sein, dass dieser als Namensbestandteil erwähnt wurde. Glaubwürdigkeit wurde im Wochenblatt nicht diskursiv erzeugt, sondern durch die Annahme eines Beitrags zur Veröffentlichung bereits konstituiert.

Die Autoren der Wochenblätter kommen in der Mehrzahl aus der Region, in der das Wochenblatt erschien. Bei der Betriebsberatung griff man dabei gern auf Mitarbeiter der Landwirtschaftskammer oder ähnlicher Einrichtungen zurück, denen die Redakteure zumeist ohne große Umstände das Feld überließen. Gar nicht so selten finden sich unter den Autoren aber auch universitäre Forscher bis hin zu Ordinarien, die es durchaus nicht als unter ihrer Würde empfanden, in einem Wochenblatt zu publizieren. Lange hielten sich unter den Autoren auch landwirtschaftliche Praktiker, die in der betrieblichen Praxis besonders gute Resultate erzielt hatten und ihre Erfahrungen anderen Landwirten zur Verfügung stellten. So enthielt das *Landwirtschaftliche Wochenblatt für Westfalen und Lippe* 1950 einen Beitrag über „die richtige Kartoffeldüngung", dessen Autor laut Notiz der Schriftleitung „einer der erfolgreichsten oberschlesischen Kartoffelsaatbauern" gewesen war.[34] Im Laufe des 20. Jahrhunderts

31 *Landwirtschaftliches Wochenblatt für Westfalen und Lippe 107/1950*, 1450.

32 Balks, „Die Arbeit der landwirtschaftlichen Versuchsstation" (wie Anm. 29).

33 Hauptstaatsarchiv Düsseldorf NW 831 Paket 232 Nr. 326, Landwirtschaftskammer Schleswig-Holstein an den Minister für Ernährung, Landwirtschaft und Forsten des Landes Nordrhein-Westfalen, 11. Juni 1985.

34 Heinz Engelmann, „Die richtige Kartoffeldüngung", in: *Landwirtschaftliches Wochenblatt für Westfalen und Lippe 107/1950*, 395.

nahm die Zahl der von Praktikern verfassten Artikel jedoch eindeutig ab, ein Prozess, der ohne Weiteres als Spiegelbild der Verwissenschaftlichung und Akademisierung des agrarischen Expertensystems zu erkennen ist. Dass die große Mehrzahl der Autoren männlich war und Frauen insbesondere bei Fragen der Betriebsberatung Exotenstatus besaßen, überrascht in Anbetracht der rigiden Rollenzuweisung im landwirtschaftlichen Bereich nicht.[35]

Die Wochenblätter sahen sich nicht nur als Medium strategischer Beratung, sondern auch als Ort für kurzfristige Information. Der kurze Erscheinungsrhythmus erlaubt eine hohe Aktualität: Wenn es eine besondere Situation gab, die rasches Handeln erforderte, erlaubte nur das Wochenblatt eine zuverlässige und flächendeckende Information der Landwirte. Das war etwa der Fall, als feuchtkühle Witterung im Herbst 1965 das Ausreifen der Maispflanzen verzögerte. Mais war Mitte der 1960er Jahre noch eine relativ unbedeutende Pflanze, die von den meisten Landwirten erst seit wenigen Jahren angebaut wurde, so dass eine gewisse Unsicherheit im Umgang mit der sehr wärmebedürftigen Maispflanze vorherrschte. Darauf reagierte das Wochenblatt, indem es in einer Notiz mit dem Titel „Richtige Reife beim Silomais abwarten" zur Geduld mahnte, auf die relative Beständigkeit des Mais gegen die ersten Fröste hinwies und so die Maisbauern zu beruhigen suchte.[36] Darüber hinaus versprechen die Wochenblätter auch eine zeitnahe Antwort auf Leserfragen, die als beliebte Rubrik bereits erwähnt wurden und auch wertvolle Einblicke in die landwirtschaftliche Praxis eröffnen. Es sagt einiges über die „Hemdsärmeligkeit" vieler Modernisierungspläne in den 1960er Jahren, wenn ein Betriebsleiter 1963 die folgende Frage an die Wochenblatt-Redaktion schickte: „Da wir in unserem Betrieb nicht mehr genügend Arbeitskräfte für den Hackfruchtbau haben, möchten wir zum Körnermaisanbau übergehen. Welche Sorten reifen hier in Westfalen-Lippe sehr früh? Kann man die Ernte mit dem Mähdrescher mit Maisgebiß sowie Durchlauftrockner bewerkstelligen?"[37] Selbstverständlich wurde diese Frage mit der gleichen Sorgfalt beantwortet wie die übrigen Fragen, auch wenn von der Sache her auch eine Mahnung denkbar gewesen wäre, dass eine so folgenreiche Entscheidung wie die für den Maisanbau gründlicher durchdacht werden sollte. Aber eine solche Antwort, die zugleich die Art der Frage kritisch reflektierte, findet sich in Wochenblättern nur äußerst selten; derlei steht offenbar im Ruch der Herablassung gegenüber dem Leser, und eine solche Haltung gilt es um nahezu jeden Preis zu vermeiden. Zugleich verzichtet man auf eine Auswahl und beantwortet auch Detailfragen ohne Wimpernzucken. Es ist durchaus nicht unüblich, dass Leser ihren Anfragen Schadinsekten beilegen, die sie auf ihrem Hof gefunden haben und nicht einzuordnen wussten.[38]

Wie jede Beratung erfordert die Betriebsberatung in der Landwirtschaft eine Reduktion wissenschaftlicher Komplexität. Die prinzipielle Herausforderung für jeden Berater bestand in der Auswahl aus einem nahezu unendlichen Spektrum von Thesen und Themen, und die Parameter, nach denen diese Auswahl vorgenommen wurde und wird, erlauben in vielen Fällen wichtige Rückschlüsse auf die Funktionsweise eines

35 Vgl. zu diesem Thema Helene Albers, *Zwischen Hof, Haushalt und Familie. Bäuerinnen in Westfalen-Lippe 1920–1960*, Paderborn 2001.

36 *Landwirtschaftliches Wochenblatt für Westfalen und Lippe 42, 122/1965*, Ausgabe A, 19.

37 *Ebd.120/1963*, Ausgabe A, 2570.

38 Z. B. *Landwirtschaftliches Wochenblatt Westfalen-Lippe 1, 164 /2007*, 7.

Wissenssystems. Ein häufig beschrittener Weg der Komplexitätsreduktion, nämlich die Konstruktion eines bestimmten „Normallesers", war den Redakteuren schon durch die Breite der eigenen Leserschaft verbaut. Die Wochenblätter zielten gleichermaßen auf Spitzenproduzenten wie Durchschnittsbetriebe und wollten auch den Nebenerwerbslandwirt nicht ausschließen. Die Beiträge waren deshalb tunlichst so formuliert, dass sie für ein breites Spektrum landwirtschaftlicher Praktiker geeignet waren und einerseits den Besitzer eines Kleinbetriebs nicht überforderten, aber andererseits auch den wissenschaftlich geschulten Betriebsleiter nicht langweilten. Nur sehr selten enthielten Berichte deshalb Hinweise, dass dieses oder jenes allgemein bekannt sein dürfte, vielmehr wurden auch grundlegende Konzepte wie etwa Liebigs „Gesetz vom Minimum", dem zufolge das Pflanzenwachstum von dem in der geringsten Menge vorhandenen Nährstoff abhängt und das seit Mitte des 19. Jahrhunderts in zahllosen Lehrbüchern der Landwirtschaft erklärt worden war, immer wieder beflissentlich erläutert.[39] Bis weit ins 20. Jahrhundert hinein waren die Beiträge der Wochenblätter nahezu ohne jedes Vorwissen verständlich, und auch heute ist das Anspruchsniveau noch auffallend niedrig.

Mit Vorliebe kürzten die Redakteure der Wochenblätter jedoch dort, wo es um Kontroversen der Forschung ging. Dabei sind Meinungsverschiedenheiten an sich in den Agrarwissenschaften selbstverständlich genauso wenig ein Sakrileg wie in anderen Zweigen der Wissenschaft, sondern im Gegenteil oft eher ein Zeichen wissenschaftlicher Dynamik. Erwähnt sei die Reaktion der *Deutschen Landwirtschaftlichen Presse*, als in den 1920er Jahren der Streit zwischen Heiß- und Kaltmist die wissenschaftlichen Gemüter erregte. Statt den Konflikt in seinen Hintergründen zu erläutern – es ging um die Auseinandersetzung zwischen landwirtschaftlicher Bakteriologie und Agrikulturchemie und damit um eine Schlüsselkontroverse in der Geschichte des Pflanzenbaus –, beschränkte sich die Darstellung auf das, was sich aus dem Streit für die landwirtschaftliche Praxis ergeben könnte.[40] Schon der Titel – „Was hat der praktische Landwirt zum Streit um Heiß- oder Kalt-Mist zu sagen?" – ließ diesen Primat praktischer Anwendungskontexte erkennen. Im Text wurde nachdrücklich für eine versöhnliche Haltung aller Konfliktparteien argumentiert: „Wäre es nicht wirklich besser, fruchtbringender und zeitgemäßer, wenn sich die verschiedenen Vertreter der Wissenschaft und Praxis zu einheitlichem Vorgehen zusammenschließen könnten und die ganze Frage vom biologischen, chemischen, ackerbaulichen, betriebswirtschaftlichen und nicht zuletzt auch vom arbeitstechnischen Standpunkt aus einer gerechten Prüfung unterwerfen würden, [...] um das als bestes erkannte Verfahren in jeder Richtung vollkommen auszubilden und den praktischen Landwirten in Form einfacher klarer Anweisungen hinauszugeben?"[41]

Der Aufsatz fasste die Prioritäten der landwirtschaftlichen Beratungsliteratur in nahezu mustergültiger Form zusammen. Es ging darum, das „beste Verfahren" zu po-

39 So etwa in Schmitz, „Düngung vermehrt Bakterientätigkeit", in: *Landwirtschaftliches Wochenblatt für Westfalen und Lippe 107/1950*, 1010.

40 Dazu ausführlich Frank Uekoetter, "Know Your Soil: Transitions in Farmers' and Scientists' Knowledge in the Twentieth Century", in: John McNeill, Verena Winiwarter (Hg.), *Soils and Societies. Perspectives from Environmental History*, Cambridge 2006, 320–338.

41 Freiherr von Harsdorf, „Was hat der praktische Landwirt zum Streit um Heiß- oder Kalt-Mist zu sagen?" in: *Deutsche Landwirtschaftliche Presse 21, 56/1929*, 306.

pularisieren – und keineswegs darum, die Kriterien, nach denen dessen Auswahl stattfand, zu explizieren oder gar zu kommentieren. Wie denn nun eine „gerechte Prüfung“ aussah, das überließ man vertrauensvoll den zuständigen Autoritäten; zu einer Diskussion über solche Fragen wurde nicht ermuntert, sondern durch das Ausblenden aller dazu nötigen Fakten und Zusammenhänge wurde sie geradezu unmöglich gemacht. Zugleich stand im Mittelpunkt die Frage nach den Konsequenzen für die Betriebspraxis, und alles, was für diese ohne Belang war, hatte es schwer, ins Wochenblatt zu kommen. Zu diesen „nicht relevanten“ Themen gehörten im Übrigen auch Beiträge, die über die nächsten Jahre hinausschauten und gegenwärtige Trends in langfristigerer Perspektive diskutierten, denn solche Beiträge finden sich in den Wochenblättern nur auffallend selten. Als Medien der Verständigung über Zukunftsvisionen verstanden sich die Wochenblätter jedenfalls nur sehr begrenzt.

Waren die Wochenblätter ein Motor der Innovation? Die Frage ist keineswegs so einfach zu beantworten, wie es auf den ersten Blick scheint. Gewiss kam ein Blatt, das landwirtschaftliche Praktiker mit Informationen über betriebsrelevante Neuerungen in Wissenschaft und Praxis versorgte, kaum umhin, eine Rolle im Modernisierungsprozess zu spielen. Aber war dies auch eine Rolle, die von den Wochenblättern bewusst angenommen wurde? Bei vielen Beiträgen fällt ein nachdenklicher Tonfall ins Auge, der sich um ein abwägendes Urteil über Risiken und Nebenwirkungen bemühte und ein differenziertes Bild zu zeichnen suchte. Ein Beitrag über „Silomais oder Futterrüben?“, der 1963 im *Landwirtschaftlichen Wochenblatt für Westfalen und Lippe* erschien, vermied zum Beispiel peinlichst eine klare Parteinahme, obwohl die produktive Überlegenheit des Silomais schon zu diesem Zeitpunkt erkennbar war und der Mais wenige Jahre später die Futterrüben nahezu vollständig verdrängt hatte.[42] Die *Deutsche Landwirtschaftliche Presse* druckte Anfang 1962 sogar einen Artikel Gerhardt Preuschens, Direktor des Max-Planck-Instituts für Landarbeit und Landtechnik in Bad Kreuznach, in dem dieser ausgerechnet in einem Jahrzehnt, das einen bis dahin unbekannten Wandel der betrieblichen Strukturen sah, für Besonnenheit und Bedächtigkeit plädierte: „Man hat heute manchmal das Gefühl, daß in der heutigen Landwirtschaft eine Art Panikstimmung herrscht“, schrieb Preuschen und empfahl „Ruhe und Abwarten, besonnene Überlegung und vorsichtiges Rechnen“.[43] Ein Organ, das sich als Speerspitze der Modernisierung begriff, hätte einen solchen Beitrag wohl kaum gedruckt.

Verwissenschaftlichung der Gesellschaft und Vergesellschaftung der Wissenschaft

Bei der Rubrikenanalyse wurde bereits deutlich, dass die Wochenblätter stets mehr waren als ein reines Medium der Verwissenschaftlichung in Form der Betriebsberatung. Zu den Wochenblättern gehörten stets auch ein aktueller Marktüberblick und Beiträge zu familiären Themen, die sich oft schon im Titel an die Ehefrau des Betriebsleiters adressierten. Noch deutlicher wurde die thematische Breite in dem aus-

42 H. Jungehülsing, H. Wendt, „Silomais oder Futterrüben?“ in: *Landwirtschaftliches Wochenblatt für Westfalen und Lippe 120 /1963*, Ausgabe A, 1027–1028.

43 G. Preuschen, „Besonnen bleiben“, in: *Deutsche Landwirtschaftliche Presse 85/1962*, 1–2, hier 2.

führlichen Kleinanzeigenteil, in dem von Arbeitsgesuchen über Tiere bis hin zu Maschinen und Immobilien so ziemlich alle nur erdenklichen Dinge und Angelegenheiten verhandelt wurden. Selbst die Hofnachfolge konnte man schon sehr früh per Kleinanzeige regeln, wobei die Heiratsgesuche zunächst bezeichnenderweise Betrieb und Aussteuer ins Zentrum stellten und von den betroffenen Personen kaum mehr als Alter und Konfession verrieten.[44] Es lohnt sich, diese außerwissenschaftlichen Themen mit in den Blick zu nehmen, da sich hier die in der Einleitung umrissene Verschränkung von Verwissenschaftlichung und Vergesellschaftung besonders deutlich konturieren lässt. Wochenblätter waren und sind nicht einfach Organe der Verwissenschaftlichung, die auch unwissenschaftliche Themen behandeln, sondern Periodika zur umfassenden Information des Landwirts, die betriebliche Fragen als Teil eines breiteren Kontextes diskutieren und erst dadurch ihre Glaubwürdigkeit im agrarischen Wissenssystem erlangen.

Es bedarf allerdings einer besonderen Sorgfalt, die Beiträge zu gesellschaftlichen Themen im weiten Sinne adäquat einzuordnen. Ein kürzlich erschienener Beitrag, der Tipps zum „Telefonieren mit Stil" anbietet[45], könnte etwa in einigen Jahren Anlass zu der Vermutung geben, die Fernmeldetechnik sei im ländlichen Raum auch im Jahre 2007 noch nicht wirklich beherrscht worden, was selbstredend eine unrichtige Behauptung wäre. Zudem fehlen bei sozialen und familiären Themen die klaren Parameter, die in der Betriebsberatung verfügbar waren: Während sich Marktdruck und Arbeitskräftemangel als die erwähnten Konstanten in der Landwirtschaft des 20. Jahrhunderts präsentierten, waren bei gesellschaftlichen Themen zum Beispiel auch unterschiedliche politische Meinungen und Konfessionsgrenzen zu berücksichtigen: Das *Landwirtschaftsblatt Weser-Ems* hatte etwa das katholische Oldenburger Münsterland ebenso zu bedienen wie das protestantische Ostfriesland, was in einer Epoche, die von Olaf Blaschke als „zweites konfessionelles Zeitalter" bezeichnet wurde, eine keineswegs unerhebliche Herausforderung war.[46] Ausgewogenheit war deshalb das wichtigste Merkmal vieler Beiträge, offenkundig getragen von der Absicht, Anregungen zu vermitteln, ohne dabei aber irgendeine Seite zu verärgern. Typisch zeigte sich das etwa 1970 im Aufsatz eines Dr. Karl Büscher zum Thema „Ist Autorität noch gefragt?", der in ein abwägendes Urteil mündete: „Wenn heute die Autorität in eine Krise geraten ist, so einerseits deshalb, weil sie zu Herrschaftszwecken mißbraucht wurde und noch wird. Andererseits aber ist die Krise auch dadurch erzeugt, daß Erwachsene zu wenig bereit waren und bereit sind, eigene Autoritätsansprüche in Frage zu stellen."[47] Im gleichen Jahr präsentierte das *Landwirtschaftliche Wochenblatt*

44 Beispielhaft sei eine Heiratsannonce aus dem Jahre 1934 zitiert: „Einheirat in schuldenfr. Bauernhof v. 120 Mrg. bietet Bauerntochter (einz. Kind), 25 J., kath., einem tüchtig. Bauernsohn m. Vermögen." *Westfälischer Bauernstand 91/1934*, 269. Auf der gleichen Seite befand sich im Übrigen auch der Stellenmarkt.

45 *Landwirtschaftliches Wochenblatt Westfalen-Lippe 2, 164/2007*, 78.

46 Vgl. Olaf Blaschke (Hg.), *Konfessionen im Konflikt. Deutschland zwischen 1800 und 1970: ein zweites konfessionelles Zeitalter*, Göttingen 2002.

47 Karl Büscher, „Ist Autorität noch gefragt?" in: *Landwirtschaftliches Wochenblatt Westfalen-Lippe 9, 127/1970*, Ausgabe A, 101.

Westfalen-Lippe einen Bericht über eine Landfrauentagung mit dem schönen Titel „Eine eigene Meinung sollte man haben".[48] Wer wollte da widersprechen?

Diese Ausgewogenheit bieten die Wochenblätter freilich nicht bei allen Themen. Wenn es etwa um den amtlichen Naturschutz geht, sind die Beiträge von einem aggressiven Tonfall geprägt, und das keineswegs erst seit der ökologischen Wende im Naturschutz. „Wer schützt uns vor Naturschützern", fragte das *Landwirtschaftliche Wochenblatt für Westfalen und Lippe* schon 1966, als sich der westfälische Naturschutz in legalistischer Weise um den Schutz der Wallhecken bemühte.[49] Anderthalb Jahrzehnte später war in einem Bericht über den nordrhein-westfälischen Naturschutztag 1980 von „Traumtänzerei" und „Realitäts-Ferne" die Rede.[50] 1985 räumte das *Landwirtschaftsblatt Weser-Ems* eine ganze Seite für einen Gastkommentar frei, der die Grüne Bundestagsabgeordnete Antje Vollmer mit der Frage konfrontierte: „Warum sagen Sie bewußt die Unwahrheit?"[51] Einige Jahre später drohte der Regierungspräsident Münster sogar mit strafrechtlichen Konsequenzen, als ein Konflikt um Trinkwassergewinnung im Wochenblatt zu Vorwürfen des Amtsmissbrauchs Anlass gab.[52] Als die *Frankfurter Allgemeine* 2003 die Warnungen des Kieler Bodenkundlers Rainer Horn vor der Bodenverdichtung durch schwere Maschinen publizierte, begann die Replik des *Landwirtschaftlichen Wochenblatts Westfalen-Lippe* mit einer sarkastisch-ironischen Selbstbezichtigung: „Die Landwirte sind wieder einmal die ignoranten, skrupellosen Profiteure, denen Gewinnmaximierung vor Nachhaltigkeit geht. Offensichtlich fehlt ihnen jedes Verständnis für den Boden, der ihnen seit Jahrhunderten die Existenz sichert."[53] Selbst die Rubrik „Quiz und Quatsch" blieb von den Konflikten mit Natur- und Umweltschutz nicht unberührt. Im Februar 2004 fand sich dort der folgende Witz, über dessen humoristischen Wert jeder selbst urteilen möge:

> „Die Ministerin besichtigt einen Vorzeige-Biobauernhof und lobt die artgerechte Haltung der Tiere. Zum Abschied deutet sie auf eine Weide und fragt den Biobauern: ‚Sagen Sie mir doch bitte: Warum hat diese arme Kuh denn keine Hörner?' Darauf der Biobauer cool: ‚Verehrte Frau Ministerin, es gibt mehrere Möglichkeiten, warum eine Kuh keine Hörner hat. Es kann sich beispielsweise um einen Geburtsfehler handeln. Oder die Kuh hat sich die Hörner abgestoßen. Es ist natürlich auch möglich, dass der Besitzer der Kuh die Hörner abgesägt hat. Aber in diesem speziellen Fall handelt es sich um ein Pferd!'"[54]

Wie passen solche scharfen Kommentare zu der Einschätzung der Leserschaft, die die Wochenblätter zu 96 Prozent für „informativ" hält und zu 86 Prozent der Aussage, dass Wochenblätter „neutrale Infos" liefern, „ganz" oder „weitestgehend" zustimmt?[55] Schließlich bewegen sich die zitierten Berichte zumindest an der Grenze

48 Roswitha Paysen, „Eine eigene Meinung sollte man haben", in: *Landwirtschaftliches Wochenblatt Westfalen-Lippe* Bd. 127 Nr. 12 (19. März 1970), Ausgabe A, 69–70.

49 Schulze Gemen, „Wer schützt uns vor Naturschützern?" in: *Landwirtschaftliches Wochenblatt für Westfalen und Lippe 4, 123/1966*, Ausgabe A, 9–13.

50 *Landwirtschaftliches Wochenblatt Westfalen-Lippe 11, 137/1980*, Ausgabe B, 16.

51 Alfred Strothe, „Warum sagen Sie bewußt die Unwahrheit? Offener Brief an Frau Dr. Antje Vollmer, MdB, Bonn", in: *Landwirtschaftsblatt Weser-Ems 2, 132/1985*, 30.

52 Vgl. die Vorgänge in Hauptstaatsarchiv Düsseldorf NW 831 Paket 9.

53 *Landwirtschaftliches Wochenblatt Westfalen-Lippe 1* (31. Dezember 2003), 49; *Frankfurter Allgemeine Zeitung 291* (15. Dezember 2003), 9.

54 *Landwirtschaftliches Wochenblatt Westfalen-Lippe 7/2004*, 113.

55 Arbeitsgemeinschaft Organisationsgebundene Landpresse, *MediaDaten 2007* (wie Anm. 1), 3.

zum offenen Hass, und auch wenn man bedenkt, dass es auf einer niedrigeren Ebene in Agrarkreisen ein gar nicht so geringes Verständnis für ökologische Belange gibt, ist die allgemeine Haltung unmissverständlich: „Der Naturschutz wird in den landwirtschaftlichen Wochenblättern als Gegner der Bauern liebevoll wöchentlich gepflegt“, schreiben Götz Schmidt und Ulrich Jasper in einer jüngeren Monographie.[56] Die Einordnung der scharfen Attacken fällt leichter, wenn man die politische Berichterstattung zu anderen Themen mit in den Blick nimmt. Gerade in der Zeit der rotgrünen Bundesregierung waren nämlich auch allgemeine agrarpolitische Kommentare von heftigen Angriffen geprägt. „Der Bundeskanzler verfährt im politischen Poker mit den deutschen Bauern nach Belieben und macht damit deutlich, dass ihn die Agrarpolitik ‚keine Bohne' interessiert“, klagte Franz-Josef Budde, Chefredakteur des *Landwirtschaftlichen Wochenblatts Westfalen-Lippe*, im Juni 2003 in einem Leitartikel über „Deutsche Agrarpolitik ‚made in Paris'“.[57] Anderthalb Jahre später konstatierte Budde, die damalige Verbraucherschutzministerin Künast habe „sich längst in eine ‚abgehobene' Sphäre des ministerialen Daseins begeben – was Bäuerinnen und Bauern bewegt, ist nicht ihr Thema.“[58] Weitere Zitate ließen sich problemlos beibringen.

Interessanterweise stand hinter diesen Kommentaren kein partizipatives Politikverständnis. In den seltensten Fällen mündeten die Kommentare in eine Aufforderung an die Leser, in bestimmter Weise aktiv zu werden, etwa durch Besuch einer Demonstration oder Protestschreiben. Selten werden auch alternative Lösungsvorschläge näher beschrieben oder gar dafür geworben; es bleibt zwar stets der Eindruck nach der Lektüre, es gebe andere, „landwirtschaftsfreundlichere“ Ansätze, diese bleiben jedoch zumeist seltsam blass. Die Untiefen des agrarischen Populismus sind den politischen Kommentaren jedenfalls nicht fremd. Ein genuines Interesse an politischen Fragen dokumentiert die Berichterstattung der Wochenblätter hingegen nur selten; die *Deutsche Landwirtschaftliche Presse* veröffentlichte in den 1960er Jahren sogar eine regelrechte Entschuldigung, dass politische Themen in den eigenen Spalten breiten Raum einnahmen. „Wir würden in der DLP der Agrarpolitik gern einen kleineren Platz zuweisen, als sie zurzeit innehat. Schließlich wurde kaum jemand praktischer Landwirt, um sich besonders eingehend mit diesem Teil der Wirtschaftspolitik zu beschäftigen.“[59] Eine Berichterstattung, die für eine bestimmte Linie in der Agrarpolitik wirbt oder die Landwirte über die Konsequenzen für ihre Betriebe informieren will, sieht offenkundig anders aus.

Oft fällt zudem die Widersprüchlichkeit und Inkonsistenz der politischen Kommentare ins Auge. Im Januar 2003 attackierte Franz-Josef Budde zum Beispiel die EU-Kommission mit folgenden Worten: „Die Europäische Kommission verirrt sich immer tiefer auf einem Weg, der die Landwirtschaft immer abhängiger vom Staat

56 Götz Schmidt, Ulrich Jasper, *Agrarwende oder die Zukunft unserer Ernährung*, München 2001, 186.

57 Franz-Josef Budde, „Deutsche Agrarpolitik ‚made in Paris'“, in: *Landwirtschaftliches Wochenblatt Westfalen-Lippe 23/2003*, 11.

58 Ders., „Die Probleme der Bauern nicht vergessen“, in: *Landwirtschaftliches Wochenblatt Westfalen-Lippe 4/2005*, 11.

59 *Deutsche Landwirtschaftliche Presse 85/1962*, 1 (redaktionelle Notiz „Unseren Lesern“).

macht."[60] Eine solche Aussage mutet seltsam an in Anbetracht der weithin bekannten Tatsache, dass die Agrarsubventionen Resultat eines hartnäckigen agrarischen Lobbyismus insbesondere durch das einflussreiche Comité des Organisations Professionnelles Agricoles sind.[61] Spätestens hier regen sich Zweifel, ob hinter den agrarpolitischen Kommentaren des Wochenblatts tatsächlich eine einigermaßen konsistente Linie steht. Vermutlich verbände sich mit der Formulierung einer solchen politischen Linie auch ein beträchtliches Risiko: Die agrarpolitischen Interessen der Landwirte divergieren je nach Betriebstyp erheblich, eine Tatsache, die in einem Blatt, das sich an die Gesamtheit aller Landwirte richtet, eine enorme Sprengkraft birgt. Da ist es naheliegend, den Schwerpunkt nicht auf positive Vorschläge, sondern auf ostentative Kritik zu legen.

So verbirgt sich hinter den zunächst recht uneinheitlich wirkenden politischen Kommentaren also doch eine klare Linie: die Parteinahme für den bedrohten und missverstandenen Landwirt. Hinter den scharfen politischen Attacken steht insofern eine symbolische Geste, die gleichzeitig Trost spenden, Verständnis signalisieren und divergierende Interessen kaschieren soll. Die politischen Kommentare zielen vor allem auf die Stiftung einer landwirtschaftlichen Identität, die die an sich durchaus disparaten Interessen von Klein- und Großbetrieben, Beratern und Agrarpolitikern zu einer landwirtschaftlichen Gemeinschaft zusammenschweißt. Die Berichterstattung über die Agrarpolitik dient insofern primär einem sozialen Zweck, der Identitätsstiftung durch negative Integration gegen eine stümperhafte Politik und überhaupt gegen eine urbane Gesellschaft, die agrarischen Themen und Problemen mit Unverständnis begegnet. Gelegentlich verrät sich diese Absicht auch durch einen tröstenden Tonfall, wenn etwa ein Kommentar zur Lage auf dem Rindermarkt verkündet: „Bullenmäster brauchen gute Nerven."[62] Als das *Landwirtschaftliche Wochenblatt Westfalen-Lippe* 2003 über den Leserbrief einiger Landwirtschaftsschüler der Höheren Landbauschule Münster an die Zeitschrift *Öko-Test* berichtete, wählte die Redaktion bezeichnenderweise den Titel: „Dem Ärger Luft machen."[63]

Wenn die nichtwissenschaftlichen Berichte jedoch im Zeichen der Integration und der Identitätsstiftung stehen, erscheinen diese nicht mehr als Kontrast zur Betriebsberatung, sondern eher als deren Komplement. Erst durch die Stiftung und Pflege einer agrarischen Identität gewinnen die Beiträge zu betriebswirtschaftlichen Themen eine Glaubwürdigkeit, die sie textimmanent in Ermangelung von Referenzen kaum zu schaffen vermögen. Die Beratung in wissenschaftlich-technischen Dingen wirkt vertrauenswürdig, weil sie im Wochenblatt als Teil einer panagrarischen Vertrauensgemeinschaft präsentiert wird; der allumfassende Charakter des Beratungs- und Informationsangebots im Wochenblatt schafft eine Glaubwürdigkeit und ein diffuses Gefühl, ohne Wochenblatt nicht „umfassend auf dem Laufenden" zu sein. Zugleich

60 Franz-Josef Budde, „Bauern sind keine Beamten, Herr Fischler", in: *Landwirtschaftliches Wochenblatt Westfalen-Lippe 5/2003*, 11.

61 Vgl. Elmar Rieger, „Agrarpolitik: Integration durch Gemeinschaftspolitik?" in: Markus Jachtenfuchs, Beate Kohler-Koch (Hg.), *Europäische Integration*, Opladen 1996, 401–428, hier 417.

62 Franz-Josef Budde, „Bullenmäster brauchen gute Nerven", in: *Landwirtschaftliches Wochenblatt Westfalen-Lippe 22/2004*, 11.

63 Katja Beth, „Dem Ärger Luft machen", in: *Landwirtschaftliches Wochenblatt Westfalen-Lippe 17/2003*, 4.

steigt damit auch die symbolische Verpflichtung zum Abonnement: Dessen Kündigung kommt einem Ausstieg aus der agrarischen Vertrauensgemeinschaft zumindest recht nahe.

Die Wochenblätter vereinen auf diesem Wege die Identitätsstiftung innerhalb der sozialen Gruppe der Landwirte mit der Verwissenschaftlichung der Betriebspraxis. Zugleich wirken die Wochenblätter aber auch auf den Komplex der wissenschaftlichen Forschung und Beratung zurück, und das vor allem dadurch, dass sich ihre publizistischen Regeln so deutlich von denen wissenschaftlicher Organe unterscheiden. Ein Forscher, der für ein Wochenblatt schreibt, unterwirft sich durch seinen einfachen Schreibstil, die Fixierung auf Ergebnisse und den Verzicht auf einen wissenschaftlichen Apparat bestimmten außerakademischen Spielregeln, wird dafür aber Teil einer Vertrauensgemeinschaft und gewinnt eine Legitimität als berufener Experte, die für seine Arbeit im agrarischen Wissenssystem nahezu unverzichtbar ist. Die auf den ersten Blick so betulichen Wochenblätter präsentieren sich insofern als eine Art Torwärter, die bestimmte Personen und Institutionen als vertrauenswürdig einstufen und in das agrarische Kommunikationsnetzwerk aufnehmen, anderen jedoch den Zutritt verwehren und sie damit delegitimieren. Die Wochenblätter sind so das zentrale Medium einer Identitäts- und Vertrauensproduktion, ohne die das agrarische Wissenssystem kaum funktionieren könnte, aber zugleich – um einen von Ulrich Wengenroth in anderen Zusammenhängen in die Wissenschaftsgeschichte eingeführten Begriff zu verwenden[64] – ein stahlharter Käfig, der durch die ökologischen Agrarreformen der vergangenen Jahre eher noch an Stärke gewonnen hat.

Meinungsvielfalt mit Grenzen

In aller Regel erscheinen landwirtschaftliche Zeitschriften in Verlagshäusern, die sich ganz auf landwirtschaftliche Themen konzentrieren. Das *Landwirtschaftliche Wochenblatt Westfalen-Lippe* erscheint etwa im Landwirtschaftsverlag in Münster-Hiltrup, die *DLG-Mitteilungen* im Frankfurter Max-Eyth-Verlag. Das mag man für eine Spezialisierung halten, wie sie auch in anderen Bereichen vorkommt. Man kann darin aber auch einen durchaus symbolkräftigen Akt erkennen: Das agrarische Wissenssystem ist in so hohem Maße gegenüber der breiten Öffentlichkeit abgegrenzt, dass es auch in verlegerischer Hinsicht Wert auf korporative Unabhängigkeit legt. Die Spezialverlage komplettieren die Separierung einer agrarischen Vertrauensgemeinschaft, die sich nicht zuletzt in Opposition zu einer unverständigen Öffentlichkeit definiert. Wenig deutet darauf hin, dass die Wochenblätter dies nicht nur als Chance und Notwendigkeit, sondern auch als Problem begreifen.

Wie viel Pluralismus verträgt ein landwirtschaftliches Wochenblatt? Bei gesellschaftlichen Themen erlauben sie durchaus eine Vielfalt der Meinungen, auch wenn es ein betrübliches Schlaglicht auf den Stand der Frauenemanzipation in der Landwirtschaft wirft, dass das *Landwirtschaftliche Wochenblatt Westfalen-Lippe* vor eini-

64 Vgl. Ulrich Wengenroth, „Die Flucht in den Käfig: Wissenschafts- und Innovationskultur in Deutschland 1900–1960“, in: Rüdiger vom Bruch, Brigitte Kaderas (Hg.), *Wissenschaften und Wissenschaftspolitik. Bestandsaufnahmen zu Formationen, Brüchen und Kontinuitäten im Deutschland des 20. Jahrhunderts*, Stuttgart 2002, 52–59.

ger Zeit eine Debatte über die Rolle der Frau auf Schützenfesten initiierte. Auch Generationenkonflikte wurden im Wochenblatt offen und nicht selten mit harten Bandagen ausgetragen: Als sich der Vorsitzende der Lippischen Landjugend um 1970 zur Demokratisierung bekannte, wurde dies in einem Leserbrief als „Gedankengut des Ostens“ tituliert, was wiederum vom Attackierten als „geradezu typisch für eine starrkonservative, intolerante Denkweise“ zurückgewiesen wurde.[65] Diese Offenheit für divergente Positionen im gesellschaftlichen Bereich macht es freilich umso schwerer verständlich, dass in betrieblichen Fragen so wenig auf Diskussion und Meinungsvielfalt gesetzt wurde und wird. Hier beschränkt sich der Dissens zumeist auf die Leserbriefspalte, die eine Art Spielfeld für freimütige Kritik innerhalb des Wochenblatts konstituiert. Als 1980 ein Bericht über Bioläden in der Rubrik „Für die Landfrau“ die hohen Preise für „fleckige Äpfel, verschrumpeltes Gemüse und angeknabberten Salat“ monierte, fand sich im folgenden Heft zwar ein scharfer Leserbrief von Dr. Irmgard Heck aus Lienen: „Die ewigen Kampagnen des Wochenblattes gegen die Bemühungen eines alternativen Landbaus mit Hilfe einseitiger Darstellungen wirken allmählich lächerlich.“[66] Die ökokritische Linie des Wochenblatts konnte derlei aber nicht erschüttern.

Tatsächlich pflegen die Wochenblätter in der Betriebsberatung einen Pluralismus ganz eigener Art. Meinungsvielfalt drückt sich hier nicht als offener Kontrast zwischen verschiedenen, scharf konturierten Alternativvorschlägen aus, sondern ist der Präsentation bereits immanent. Er steckte in der erwähnten Neigung zu sehr differenzierten Urteilen, zum sorgfältigen Abwägen von Vor- und Nachteilen innerhalb eines Artikels: In vielen Fällen ließen die Beiträge kaum noch Raum für eine klare Gegenposition, weil sie mögliche Einwände bereits weitgehend inkorporierten. Es war eben nicht so, dass die Wochenblätter in der Nachkriegszeit das Hohelied der Intensivlandwirtschaft sangen und ihre Leser unter Druck setzten, den eigenen Betrieb zu modernisieren. Eher formulierten sie dezent Hinweise, vermittelten Anregungen, ohne die gegen diese vorgebrachten Bedenken zu verschweigen, und überließen es damit weitgehend dem Landwirt, aus den präsentierten Informationen Schlussfolgerungen zu ziehen. Seitenhiebe gegen modernisierungsunwillige Landwirte sind im Wochenblatt allerdings offenkundig Tabu, vielmehr bleibt Raum für eine mitunter augenzwinkernde Skepsis, die sich etwa im folgenden Witz dokumentiert:

> „Am Stammtisch in Suchtrup wird über das allerneueste Computerbetriebssystem debattiert. Lütke Pröhlenbeck junior schwärmt: ‚Das Neue kann einfach alles, dank 32 Bit.‘ Schulte Brömmelkamp: ‚Wenn ich 32 Bit getrunken habe, glaube ich auch immer, dass ich alles kann...‘“[67]

Es ist jedenfalls auffallend, dass die Wochenblätter auch über die Begleiterscheinungen der agrarischen Intensivierung bemerkenswert freimütig berichtet haben. Das galt sogar für ökologische Themen: Die scharfen Attacken gegen Natur- und Umweltschützer stehen unvermittelt neben Beiträgen, in denen Umweltthemen differenziert und ohne eifernden Tonfall diskutiert wurden. Und das musste nicht einmal eine Reaktion auf öffentlichen Druck sein: Bereits 1980, als sich die öffentliche Umwelt-

65 *Landwirtschaftliches Wochenblatt Westfalen-Lippe 1, 127/1970*, Ausgabe A, 5; *5, 127/1970*, 7.
66 *Ebd. 18, 137/1980*, Ausgabe B, 77; *19, 137/1980*, 6.
67 *Ebd. 2, 164/2007*, 97.

debatte noch ganz auf Käfighaltung, Chemie im Essen und übelriechende Gülle konzentrierte, brachte das *Landwirtschaftliche Wochenblatt Westfalen-Lippe* einen Bericht über Bodenerosion, der alles andere als eine beschwichtigende Erörterung des Problems lieferte: „Gelingt es nicht, durch verschiedene Maßnahmen das Erosionsrisiko deutlich zu vermindern, so muß der Anbau von erosionsfördernden Pflanzen (Mais) auf erosionsanfälligen Standorten eingeschränkt werden. Der Zwang nach größerer Flächenleistung darf nicht zu Lasten der Fruchtbarkeit unserer Böden gehen", erklärte der Autor, ein Landwirtschaftsrat der Bayerischen Landesanstalt für Bodenkultur und Pflanzenbau in München.[68] Solange ein Autor als Teil der agrarischen Vertrauensgemeinschaft eingestuft wurde, durfte er sich offenkundig einiges erlauben. Das war gewissermaßen die positive Seite des erwähnten Käfigs: Wer auf der richtigen Seite des Gitters saß, konnte freimütig sagen, was er für richtig hielt. Wer hinter den Wochenblättern ein Kartell von Praktikern, Forschern und Beratern vermutet, die gemeinsam die Folgen der agrarischen Modernisierung zu beschwichtigen suchten, unterschätzt das Zeitschriftengenre und zugleich das Wissenssystem der Landwirtschaft. Vieles geschah in der landwirtschaftlichen Entwicklung des 20. Jahrhunderts eher gegen als mit dem Rat der Experten, und damit gab es erheblichen Raum für legitime Sichtweisen, die sich voneinander unterschieden. Die Grenzen des agrarischen Pluralismus waren insofern eng und weit zugleich, und Grenzüberschreitungen waren letztlich eher eine Frage des Stils als der Inhalte.

Es berührt vor diesem Hintergrund seltsam, dass die Wochenblätter in jüngster Vergangenheit von ökologischer Seite gerne pauschal attackiert werden; das *Landwirtschaftliche Wochenblatt Westfalen-Lippe* gilt etwa in Anspielung auf die Umschlagfarbe als „das giftgrüne Blatt". Dahinter verbirgt sich zum einen die Konkurrenz mit eigenen Periodika, die dem ökologischen Landbau verpflichtet sind oder diesem nahestehen; neben den Zeitschriften der einzelnen Anbauverbände sei hier insbesondere die *Unabhängige Bauernstimme* erwähnt, die von der Arbeitsgemeinschaft bäuerliche Landwirtschaft im westfälischen Hamm herausgegeben wird.[69] Zum anderen steckt hinter solchen Attacken die Erfahrung, dass die Wochenblätter lange gebraucht haben, den Ökolandbau nicht bloß als Spielobjekt einiger ökologischer Spinner zu betrachten, sondern als legitime landwirtschaftliche Betriebsform zu akzeptieren. Aber ob es sich lohnt, diese Frontstellung auch im 21. Jahrhundert aufrechtzuerhalten? So wertvoll das Entstehen eines konkurrierenden ökologischen Wissenssystems im agrarischen Bereich ist, so unbefriedigend wäre es zugleich, wenn dessen Kritik am Wissenssystem der konventionellen Landwirtschaft sich auf ätzende Kritik und die Sicht von außen beschränken würde. Es bedarf eben auch der Kritik von innen: der Analyse der Blindstellen und Verengungen des Blicks, der Entlarvung von narrativen Strategien, die Vertrauenswürdigkeit suggerieren und die Ausbildung bäuerlicher Kritikfähigkeit konterkarieren, der Herauslösung der betrieblichen Beratung aus einem identitätsstiftenden Kontext, der notwendige Debatten blockiert. In diesem Sinne möchte man den landwirtschaftlichen Wochenblättern in der Tat viele aufmerksame Leser wünschen.

68 N. Hege, „Stop der Bodenerosion", in: *Landwirtschaftliches Wochenblatt Westfalen-Lippe 13, 137/1980*, Ausgabe B, 32–33, hier 33.

69 www.bauernstimme.de (zuletzt abgerufen am 13. Dezember 2007).

Fachzeitschriften als Selbstvergewisserungsinstrumente der ärztlichen Profession?

Zu Funktionen und Profilen der medizinischen Wochenschriften *Münchener Medizinische Wochenschrift*, *Deutsche Medizinische Wochenschrift*, *British Medical Journal* und *The Lancet* 1919–1932

Wiebke Lisner

Seit dem 19. Jahrhundert gewann das Medium Fachzeitschrift für die innerprofessionelle Kommunikation und Information sowie die ärztliche Fortbildung an Bedeutung. Ursachen hierfür waren die Professionalisierung des Arztberufes sowie die Ausweitung und Ausdifferenzierung des medizinischen Wissens. Die Bedeutung der medizinischen Zeitschriften wird unter anderem durch die Zunahme ihrer Anzahl ab der ersten Hälfte des 19. Jahrhunderts deutlich, die mit der Entstehung medizinischer Gesellschaften und Vereinigungen, also einer öffentlichkeitswirksamen berufsbezogenen Organisation der Ärzteschaft, korrespondierte.[1]

Voraussetzungen der Professionalisierung des Arztberufes in Großbritannien und Deutschland waren die Entwicklung eines auf die experimentellen Naturwissenschaften gestützten Expertenwissens im 19. Jahrhundert sowie die beginnende Medikalisierung der Bevölkerung.[2] Ärzten gelang es dadurch, vor allem in Deutschland zu alleinigen Experten in Fragen von Gesundheit und Krankheit aufzusteigen. Die deutsche Ärzteschaft zeichnete sich hierbei durch ihre seit 1852 einheitliche, staatlich finanzierte akademische Ausbildung und ihre relative Homogenität aus.[3] Besonders in der Weimarer Republik sahen Ärzte jedoch ihre im 19. Jahrhundert erreichte und als positiv erlebte Einheitlichkeit gefährdet. Nach dem Ersten Weltkrieg erlebte die Bevölkerung in Deutschland mit Revolution und Konterrevolution und schließlich der ersten demokratischen Regierung tief greifende politische Veränderungen. Die neue Regierung setzte auf eine Ausweitung und Ausgestaltung der Sozialpolitik, verbunden mit einer öffentlich garantierten Wohlfahrt. Wohlfahrtsstaatliche Einrichtungen und die sich auf immer mehr Bevölkerungsgruppen ausweitende gesetzliche Krankenversicherung erweiterten den Umfang medizinischer Leistungen und boten den institutionellen Rahmen für einen medizinischen Zugriff auf weite Teile der Bevölkerung.[4] Trotzdem mussten Ärzte aufgrund der stetigen Zunahme der Anzahl der appro-

1 So wurden z. B. *The Lancet* 1823, das BMJ (*Provincial Medical and Surgical Journal)* 1840, die MMW (*Ärztliches Intelligenzblatt)* 1854 und die DMW 1875 gegründet. Vgl. *Sperlings Zeitschriften-Adreßbuch,* Leipzig 1902 und 1908; Peter Bartrip, *Mirror of Medicine. A History of the British Medical Journal*, Oxford 1990, 8; Robert Jütte, „Die Entwicklung des ärztlichen Vereinswesens und des organisierten Ärztestandes bis 1871", in: ders. (Hg.), *Geschichte der deutschen Ärzteschaft. Organisierte Berufs- und Gesundheitspolitik im 19. und 20. Jahrhundert*, Köln 1997, 15–42.

2 Vgl. Claudia Huerkamp, *Der Aufstieg der Ärzte im 19. Jahrhundert. Vom gelehrten Stand zum professionellen Experten: Das Beispiel Preußens*, Göttingen 1985.

3 Vgl. Herbert Gottweis, Wolfgang Hable, Barbara Prainsack, Doris Wydra, *Verwaltete Körper. Strategien der Gesundheitspolitik im internationalen Vergleich*, Wien, Köln, Weimar 2004, 106f.

4 Vgl. Detlev Peukert, *Die Weimarer Republik. Krisenjahre der Moderne*, Frankfurt a. M. 1987, 132f; Gottweis/Hable /Prainsack/Wydra, *Verwaltete Körper* (wie Anm. 3), 95f.

bierten Ärzte, der begrenzten Kassenzulassungen und der als gering bewerteten Kassengebühren wirtschaftliche Einbußen und erschwerte Berufseinstiegsbedingungen hinnehmen. Darüber hinaus beklagten sie den starken „Konkurrenzkampf" innerhalb des Berufes: Die Ärzteschaft war zunehmend nicht nur mit einer fachlichen Ausdifferenzierung und Spezialisierung konfrontiert, sondern auch mit innerprofessionellen Fraktionen. Konflikte mit entsprechenden Fraktionsbildungen gab es zwischen Kassen- und nicht zugelassenen Ärzten, frei praktizierenden und angestellten sowie zwischen männlichen und weiblichen Ärzten und politischen Lagern.[5]

Im Gegensatz zum deutschen wird das britische Gesundheitswesen im 19. Jahrhundert und in der ersten Hälfte des 20. Jahrhunderts aufgrund des weitgehenden Fehlens staatlicher Regulierungen, der steigenden Anzahl von auch nichtärztlichen Anbietern gesundheitlicher Leistungen sowie der überwiegenden Steuerung der medizinischen Versorgung durch Angebot und Nachfrage häufig als ein „medical marketplace" beschrieben.[6] Anders als in Deutschland war die Ausbildung der britischen Mediziner uneinheitlich, nicht staatlich finanziert und wurde ohne staatliche Approbation abgeschlossen.[7] Dennoch gab es auch in Großbritannien Bestrebungen, den Arztberuf einheitlich zu regeln sowie eine Abgrenzung zwischen qualifizierten und unqualifizierten Ärzten zu erreichen: So war seit 1858 eine Registrierung im „Medical Register" und seit 1886 eine einheitliche Pflichtqualifikation in Chirurgie, Medizin und Geburtshilfe vorgeschrieben. Die Reformen des 20. Jahrhunderts, die Einführung der „National Health Insurance" 1911 und des „National Health Service" 1948, konzentrierten sich hingegen auf die Ausweitung des medizinischen Marktes und die Schaffung von Zugängen für breitere Bevölkerungsteile zu medizinischer Versorgung.[8] Hiermit verbunden waren Auseinandersetzungen um das Verhältnis zwischen Staat und Profession sowie die Position der einzelnen ärztlichen Gruppen. Die Trennlinien innerhalb der britischen Ärzteschaft verliefen hauptsächlich zwischen den in der freien Praxis tätigen und mehrheitlich im Rahmen der National Health Insurance bezahlten *General Practitioner* (Allgemeinmediziner), den von Gemeinden angestellten *Medical Officers of Health* sowie den in Kliniken arbeitenden, vor allem den privaten Gesundheitsmarkt bedienenden und die Ausbildung der Mediziner organisierenden *Consultants* (Spezialisten).[9]

5 Vgl. Eberhard Wolff, „Mehr als nur materielle Interessen: Die organisierte Ärzteschaft im Ersten Weltkrieg und in der Weimarer Republik, 1914–1933", in: Jütte (Hg.), *Geschichte der deutschen Ärzteschaft* (wie Anm. 1), 97–142.

6 Vgl. Anne Digby, *The Evolution of British General Practice 1850–1948*, New York 1999, 48, 304.

7 Ende des 19. Jahrhunderts gab es 20 lizenzierende Körperschaften und 61 verschiedene Qualifikationen, die beim „Medical Register" anerkannt waren. Vgl. Thomas Neville Bonner, *Becoming a Physician. Medical Education in Britain, France, Germany, and the United States, 1750–1945*, New York, Oxford 1995; Digby, *The Evolution* (wie Anm. 6), 50–52.

8 1911 wurde eine Krankenversicherung für Erwerbstätige eingeführt und 1948 eine steuerfinanzierte und zentral verwaltete kostenlose Gesundheitsversorgung für die gesamte Bevölkerung. Vgl. Ingo Tamm, „Ärzte und gesetzliche Krankenversicherung in Deutschland und England vor dem Ersten Weltkrieg". In: Jörg Vögele, Wolfgang Woelk (Hg.), *Stadt, Krankheit und Tod. Geschichte der städtischen Gesundheitsverhältnisse während der Epidemiologischen Transition (vom 18. bis ins frühe 20. Jahrhundert)*, Berlin 2000, 457–474.

9 Vgl. z. B. Frank Honigsbaum, *The Division in British Medicine. A History of the Separation of General Practice from Hospital Care 1919–1968*, London 1979, 3–12.

Medizinisch-wissenschaftliche Forschungen und Entdeckungen sowie die zunehmende Ausdifferenzierung und Spezialisierung des medizinischen Wissens, aber auch Aufgaben, Rollen und Funktionen der Ärzte im jeweiligen nationalen Kontext wurden in Großbritannien und Deutschland in den medizinischen Fachzeitschriften verhandelt. Die *Münchner Medizinische Wochenschrift*, die *Deutsche Medizinische Wochenschrift*, *The Lancet* und das *British Medical Journal* spiegelten in besonderer Weise diese Prozesse, da sie, anders als Zeitschriften eines bestimmten medizinischen Faches, über allgemein den Arztberuf betreffende Themen berichteten und die gesamte Berufsgruppe ansprachen. Darüber hinaus galten sie im Untersuchungszeitraum als die einflussreichsten medizinischen Publikationsorgane und wurden auch im Ausland gelesen.[10] Obgleich das *British Medical Journal* als Organ der „British Medical Association“ eine Sonderrolle einnahm, bietet sich insofern ein Vergleich dieser vier Fachzeitschriften an. Die Zeitschriften waren allerdings – so ist anzunehmen – nicht nur Spiegel der ärztlichen professionellen Entwicklungen, sondern gestalteten diese aktiv mit und steuerten Diskussionen und Meinungsbildungsprozesse.[11] Medizinische Fachzeitschriften entwickelten also vermutlich unterschiedliche Profile, verfolgten eigene (berufs-)politische und ökonomische Interessen sowie eigene Strategien zur Verortung im öffentlichen Raum. Die Verschiedenheit des britischen und deutschen Gesundheitssystems sowie die Unterschiedlichkeit der Rahmenbedingungen des Arztberufes lassen darüber hinaus divergierende Markt- und Kommunikationsstrategien sowie professionspolitische Bedeutungen medizinischer Fachzeitschriften diesseits und jenseits des Kanals vermuten.

Zur Untersuchung von Gemeinsamkeiten und Unterschieden der Profile der einzelnen Fachzeitschriften werden zunächst ihre Schriftleiter, Herausgeber und Autoren als Akteure sowie ihre Strukturen durch eine Analyse der Rubriken in den Blick genommen. Darüber hinaus gilt es anhand einzelner Beiträge exemplarisch zu untersuchen, welche Funktionen Zeitschriften für die Ärzteschaft in Deutschland und Großbritannien erfüllten und wie sie auf Professionalisierungsprozesse einwirkten. Waren sie Instrumente der Selbstvergewisserung für die ärztliche Profession? Erfüllten sie eine Funktion in Professionalisierungsprozessen, indem sie gesellschafts- und professionspolitische Meinungen sowie medizinisches Wissen kommunizierten, wiederholten, damit bestätigten, Identifikationspunkte anboten und ein Zusammengehörigkeitsgefühl schufen?

10 Vgl. Julius Schwalbe, „Fünfzig Jahrgänge Deutsche Medizinische Wochenschrift“, in: *DMW 50, 49/1924*, 1677–1682; Mario Heidler, „Die Zeitschriften des J.F. Lehmanns Verlages bis 1945“, in: Sigrid Stöckel (Hg.), *Die „rechte Nation“ und ihr Verleger. Politik und Popularisierung im J.F. Lehmanns Verlag 1890–1979*, Berlin 2002, 47–102, hier 48–50.

11 So eine These des DFG-Projektes „Politik in britischen und deutschen medizinischen Fachjournalen von der Zwischenkriegszeit bis in die 1950er Jahre“, in dessen Kontext dieser Aufsatz entstand.

1. Akteure in den deutschen medizinischen Wochenschriften: Schriftleiter, Herausgeber und Autoren

Um die einzelnen Zeitschriften als Medien der ärztlichen Profession sichtbar machen und ihre (politischen) Positionierungen einordnen zu können, werden zunächst ihre Akteure und ihre Strukturen in den Blick genommen.

Sowohl die *Deutsche Medizinische Wochenschrift* als auch die *Münchener Medizinische Wochenschrift* publizierten Originalbeiträge, also neue Erkenntnisse aus der medizinischen Praxis und Forschung, informierten über standespolitisch relevante Themen, über Literaturneuerscheinungen und medizinische Kongresse. Ihr Anliegen war es, ein Forum für die medizinische Forschung zu bieten und praktisch tätige Ärzte fortzubilden.[12] Beide Zeitschriften gehörten zu den auflagenstärksten medizinischen Fachjournalen in Deutschland.[13] Darüber hinaus waren sie mit einem Abonnentenpreis von 27,60 RM im Jahr 1929 vergleichsweise günstig.[14] Sie finanzierten sich zu einem beträchtlichen Teil durch Werbeanzeigen.[15] Neben diesen Ähnlichkeiten fallen jedoch Unterschiede auf. So zeichnete für die in München erstellte, im rechtskonservativen und nationalistischen Lehmanns Verlag[16] erschienene *Münchener Medizinische Wochenschrift* eine Herausgebergruppe verantwortlich. Die Herausgeber stellten eine vergleichsweise homogene Gruppe aus bis zu 26 namhaften Ärzten dar: Etwa die Hälfte arbeitete von 1919 bis 1932 in München. Keiner von ihnen war jüdischen Glaubens oder engagierte sich öffentlich für sozialistische, kommunistische oder sozialdemokratische Ideen.[17]

Die in Berlin erstellte und im Georg Thieme Verlag erschienene *Deutsche Medizinische Wochenschrift* hatte hingegen keine Herausgeber, dafür aber einen aktiven Schriftleiter, den jüdischen Arzt Julius Schwalbe.[18] Der Anteil der jüdischen Ärzte war 1925 mit rund 16 Prozent im Vergleich zum jüdischen Bevölkerungsanteil von

12 Vgl. z. B. Schwalbe, „Fünfzig Jahrgänge" (wie Anm. 10), 1677–1682.

13 Die DMW hatte eine Auflagenstärke von 10.000 (1915) und 14.600 (1937) Exemplaren, die MMW von 13.800 (1912) und 17.130 (1937) Exemplaren. Die *Klinische Wochenschrift* hatte 1923 eine Auflage von nur 12.000. Vgl. *Sperlings Zeitschriften-Adreßbuch*, 1912–1937. 1926 gab es 40.150 Ärzte in Deutschland und 1937 49.000, also bezogen etwa 30-40 Prozent der Ärzte die Wochenschriften. Vgl. Statistisches Reichsamt (Hg.), *Statistisches Jahrbuch für das Deutsche Reich 45/1926*, 386; *56/1937*, 542.

14 1939 kosteten sie 24,80 RM im Jahr. Das Monatsblatt *Fortschritte auf dem Gebiete der Röntgenstrahlen* kostete 1939 144 RM jährlich und die *Geburtshilfe und Frauenheilkunde* 36 RM. Vgl. Christian Staehr, *Spurensuche. Ein Wissenschaftsverlag im Spiegel seiner Zeitschriften 1886–1986*, Stuttgart, New York 1986, 70.

15 Vgl. Julius Schwalbe, „Der Anzeigenteil in der medizinischen Fachpresse", in: *DMW 51, 10/1925*, 403f.

16 Vgl. Stöckel (Hg.), *Die „rechte Nation" und ihr Verleger* (wie Anm. 10).

17 Vgl. o.V., „Jahressitzung des Herausgeberkollegiums der Münchener Med. Wochenschrift", in: *MMW 72, 31/1925*, 1318. Biographische Angaben in: *Biographisches Lexikon der hervorragenden Ärzte der letzten 50 Jahre*, bearbeitet und hg. von Isidor Fischer und Peter Voswinckel, Hildesheim 2002; *Kürschners deutscher Gelehrtenkalender. Biobibliographisches Verzeichnis deutschsprachiger Wissenschaftler der Gegenwart*, hg. von Hans Strodel u. a., München 1925–1992.

18 Schwalbe (1863–1930) war ab 1894 Schriftleiter der DMW. Vgl. Staehr, *Spurensuche* (wie Anm. 14), 50.

rund einem Prozent hoch.[19] Zu diesem Zeitpunkt befand sich die jüdische Bevölkerung in Deutschland auf dem Höhepunkt ihrer emanzipatorischen Bemühungen und erfuhr einen bis dahin nicht erreichten Grad an gesellschaftlicher Akzeptanz.[20] Insofern war die Schriftleitertätigkeit von Julius Schwalbe offenbar nicht so außergewöhnlich, dass seine Zugehörigkeit zur Gruppe der jüdischen Bevölkerung thematisiert wurde.[21] In der Zeitschrift veröffentlichte er seine Korrespondenz mit Ärzten aus dem In- und Ausland, engagierte sich gegen „Kurpfuscher", setzte sich für eine Reform der Medizinerausbildung und für das Frauenstudium ein, kommentierte Fachartikel sowie standes- und tagespolitische Ereignisse.[22] Durch seine engagierte Schriftleitertätigkeit prägte Schwalbe die Zeitschrift.

Im Vergleich zu Julius Schwalbe trat Bernhard Spatz[23], der Schriftleiter der *Münchener Medizinischen Wochenschrift,* wenig innerhalb der Zeitschrift in Erscheinung: Er veröffentlichte so gut wie keine eigenen Artikel, griff selten offensiv unter seinem Namen in Auseinandersetzungen ein und kommentierte das politische Tagesgeschehen nur sporadisch. Die rechtskonservativen und nationalistischen Einstellungen des Lehmanns Verlages teilte Bernhard Spatz aber offenbar. So hieß es in einem Nachruf 1935: Er fand „den zu ihm passenden Verleger (...), der ebenso eifrig, gewandt, ideal gesinnt und vaterlandsliebend war wie er, J. F. Lehmann".[24]

1930 wechselte in beiden Zeitschriften die Schriftleitung: Zum Januar 1930 legte Bernhard Spatz sein Amt nieder und einen Monat später starb Julius Schwalbe. Das Herausgeberkollegium der *Münchener Medizinischen Wochenschrift* übertrug die Schriftleitung Hans Spatz, dem Sohn von Bernhard Spatz. Darüber hinaus rief es einen Herausgeber-Ausschuss ins Leben, der einige Aufgaben der Schriftleitung übernahm.[25] Damit entlastete das Herausgeberkollegium einerseits die Schriftleitung, eröffnete sich andererseits aber auch neue Einflussmöglichkeiten auf Gestaltung und Inhalt der Zeitschrift.[26] Die Schriftleitung der *Deutschen Medizinischen Wochen-*

19 Vgl. Heinz-Peter Schmiedebach, „Jüdische Ärzte in Berlin – Wissenschaft und ärztliche Praxis im Spannungsfeld zwischen Emanzipation und Antisemitismus". Vortrag vom 9.10.2002 am Institut für Geschichte der Medizin, Ernst-Moritz-Arndt-Universität Greifswald, Vortragsreihe: Die Rolle der Ärzteschaft und der kassenärztlichen Vereinigung in der NS-Zeit.

20 Zugleich nahmen – unter Zustimmung weiter Teile der Gesellschaft – antisemitische Anfeindungen zu. Vgl. Helga Grebing, „Jüdische Intellektuelle und ihre politische Identität in der Weimarer Republik", in: *Mitteilungsblatt des Instituts für soziale Bewegungen 34/2005*, 11–23, hier 12.

21 Auch Earnest Hart, Schriftleiter des BMJ (1867–1869 und 1870–1898) und Siegmund Vollmann, Schriftleiter der *Ärztlichen Mitteilungen* (1916–1933) waren jüdisch. Vgl. Peter Bartrip, „The British Medical Journal: a retrospect", in: W.F. Bynum, Stephen Lock, Roy Porter, *Medical Journals and Medical Knowledge*, London 1992, 126–145; Thomas Gerst, „Dr. med. Siegmund Vollmann – 1933: Ein Schriftleiter muss gehen", in: *Deutsches Ärzteblatt 102/2005*, 1–2, A-33/B-25/C-23.

22 Vgl. Staehr, *Spurensuche* (wie Anm. 14), 70f.

23 Bernhard Spatz (1856–1935) war von 1886 bis 1930 Schriftleiter der MMW. Vgl. Hermann Kerschensteiner, „Bernhard Spatz", in: *MMW 82/1935*, 1–2.

24 Kerschensteiner, „Bernhard Spatz" (wie Anm. 23), 1–2. Julius Friedrich Lehmann war der Cousin von Spatz. Zur Biografie von Spatz vgl. Mario Heidler, „Biographische Skizze der Familie Lehmann/Spatz", in: Stöckel (Hg.), *Die „rechte Nation" und ihr Verleger* (wie Anm. 10), 17–30.

25 Diesem Ausschuss gehörten die Münchner Ärzte Fritz Lange, Albert Krecke und Hermann Kerschensteiner an. Vgl. Friedrich Müller, „Bekanntmachung", in: *MMW 1, 77/1930,* 1.

26 Welchen Einfluss die Herausgeber auf Gestaltung und Inhalt der Zeitschrift hatten, lässt sich aufgrund fehlender Quellen nicht rekonstruieren.

schrift übernahmen Reinhard von den Velden und Paul Wolff, die seit 1919 und 1925 in der Zeitschrift mitarbeiteten.[27] Anders als Schwalbe verzichteten die neuen Schriftleiter jedoch weitgehend auf politische und fachliche Kommentare.[28]

Den Diskurs in den deutschen Zeitschriften bestimmte eine vergleichsweise eingrenzbare Gruppe innerhalb der Ärzteschaft: Die Autoren waren in der Mehrzahl männlich, in Deutschland tätig, institutionell an eine Klinik oder Universität angebunden und hatten ein Medizinstudium absolviert.[29] Frauen oder ausschließlich in der freien Praxis tätige Ärzte nahmen hingegen kaum an den öffentlichen Diskursen in Zeitschriften teil. Der zunehmenden Anzahl von Frauen in der Ärzteschaft trugen die Zeitschriften somit keine Rechnung.[30] Eine Tätigkeit im Krankenhaus der jüdischen Gemeinde in Berlin war hingegen – der damaligen Akzeptanz der jüdischen Bevölkerung entsprechend – bis 1933 kein Ausschlusskriterium vom Diskurs. So publizierten vier dort arbeitende Ärzte 1932 vergleichsweise regelmäßig Originalbeiträge in der *Deutschen Medizinischen Wochenschrift* und wurden in der *Münchener Medizinischen Wochenschrift* immerhin zur Kenntnis genommen.[31] Auffällig ist die Zunahme der Anzahl der im Autorenindex genannten, nicht in Deutschland tätigen Ärzte: 1930 wurden 17 Prozent der Originalartikel in der *Münchener Medizinischen Wochenschrift* von ausländischen Autoren verfasst, 1919 waren es lediglich rund drei Prozent gewesen.[32] Während 1919 die meisten der ausländischen Autoren aus Österreich, Tschechien, der Schweiz oder aus Ungarn stammten, fanden 1930 vermehrt auch Autoren beispielsweise aus der Sowjetunion und aus dem englischsprachigen Ausland Erwähnung.[33] Das zunehmende Interesse der deutschen Zeitschriften an Beiträgen ausländischer Autoren und auch die vermehrte Kenntnisnahme ausländischer Publikationen deutet darauf hin, dass sich die Mediziner am Ende der Weimarer Republik, nach einer vermutlich durch den Ersten Weltkrieg begründeten Isolierung in den Anfangsjahren dieser Epoche stärker innerhalb der internationalen ärztlichen „Community“ verorteten und der im Ausland betriebenen Forschung für ihre eigene Arbeit mehr und mehr Relevanz beimaßen.

27 Vgl. Reinhard von den Velden, „Julius Schwalbe“, in: *DMW 7, 56/1930,* Sonders. nach 294.

28 Vgl. Staehr, *Spurensuche* (wie Anm. 14), 69–71. Noch 1924 hatte Schwalbe die Bedeutung der Berichterstattung über „allgemeine politische Verhältnisse“ in der Rubrik „Kleine Mitteilungen“ – in Anlehnung an die „beiden großen englischen Wochenschriften“ – für die Allgemeinbildung der Ärzte hervorgehoben. Vgl. Schwalbe, „Fünfzig Jahrgänge“ (wie Anm. 10), 1680–1681.

29 1932 waren 62 Prozent der Autoren von Originalartikeln in der ersten Jahreshälfte in der MMW und 74 Prozent in der DMW institutionell eingebunden. Vgl. eigene Auszählung.

30 Unter den Autoren der DMW waren 1925 nur 17 Frauen (1 Prozent), von denen zehn einen Originalartikel publizierten. In der MMW fanden 1930 110 Frauen (1,5 Prozent) Erwähnung, wobei sechs einen Originalartikel veröffentlichten. 1927 betrug der Anteil der weiblichen Ärzte in Deutschland 4 Prozent und 1930 6 Prozent. Vgl. Statistisches Reichsamt (Hg.), *Statistisches Jahrbuch für das Deutsche Reich 47/1928,* 486; *50/1931*, 406.

31 In der DMW wurden sie 15-mal erwähnt und veröffentlichten fünf Originalartikel. In der MMW fanden sie 17-mal Erwähnung und publizierten zwei Originalartikel. Im Vergleich dazu veröffentlichten elf Autoren aus der Charité in Berlin 1932 auch nur 14 Originalartikel und wurden 26-mal in der DMW erwähnt. In der MMW fanden sie 35-mal (2 Originalartikel) Erwähnung.

32 In der DMW betrug der Anteil der ausländischen Autoren 1919 allerdings bereits 15 Prozent.

33 Vgl. eigene Auszählung der Autorenverzeichnisse.

2. Rubriken als Gestaltungs- und Steuerungsinstrumente? Zu den Strukturen der deutschen Wochenschriften

Gegliedert waren die Zeitschriften in Rubriken. Ihre Einrichtung und Gestaltung erlaubte es den Schriftleitern, Informationen zu strukturieren, inhaltliche Schwerpunkte zu setzen und die über die Zeitschriften verbreiteten Inhalte in gewisser Weise zu steuern. Erklärtes Ziel der Schriftleiter war es, die Inhalte der Zeitschriften auf die „wissenschaftlichen und praktischen Bedürfnisse" ihrer Leser auszurichten.[34] Insofern spiegelte die Gestaltung der Rubriken auch diese angenommenen Bedürfnisse und somit die Veränderungen von Wissen und dessen praktischer Anwendung in der Ärzteschaft. Darüber hinaus reflektierten Rubriken die Kommunikationsstile in den Zeitschriften, also den Austausch zwischen Schriftleitung, Autoren und Lesern. Um unterschiedliche Profile der Zeitschriften herausarbeiten und inhaltliche Entwicklungen nachverfolgen zu können, wurde die Seitenanzahl der einzelnen Rubriken exemplarisch für die Jahrgänge 1919, 1925, 1930 sowie 1932 ermittelt.[35] Die Zeitschriften setzten über die Rubriken unterschiedliche Schwerpunkte und reflektierten somit medizinische Entwicklungen auf verschiedene Art und Weise, wie die graphische Darstellung der Auszählungsergebnisse zeigt.[36]

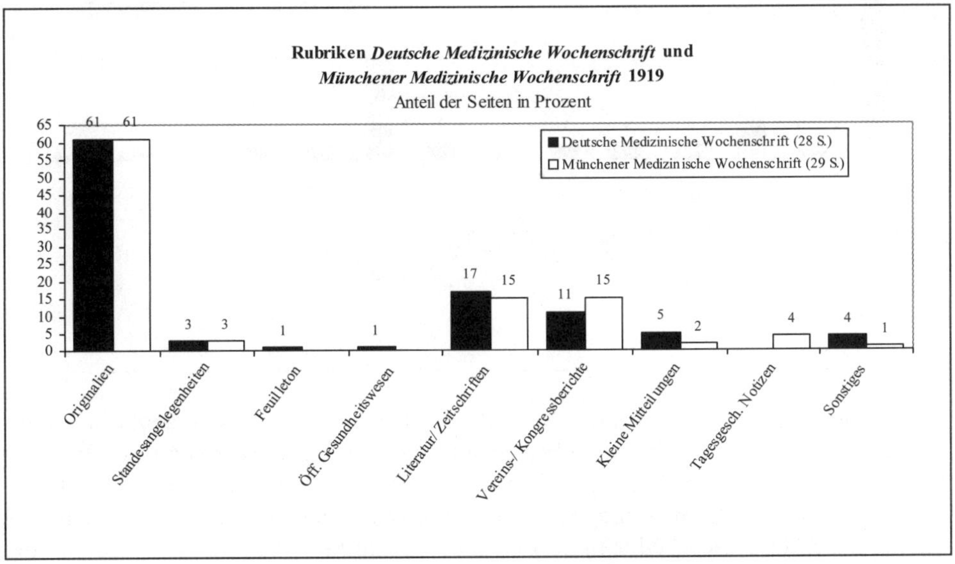

1919 ähnelten sich die Rubriken der *Deutschen Medizinischen Wochenschrift* und der *Münchener Medizinischen Wochenschrift* thematisch und auch im Umfang. Die *Deutsche Medizinische Wochenschrift* hatte allerdings mit „Feuilleton" und „Öffentliches Gesundheitswesen" zwei Rubriken mehr als die *Münchener Medizinische Wochenschrift*. Julius Schwalbe begründete 1924 die Berichterstattung über „Grenzge-

34 Vgl. Schwalbe, „Fünfzig Jahrgänge" (wie Anm. 10), 1677–1682.

35 Die Jahrgänge wurden aufgrund der Festlegung auf eine Querschnittstudie im Fünfjahres-Abstand ausgewählt. 1919 und 1932 markierten zudem das Anfangs- und Endjahr der Weimarer Republik.

36 Bei der Reihenfolge der Rubriken wurde sich an der Anordnung in der MMW orientiert.

biete der Medizin“ mit der Absicht, „unsern Lesern (namentlich den praktischen Ärzten in Stadt und Land) durch die Wochenschrift nicht nur eine Vermehrung ihres für die Berufsarbeit notwendigen Wissens, sondern auch Anregungen für die dem Arzt erwünschte Allgemeinbildung zu vermitteln.“[37] Schwalbe betrachtete „Allgemeinbildung“ im Sinne eines humanistischen Bildungskanons als notwendige Qualifikation praktischer Ärzte.[38] Entsprechend sah er es nicht nur als Aufgabe der Zeitschrift, über medizinisch-wissenschaftliche Entwicklungen zu berichten, sondern auch über gesellschaftspolitische und kulturelle Themen. Auf diese Weise trug die Zeitschrift einerseits zur Sicherung des Expertenstatus der Ärzte in Fragen von Medizin und Gesundheit bei und andererseits zur Behauptung ihrer sozialen Position als Mitglieder einer umfassend gebildeten gesellschaftlichen Elite.[39]

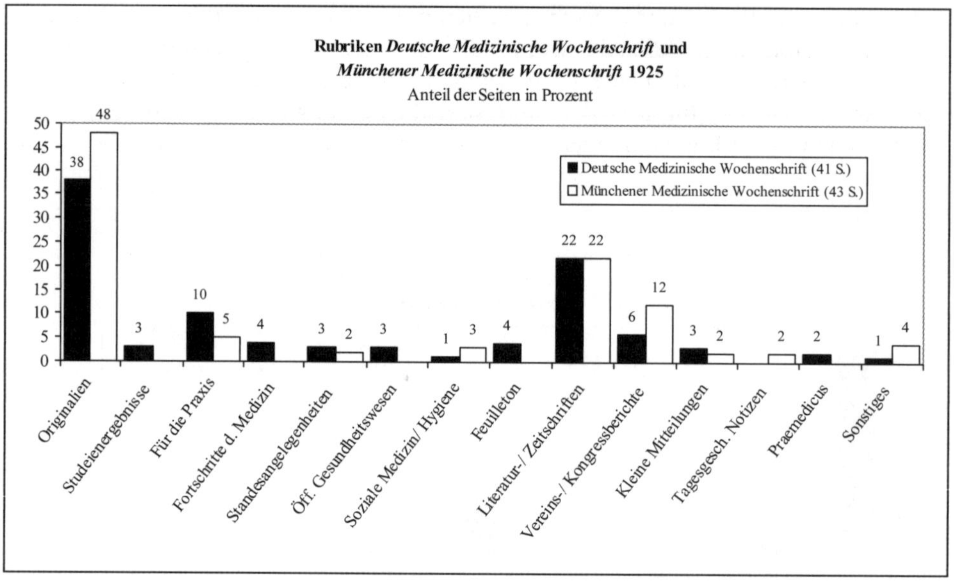

Im Vergleich zu 1919 hatte sich das äußere Erscheinungsbild der deutschen Zeitschriften 1925 geändert: Neue Rubriken wie „Studienergebnisse“ und „Fortschritte der Medizin“ fassten medizinische Forschungen für die Lesebedürfnisse von Allgemeinmedizinern zusammen und die Rubrik „Für die Praxis“ schnitt wissenschaftliche Inhalte auf ihre Wissensbedürfnisse zu. Andere Rubriken wie „Soziale Medizin und Hygiene“ benannten und gewichteten neue Wissensbereiche und trugen somit ihrer zunehmenden Bedeutung im Gesundheitswesen Rechnung. In der *Deutschen Medizinischen Wochenschrift* war 1925 der „Praemedicus“, das Organ der Verbände der Mediziner in Ausbildung, hinzugekommen.[40] Die Überlegung, Medizinstudierende

37 Schwalbe, „Fünfzig Jahrgänge“ (wie Anm. 10), 1681.

38 Vgl. A. E. Hoche, „Die zunehmende Unbildung der Mediziner“, in: *DMW 56/1930*, 560–562.

39 Vgl. Lutz Raphael, „Experten im Sozialstaat“, in: Hans Günther Hockerts (Hg.), *Drei Wege deutscher Sozialstaatlichkeit. NS, DDR und Bundesrepublik im Vergleich*, München 1998, 231–258.

40 Dieser erschien auf Vorschlag des Thieme Verlages ab Juli 1921. Vgl. Praemedicus, 1. Jg,. 21. Juli 1921, Nr. 1, in: *DMW 47/1921*, nach S. 852.

über den „Praemedicus" als einen Leserkreis anzusprechen, wird marktstrategische Gründe gehabt haben, ermöglichte Julius Schwalbe aber auch, einen seiner Interessensschwerpunkte, nämlich die Medizinerausbildung, stärker zu gewichten. Die 1925 neu eingeführten Rubriken unterstrichen den Fortbildungscharakter der Zeitschriften und demonstrierten eine Konzentration auf angestellte und frei praktizierende praktische sowie angehende Ärzte als Leserschaft. Hierfür spricht auch eine Äußerung von Schwalbe, nach der es bei der Übernahme der Schriftleitung sein Anliegen gewesen sei, den „sich häufenden theoretisch-wissenschaftlichen und spezialärztlichen Veröffentlichungen" mit der *Deutschen Medizinischen Wochenschrift* als einem „Organ für praktische Ärzte" etwas entgegenzusetzen.[41] Die Zeitschriften übernahmen insofern die Rolle, Ergebnisse aus der medizinisch-wissenschaftlichen Forschung an praktische und angehende Ärzte zu vermitteln. Ende 1925 von der Schriftleitung der *Deutschen Medizinischen Wochenschrift* angekündigte inhaltliche Veränderungen unterstrichen diese Vermittlerrolle der Zeitschriften: Die Inhalte sollten künftig noch mehr an die Bedürfnisse „praktischer Ärzte" angepasst werden und die Fachartikel gezielt ihrer Fortbildung dienen. Die Mitwirkung ausschließlich in der freien Praxis tätiger Ärzte als Autoren war allerdings nicht vorgesehen. Vielmehr sollten sie von ausgewiesenen Experten bestimmter Fachrichtungen „systemmäßig über die Fortschritte der (...) Disziplinen auf dem Laufenden" gehalten werden. Angehende Ärzte sollten zudem durch Vortragsreihen fortgebildet und auf Praxis vorbereitet werden.[42] Dies ist als Versuch zu werten, einen gemeinsamen Wissensstandard innerhalb der gesamten Ärzteschaft zu schaffen und zu erhalten.

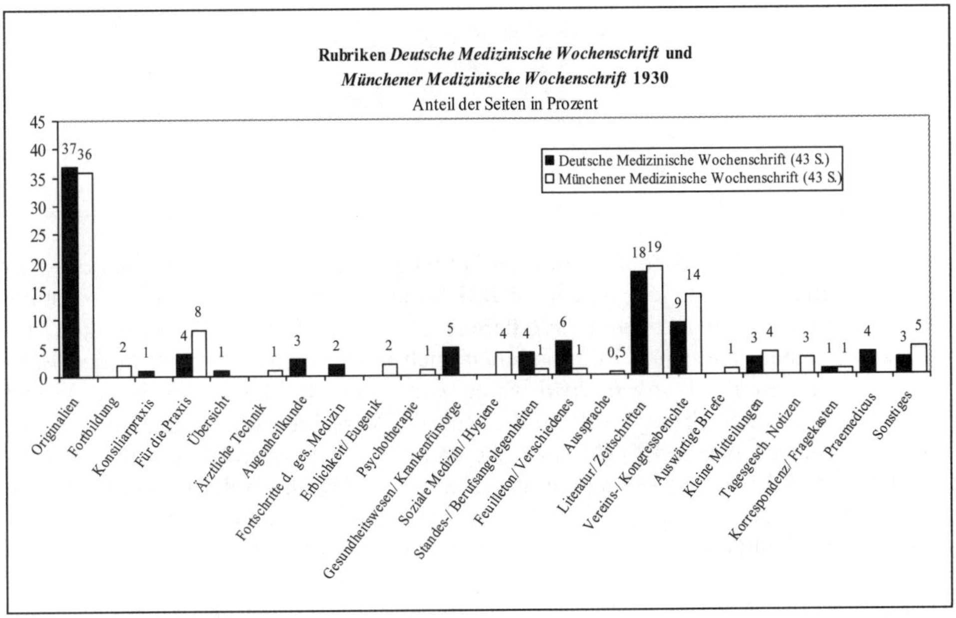

41 Schwalbe, (wie Anm. 11), 1681.

42 Vgl. o.V., „Ankündigung über Veränderungen der Inhalte der DMW", in: *DMW* 51/1925, 2002; o.V., „Neuerungen der Deutschen medizinischen Wochenschrift", in: *DMW 51/1925*, 2048.

Die Zunahme der Rubriken bis 1932 sowie deren Inhalte verdeutlichen, dass die Zeitschriften das 1925 in der DMW angekündigte Ziel, ihrer Leserschaft einen Überblick über die medizinischen Entwicklungen und Forschungen zu vermitteln, konsequent weiterverfolgten. Die Zeitschriften trugen so zu einer Verstetigung von Wissen und der Selbstvergewisserung medizinischer Forschung bei. 1930 etablierten die *Münchener Medizinische Wochenschrift* mit „Aussprache" und „Fragekasten" und 1932 die *Deutsche Medizinische Wochenschrift* mit „Zuschriften" darüber hinaus ein Austauschforum für ihre Leserschaft und ermöglichten es ihr, in einen öffentlichen Diskurs einzutreten. Damit durchbrachen die Zeitschriften langsam die bis dahin vorherrschende Praxis, die Leser durch einen vergleichsweise kleinen, ausgewählten Expertenkreis zu informieren und fortzubilden.

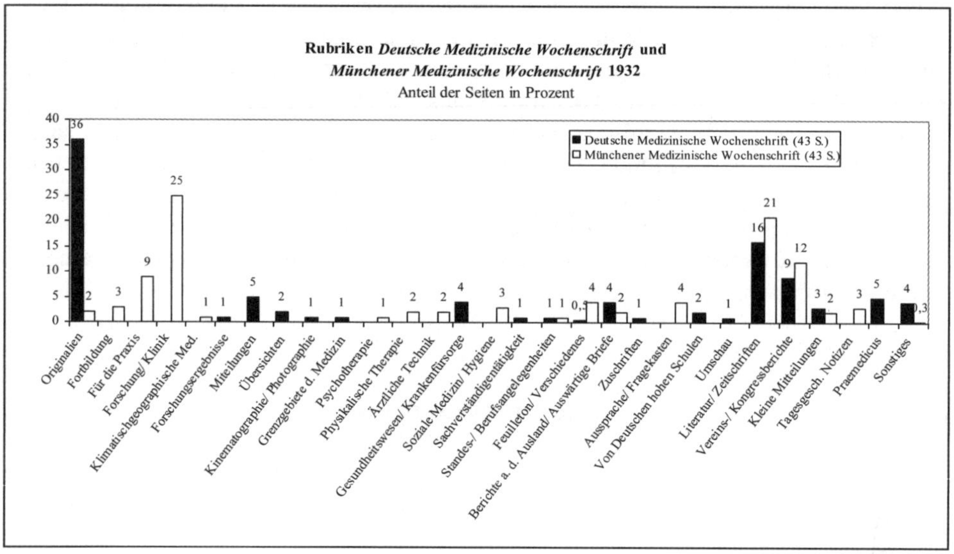

Obgleich sich die deutschen Zeitschriften in vielen Punkten glichen und ähnliche Absichten verfolgten, setzte jede eigene inhaltlich-thematische Schwerpunkte: So bot die *Deutsche Medizinische Wochenschrift* bereits 1919 unter der Rubrik „Feuilleton" ihren Lesern neben fachlichen Informationen auch unterhaltende Artikel. In der *Münchener Medizinischen Wochenschrift* waren zwar ebenfalls feuilletonistische Artikel zu finden, nur waren diese, bis 1930 die Rubrik „Verschiedenes" eingeführt wurde, nicht unter einer Überschrift gebündelt und damit auf den ersten Blick weniger sichtbar. 1925 hatte die Schriftleitung allerdings bereits auf Drängen der Leser eine Spalte unter dem Titel „Die Insel" für Unterhaltung mit Aphorismen, Gedichten und Gedanken von Ärzten angeboten. „Die Insel" befand sich jedoch nicht im Textteil der Zeitschrift, sondern im Anzeigenteil. Dies begründete die Schriftleitung damit, dass in Deutschland die Zeit „zu ausgelassener Lustigkeit" noch nicht gekommen sei. „Solange unser Volk geschändet am Boden liegt und der Feind im Lande steht, ziemen sich Äußerungen übermütiger Laune für uns nicht", meinte die Schriftleitung weiter.[43] Dass Deutschland den Ersten Weltkrieg als Nation verloren hatte, empfand sie offensichtlich ebenso als Demütigung wie die Besetzung des Rheinlands (1918/19), vor allem durch französische Truppen. 1925 war der Krieg für die Schriftleitung trotz Stabilisierung der sozialen, wirtschaftlichen und außenpolitischen Situation sowie angekündigter und im August begonnener Räumung des Ruhrgebietes scheinbar noch nicht zu Ende.[44] Diese im rechtskonservativen und nationalistisch eingestellten Milieu verbreitete Haltung[45] vermittelte die Zeitschrift ihrer Leserschaft, machte aber immerhin das Zugeständnis, die gewünschten „lustigen" Artikel zwischen den Werbeanzeigen zu veröffentlichen.[46] Die *Münchener Medizinische Wochenschrift* bezog mit diesen Äußerungen zur Einführung der Rubrik „Die Insel" eine politische Position, die der oben beschriebenen rechtskonservativen und nationalistischen Einstellung ihres Verlegers und Schriftleiters entsprach. Darüber hinaus zeigt dieses Beispiel, dass die Leser der Zeitschrift durchaus die Möglichkeit hatten, durch Anregungen und Kritik Einfluss auf die Gestaltung des Blattes zu nehmen und umgekehrt die Schriftleitung bemüht war, Wünsche der Leserschaft zu berücksichtigen.

Mit den 1930 und 1932 neu eingeführten Rubriken „Erblichkeit", „Eugenik", „Psychotherapie" und „Klimatischgeographischer Medizin"[47] konzentrierte sich die *Münchener Medizinische Wochenschrift* auf Medizinbereiche, die in gesellschaftspolitischen Diskussionen, für andere Berufsgruppen, wie beispielsweise Bevölkerungswissenschaftler, sowie für politische Planungen, Entscheidungen und Handlungen immer wichtiger wurden. Gerade diese medizinischen Bereiche erfuhren hierdurch eine politische Konkretisierung.[48] Die *Deutsche Medizinische Wochenschrift* legte hingegen mit „Augenheilkunde", „Forschungsergebnisse", „Mitteilungen", „Übersichten" und „Kinematographie und Photographie" eher einen Schwerpunkt auf Informationen aus im engeren Sinne medizinischen Fachgebieten, auf neue Medien zur Vermittlung medizinischer Inhalte oder mit „Aus Deutschen hohen Schulen" und dem „Praemedicus" auf die Berufsausbildung. Die Zeitschrift gab Themen wie „Eugenik", „Erblichkeit" oder „Klimatischgeographischer Medizin" bewusst keinen exponierten Raum, obgleich sie auch zu diesen Themen berichtete.[49] Damit sprachen

43 o.V., „Die Insel", in: *MMW 14, 72/1925*, 584.

44 Endgültig geräumt wurde das Rheinland 1930, nachdem das Deutsche Reich dem Young-Plan zugestimmt hatte. Vgl. Peukert, *Die Weimarer Republik* (wie Anm. 4), 69–71.

45 Vgl. Dirk Schumann, „Einheitssehnsucht und Gewaltakzeptanz. Politische Grundpositionen des deutschen Bürgertums nach 1918 (mit vergleichenden Überlegungen zu den britischen *middle classes*)", in: Hans Mommsen (Hg.), *Der Erste Weltkrieg und die europäische Nachkriegsordnung. Sozialer Wandel und Formveränderung der Politik*, Köln, Weimar, Wien 2000, 83–106.

46 Der Anzeigenteil der Zeitschriften ist durch die Jahrgangsbindung leider nicht erhalten.

47 Hier ging es um Forschungen zum Einfluss der klimatisch-geographischen Bedingungen auf Krankheiten und Verhalten, wobei diese immer mehr auch eine rassistische Konnotation erhielten. Vgl. z. B. Paul Weindling, *Health, Race, and German Politics between National Unification and Nazism 1870–1945*, Cambridge 1989.

48 Vgl. z. B. Manfred Kappeler, *Der schreckliche Traum vom vollkommenen Menschen. Rassenhygiene und Eugenik in der sozialen Arbeit*, Marburg 2000.

49 Vgl. Julius Schwalbe, „Gesundheitliche Beratung vor der Eheschließung", in: *DMW 52/1926*, 1862f., 1911–1913, 1952–1954, 1998f., 2041–2043. Schwalbe selber war seit 1910 Mitglied der „Gesellschaft für Rassenhygiene". Auch B. Spatz war in dieser Gesellschaft Mitglied und übernahm zusätzlich Vorstands- und organisatorische Aufgaben. Vgl. Paul Weindling, „The Medical

die Zeitschriften vermutlich nicht nur einen regionalen Leserkreis in München beziehungsweise Berlin an, sondern auch sich in unterschiedlichen politischen Milieus verortende Ärztegruppen mit verschiedenen Interessensschwerpunkten. Allerdings kann allein über die Rubriken keine Aussage darüber getroffen werden, welche politische Position die jeweilige Zeitschrift beispielsweise in der Berichterstattung über „Erblichkeit“ und „Eugenik“ einnahm. So ist zu fragen, ob die *Münchener Medizinische Wochenschrift* in diesen Rubriken die rechtskonservativen und nationalistischen Einstellungen des Lehmanns Verlages sowie rassenhygienische Positionen vertrat.[50] Dennoch waren die Rubriken mehr als eine Orientierungshilfe für Leser und Gestaltungsmittel der Schriftleitung: Sie boten erste inhaltliche Identifikationspunkte für Leser und ermöglichten der Schriftleitung eine Steuerung der vermittelten Inhalte durch eine auf den ersten Blick erkennbare Schwerpunktsetzung.

3. Akteure in den britischen medizinischen Wochenschriften: Schriftleiter und Autoren

Die britischen Zeitschriften gliederten sich – anders als die deutschen Wochenschriften – in zwei Teile: In einen Abschnitt mit Originalartikeln, Vereins- und Literaturberichten sowie in den Editorial- und Serviceteil mit den von der Schriftleitung verfassten Berichten, Kommentaren, den Leserbriefen und Bekanntmachungen. Diese Zusammenstellung von Neuigkeiten, Informationen und Meinungen war – so der britische Historiker Peter Bartrip – das Merkmal der britischen medizinischen Wochenzeitschriften.[51]

Das *British Medical Journal* war das Organ der „British Medical Association“, der größten britischen ärztlichen Berufsorganisation, und wurde kostenlos an alle Mitglieder verteilt.[52] 1918 gingen beispielsweise 85 Prozent der Ausgaben an Mitglieder der „British Medical Association“, 1939 waren es 92 Prozent. Nur der Rest wurde auf dem freien Markt verkauft.[53] Insofern war das *British Medical Journal* nicht im gleichen Maße wie *The Lancet* vom Markt abhängig. Finanziert wurde die Zeitschrift in erster Linie durch Werbeanzeigen und Mitgliedsbeiträge für die „British Medical Association“.[54] Entsprechend ihrer engen Verflechtung übten „Journal“ und „Associa-

Publisher Julius Friedrich Lehmann and the Racialising of German Medicine", in: Stöckel (Hg.), *Die „rechte Nation“ und ihr Verleger* (wie Anm. 10), 159–170, hier 162f.

50 Die inhaltliche Auswertung von Christina Rohner legt diese Schlussfolgerung nahe. Vgl. Christina Rohner, *Medizin und politische Ideologie im Spiegel der Münchener Medizinischen Wochenschrift und der Deutschen Medizinischen Wochenschrift, 1923, 1928, 1933 und 1938*, Zürich 1995, 22–93.

51 Vgl. Bartrip, Mirror of Medicine (wie Anm. 1), 9.

52 1920 hatte die BMA 23.000 Mitglieder (55 Prozent der Ärzte). 1930 waren es 36.000 Mitglieder (65 Prozent der Ärzte). Neben der BMA gab es verschiedene kleinere Berufsorganisationen. Vgl. Harry Eckstein, *Pressure Group Politics. The case of the British Medical Association*, London 1960, 45, 51.

53 1926 erschien das BMJ in einer Auflage von rund 26.000 Exemplaren im Jahr, 1929 betrug sie 39.000 Stück und 1939 42.750. Vgl. Bartrip, *Mirror of Medicine* (wie Anm. 1), 21. 1930 waren 55.000 Ärzte im „Medical Register“ eingetragen; 1940 waren es 64.000. Vgl. Eckstein, *Pressure Group Politics* (wie Anm. 52), 45.

54 Vgl. Bartrip, „The British Medical Journal“ (wie Anm. 21), 133.

tion" einen wechselseitigen Einfluss aufeinander aus. So galt Dawson Williams, der Editor des *British Medical Journal* in der Zeit von 1898 bis 1928, als Mann mit bedeutendem Einfluss auf die Politik der „British Medical Association". Die „British Medical Association" beziehungsweise das „Journal Committee" wiederum stellte die Schriftleiter des Journals ein, zahlte ihr Gehalt und versetzte sie in den Ruhestand. Zudem nahm es Einfluss auf Inhalte und Gestaltung der Zeitschrift.[55] Nach der Pensionierung Dawson Williams setzte die „Association" Norman Gerald Horner ein, der bis 1946 Editor des *British Medical Journal* blieb. Anders als seine Vorgänger kommentierte Horner, laut Peter Bartrip, weder tagespolitische Ereignisse noch setzte er einen deutlichen Schwerpunkt in der wissenschaftlichen Berichterstattung und Fortbildung der Ärzte.[56] Das „Journal" vollzog insofern nach dem Schriftleiterwechsel einen inhaltlichen Wandel.[57] Mit dem weitestgehenden Verzicht auf Kommentare zu politischen Ereignissen gaben die Zeitschriften einen – vor allem professionspolitisch relevanten – Einflussbereich auf.

Anders als das *British Medical Journal* war *The Lancet* eine eigenständige medizinische Fachzeitschrift ohne Anbindung an eine Organisation. Entsprechend musste sich die Zeitschrift durch den Verkauf der Hefte und durch Werbeanzeigen finanzieren. Schriftleiter des *Lancet* war von 1909 bis 1937 Sir Squire Sprigge. Sein Co-Editor im Untersuchungszeitraum war Egbert Morland, der 1937 die Schriftleitung übernahm. Neben den Schriftleitern beschäftigte *The Lancet*, ebenso wie das *British Medical Journal*, verschiedene, häufiger wechselnde „Sub-Editors".[58]

Die Mehrzahl der Autoren von Originalartikeln in den britischen Zeitschriften war 1930 ebenso wie in Deutschland männlich, hatte eine medizinische Ausbildung absolviert, arbeitete in Großbritannien und war institutionell an eine Klinik oder Universität angebunden.[59] Vor allem diese Gruppe von Ärzten bestimmte damit den Diskurs in den Zeitschriften. Von den Autoren im *The Lancet* waren rund 18 Prozent und im *British Medical Journal* 12 Prozent als Assistenten in Kliniken tätig und befanden sich entsprechend am Beginn ihrer beruflichen Laufbahn. Die Zeitschriften boten insofern auch gerade jungen Ärzten ein Forum. Frauen traten in beiden Zeitschriften etwas häufiger als in den deutschen, jedoch mit rund vier Prozent im Verhältnis zu ihren männlichen Kollegen selten, als Autorinnen von Originalartikeln auf.[60] Im Zeitschriftendiskurs spielten sie insofern eine marginale Rolle. Autoren aus dem Ausland, beispielsweise aus den britischen Kolonien, aus Deutschland, Frankreich und den USA, konnten häufiger einen Originalartikel platzieren: 1930 waren rund 13 Prozent der Autoren von Originalartikeln im *The Lancet* und rund vier Prozent im *British Medical Journal* nicht in Großbritannien tätig. Auffällig ist, dass im *British Medical*

55 So kritisierte das Committee 1917 eine „Überspezialisierung" des Journals und die Vernachlässigung der Interessen der *General Practitioner*. Vgl. Bartrip, „The British Medical Journal" (wie Anm. 21), 141.

56 Vgl. ebd., 140f.

57 Zur Geschichte des BMJ vgl. ausführlich Bartrip, *Mirror of Medicine* (wie Anm. 1), 181–222.

58 Vgl. Peter Kandela, „175 years at The Lancet. The editors", in: *The Lancet 352/1998*, 1141–1143; Bartrip, *Mirror of Medicine* (wie Anm. 1), 220–226.

59 Von 220 Autoren von Originalien im BMJ im ersten Halbjahr 1930 traf dies auf 154 (70 Prozent) zu und im *Lancet* auf 125 von insgesamt 189 (66 Prozent).

60 Ihr Anteil an den Autoren im BMJ im ersten Halbjahr 1930 betrug 4,5 Prozent und im *The Lancet* 4 Prozent.

Journal rund 13 Prozent der Autoren ausschließlich in der freien Praxis tätige *General Practitioner* waren, wohingegen im *Lancet* lediglich ein *General Practitioner* (0,5 Prozent) einen Originalartikel verfasste. Obgleich die Förderung der Wissenschaft und die Fortbildung praktischer Ärzte erklärtes Ziel des *British Medical Journal* war, legte die Schriftleitung offenbar auch Wert darauf, *General Practitioner* selbst zu Wort kommen zu lassen.[61] Dies hing vermutlich mit der Rolle des Journals als Verbandsorgan zusammen, das als solches vor allem auch den Mitgliedern der „Association" ein Forum bot.[62] Der *Lancet*, als nicht an eine Organisation gebundene Zeitschrift, konnte hingegen seine Autoren ohne Rücksichten auf Mitgliedschaften auswählen und setzte – im Gegensatz zum *British Medical Journal* – in der internationalen Berichterstattung einen Schwerpunkt.

4. Rubriken als Spiegel der Schriftleitertätigkeit? Zu den Strukturen der britischen Wochenschriften

Peter Bartrip konstatiert für die letzten Jahre der Schriftleitertätigkeit von Dawson Williams und für die gesamte Amtszeit von Norman Gerald Horner einen „Entwicklungsstillstand" des *British Medical Journal.* Bartrip macht hierfür die Schriftleiter des Journals verantwortlich: Williams sei das Journal in den letzten Jahren seiner Schriftleitertätigkeit – unter anderem aufgrund seines schlechten Gesundheitszustandes – „entglitten" und Horner sei ein Pedant ohne Visionen und unfähig gewesen, das Journal zu leiten.[63] Zu untersuchen ist, ob sich dieser von Bartrip festgestellte „Entwicklungsstillstand" anhand der Rubriken in der Zeit von 1925 bis 1932 nachvollziehen lässt und ob unterschiedliche inhaltlich-thematische Schwerpunkte in den beiden Zeitschriften ausgemacht werden können.

Im *The Lancet* und im *British Medical Journal* nahmen Originalbeiträge, Literatur- und Vereinsberichte im Vergleich zu den deutschen Zeitschriften weniger Raum ein. Dafür gab es hier den umfangreichen Editorial- und Serviceteil, der die Rubriken von „Leading Articles" bis „Notes, Comments, and Abstracts" umfasste. Autoren einzelner Artikel wurden in der Regel lediglich bei den medizinischen Fachartikeln, den Leserbriefen sowie den „Notes, Comments, and Abstracts" benannt. Im Vergleich zu 1925 reduzierten 1930 beide britischen Zeitschriften den Anteil der Originalbeiträge zugunsten der Rubriken „Clinical Notes" im *Lancet* und „Memoranda: Medical, Surgical, Obstetrical" im *British Medical Journal*, die im Gegensatz zu den Originalien kurze medizinische Forschungsberichte enthielten. Mit der Höhergewichtung dieser „Kurzberichte" passten sich die Zeitschriften vermutlich den Bedürfnissen der (Allgemein-)Praktiker nach schnell erfassbaren Informationen über laufende Forschungen an.

61 Vgl. Bartrip, *Mirror of Medicine* (wie Anm. 1), 182.

62 Die BMA war, obgleich sie als Berufsvertretung allen Ärzten offenstand, in erster Linie eine Organisation für *General Practitioners*. Vgl. Eckstein, *Pressure Group Politics* (wie Anm. 52), 50f.

63 Vgl. Bartrip, *Mirror of Medicine* (wie Anm. 1), 219–222.

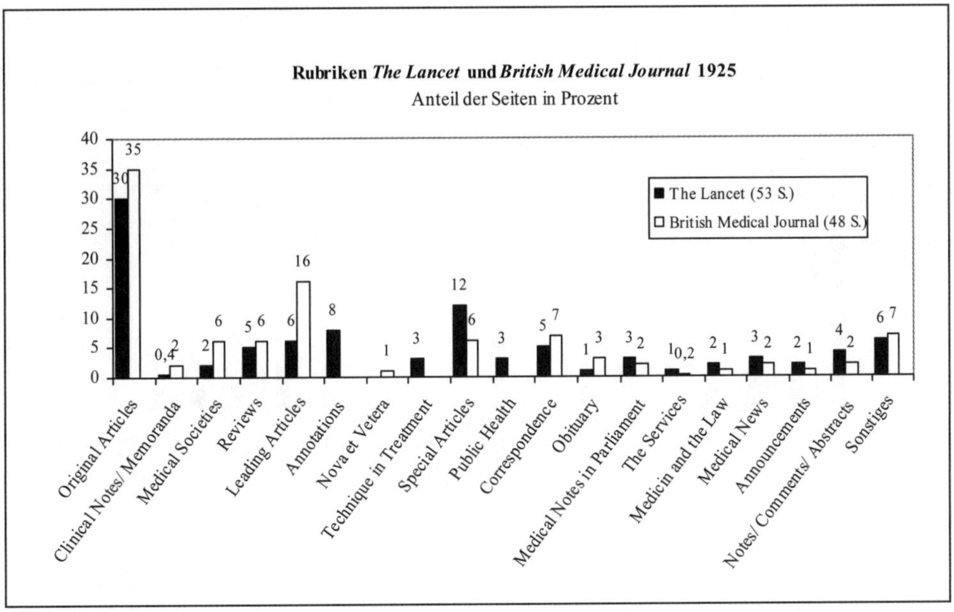
Rubriken *The Lancet* und *British Medical Journal* 1925
Anteil der Seiten in Prozent
■ The Lancet (53 S.)
□ British Medical Journal (48 S.)
0
5
10
15
20
25
30
35
40
Original Articles
Clinical Notes/ Memoranda
Medical Societies
Reviews
Leading Articles
Annotations
Nova et Vetera
Technique in Treatment
Special Articles
Public Health
Correspondence
Obituary
Medical Notes in Parliament
The Services
Medicin and the Law
Medical News
Announcements
Notes/ Comments/ Abstracts
Sonstiges

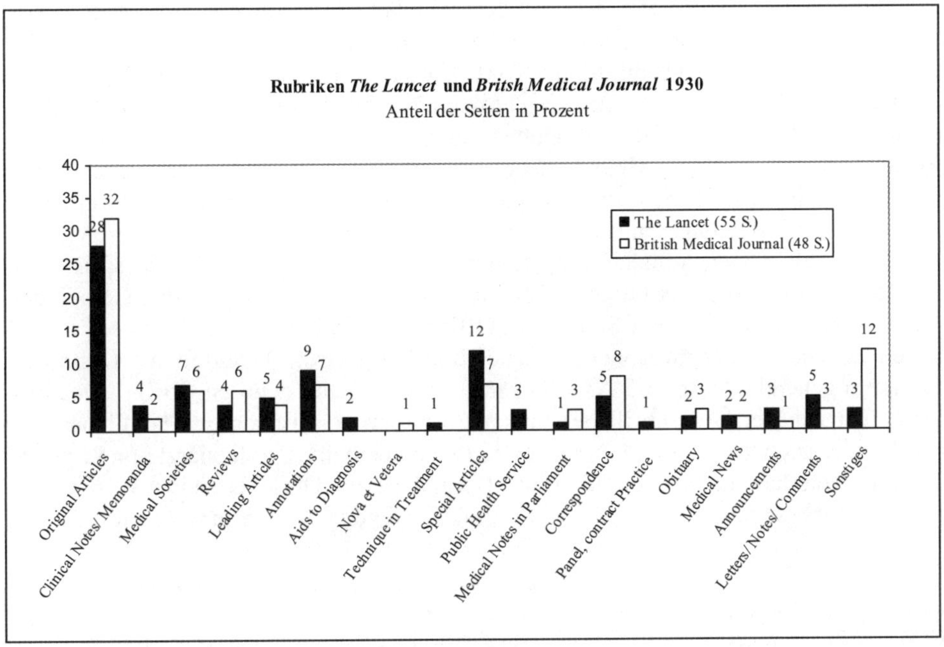
Rubriken *The Lancet* und *Britsh Medical Journal* 1930
Anteil der Seiten in Prozent
■ The Lancet (55 S.)
□ British Medical Journal (48 S.)
0
5
10
15
20
25
30
35
40
Original Articles
Clinical Notes/ Memoranda
Medical Societies
Reviews
Leading Articles
Annotations
Aids to Diagnosis
Nova et Vetera
Technique in Treatment
Special Articles
Public Health Service
Medical Notes in Parliament
Correspondence
Panel, contract Practice
Obituary
Medical News
Announcements
Letters/Notes/ Comments
Sonstiges

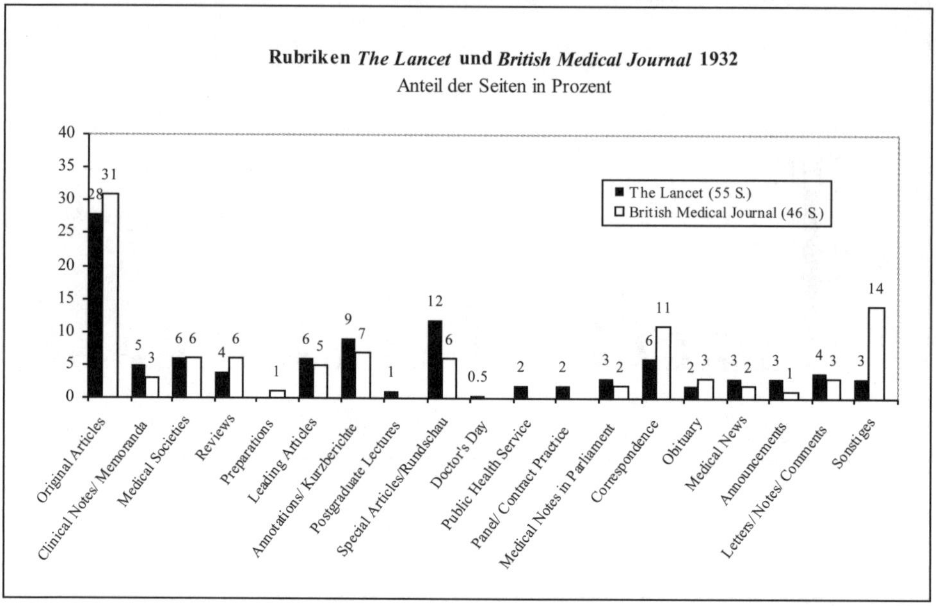

Der *Lancet* hatte 1930 darüber hinaus zwei neue Rubriken eingeführt: „Aids to Diagnosis" und „Panel and contract Practice". Während „Aids to Diagnosis" auf neuen Forschungen basierende Hinweise zur Krankheitsdiagnose in der ärztlichen Praxis beinhaltete, ging es in der Rubrik „Panel and contract Practice" um die Belange der Kassenärzte sowie die Bezahlung der Ärzte durch die Krankenkasse im Rahmen der „National Health Insurance". Der *Lancet* reagierte mit diesen neuen Rubriken offenbar auf veränderte berufliche Rahmenbedingungen praktischer Ärzte, die zunehmend im Rahmen der „National Health Insurance" arbeiteten.[64] Ebenso hatte *The Lancet* bereits 1925 mit der Einführung der Rubrik „Public Health" auf Veränderungen im britischen Gesundheitswesen reagiert und dem zunehmend an Bedeutung gewinnenden Öffentlichen Gesundheitswesen Raum gegeben. Mit dieser Rubrik sprach die Zeitschrift explizit die hier tätigen „General Practitioner" an, die von den Gemeinden mit einer halben oder vollen Stelle als „Officer of Health" angestellt waren.[65] 1932 kamen im *The Lancet* zwei weitere neue Rubriken hinzu: „Postgraduate Lectures", mit der angehende Ärzte und Assistenzärzte angesprochen wurden, sowie „Doctor's Day". Unter dieser Überschrift berichteten Ärzte aus städtischen und ländlichen Regionen oder auch aus den Kolonien, sowie Rechtsmediziner, Polizeiärzte und Spezialisten in unterhaltendem Ton über ihr Berufsleben.[66] Diese Berichte vermittelten Medizinstudierenden, aber auch bereits praktizierenden Ärzten einen Eindruck von

64 1938 arbeiteten etwa drei Viertel der *General Practitioner* im Rahmen der „National Health Insurance". Vgl. Digby, *The Evolution* (wie Anm. 6), 311ff.

65 Mit der Zunahme der in Vollzeit von den Gemeinden als „Officer of Health" beschäftigten GP nach Ende des Ersten Weltkrieges entstand zunehmend eine Kluft zwischen beiden Ärztegruppen. Vgl. Digby, *The Evolution* (wie Anm. 6), 300ff.

66 Vgl. Rubrik "Doctor's Day", in: *The Lancet 110*, 12.11.1932.

den verschiedenen ärztlichen Tätigkeitsfeldern und dienten somit in gewisser Weise dem innerprofessionellen (Erfahrungs-)Austausch.

Die Rubriken im *British Medical Journal* veränderten sich demgegenüber von 1925 bis 1932 kaum.[67] Lediglich der Schrifttyp der Überschriften wurde 1932 mit einer geraderen und größeren Schriftart modernisiert.[68] Im Vergleich zum *Lancet* gab das Journal dem Austausch zwischen Lesern, Autoren und Schriftleitung mehr Raum, wie der größere Umfang der Rubrik „Correspondence“ zeigt. Auch setzte das Journal mit der Rubrik „Nova et Vetera“, in der es vor allem um medizingeschichtliche Themen ging, sowie den ausführlicheren „Obituaries“ (Nachrufen) einen Schwerpunkt in der Information über standespolitische Belange. Als Organ der „British Medical Association“ war das Journal vermutlich bemüht, durch die Vermittlung von Medizingeschichte ein identitätsstiftendes Traditions- und Geschichtsbewusstsein in der Profession zu fördern und in den Nachrufen beziehungsweise Gratulationen Mitglieder der Berufsorganisation zu würdigen. Auffällig ist, dass es 1930 und 1932 im *British Medical Journal* im Vergleich zu 1925 viele Artikel gab, die keiner Rubrik zuzuordnen waren. Auf diesen unter „Sonstiges“ subsumierten Seiten ging es beispielsweise um Informationen über Autos, medizinische Kongresse, Zusammenkünfte der „British Medical Association“, aber auch um Psychologie. Dies deutet auf eine Berichterstattung über neue Themen und das Versäumnis der Schriftleitung hin, dieser durch neue Rubriken eine Struktur zu geben.[69]

Während also *The Lancet* durch die Einführung neuer Rubriken bemüht war, auf veränderte Bedürfnisse seiner Leserschaft einzugehen und neue Ärztegruppen wie „Kassenärzte“ anzusprechen, bestätigen sowohl das Fehlen neuer Rubriken als auch die Zunahme des Umfanges der keiner Rubrik zuzuordnenden Artikel Bartrips These eines „Entwicklungsstillstandes“ des *British Medical Journal*. Insbesondere der hohe Anteil der keiner Rubrik zuzuordnenden Artikel dokumentiert eine Unentschlossenheit des Editors, Veränderungen an der Struktur der Zeitschrift vorzunehmen. Im Vergleich zu den deutschen zeigten allerdings beide britischen Zeitschriften bis 1932 eine relativ konstante Struktur. Dies verweist einerseits auf größere Umstrukturierungen im deutschen als im britischen Gesundheitswesen und andererseits auf einen unterschiedlichen Umgang mit Veränderungsprozessen.

Einen deutlichen Unterschied wiesen die britischen und deutschen Zeitschriften auch hinsichtlich der Kommunikation zwischen Schriftleitern, Lesern und Autoren auf: In der Rubrik „Correspondence“ wurden in den britischen Zeitschriften Leserbriefe mit persönlichen Meinungen zu verschiedenen Themen zum Teil mit Antworten der Schriftleitung und Reaktionen anderer Leser abgedruckt. Damit gab es in den britischen Wochenzeitschriften eine institutionalisierte Form der Kommunikation

67 Dass in der Grafik von 1925 im BMJ keine „Annotations“ dargestellt sind, hängt mit der Auszählungsweise zusammen: Das BMJ verzichtete zum Teil auf Überschriften, so auch bei den Annotations. Da diese aber durch den Satzspiegel und die Inhalte deutlich von den „Leading Articles“ zu unterscheiden sind, wurden sie 1930 nicht mehr zu den „Leading Articles“ gerechnet.

68 Der *Lancet* hatte bereits im Sommer 1930 zu einem ähnlichen Schrifttyp gewechselt. Vgl. Rubriküberschriften ab Heft 27, 5.7.1930, in: *The Lancet 108/1930*; Rubriküberschriften ab 4.6.1932 im *BMJ*.

69 Die nicht zuzuordnenden Artikel befanden sich immer an den gleichen Stellen: am Ende des Teils mit den Originalartikeln sowie im Editorialteil vor den „Special Articles“. Insofern bildeten sie wieder Rubriken, ohne für den Leser durch Überschriften kenntlich gemacht worden zu sein.

zwischen Schriftleitung, Autoren und Lesern. In den deutschen Zeitschriften gab es eine derartige Kommunikation lediglich in Form von wissenschaftlicher Zitation oder einleitenden Kommentaren. Diese Praxis wurde – wie beschrieben – erst langsam, ab 1930, mit der Einführung der Rubriken „Aussprache" und „Zuschriften" durchbrochen, wobei es hier in erster Linie um fachliche Fragen ging. Auch wurde in den britischen Zeitschriften dem Austausch zwischen Lesern, Autoren und Schriftleitern in den 1930er Jahren mehr Raum gegeben. Über das Medium „Zeitschrift" fand insofern in Großbritannien ein direkter Meinungsaustausch innerhalb der ärztlichen „Community" statt, an dem sich im Prinzip jeder durch das Schreiben von Leserbriefen beteiligen konnte. Diese Form der Kommunikation machte zudem unterschiedliche (persönliche) Auffassungen transparenter und ermöglichte es Ärzten, Probleme in der Berufsausübung zu benennen.[70] In Deutschland hingegen hatte sich diese im Prinzip für alle Berufsangehörigen offene Diskussionsform, über Leserbriefe zeitnah und aktiv in einen Diskurs eingreifen zu können, bis Anfang der 1930er Jahre nicht etabliert. Durch den umfangreichen Editorial-Teil in den britischen Zeitschriften mit den „Leading Articles", in denen die Editors verschiedene Themen kommentierten, vermittelten diese zugleich einen zentraleren Stellenwert der Ansichten und Meinungen der Schriftleiter als dies in den deutschen Zeitschriften der Fall war. Die britischen Zeitschriften verdeutlichten damit, dass sie nicht nur der Ärzteschaft ein Forum bieten oder diesen einen bestimmten Wissensstandard vermitteln wollten, sondern konstruierten sich als eine „autoritative Stimme"[71] in medizinischen und (professions-)politischen Fragen.

5. Steuerung von Meinungsbildungsprozessen: Der Tod des Reichspräsidenten Ebert und der „Bateman-Prozess"

Neben den Rubriken bieten die verhandelten Inhalte die Möglichkeit, unterschiedliche (politische) Profile und Funktionen der Zeitschriften für die Profession herauszuarbeiten. Vor diesem Hintergrund stellt sich die Frage, welche Themen in welcher Form und mit welcher Intention in den Zeitschriften behandelt oder auch ausgespart wurden. Vermutlich dienten Inhalte neben der Information und Fortbildung der Leserschaft auch der Verstetigung von (politischen) Meinungen innerhalb der Ärzteschaft. Der Frage, ob und inwiefern die medizinischen Fachzeitschriften in Deutschland und Großbritannien Meinungsbildungsprozesse innerhalb der Profession steuerten und ob sie hierbei die Funktion von Selbstvergewisserungsinstrumenten für die Profession erfüllten, wird exemplarisch anhand von zwei Themen nachgegangen: der Berichterstattung in der *Münchener Medizinischen Wochenschrift* und der *Deutschen Medizinischen Wochenschrift* über den Tod des Reichspräsidenten Friedrich Ebert 1925 und der Berichterstattung im *The Lancet* und *British Medical Journal* über den Prozess gegen den Arzt Percy Bateman, der 1925 wegen der Tötung einer Patientin angeklagt wurde. Beide Themen hoben sich von anderen Artikeln und verhandelten Themenkomplexen ab, und zwar durch drei Aspekte: Erstens ihren direkten gesell-

70 Zu vermuten ist allerdings, dass die abgedruckten Leserbriefe von den Redaktionen ausgewählt wurden und diese insofern darüber entschieden, wer am Diskurs teilnehmen konnte und wer nicht.
71 Vgl. Bartrip, *Mirror of Medicine* (wie Anm. 1), 222.

schafts- und standespolitischen Bezug, zweitens durch die Art der Berichterstattung und drittens dadurch, dass sie im britischen beziehungsweise deutschen Ausland kommentiert wurden.[72]

5.1 Der Tod des Reichspräsidenten Ebert in den deutschen medizinischen Wochenschriften: eine Positionierung zur Weimarer Regierung?

Der Sozialdemokrat Friedrich Ebert (1871–1925) wurde, nachdem er 1913 zum Parteivorsitzenden der Sozialdemokratischen Partei Deutschlands und 1918 in den „Rat der Volksbeauftragten“ gewählt worden war, im Februar 1919 erster Reichspräsident Deutschlands in der neu gegründeten Weimarer Republik. Seit 1917 hatte sich Ebert für einen „Verständigungsfrieden“ mit den Alliierten und somit für eine Beendigung des Ersten Weltkrieges eingesetzt. Zugleich wandte er sich gegen Streiks innerhalb Deutschlands und ging während der Novemberrevolution 1918 – auch mit militärischer Hilfe durch das kaiserliche Militär und die von Gustav Noske in seinem Auftrag aufgestellten Freikorps – gegen die Revolutionäre vor. In den „Rat der Volksbeauftragten“ hatte er sich nach eigenen Angaben wählen lassen, um eine Entwicklung „analog zur russischen Oktoberrevolution“ zu verhindern und um die Revolution in Deutschland in parlamentarische Bahnen zu lenken.[73] Aufgrund seiner politischen Linie während der Novemberrevolution und in den Friedensverhandlungen hatte Ebert sowohl in der radikalen Linken, die ihn als „Verräter der Arbeiterklasse“ und „reaktionären Militaristen“ bezeichnete, als auch bei Rechtskonservativen und Nationalisten, die ihn als Verantwortlichen für die militärische Kapitulation des Deutschen Reiches und die Unterzeichnung des Versailler Vertrages ausmachten und als „Novemberverbrecher“ und „Landesverräter“ titulierten, einen schlechten Stand. Im Rahmen einer von der deutschnationalen Presse anlässlich des Reichstagswahlkampfes im Frühjahr 1924 gestarteten Verleumdungskampagne gegen den Reichspräsidenten warf die antidemokratische *Mitteldeutsche Presse* Ebert denn auch vor, die Kapitulation Deutschlands im Ersten Weltkrieg mitverschuldet und Landesverrat begangen zu haben. Im „Dolchstoßprozess“ vom Dezember 1924 wurde der verantwortliche Journalist wegen Beleidigung des Staatsoberhauptes verurteilt. Zugleich erklärte der Richter des Magdeburger Schöffengerichtes jedoch, Ebert habe 1918 faktisch Landesverrat begangen, indem er der Streikleitung in der Rüstungsindustrie – wenn auch mit der Absicht, den Streik schnellstmöglich zu beenden – beigetreten war. Gegner der Republik sahen durch das Urteil den Vorwurf des Verrats gegen Ebert sowie die „Dolchstoß“-Legende bestätigt, nach der das deutsche Heer im „Felde unbesiegt“ geblieben sei, aber 1918 in der Novemberrevolution quasi „von hinten“ aus der „Heimat“ einen „Dolchstoß“ erhalten hätte. Von Sozialdemokraten wurde das Urteil nicht

72 In jedem Zeitschriftenjahrgang fanden sich mehrere dieser Themen, die unterschiedlich viel Raum einnahmen. So gab es in den deutschen Zeitschriften 1925 z. B. einen kritischen Diskurs über Homöopathie als mögliche Therapieform und der Roman von Thomas Mann „Der Zauberberg“ wurde kritisch diskutiert. In den britischen Zeitschriften wurde z. B. 1919 gegen die von Tierschützern initiierte Gesetzesinitiative, Tierversuche an Hunden zu verbieten, opponiert.

73 Vgl. Peukert, *Die Weimarer Republik* (wie Anm. 4), 37–52; http://www.ebert-gedenkstaette.de/seiten/leben.htm, 14.3.06.

nur als Angriff auf Ebert, sondern auch als Angriff auf die Republik interpretiert.[74] Die anfänglich politisch eher unbedeutende Verleumdungskampagne eines wenig einflussreichen Republikgegners war somit zu einem hochpolitischen Verfahren geworden. Das Urteil des Magdeburger Gerichtes schädigte – wie der Historiker Walter Mühlhausen konstatiert – öffentlichkeitswirksam den Ruf des Reichspräsidenten Ebert und damit das Ansehen der Weimarer Republik, die er mit begründet hatte, deren Symbolfigur er war und für deren demokratische Ordnung er stand.[75] Zwei Monate nach dem Prozess starb Friedrich Ebert an einer verschleppten Blinddarmentzündung trotz einer Notoperation durch den renommierten Berliner Arzt August Bier.[76]

In der auf seinen Tod folgenden Ausgabe der *Deutschen Medizinischen Wochenschrift* vom 6. März 1925 erschien in der Rubrik „Kleine Mitteilungen" ein schwarz umrandeter Nachruf. In diesem hieß es: „Das frühzeitige Ableben des erst 54-jährigen Reichsoberhaupts, dem auch seine politischen Gegner die Anerkennung treuester Pflichterfüllung nicht versagen können, muß im deutschen Volke die tiefste Anteilnahme erwecken."[77] Mit dieser Anzeige würdigte die *Deutsche Medizinische Wochenschrift* die Leistungen Eberts als „treue Pflichterfüllung". Die *Münchener Medizinische Wochenschrift* erwähnte den Tod des Reichspräsidenten hingegen mit keinem Wort und trat somit den Anschuldigungen gegen Ebert nicht entgegen.[78]

Am 13. März informierte die *Deutsche Medizinische Wochenschrift* mit dem Abdruck eines zweiseitigen Berichtes über den Krankheitsverlauf, die Operation und den Leichenbefund Eberts ihre Leser ausführlich über die näheren Todesumstände. Der Einleitung zu dem Bericht ist zu entnehmen, dass dieser auf Anfrage von Julius Schwalbe erstellt und abgedruckt wurde mit dem Ziel, eventuellen „Gerüchten" um die Todesumstände – „zumindest in der Ärzteschaft" – vorzubeugen.[79] Der plötzliche Tod des Reichspräsidenten gab tatsächlich zu verschiedenen Spekulationen Anlass. So kursierten die Annahmen, Ebert habe aufgrund der politischen Schwierigkeiten Suizid begangen oder sei von politischen Gegnern vergiftet worden. Zugleich wurden Vorwürfe gegen August Bier laut, dieser habe bei der Operation einen Kunstfehler begangen.[80] Mit ihrer Berichterstattung trat die *Deutsche Medizinische Wochenschrift* diesen Vermutungen entgegen. Sie sprach ihre Leserschaft als Ärzte und als eine (Teil-)Öffentlichkeit direkt mit der Intention an, medizinisch-wissenschaftlich fundiert davon zu überzeugen, dass der Tod des Reichspräsidenten ein tragisches Unglück war, an dem keinen Menschen eine Schuld traf. Damit nahm die Zeitschrift so-

74 Walter Mühlhausen, *Friedrich Ebert 1871–1925. Reichspräsident der Weimarer Republik*, Bonn 2006, 936–966.

75 Ebd., 954–955.

76 Ebd., 967–980.

77 Vgl. die Todesanzeige in: *DMW 51/ 1925*, 406.

78 Auch die Ermordung des ersten bayerischen, zur USPD gehörenden Ministerpräsidenten Kurt Eisner am 21.2.1919 hatte die MMW aufgrund ihrer Ablehnung der Räterepublik nicht thematisiert. Vgl. Sigrid Stöckel, „Medizinjournale – Foren der scientific community oder verlagseigener Publikationspolitik?", in: Monika Estermann, Ute Schneider (Hg.), *Wissenschaftsverlage zwischen Professionalisierung und Popularisierung*, Wiesbaden 2007.

79 Vgl. A. Freudenthal, A. Bier, O. Lubarsch, „Bericht über Krankheit, Operation und Tod des Reichspräsidenten Ebert", in: *DMW 51/1925*, 448–450.

80 Vgl. Mühlhausen, *Friedrich Ebert* (wie Anm. 74), 974f.

wohl Ebert als auch Bier in Schutz und verteidigte sie gegen Angriffe. Obgleich August Bier ein Herausgeber der *Münchener Medizinischen Wochenschrift* war, druckte diese den Bericht weder ab, noch erwähnte oder kommentierte sie ihn.[81]

Ebenso wie die *Deutsche Medizinische Wochenschrift* sah auch ein Autor des *Lancet*, der den Bericht über Eberts Krankheit und Tod im April 1925 in der Rubrik „Annotations“ kommentierte, keinen Grund, den behandelnden Ärzten einen Vorwurf zu machen. Vielmehr sei bei aller „gebotene[n] Zurückhaltung“ ihre Vorgehensweise zu loben. Verwunderung äußerte der Autor jedoch über die den Todesumständen des Reichspräsidenten zuteil werdende Aufmerksamkeit. Die politische Dimension des plötzlichen Todes des Reichspräsidenten vor dem Hintergrund des Urteilsspruchs im „Dolchstoßprozess“ thematisierte der *Lancet* nicht. Ebenso wie die *Deutsche Medizinische Wochenschrift* deutete er lediglich an, dass es „bestimmte Gründe“ gegeben habe, die es notwendig machten, die Todesumstände „restlos“ aufzuklären.[82] Insofern übernahm der *Lancet* in gewisser Weise die Ansichten der *Deutschen Medizinischen Wochenschrift*, die so mit ihrer Berichterstattung eine über die nationalen Grenzen hinausgehende Wirkung hatte.

Die Berichterstattung über den Tod des Reichspräsidenten in den Wochenschriften kann als ein Versuch der Steuerung von Meinungsbildungsprozessen interpretiert werden. *Münchener Medizinische Wochenschrift* und *Deutsche Medizinische Wochenschrift* positionierten sich durch ihre Berichterstattung beziehungsweise Nichtberichterstattung zwar unterschiedlich zur Person des Reichspräsidenten und zur Weimarer Demokratie. Indem beide Zeitschriften jedoch ihre Ansichten nicht hinterfragten und ihre Absichten nicht offenlegten, nahmen sie einen nicht auf den ersten Blick erkennbaren Einfluss auf die Meinungen ihrer Leser. Beide Zeitschriften versuchten, ihre Leser von den eigenen als einzig „wahr“ vertretenen Ansichten zu überzeugen. Am Beispiel des Todes des Reichspräsidenten Ebert zeigten die *Deutsche Medizinische Wochenschrift* und die *Münchener Medizinische Wochenschrift* einmal mehr ein unterschiedliches politisches Profil. 1919 hatten beide Zeitschriften eine vergleichsweise ähnlich ablehnende Haltung zur Novemberrevolution, zur Räterepublik und zum „Rat der Volksbeauftragten“ eingenommen sowie einhellig ihre Zustimmung zum „Kabinett Scheidemann“, das im Februar 1919 aus Sozialdemokratischer Partei Deutschlands, Zentrum und Deutscher Demokratischer Partei mit Friedrich Ebert als Reichspräsidenten gebildet worden war, bekundet.[83] 1925 hingegen nahmen sie deutlich unterschiedliche Positionen zur Weimarer Republik und ihrer Regierung ein. Die Berichterstattung über den Tod des Reichspräsidenten Ebert in der *Deutschen Medizinischen Wochenschrift* erscheint vor dem Hintergrund der politischen Brisanz und Bedeutung des kurz zuvor beendeten Magdeburger Prozesses für das Ansehen der Weimarer Republik als eine politische Positionierung der Schriftleitung für Ebert, seine Politik und letztendlich für die Weimarer Republik. Das Schweigen der *Mün-*

81 In anderen Fällen war die MMW nicht zurückhaltend mit Positionierungen zugunsten von Ärzten. Vgl. Berichterstattung zur Entlassung des Leiters der Dresdener Frauenklinik Kehrer durch das sächsische Ministerium, in: *MMW 72/1925*, 881f., 1014.

82 Vgl. o.V, „The Last Illness of President Ebert“, in: *Lancet 208/1925*, 727.

83 Vgl. z. B. J. S., „Kommentar zur Regierung in Berlin, Räterepublik, Spartakusleuten und deren 2. Revolution“, in: *DMW 45/1919*, 78; o.V., „Deutsche Nationalversammlung“, in: *MMW 66/1919*, 227f.

chener Medizinischen Wochenschrift lässt sich hingegen eher als Zustimmung der Schriftleitung zu dem Vorwurf des Landesverrats gegen Ebert und zu rechtsnationalen, die Demokratie ablehnenden Positionen deuten. Damit verstärkte die *Münchener Medizinische Wochenschrift* den Eindruck eines zur politischen Ausrichtung des J. F. Lehmanns Verlages passenden, politisch rechtsnational eingestellten Blattes.[84] Die *Deutsche Medizinische Wochenschrift* entsprach hingegen dem Anspruch einer medizinisch-wissenschaftlichen Berichterstattung, in diesem Fall mit einer politischen Parteinahme für die demokratische Republik. Allerdings vertrat keine der Zeitschriften ihre Ansichten so vehement oder nahm eine politisch so radikale Position ein, dass sie durch ihre Berichterstattung eine Front eröffnete. Vielmehr scheinen beide Blätter um Anschlussfähigkeit an die politische Mitte bemüht gewesen zu sein.

5.2 Der „Bateman-Prozess" in britischen medizinischen Wochenschriften: Ein Angriff auf die ärztliche Profession?

Im Dezember 1924 fand der Prozess gegen den Arzt Percy Bateman statt, dem vorgeworfen wurde, den Tod einer Frau durch Fehler in der Geburtshilfe verschuldet zu haben. Laut den Aussagen der Beteiligten vor Gericht wurde Bateman von der Hebamme zur Geburt bei einer Arbeiterfrau hinzugerufen. Er stellte eine Querlage des Kindes fest und brachte es nach einer einstündigen Operation tot zur Welt. Bei dem Versuch, die Nachgeburt zu entfernen, extrahierte er versehentlich den gesamten Uterus. Seinen Fehler bemerkte er jedoch erst, als ihn die Hebamme auf das „merkwürdige Aussehen" der Nachgeburt aufmerksam machte. Den Uterus packte er ein und nahm ihn mit nach Hause, nachdem er die Hebamme angewiesen hatte, Stillschweigen über den Vorfall zu bewahren. Auf den Vorschlag der Hebamme, die Patientin in ein Krankenhaus zu verlegen, reagierte er nicht. Stattdessen verordnete er Bettruhe und ging. Bateman nahm an, die Patientin würde noch in der Nacht sterben und einen Transport in eine Klinik nicht überleben. Sie starb jedoch erst am siebten Tag nach der Operation. In den nächsten Tagen besuchte Bateman sie regelmäßig, unternahm jedoch nichts, um die Verletzungen zu versorgen. Auf Drängen der Hebamme und des Ehemannes stimmte er schließlich am sechsten Tag nach der Operation einer Verlegung ins Krankenhaus zu, wo die Frau am darauffolgenden Tag starb. Bei der Obduktion wurden verschiedene schwere innere Verletzungen festgestellt. In einem Gerichtsprozess wurde Bateman wegen Tötung zu sechs Monaten Gefängnis verurteilt, wobei ihm weniger Fehler bei der Operation und Behandlung der Frau vorgeworfen wurden, als vielmehr die versuchte Verschleierung des Vorfalls sowie die Verzögerung bei der Überweisung in ein Krankenhaus.[85]

In der Rubrik „Correspondence" nahmen Leser und Editor des *Lancet* sowie des *British Medical Journal* Stellung zu dem Fall. Sie vertraten einhellig die Meinung, es

84 So gab der Lehmanns Verlag die „Unbesiegt-Reihe" heraus, in der er „Kriegserinnerungen" veröffentlichte und mit diesen die „Dolchstoß"-Legende weiter transportierte. Vgl. Patrik Krassnitzer, „An allen Fronten unbesiegt: Weltkriegserinnerung und ihre politische Instrumentalisierung in den Publikationen des J.F. Lehmanns Verlages 1916–1935", in: Stöckel (Hg.), *Die „rechte Nation" und ihr Verleger* (wie Anm. 10), 109–136, 119f.

85 Vgl. o.V., „Rex v. Bateman", in: *The Lancet 208/1925,* 38–43.

habe sich um einen tragischen Unglücksfall gehandelt, den Bateman nicht hätte verhindern können. Sie teilten seine Einschätzung, dass die Frau einen Transport ins Krankenhaus nicht überlebt hätte. Empörung rief allerdings vor allem die Verurteilung eines Arztes durch ein aus medizinischen Laien bestehendes Gericht hervor. Mit solchen Urteilssprüchen würde – so die Argumentation der Ärzteschaft – die gesamte Profession in Misskredit gebracht und ein für alle abschreckendes Exempel statuiert. Das Urteil hätte sich maßgeblich auf die Aussagen der medizinischen Experten stützen müssen, da lediglich Ärzte über medizinische Behandlungsformen urteilen könnten. Die Zeugenaussage der Hebamme – der das Gericht einen hohen Stellenwert eingeräumt hatte – galt ihnen nicht als medizinische Expertise.[86] Mit dieser Haltung trugen die Autoren vermutlich auch den durch Professionalisierungsbestrebungen der Hebammen hervorgerufenen Abgrenzungsprozessen zwischen den Berufen „Arzt" und „Hebamme" in der Zwischenkriegszeit Rechnung.

Percy Bateman legte Widerspruch gegen das Urteil ein und wurde schließlich im Mai 1925 freigesprochen. Das Gericht folgte in dem Widerspruchverfahren den ärztlichen Experten, nach denen in Folge der Querlage des Kindes bereits vor der Operation durch Bateman innere Verletzungen bestanden und die Frau einen sofortigen Transport ins Krankenhaus nicht überlebt hätte.[87] Bereits im Februar 1925, nachdem das Widerspruchsverfahren eröffnet worden war, erklärte der *Lancet* Bateman zu einem „Opfer" der Justiz und appellierte an die Solidarität der Ärzteschaft, ihn durch Spenden zumindest finanziell zu unterstützen.[88] Durch die regelmäßige Veröffentlichung der eingegangenen Spendensummen sowie verschiedene weitere Leserbriefe blieb der „Bateman-Prozess" im *Lancet* bis zum Freispruch im Mai aktuell.[89] Sich selbst inszenierte die Zeitschrift als Fürsprecher für Bateman und als Kämpferin für die Interessen der Ärzteschaft. Sie schrieb sich beispielsweise das Zustandekommen des Widerspruchverfahrens auf die Fahnen.[90] Das *British Medical Journal* konstruierte sich demgegenüber weniger selbst als Akteur in den Verhandlungen. Die Zeitschrift bot jedoch mit ausführlichen Prozessberichten und dem Abdruck von Leserbriefen der Profession, aber auch der Ehefrau Batemans ein Forum.[91]

In der Berichterstattung beider Zeitschriften ging es weniger um eine medizinische Klärung des Falls oder die Frage, wie zukünftig Todesfälle vermieden werden könn-

86 Vgl. z. B. Bright Banister, A. Barrister, „Rex v. Bateman", in: *Lancet 208/1925*, 51–52; William H. McKinstry, Charles H. Carroll, „Rex v. Bateman", in: *The Lancet 208/1925*, 103; o.V., „The Bateman Fund", in: *The Lancet 208/1925*, 670; Joseph Griffitus, „Rex v. Bateman", in: *BMJ*, 3.1.1925, 49.

87 Berichtet wurde v. a. in den Rubriken "Special Articles", "Medicine and the Law" und "Annotations". Vgl. z.B. o.V., "Rex v. Bateman in the Court of Criminal Appeal", in: *The Lancet 208/1925*, 297–298; o.V., "Rex v. Percy Bateman: Judgement", in: *The Lancet 208/1925*, 1152–1154; o.V., "Rex v. Bateman. Application for Leave to Appeal Granted by Court of Criminal Appeal", in: *BMJ*, 7.2.1925, 285–287; o.V., "Rex v. Bateman. Considered Judgement of Court of Criminal Appeal", in: *BMJ*, 30.5.1925, 1022–1023.

88 Vgl. o.V., „Rex v. Bateman", in: *The Lancet 208/1925*, 457.

89 Vgl. z. B. o.V., „The Bateman Appeal"; A. Graham-Stewart; John H. Stephen, „The Bateman Fund. To the Editor of The Lancet", in: *The Lancet 208/1925*, 628.

90 So wurde bei der Eröffnung des Verfahrens betont, durch die im *Lancet* abgedruckten Leserbriefe sei von einer neuen Beweislage auszugehen. Vgl. o.V., „Rex v. Bateman in the Court of Criminal Appeal", in: *The Lancet 208/1925*, 297–298.

91 Vgl. z. B. M. Bateman, „Rex v. Bateman", in: *BMJ*, 10.1.1925, 93.

ten, als vielmehr um die praktische Durchsetzung der berufspolitischen Forderung nach Autonomie der Profession in Fragen der Beurteilung medizinischer Leistungen und um die Behauptung der Ärzte als alleinige Experten in medizinischen Fragen. Um dieses Ziel durchzusetzen, rief vor allem der *Lancet* durch die stetige Berichterstattung, die Inszenierung der Verurteilung Batemans als Angriff auf die gesamte Ärzteschaft und die Einrichtung des „Bateman-Funds" eine Solidaritätsbewegung für Bateman ins Leben, die eine professionelle Stärke und Einheitlichkeit demonstrierte. Meinungen, die von der im *Lancet* vertretenen abwichen, wurden nicht abgedruckt.[92] Leise Kritik durfte lediglich ein Leser äußern, indem er meinte, Bateman hätte allein für seine eigene Absicherung einen zweiten Arzt hinzuziehen sollen. Dies interpretierte er jedoch nicht als Fehler von Bateman, sondern als ein Problem des britischen Geburtshilfesystems.[93]

In der *Deutschen Medizinischen Wochenschrift* wurde hingegen vor allem die medizinische Versorgung der Patientin durch Bateman kritisiert. Der Autor des im Oktober 1925 im „Feuilleton" abgedruckten Kommentars vertrat die Ansicht, ein Arzt müsse, wenn er ein „solches Unheil angerichtet" hätte, zumindest versuchen, dieses „wieder gutzumachen". Auf die im *Lancet* und *British Medical Journal* dargestellte berufspolitische Bedeutung des Prozesses für die britische Ärzteschaft ging er nicht ein. Vielmehr hob er hervor, dass die Argumente zum Beweis der Unschuld Batemans nicht stichhaltig seien und kritisierte damit das Urteil des britischen Gerichts.[94]

Beide britischen Zeitschriften betrieben mit der Art ihrer Berichterstattung Lobbypolitik. Durch die Wiederholung von Argumenten, die Demonstration einer einheitlichen sowie eindeutigen Haltung und somit der permanenten Selbstvergewisserung beeinflussten und steuerten sie Meinungsbildungsprozesse und schufen ein Zusammengehörigkeitsgefühl innerhalb der Profession. Bemerkenswert ist, dass vor allem der *Lancet* hierbei eine prominente Rolle einnahm und sich als Vorkämpfer für die Interessen der Ärzteschaft inszenierte, obgleich die Zeitschrift, anders als das *British Medical Journal,* nicht Organ des Berufsverbandes war. Durch seine Zurückhaltung bei der Berichterstattung über den Bateman-Prozess ließ das Journal die Möglichkeit, eine „autoritative Stimme" innerhalb der Medizin sein zu können, ungenutzt. Dies bekräftigt den bereits durch die Analyse der Rubriken gewonnen Eindruck einer wenig engagierten Berichterstattung ohne eindeutige (professionspolitische) Positionierungen des Editors.

92 Dass es auch in der Ärzteschaft durchaus geteilte Meinungen gab, geht aus einem Leserbrief im BMJ hervor. Die Ärzteschaft zerfiele – so der Autor – in zwei Lager, eines für und eines gegen die Verurteilung von Bateman. Vgl. Joseph Griffiths, „Rex v. Bateman", in: *BMJ*, 21.2.1925, 386–387.

93 Vgl. Martin O. Raven, „Rex v. Bateman. To the Editor of The Lancet", in: *The Lancet 208/1925*, 103. Er spielte vermutlich auf die eigenständige Betreuung normal verlaufender Geburten durch Hebammen in der Wohnung der Gebärenden an. Vgl. Irvine Loudon, *Death in Childbirth. An international study of maternal care and maternal mortality 1800–1950*, Oxford u.a. 1992.

94 Vgl. J.P. zum Busch, „Allerlei aus dem Auslande", in: *DMW 51/1925*, 1793–1795.

6. Zusammenfassung

Sowohl die *Münchener Medizinische Wochenschrift* und die *Deutsche Medizinische Wochenschrift* als auch *The Lancet* und das *British Medical Journal* sprachen die gesamte Ärzteschaft als eine gesellschaftliche Teilöffentlichkeit an. Alle vier Zeitschriften verfolgten das Ziel, in erster Linie praktisch tätige sowie angehende Ärzte mit Informationen zu aktuellen medizinischen Forschungen verschiedener Fachgebiete im In- und Ausland, zu Diskussionsständen in den medizinischen Verbänden und Gesellschaften, neuen medizinischen Publikationen sowie professionspolitischen Belangen zu versorgen. Die Zeitschriften glichen damit – wenn auch auf unterschiedliche Art und Weise – Wissensstände an, setzten Wissensstandards innerhalb der ärztlichen Profession und Qualitätsstandards in der ärztlichen Praxis. Die deutschen Zeitschriften passten sich hierbei insofern an die britischen an, als auch sie eine Zusammenstellung aus wissenschaftlichen Neuigkeiten und Informationen anboten. Allerdings wurde den Meinungen der Schriftleitung durch das Fehlen der „Editorials" sowie denen der Leser durch das Fehlen der Rubrik „Leserbriefe", eine untergeordnete, weniger offensichtliche Position eingeräumt.

Jede Zeitschrift entwickelte ein spezifisches Profil und setzte eigene inhaltlich-thematische Schwerpunkte. So präsentierte die *Münchener Medizinische Wochenschrift* durch ihre Art der Berichterstattung eine ähnlich rechtskonservative und nationalistische politische Einstellung wie ihr Verlag J. F. Lehmanns. Die *Deutsche Medizinische Wochenschrift* setzte hingegen eher im engeren Sinne medizinisch-wissenschaftliche Themenschwerpunkte und bezog 1925 eine liberale, die Weimarer Republik befürwortende Position. Obgleich beide deutschen Zeitschriften keine radikalen politischen Positionen vertraten und ein bürgerliches, zur politischen Mitte anschlussfähiges Meinungsspektrum spiegelten, sprachen sie Ärztegruppen mit unterschiedlichen politischen Einstellungen und Interessensschwerpunkten an und boten diesen unterschiedliche Identifikationspunkte. Der sozialistische Arzt und Mitarbeiter am von Magnus Hirschfeld gegründeten „Institut für Sexualwissenschaft" in Berlin, Max Hodann, veröffentlichte beispielsweise 1919 in der *Deutschen Medizinischen Wochenschrift* Artikel, wohingegen er in der *Münchener Medizinischen Wochenschrift* nicht einmal zur Kenntnis genommen wurde.[95] Insofern spiegelten die Zeitschriften auch die eingangs beschriebenen Fraktionierungen innerhalb der Ärzteschaft zur Zeit der Weimarer Republik. Die stärkere Veränderung der Rubriken in den deutschen Zeitschriften verweist zudem auf konfliktreichere und schärfere innerprofessionelle Abgrenzungsprozesse und Spezialisierungen in Deutschland, als dies in Großbritannien der Fall war. Zu fragen ist, ob es in Großbritannien tatsächlich weniger tiefgreifende gesellschaftspolitische Umbrüche und weniger für den Arztberuf als krisenhaft erlebte wissenschaftliche und professionspolitische Entwicklungen gab als in Deutschland oder ob sich diese Veränderungsprozesse lediglich unterschiedlich in den medizinischen Zeitschriften spiegelten.

Anders als bei den deutschen Zeitschriften waren für *The Lancet* und das *British Medical Journal* keine signifikanten Unterschiede in der politischen Ausrichtung festzustellen. Dennoch unterschieden sich die Profile der britischen Zeitschriften: Das

95 Hodann veröffentlichte 1919 drei Originalartikel in der *DMW*. Vgl. Inhaltsverzeichnisse *DMW* und *MMW* 1919.

British Medical Journal führte – im Gegensatz zum *The Lancet* – im Untersuchungszeitraum keine neuen Rubriken ein und reagierte damit nicht auf Veränderungen innerhalb der Ärzteschaft. Dies sowie die Zunahme des Umfanges der Rubrik „Sonstiges“, in der nicht zuzuordnende Artikel subsumiert wurden, bestätigen die von Peter Bartrip aufgestellte These eines „Entwicklungsstillstandes“ der Zeitschrift. Während der frühere Schriftleiter Ernest Hart engagiert über medizinpolitische und sozialmedizinische Themen berichtete und sein Nachfolger Dawson Williams einen Schwerpunkt in der Berichterstattung über wissenschaftliche Forschungen setzte, bezog Horner offenbar keine eigene fachlich-wissenschaftliche oder professionspolitische Position.[96] Das Journal ließ damit – ähnlich wie die *Deutsche Medizinische Wochenschrift* nach dem Schriftleiterwechsel – die Möglichkeit, durch Positionierungen zu gesellschafts- und professionspolitischen Themen eine einflussreiche Stimme innerhalb der ärztlichen Profession darzustellen, ungenutzt. Der Schriftleiter des *Lancet* nutzte hingegen diese Möglichkeit und stellte anlässlich des Bateman-Prozesses die berufspolitische Forderung nach mehr Autonomie der Ärzteschaft durch eine eigene Gerichtsbarkeit auf. Mit dieser Forderung positionierte sich *The Lancet* innerhalb der während der Zwischenkriegszeit zentralen Auseinandersetzung zum Verhältnis zwischen Staat und Ärzteschaft.[97]

Die medizinischen Fachzeitschriften erfüllten verschiedene Funktionen für die Ärzteschaft: Sie kommunizierten (neues) medizinisches Wissen und bestätigten dieses damit. Insofern übernahmen sie Fort- und Weiterbildungsaufgaben, trugen zur Höherqualifizierung der Ärzte und zur Standardisierung der medizinischen Praxis bei. Darüber hinaus gewährleisteten sie eine innerprofessionelle Kommunikation und schufen, wie sich vor allem am Beispiel der Rolle des *Lancet* im Bateman-Prozess zeigt, über den Austausch ein Zusammengehörigkeitsgefühl, auf dessen Grundlage sie berufspolitische Forderungen formulierten. Durch politische Positionierungen nahmen sie, wie anhand der Berichterstattung über den Tod Friedrich Eberts deutlich wird, zudem Einfluss auf Meinungsbildungsprozesse und vermittelten (politische) Ordnungsvorstellungen. Sie erfüllten somit die Funktion eines Selbstvergewisserungs- und Multiplikationsinstrumentes sowie die eines Kommunikationsraumes für die Profession innerhalb der ärztlichen – durch die Rezeption im Ausland auch internationalen – Teilöffentlichkeit. Allerdings standen die Zeitschriften nicht allen Professionsangehörigen gleichberechtigt als Forum offen, sondern wurden vielmehr von einer vergleichsweise kleinen Gruppe aktiv gestaltet: Zu Wort kamen in erster Linie männliche, im jeweiligen Land tätige Ärzte mit institutioneller Anbindung. In der freien Praxis tätige Allgemeinmediziner waren als Autoren unterrepräsentiert, vermutlich da sie kaum naturwissenschaftlich-experimentelle Forschungen betrieben und somit kein hierauf basierendes neues Wissen schufen.[98] Während in Großbritannien im Prinzip alle Ärzte immerhin über das Schreiben von Leserbriefen an Diskussionen partizipieren konnten, waren die Hürden in Deutschland durch das weitestgehende Fehlen eines institutionalisierten Austauschforums höher. Wie sowohl anhand der

96 Vgl. Bartrip, „The British Medical Journal“ (wie Anm. 21), 126–145.

97 Vgl. Honigsbaum, *The Division in British Medicine* (wie Anm. 9), 162ff.

98 Das BMJ stellte als Organ der „British Medical Association“, in der die Berufsgruppe der *General Practitioner* tonangebend war, eine Ausnahme dar und beteiligte diese stärker als die übrigen Zeitschriften am Diskurs.

Strukturen der Zeitschriften (Rubriken) als auch anhand inhaltlicher Thematisierungen deutlich wird, waren die medizinischen Wochenschriften nicht nur Organe zur Selbstvergewisserung der ärztlichen Profession, sondern wurden in Deutschland und in Großbritannien selbst zu Akteuren im ärztlichen Professionalisierungsprozess mit teilweise über die ärztliche Teilöffentlichkeit hinaus reichender Öffentlichkeitswirksamkeit.[99]

99 So wurde 1925 ein in der MMW von August Bier veröffentlichter Artikel mit der Forderung, die Homöopathie als eine Therapieform auch in der „Schulmedizin“ anzuerkennen, nachgedruckt und öffentlich verteilt. Vgl. z. B. J. S., „Zum Artikel von August Bier, der in der MMW erschien mit dem Titel: Wie sollen wir uns zur Homöopathie stellen?“, in: DMW *51/1925*, 1000.

Veränderungen des Genres „Medizinische Wochenschrift“?

Deutsche medizinische Wochenschrift, Münchner medizinische Wochenschrift und *The Lancet* im Vergleich*

Sigrid Stöckel

Der Zweite Weltkrieg endete für Deutschland mit einer Niederlage, die spätestens seit Anfang 1945 absehbar war. Diejenigen, die unter dem Terror des Nationalsozialismus litten, sahen dem Ende des Krieges wie auch dem des Regimes hoffnungsvoll entgegen. Die deutsche Ärzteschaft war dieser Gruppe bekanntlich nicht ohne Weiteres zuzurechnen. Verglichen mit anderen akademischen Berufen hatten Mediziner 1937 mit über 43 Prozent den höchsten Anteil an Parteimitgliedern der NSDAP.[1] Obwohl nicht die gesamte Ärzteschaft Funktionen in der Partei bekleidete oder ihre Ideologie übernahm, war die Medizin Instrument und Triebkraft eines Systems, das Menschen als Ressourcen benutzte und verbrauchte. Die in Konzentrationslagern durchgeführten Menschenversuche hatten Karrieren und Forschungsdrang der KZ-Ärzte wie auch etablierter Wissenschaftler befördert.[2] Gleichzeitig litten auch Ärzte unter den erhöhten Leistungsanforderungen medizinischer Versorgung und dem immer aussichtsloser werdenden Krieg, in dem auch viele von ihnen ums Leben kamen.[3]

Auch die medizinische Publizistik war der Kontrolle durch das nationalsozialistische Regime unterstellt und zumindest teilweise gleichgeschaltet worden: das Reichskulturkammergesetz vom 22. September 1933 hatte für Journalisten die Zwangsmitgliedschaft in der Reichspressekammer angeordnet und das Schriftleitergesetz vom 4. Oktober 1933 den Schriftleiter, der keinesfalls „Jude“ sein durfte, als allein verantwortlich für Inhalt und Gestaltung von Zeitungen und politischen Zeitschriften erklärt.[4] Von daher ist vorstellbar, dass die Verleger und Schriftleiter medizinischer Zeitschriften das Ende des nationalsozialistischen Staates und seines strengen Pressereglements als Befreiung betrachteten. Für diesen Beitrag ist die Frage leitend, ob für die deutschen medizinischen Wochenschriften nach 1945 von einem politischen oder medialen Neuanfang gesprochen werden kann und woran er sich gegebenenfalls orientierte – an der Fachpresse der Weimarer Republik oder, speziell unter der Besatzung der West-Alliierten, an den traditionsreichen und renommierten

* Dieser Beitrag entstand im Kontext des DFG-Projekts „Politik in deutschen und britischen medizinischen Zeitschriften, 1919–1960“.

1 Michael H. Kater, *Ärzte als Hitlers Helfer*, Hamburg 2000, 103–116, 391 (Tab. 2.1).

2 Ob und in welcher Weise sich diese Sachlage in den medizinischen Wissenschaftszeitschriften niederschlug, wird in der zweiten Phase des Projekts „Politik in deutschen und britischen medizinischen Zeitschriften 1919–1960“ untersucht.

3 Michael H. Kater, „Die soziale Lage der Ärzte im NS-Staat“, in: Angelika Ebbinghaus, Klaus Dörner (Hg.), *Vernichten und Heilen. Der Nürnberger Ärzteprozeß und seine Folgen*, Berlin 2001, 51–67, hier 65; Martin Rüther, „Ärztliches Standeswesen im Nationalsozialismus 1933–1945“, in: Robert Jütte (Hg.), *Geschichte der deutschen Ärzteschaft*, Köln 1997, 143–193, hier 188–192.

4 Otto Seifert, *Die große Säuberung des Schrifttums. Der Börsenverein der Deutschen Buchhändler zu Leipzig 1933 bis 1945*, Schkeuditz 2000, 17ff.; Bernhard Fritsch, „Das Problem der Inneren Pressefreiheit“, 1994, vgl. http://members.aol.com/bernie008/ipf/txbedin3.htm, 30.10.2007.

britischen *medical journals* wie dem *Lancet*? Wie berichteten die deutschen medizinischen Wochenschriften über die Situation nach Kriegsende? Beschränkten sie sich auf Wissenschaftsberichterstattung und versuchten sie, nahtlos an die Forschungen der Kriegsjahre anzuknüpfen? Oder wurde das Wiedererscheinen der medizinischen Zeitschriften nach der nationalsozialistischen Pressezensur als positive Zäsur wahrgenommen und das Genre ähnlich wie einige politisch-kulturelle Zeitschriften im Sinne einer Demokratisierung umgestaltet?[5]

Wissenschaftszeitschriften sind sowohl Spiegel als auch Gestalter fachpolitischer Diskurse.[6] Entsprechend werden in diesem Beitrag einerseits Berichte sowie fach- und tagespolitische Programmatiken innerhalb der Wochenschriften analysiert, und andererseits Veränderungen der Kommunikationsstruktur innerhalb des Genres medizinische Wochenschrift in den Blick genommen. Damit stehen zwei Politikfelder im Mittelpunkt des Interesses: die Thematisierung politischer Fragen im Diskurs der jeweiligen *medical community* sowie die Publikations- und Kommunikationspolitik der Wochenschriften selbst.

Da sich die Situation der beiden deutschen Zeitschriften während der Besatzungszeit stark unterschied, werden zunächst Profil und zeithistorischer Kontext der *Deutschen Medizinischen Wochenschrift (DMW)* und der *Münchner Medizinischen Wochenschrift (MMW)* geschildert.

1. Die Profile der *DMW* und *MMW* sowie ihre Situation nach Kriegsende

In der Literatur werden *DMW* und *MMW* als Zeitschriften mit unterschiedlicher politischer Ausrichtung beschrieben.[7] Die Gründung der *DMW* im Jahre 1875 durch Paul Boerner stand noch unter dem Eindruck der Forderungen von 1848 nach einer sozialen Medizin. Die Wochenschrift konnte vor allem durch eine aktuelle Wissenschaftsberichterstattung überzeugen.[8] Ihr Schriftleiter Julius Schwalbe (tätig von 1894 bis 1930) publizierte neben Fachartikeln in den „Kleinen Mitteilungen" engagierte tages- und standespolitische Statements und profilierte die Zeitschrift damit in doppelter Hinsicht als aktuelles Forum. Wiebke Lisner bestätigt diesen Eindruck in einem Vergleich von *DMW* und *MMW* für die Weimarer Republik. Sie weist allerdings auch

5 Vgl. Ingrid Laurien, *Politisch-kulturelle Zeitschriften in den Westzonen 1945–1949. Ein Beitrag zur politischen Kultur der Nachkriegszeit*, Frankfurt a. M. u.a. 1991, 264–87.

6 Diese Aussage trifft nicht nur auf die historische Funktionsbestimmung von Wissenschaftszeitschriften zu, wie sie u.a. Middell vorschlägt, sondern auch auf Fragen ihrer aktuellen Standortbestimmung. Matthias Middell, „Vom allgemeinhistorischen Journal zur spezialisierten Liste im H-Net. Gedanken zur Geschichte der Zeitschriften als Elementen der Institutionalisierung moderner Geschichtswissenschaft", in: Matthias Middell (Hg.), *Historische Zeitschriften im internationalen Vergleich*, Leipzig 1999, 7–31; vgl. Richard Smith, „Can medical journals lead or must they follow?", in: *MJA 183/2005*, 665–668.

7 Vgl. Christina Rohner, „Medizin und Politische Ideologie im Spiegel der Münchener Medizinischen Wochenschrift (MMW) und der Deutschen Medizinischen Wochenschrift (DMW), 1923, 1928, 1933 und 1938", Philosophische Fakultät I der Universität Zürich, Masch.-schr. Doktorarbeit 1995.

8 Martin Middeke, „Medizinische Meilensteine in der DMW", in: *DMW 130/2005,* 2061–2063.

darauf hin, dass trotz unterschiedlicher Positionierungen beide Zeitschriften „um die Anschlussfähigkeit an eine politische Mitte bemüht“ waren.[9]

Die Eingriffe der nationalsozialistischen Pressepolitik waren für die *DMW* insofern gravierend, als die Aufforderung des Beauftragten für die medizinische Fachpresse vom Mai 1933 und die Bestimmung des Schriftleitergesetzes vom Oktober 1933, jüdische Schriftleiter und Herausgeber aus dem Verlag auszuschließen, hier sowohl den Schriftleiter Professor Paul-Oswald Wolff als auch den Verleger Bruno Hauff betrafen, dessen Frau aus einer jüdischen Familie stammte. Wolff hatte bereits Anfang April 1933 die *DMW* verlassen[10], Hauff trennte sich 1934 zum Schein von seiner Frau und sicherte damit das Weiterbestehen des Thieme Verlages unter seiner Leitung. Im Juni 1939 kehrte der zweite Schriftleiter, Professor Reinhard von den Velden, von einer Argentinienreise nicht nach Deutschland zurück.[11] Diese Umstände sowie die Tatsache, dass in der *DMW* zunächst noch Beiträge sogenannter jüdischer Wissenschaftler publiziert wurden[12], erwecken den Eindruck, die Zeitschrift habe zumindest versucht, ihren Stil beizubehalten, dann dem Druck der Gleichschaltung aber nicht standhalten können.

Auf den zweiten Blick hingegen werden Anpassungsleistungen erkennbar. Der neue Schriftleiter Artur Pickhan übernahm bereits im Oktober 1933 die Schriftleitung der „Vereinigung der deutschen medizinischen Fach- und Standespresse“. Dieser Vereinigung stand inzwischen der Reichsbeauftragte für die medizinische Fachpresse Kurt Klare vor.[13] Damit war Pickhan gut in das nationalsozialistisch überformte Pressewesen integriert. Als Radiologe und Leiter des Strahleninstituts im Berliner Cecilienhaus soll er in den 1930er Jahren ermächtigt worden sein, Sterilisationen durch Röntgenstrahlen durchzuführen.[14] Der ab 1939 als Nachfolger von den Veldens benannte Arthur Rühl war beratender Arzt der Luftwaffe.[15] Inwieweit er in dieser

9 Wiebke Lisner, „Fachzeitschriften als Selbstvergewisserungsinstrumente der ärztlichen Profession?“, in diesem Band, 132. Vgl. Sigrid Stöckel, „Medizinjournale – Foren der scientific community oder verlagseigener Publikationspolitik?“, in: Monika Estermann, Ute Schneider (Hg.), *Wissenschaftsverlage zwischen Professionalisierung und Popularisierung* (Wolfenbütteler Schriften zur Geschichte des Buchwesens, Bd. 41), Wiesbaden 2007, 147–166, hier 160.

10 Die Umstände dieser frühen Entlassung sind ungeklärt, denn das am 7.4.1933 erlassene ‚Gesetz zur Wiederherstellung des Berufsbeamtentums’ traf auf Wolffs Stellung als Schriftleiter nicht zu. Vgl. Hans-Peter Kröner, „Die DMW in der Zeit des Nationalsozialismus“, in: *DMW 125/2000,* 642f., hier 642.

11 Christian Staehr, *Spurensuche. Ein Wissenschaftsverlag im Spiegel seiner Zeitschriften 1886–1986*, Stuttgart 1986, 79.

12 Kröner, „Die DMW“ (wie Anm. 10), 642.

13 Helmut Demus, „100 Jahre vereint“, in: *INFO (Mitgliederrundschreiben der Vereinigung der Deutschen Medizinischen Fach- und Standespresse e.V). 3/1994*, 1–5, hier 3. Klare war 1926 in die NSDAP eingetreten und hatte gemeinsam mit dem späteren Reichsärzteführer Gerhard Wagner 1929 den Nationalsozialistischen Deutschen Ärztebund gegründet. Er rief 1931 die nationalsozialistische Ärztezeitschrift *Ziel und Weg* ins Leben, war 1932 Mitherausgeber der Zeitschrift *Hippokrates* und ab 1934 Schriftleiter des *Deutschen Tuberkulose-Blattes* (Beilage der *DMW*). Ernst Klee, *Das Personenlexikon zum Dritten Reich, wer war was vor und nach 1945*, Frankfurt a. M. 2003, 312f.

14 *Reichsmedizinalkalender* 1935, § 294, 97. Klee, *Personenlexikon* (wie Anm. 13), 461.

15 Kröner, „Die DMW“ (wie Anm. 10), 642–643.

Position über die Durchführung von Menschenversuchen informiert war, ist unklar.[16] Eine weitere Schriftleiterposition bot Verleger Hauff 1939 Professor Kurt Klare an und integrierte so den Chefzensor der medizinischen Fachpresse in die Leitung der *DMW*.[17] Der Verlag konnte sein Programm medizinischer Zeitschriften ausbauen[18] und Hauff weiterhin Mitglied des Börsenvereins und der Reichsschrifttumskammer bleiben. Auch in der *DMW* wurden Eugenik und Rassenhygiene ab Juli 1933 thematisiert, dabei aber rassenanthropologische und antisemitische Aussagen vermieden.[19]

Die *MMW* war das finanzielle Zugpferd des rechtskonservativen Verlegers und politischen Aktivisten Julius Friedrich Lehmann, der sich für die Propagierung rassenhygienischer Konzepte einsetzte.[20] Lehmann hatte zu den ersten Anhängern der Nationalsozialistischen Deutschen Arbeiterpartei gehört, sich für ein Erstarken der rechten Bewegung in der Weimarer Republik eingesetzt und 1934 das „goldene Parteiabzeichen" der NSDAP erhalten. Der Schriftleiter der *MMW* von 1885 bis 1929, Bernhard Spatz, teilte die politische Weltanschauung seines Verlegers.[21] Lehmann äußerte nach der Machtübertragung an die NSDAP, er brauche sich und seinen Verlag nicht umzustellen.[22] Sein Neffe und Nachfolger Friedrich Lehmann gehörte von 1933 bis 1945 zu den Funktionsträgern nationalsozialistischer Pressepolitik: als kommissarischer Obmann des Reichsverbandes der Zeitschriftenverleger für das Land Bayern und von 1943 bis 1945 als stellvertretender Fachgruppenleiter für medizinische Verlage.[23] Die *MMW* war nicht von „Säuberungen" betroffen. Hinsichtlich der Papierzuteilung wurde der Verlag zudem sogar bevorzugt. Als im Oktober 1944 nur noch eine gemeinsame medizinische Wochenschrift unter dem Titel *Medizinische Zeitschrift* erschien, in der neben der *DMW* und *MMW* auch die anderen großen me-

16 Klee zufolge soll Rühl an einem Versuch mit dem Nervengift Soman in der Militärärztlichen Akademie Berlin teilgenommen haben. Ernst Klee, *Auschwitz. Die NS-Medizin und ihre Opfer*. Frankfurt a. M. 1997, 203. Fest steht, dass Rühl in engerem Kontakt mit Wilhelm Beiglböck stand, der 1944 im KZ Dachau Versuche über die Trinkbarmachung von Meerwasser durchgeführt hatte, denn Beiglböck verfasste 1955 den Nachruf auf Rühl, siehe Anmerkung 32.

17 Staehr geht davon aus, dass Klare eine schützende Hand über die *DMW* gehalten habe. Staehr, *Spurensuche* (wie Anm. 11), 74–78, 82 sowie auch Otto Spatz, *Erinnerungen aus meinem Leben,* München 1989, 217–220.

18 Vgl. *Arzt und Sport* (1935); *Der Erbarzt* (1934); *Der Öffentliche Gesundheitsdienst* (1935/36); *Geburtshilfe und Frauenheilkunde* (1938).

19 Kröner, „Die DMW" (wie Anm. 10), 643.

20 Paul Weindling, „The Medical Publisher Julius Friedrich Lehmann and the Racialising of German Medicine", in: Sigrid Stöckel (Hg.), *Die ‚rechte Nation' und ihr Verleger. Politik und Popularisierung im J.F. Lehmanns Verlag 1890–1979*, Berlin 2002, 159–206.

21 Mario Heidler, „Biographische Skizze der Familie Lehmann/Spatz", in: Stöckel (Hg.), *Die ‚rechte Nation' und ihr Verleger* (wie Anm. 20), 17–30, hier 21ff.

22 Melanie Lehmann, *Verleger J.F. Lehmann. Ein Leben im Kampf für Deutschland. Lebenslauf und Briefe*, München 1935, 79. Vgl. Brigitte Lohff, Roman Warwas, „‚Man brauchte sich nicht umzustellen...'. Die Monographien im J.F. Lehmanns Verlag von 1933–1945", in: Stöckel (Hg.), *Die ‚rechte Nation' und ihr Verleger* (wie Anm. 20), 207–240, hier 208.

23 „Entnazifizierungsbogen Friedrich Lehmann", Familiengericht München, Akten der Spruchkammer München X, Aktenzeichen 4989/47.

dizinischen Wochenzeitschriften aufgingen, wurde diese von Hans Spatz im J.F. Lehmanns Verlag herausgegeben.[24]

Entsprechend unterschiedlich war die Situation für beide Verlage bei Kriegsende. Die Alliierten befürchteten ein Fortbestehen der nationalsozialistischen Ideologie und beschränkten sich deshalb nicht darauf, das Reichsministerium für Volksaufklärung und Propaganda abzuschaffen, sondern verfügten eine generelle Nachrichtenkontrolle. Die Kontrolle umfasste die Zensur von Militarismus, Rassismus, Nationalsozialismus und Kritik an der Militärregierung. Darüber hinaus durften nur Personen eine aktive Position im Pressewesen und Buchhandel übernehmen, die als Demokraten galten.[25] Nach den genannten Kriterien schien ein Lizenzantrag des J.F. Lehmanns Verlages, dessen Gründer und Inhaber wie beschrieben ein ausgesprochener Verfechter des Nationalsozialismus gewesen war, wenig aussichtsreich. Die Spruchkammer, in der die Entnazifizierungsverfahren der Teilhaber des J.F. Lehmanns Verlags, Otto Spatz und Friedrich Lehmann, verhandelt wurden, verfuhr streng. Da ihr Verfahren jedoch erst Anfang 1948 begann, stand es bereits im Zeichen der zunehmenden Ost-West-Spannungen, die das Konfliktpotential zwischen den westlichen Alliierten und Westdeutschland weniger relevant erscheinen ließen, so dass die Amerikaner auf eine zügige Abwicklung drängten.[26] Friedrich Lehmann und Otto Spatz wurden schließlich lediglich als „Mitläufer“ eingestuft. Dennoch bemühten sie sich erst nach Gründung der Bundesrepublik um eine Lizenz. Die erste Nachkriegsausgabe der *MMW* erschien im März 1950.[27]

Für den Thieme Verlag und die *DMW* sah die Situation 1945 günstiger aus. Leipzig war im April von amerikanischen Truppen eingenommen worden, und vor der Übergabe Sachsens unter sowjetische Verwaltung am 1. Juli 1945 forderte Major Waples als Abgeordneter der *Information Control Division* (ICD) ausgewählte Verlage auf, in die amerikanische West-Zone umzuziehen. Thieme gehörte dazu, und Hauff konnte Leipzig vor dem Einmarsch der sowjetischen Truppen verlassen. Nach der Überprüfung seiner Person, der Verlagslinie und der Mitarbeiter erhielt Hauff am 22. April 1946 in Wiesbaden schließlich die ersehnte Lizenz.[28] Am 10. Mai erschien daraufhin die erste Nachkriegs-*DMW*. Einem Angebot des Stuttgarter Oberbürgermeisters, den Thieme Verlag in Stuttgart zu etablieren, folgte Hauff im Herbst 1946.[29]

24 Sigrid Stöckel, „Neubeginn durch Otto Spatz – Kontinuität oder Wandel?“, in: Stöckel, *Die ‚rechte Nation‘ und ihr Verleger* (wie Anm. 20), 259–304, hier 259f. Bei den anderen großen Wochenschriften handelte es sich um die *Medizinische Klinik*, *Medizinische Welt* und *Wiener Medizinische Wochenschrift*.

25 Zu Aufbau und Organisation der *Information Control Division* vgl. Wolfgang Benz, „Amerikanische Literaturpolitik und deutsche Interessen. Verlagswesen und Buchhandel in Bayern 1945–46“, in: *Zeitschrift f. bayr. Landesgeschichte 42/1979*, 703–731, hier 703–709. Grundlage war die am 12.5.1945 erlassene Abänderung des Gesetzes Nr. 191 vom 24.11.1944. Vgl. Ernst Umlauff, *Der Wiederaufbau des Buchhandels. Beiträge zur Geschichte des Büchermarktes in Westdeutschland nach 1945*, Frankfurt a. M. 1978, 69 sowie Anhang 1491–1494.

26 Besatzungsdirektive JCS 1779. Vgl. Dieter Waibel, *Von der wohlwollenden Despotie zur Herrschaft des Rechts*, Tübingen 1996, 195f.

27 Familiengericht München, Akten der Spruchkammer München X, Aktenzeichen 4989/47. Vgl. Stöckel, „Neubeginn“ (wie Anm. 24), 263–270.

28 Unter dem Sigel US-W-2017. Staehr, *Spurensuche* (wie Anm. 11), 85–88.

29 Staehr, *Spurensuche* (wie Anm. 11), 88–90.

Angesichts des unterschiedlichen Zeitpunktes, zu dem die Wochenschriften jeweils wieder publizieren konnten, sowie der anders gearteten Profile ihrer Verlage liegt die Vermutung nahe, dass die erst 1950 unter den Bedingungen der jungen Bundesrepublik wieder erscheinende *MMW* an ihre früheren politischen Positionen anknüpfte und die vergleichsweise unbelastete *DMW* 1946 einen Neuanfang unternahm. Die Situation war jedoch komplexer: Während Verleger Hauff und seine Familie persönlich unter nationalsozialistischer Verfolgung gelitten hatten, hatte der Verlag von Neugründungen medizinischer Zeitschriften in den 1930er Jahren profitiert, die Kernpunkte nationalsozialistischer Ideologie bedient hatten. Ob und inwiefern sich daraus nach dem Ende des Regimes für die *DMW* ein Wille zur Zäsur ergab, soll im Folgenden zunächst an dem ersten Nachkriegsjahrgang von 1946 und dann 1950, dem ersten Jahrgang nach Gründung der Bundesrepublik, untersucht werden. Ebenso ist zu fragen, ob sich für die Nachkriegs-*MMW* anhand der veröffentlichten Artikel ein eindeutiges politisches Profil feststellen lässt. Die Befunde werden mit den Nachkriegsausgaben des britischen *Lancet* verglichen.

2. Der erste Nachkriegsjahrgang der *DMW*

2.1. Zieldefinition und Selbstverständnis

Die erste Ausgabe der *DMW* begann im Mai 1946 mit einem einseitigen, einspaltig gedruckten Editorial des Verlegers und der Schriftleitung. An die Stelle von Pickhan, Rühl und Klare war der 50-jährige Neurologe Heinz Köbcke als verantwortlicher Schriftleiter getreten. Er hatte 1930 als Assistent von den Veldens bereits an der Herausgabe der *DMW* mitgewirkt. In dem 1964 verfassten Nachruf auf Köbcke wird hervorgehoben, dass dieser seine Ausbildung als Neurochirurg von 1933 bis 1939 außerhalb Deutschlands in Stockholm, den USA, London und Paris absolviert hatte. In seiner Tätigkeit als Vertrauensarzt für Neurologie der Landesversicherungsanstalt Berlin sei er „als politisch unzuverlässig zum Staatsfeind erklärt“ worden, der sich gegen Kriegsende versteckt gehalten und „Naziverfolgten“ geholfen habe.[30] In der Schriftleitung stand ihm der erst 35-jährige Adolf Heinrich zur Seite. Auch er hatte bereits an der Vorkriegs-*DMW* mitgewirkt, indem er als Student Beiträge für den *Praemedicus* verfasste. Heinrich gehörte zu den Schülern des Internisten und Geriaters Max Bürger, war befreundet mit dem Umweltforscher und Biologen Jakob von Uexküll und dem 1937 aus dem Amt verwiesenen und 1945 rehabilitierten Physiologen Albrecht Bethe.[31] Die Wahl dieser Schriftleiter erweckt den Eindruck eines bewussten Neuanfangs. Die „Schriftwalter“ bis 1944, Rühl und Pickhan, wurden 1946 mit keinem Wort erwähnt. Erst in Nachrufen und Jubiläumsartikeln 1955 und 1957 wurden sie als Schriftleiter der *DMW* „in schwerer Zeit“ gewürdigt.[32] Im Nach-

30 Georg P.F. Katz, „Heinz Koebcke 1895–1969“, in: *DMW 94/1969*, 2701f.

31 Albrecht Bethe, „Adolf Heinrich zum Gedächtnis“, in: *DMW 71/1946*, 271f. Vgl. Art. „Bethe, Albrecht“, in: *Biographische Enzyklopädie deutschsprachiger Mediziner Bd. 2*, hg. von Dietrich von Engelhardt, München 2002, 52.

32 Arthur Rühl hatte die Medizinische Klinik in Prag 1945 nicht verlassen und geriet bis 1953 in russische Kriegsgefangenschaft. 1954 übernahm er die Medizinische Fakultät Münster. Vgl. Wil-

ruf auf Kurt Klare aus dem Jahre 1954 wurden lediglich seine Leistungen als Tuberkuloseforscher genannt.[33]
Nach Heinrichs überraschendem Tod im November 1946 wurden neben Koebcke die Internisten Kurt Beckmann und Fritz Lange Schriftleiter. Beckmann hatte lange mit Hermann Straub zusammengearbeitet[34], der im November 1936 gegen die Überlassung von Krankenblättern an staatliche Gesundheitsämter und damit indirekt auch gegen die gängige Praxis der Zwangssterilisierungen protestiert hatte.[35] Lange hingegen hatte zu den beratenden Internisten des Heeres gehört[36] und dürfte in diesem Kontext über Menschenversuche informiert gewesen sein.

Im Editorial der Neuausgabe beklagten Verleger und Schriftleitung, dass durch das eineinhalbjährige Nichterscheinen der Zeitschrift seit Oktober 1944 die deutsche Ärzteschaft den Anschluss an die ausländische Forschung verloren habe.[37] Um diese Lücke zu schließen, wurden Überblicksreferate über neue Forschungsgebiete sowie ein „gut geleiteter Literaturbericht“ angekündigt, der „in zunehmendem Maße die ständige Verbindung unserer Leser mit dem Geschehen in der medizinischen und naturforschenden Welt wahren“ solle. Dass sich die Berichterstattung über die internationale Forschung bereits in den letzten Kriegsjahren auf die Schweiz und Frankreich beschränkt hatte[38], blieb unerwähnt. Eine positive Zäsur wurde im Ende der Nachrichtenkontrolle der Alliierten gesehen, von der die *DMW* nur vergleichsweise kurz betroffen worden war. Im Editorial fand sich ebenso wenig eine Distanzierung von medizinischen Forschungen im Nationalsozialismus wie von nationalsozialistischer Pressepolitik.

Um zu entscheiden, ob diese Haltung spezifisch für die *DMW* oder für die unmittelbare Nachkriegszeit war, werden Aussagen anderer Wochenschriften in der Chronologie ihres Wiedererscheinens zum Vergleich herangezogen. Auch die ab Juli 1946 herausgegebene *Ärztliche Wochenschrift* und die im Oktober 1946 wieder erscheinende *Klinische Wochenschrift* sahen ihre Aufgabe in „Erörterung und Austausch praktisch-ärztlicher Probleme“[39] sowie der Möglichkeit für jeden Arzt, „am Mei-

helm Beiglböck, „Arthur Rühl zum Gedächtnis“, in: *DMW 80/1955,* 694f. Artur Pickhan konnte als Chef der Röntgen-Radium-Abteilung des Cecilienhauses in Berlin nach dem Krieg nicht an seine Wirkungsstätte zurückkehren und richtete ein privates Röntgeninstitut ein. Niels Poczka, „Professor Artur Pickhan zum 70. Geburtstag“, in: *DMW 82/1957,* 158.

33 Hellmuth Deist, „Prof. Dr. med. Kurt Klare †“, in: *DMW 79/1954,* 1390. Klare habe auch „die Konstitution“ berücksichtigt – eine Aussage, mit der offen blieb, ob er die Relevanz der Erbfaktoren oder die individuelle Pathogenese betont hatte.

34 Fritz Lange, „Professor Dr. Kurt Beckmann zum Gedächtnis“, in: *DMW 81/1956*, 83.

35 Vgl. Ulrich Beushausen u. a., „Die Medizinische Fakultät im Dritten Reich“, in: Heinrich Becker u.a. (Hg.), *Die Universität Göttingen unter dem Nationalsozialismus,* 2. Aufl. München 1998, 183–286, hier 215f.

36 Hans Hermann Bennhold, Hermann Krauss, Hans Köbcke, „In memoriam Professor Fritz Lange“, in: *DMW 86/1961,* 1447–51.

37 *DMW 71/1946*, 1.

38 Stichproben für 1938 und 1943 ergaben, dass 1938 pro Ausgabe im Literaturteil durchschnittlich insgesamt 45 Zeitschriftenartikel referiert wurden, darunter sieben ausländische (auch britische und amerikanische); 1943 fanden sich pro Doppelheft insgesamt 70 Literaturberichte, davon durchschnittlich sieben ausländische, allerdings nur aus der Schweiz und Frankreich.

39 *Ärztliche Wochenschrift 1/1947*, 1, editorische Notiz.

nungsaustausch teilzunehmen".[40] Anders als die *DMW* zählte die *Ärztliche Wochenschrift* jedoch das Verhalten der Ärztekammern im Nationalsozialismus zu den praktisch-ärztlichen Problemen und kritisierte dieses in einem Artikel der ersten Ausgabe im Juli 1946 entschieden.[41]

Versuche einer Distanzierung von der jüngsten Vergangenheit finden sich erst in den medizinischen Zeitschriften des Jahres 1947. „Nach einer Weltkatastrophe ohne Beispiel" und einer „Not ohne Ausmaß" wurden im Januar 1947 „Strahlen der Hoffnung aus dem unversiegbaren Quell des Geisteslebens" in Aussicht gestellt. Altes, erprobtes und „gereinigtes" Wissen solle in dem „harmonischen Weltbau edelster hilfreicher Menschlichkeit" zusammengeführt werden.[42] An die Stelle „sinnlosester Vergeudung und Vernichtung" solle „Gründlichkeit und Forscherfleiß, Aufrichtigkeit und Bekenntnismut, Selbstkritik und Sachlichkeit" treten.[43] Diese Metaphorik von Katastrophe und Rückkehr zu asketischen Idealen stand vermutlich im Zusammenhang mit Veröffentlichungen aus dem Nürnberger Ärzteprozess, der im Dezember 1946 begonnen hatte.

Im Jahre 1946 sahen demnach auch andere medizinische Wochenschriften ihre Hauptaufgabe in der Wissensvermittlung. Eine moralische Reflexion mit einer entsprechenden Erklärung der Schriftleiter oder Herausgeber gehörte nicht zu den Anforderungen der Lizenzierungsverfahren in der amerikanischen oder britischen Besatzungszone. Wenn überhaupt, wurden derartige Äußerungen eher 1947 publiziert. Ihr weitgehendes Fehlen sowie die explizite Beschränkung auf wissenschaftliche Forschung blieben allerdings für die *DMW* auch in den nächsten Jahren bemerkenswert.

Als explizites Gestaltungsinstrument der Schriftleitung wurde die Bereitstellung bestimmter Rubriken angekündigt. Ihre Analyse wird im Folgenden der Auseinandersetzung mit den Inhalten der Artikel vorangestellt.

2.2. Rubriken als Gestaltungsmittel – Wissenschaft fernab von Politik?

Infolge der Papierknappheit erschien die *DMW* von Mai 1946 bis März 1947 nur einmal monatlich, dann vierzehntägig und erst ab 1948 wieder wöchentlich. Auffällig war nicht nur die geringere Seitenzahl, sondern auch die beschränkte Anzahl der Rubriken. Nahezu 70 Prozent der Beiträge erschienen unter „Klinik und Forschung". Der Literaturbericht nahm mit knapp 15 Prozent des Seitenumfangs wenig Raum ein – eine Folge der geringen Anzahl medizinischer Fachjournale und somit fehlender Veröffentlichungs- und Rezensionsmöglichkeiten. Jeder Literaturbericht begann mit einer Darstellung der ausländischen Presse, insbesondere mit Artikeln aus dem *Journal of the American Medical Association (JAMA)*, dem *British Medical Journal (BMJ)* und dem *Lancet*, gefolgt von ausgewählten Beiträgen deutscher medizinischer Zeitschriften. Die Sonderstellung der ausländischen Presse endete im Oktober 1946 damit, dass

40 *Klinische Wochenschrift 24, 25/1946*, 1. Beide Zeitschriften erschienen im Springer Verlag.

41 Elisabeth Franck, Wolfgang Heubner, Thure von Uexküll, „Der Arzt an Deutschlands Schicksalswende", in: *Ärztliche Wochenschrift 1/1946,* 30–32.

42 O.V., „Zum Geleit" (Editorial), in: *Deutsche Medizinische Rundschau 1/1947,* 1–2. Die Rundschau war das Publikationsorgan der ärztlichen Akademie in Köln.

43 O.V., „Besinnung und Konzentration" (Editorial), in: *Ärztliche Forschung 1/Juni 1947*, 1–2.

die deutschen und ausländischen Artikel unter thematischen Überschriften wieder gemeinsam präsentiert wurden.

Insgesamt 5 Prozent des Raumes wurde von Fortbildung ausgefüllt („Fortbildung und Praxis“ sowie „Fragekasten“). „Gedenktage“ (Jubiläen und Nachrufe) sowie „Kleine Mitteilungen“ verteilten sich auf jeweils 2 bis 3 Prozent des Platzes insgesamt. Nur ein Artikel über eine Reform des Medizinstudiums erschien unter der Rubrik „Berufs- und Standesangelegenheiten“. Weitere Bereiche waren nicht mehr vertreten. Da die Rubriken in der Weimarer Republik eine deutliche und zunehmende Diversifikation gezeigt hatten[44], konnte die Reduktion möglicherweise eine Folge eingeschränkter Gestaltungsfreiheit im Nationalsozialismus gewesen sein.

Ein Blick auf den Jahrgang 1943 der *DMW* und *MMW* zeigt hingegen für die *DMW* eine Vielfalt an Rubriken, während die *MMW* das Hauptgewicht auf „Klinik und Forschung“ legte.

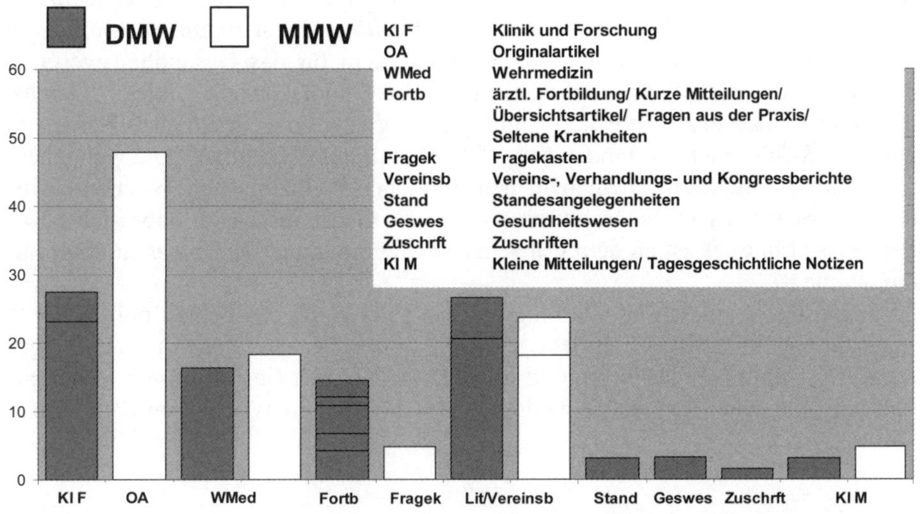

Diagramm 1: Rubriken in DMW und MMW 1943 (Anzahl der Spalten in Prozent)

In der *DMW* nahmen „Klinik und Forschung“ gemeinsam mit „Forschungsberichten“ 1943 nur knapp ein Drittel des Umfangs ein, während die *MMW* den Originalartikeln zu Klinik und Forschung fast die Hälfte des Raumes widmete. Neben einem ungefähr gleichen Anteil beider Zeitschriften an ‚Wehrmedizin‘ bot die *DMW* ihren Lesern ein detailliertes Angebot an Fortbildungsartikeln (in den 1920er Jahren war dieser Bereich eine Domäne der *MMW* gewesen) sowie Artikel zu „Standesangelegenheiten“ und „Gesundheitswesen“ (jeweils 3 Prozent), die in der *MMW* nicht mehr zu finden waren. Ergänzt wurden die Rubriken der *DMW* um „Seltene Krankheiten“, „Prognosen“, „Arzneien“ u. a. m. Unter der Rubrik „Zuschriften“ wurden auch Leserbriefe

44 Vgl. den Beitrag von Wiebke Lisner in diesem Band.

veröffentlicht, so dass während des Krieges für die *DMW* insgesamt der Eindruck einer Erweiterung der Berichte und Kommunikationsmöglichkeiten vorherrscht.[45]

1946 fehlen diese Rubriken. Obwohl durch das Nichterscheinen des *Deutschen Ärzteblatts* eine Lücke in der Berichterstattung über „Standesangelegenheiten“ entstanden war, die erst 1949 mit den *Ärztlichen Mitteilungen* wieder geschlossen werden konnte, gab es 1946 keine entsprechende Rubrik in der *DMW*. Der Verzicht auf standes- und gesundheitspolitische Artikel ist möglicherweise als eine weitere Ausdifferenzierung des Mediums medizinische Wochenschrift in „politikferne“ Wissenschaftsorgane einerseits und standespolitische Blätter andererseits zu interpretieren.[46] Der Vergleich mit den anderen großen deutschen medizinischen Wochenschriften ergibt kein einheitliches Bild. Die ab Oktober 1946 wieder erscheinende *(Berliner) Klinische Wochenschrift* als Organ der Gesellschaft Deutscher Naturforscher und Ärzte beschränkte sich ebenso wie die DMW auf Berichte über Klinik und Forschung, die Ärztliche Wochenschrift hingegen publizierte auch regelmäßig Beiträge in der Rubrik „Öffentliches Gesundheitswesen“. Ein explizites Bekenntnis zu „politischer Information zur Förderung politischen Engagements von Ärzten“ fand sich in der *Klinik und Praxis*, dem Nachfolgeorgan der *Medizinischen Klinik*. Es stammte jedoch nicht aus einem Vorwort der Schriftleitung, sondern von dem für das Gesundheitswesen der amerikanischen Besatzungszone zuständigen US-Major Marvin Linick.[47] Auch in dieser medizinischen Zeitschrift, die ab Oktober wieder unter ihrem alten Namen *Medizinische Klinik* erschien, fanden sich 1946 jedoch nur Fachartikel. Die weitgehende Abwesenheit politischer Themen in den deutschen medizinischen Wochenschriften der Nachkriegszeit legt die Vermutung nahe, das Genre insgesamt habe sich gewandelt. Dieser Eindruck ist an dem britischen Medizinjournal *The Lancet* zu überprüfen (s. u., Punkt 3).

Vor diesem Vergleich ist allerdings zu analysieren, ob das Fehlen politischer Berichterstattung mit einem Verzicht jeglicher politischer Stellungnahme einherging, und falls nicht, in welcher Form und in welchem Kontext sie den Lesern in einer explizit auf politische Themen verzichtenden medizinischen Wochenschrift präsentiert wurden.

2.3. Politische Inhalte: Von der Abgrenzung gegen die „Sturmflut des Grauens” zur Umdeutung und Kontinuität

Wie bereits beschrieben, war in der *DMW* 1946 kein Raum für standes-, gesundheits- oder tagespolitische Themen definiert. Die ersten beiden Ausgaben vom Mai und Juni 1946 begannen jedoch mit je einem Originalartikel, in dem eine Deutung der unmittelbaren Vergangenheit und eine Orientierung für die aktuelle Medizin vorgelegt wurde: „Besinnung und Grenzen des Rationalen“ von Bernhard de Rudder und „Medizin und Psychologie“ von Willi Hellpach. Der Pädiater, Klima- und Seuchenforscher de Rudder und der erste deutsche Professor für Psychologie sowie Völker- und

45 Eine genauere Analyse dieses Zeitraums ist in Bearbeitung.

46 Vgl. Gerlind Rüve, „Vom ‚personal mouthpiece’ zur medizinischen Fachzeitschrift“, 49.

47 *Klinik und Praxis* 1/1946, 1. Zu Linick vgl. Alex Grobman, *Rekindling the Flame. American Jewish Caplains and the Survivors of European Jewry, 1944–1948*, Detroit 1993, 174.

Sozialpsychologie Hellpach hatten sich beide zu unterschiedlichen Zeiten mit Geopsyche (Hellpach 1911) und dem Grundriss einer Meteorobiologie des Menschen (de Rudder 1938) beschäftigt und gehörten zu den Medizinern, die in großen Zusammenhängen dachten und einen umfassenden Deutungsanspruch hatten. De Rudder war 1945 als unbelastete Persönlichkeit zum Dekan der Universität Frankfurt/Main ernannt worden.[48] Bei der Nominierung waren seine Forschungskontakte zu Otmar von Verschuer, der im KZ Auschwitz-Birkenau Versuchspersonen mit Krankheitserregern hatte infizieren lassen, um den Einfluss der Rasse auf Infektionen zu untersuchen, nicht hinderlich gewesen.[49] Zu den Autoren der *DMW* gehörte er allerdings erst seit 1946.[50] Hellpach hatte sich bis 1924 als Schriftleiter der *Ärztlichen Mitteilungen* für die standespolitischen Forderungen engagiert und sich auf Landes- und Reichsebene für eine konservative Demokratie eingesetzt, in der „echte Führerqualität“ über dem Parlament stehen sollte. Damit war er zum Sprachrohr eines Großteils der Ärzteschaft geworden.[51]

Beide Artikel zeigen eine ähnliche Argumentation. De Rudder fragt, welche geistige Grundströmung unter Menschen „einer hohen Zivilisation“ vorhanden sein musste, damit „eine plötzliche Massenaustilgung von Menschenleben in einer alle bisherigen hominiden Maßstäbe zermalmenden Sturmflut des Grauens“ geschehen konnte. Die Wurzel des Übels sah er in „einem bis in äußerste Konsequenzen fortgedachten Rationalismus“, den „der deutsche Arzt in seiner Gesamtheit (...) abgelehnt (...) und durch passiven Widerstand“ gemildert habe. Notwendig sei, die Grenzen des Rational-Wissbaren und damit die Grenzen der Verfügbarkeit menschlichen Lebens demütig anzuerkennen. Wenn damit ein Beitrag zur „geistigen Neuorientierung“ gelänge, sei „das Letztvergangene ‚nur ein Gleichnis‘, wenn auch ein blutüberströmtes“.[52] Damit waren die Folgen unmenschlichen medizinischen Handelns zwar als Katastrophe beschrieben, im selben Moment jedoch als „Gleichnis“ relativiert – als sei noch nichts Schwerwiegendes geschehen, sofern jetzt eine „geistige Neuorientierung“ einsetze. Gegenstand der Besorgnis waren nicht die Opfer, sondern das Bewusstsein der Mediziner. Ähnlich sprach Hellpach in seinem viereinhalb Seiten langen Artikel über „Medizin und Psychologie“ von „gewalttätigen Vorstößen gegen das ärztliche Ur-Ethos mit den Werkzeugen euthanasischer Ausmerze“ und damit von Patientenmorden, die von Medizinern legitimiert oder durchgeführt worden waren.

48 Notker Hammerstein, *Die Johann Wolfgang Goethe-Universität Frankfurt am Main. Von der Stiftungsuniversität zur staatlichen Hochschule Bd. 1, 1914–1950*, Frankfurt a. M. 1989, 348.

49 Esther Krähwinkel, „Hochschulmedizin nach 1945 – Kontinuität und Neuanfang. Bericht über ein Symposium der Arbeitsgruppe Medizin im Nationalsozialismus am Fachbereich Medizin der Philipps-Universität Marburg und der Hessischen Landeszentrale für politische Bildung“, in: *Berichte zur Wissenschaftsgeschichte 21/1998*, 65–67, hier 66.

50 Vgl. die Literaturliste bei Carl Bennhold-Thomsen, „In memoriam Professor Bernhard de Rudder”, in: *European Journal of Pediatrics 87/1962,* I–X.

51 Hellpach war Mitglied der Deutschen Demokratischen Partei (DDP), 1922–24 badischer Kultusminister; 1925 kandidierte er für den Posten des Reichspräsidenten und gehörte von 1928 bis 1930 dem Reichstag an. Hans Neuffer, „Professor Dr. phil. Dr. med. Willi Hellpach †“, in: *DMW 80/1955,* 1363. Vgl. Christian Jansen, „Antiliberalismus und Antiparlamentarismus in der bürgerlich-demokratischen Elite der Weimarer Republik. Willy Hellpachs Publizistik der Jahre 1925–1933“, in: *ZfG 49/2001,* 773–795.

52 Bernhard de Rudder, „Besinnung auf Grenzen des Rationalen“, in: *DMW 71/1946,* 2–4.

Auch bei Hellpach klingt es allerdings so, als sei die Medizin attackiert worden und zu Schaden gekommen. Als Ausweg bezeichnete er die Rückkehr zur „psychologischen Urbeziehung zwischen dem Arzt und dem Kranken", die über eine reine „Heiltechnik" hinausgehe.[53]

Die herausragende Positionierung der beiden Artikel am Beginn der Rubrik „Klinik und Forschung" zeigt, dass die Situation der Medizin von der Schriftleitung als problematisch wahrgenommen wurde und die präsentierten Interpretationsversuche brauchbar erschienen. Insbesondere de Rudder hatte für die Auseinandersetzung über Medizinverbrechen eine Basis geschaffen, auf der es nicht um zurechenbare Schuld und Verantwortung ging, sondern um einen inneren Prozess der „Neuorientierung".

In den „Verhandlungsberichten" der Ausgabe vom 13. September 1946 wird deutlich, wie groß die Resonanz auf de Rudders Artikel war. Der Vorsitzende der Frankfurter medizinischen Gesellschaft, Franz Volhard, bezog sich in seiner Eröffnungsrede explizit auf de Rudders Artikel: Die Ehrfurcht vor dem Menschenleben sei „unter völliger Amoralität unserer Führung verloren gegangen" und die Ursachen dieser Entartung der Politik auf einen „bis in äußerste Konsequenz fortgedachten Rationalismus" zurückzuführen.[54] Mit Volhard, der 1938 als Direktor der Frankfurter Universitätskliniken zwangsemeritiert und 1945 als 73-jähriger von der amerikanischen Militärregierung wieder eingesetzt worden war[55], schloss sich ein Mediziner de Rudders Deutung an, der unter dem Regime gelitten hatte. Neben Volhards inhaltlicher Übereinstimmung fällt auf, dass er de Rudders Text fast wörtlich zitiert. Offensichtlich war sein Artikel aufmerksam gelesen worden, das Medium Medizinische Wochenschrift wurde als relevantes Kommunikationsforum innerhalb der westdeutschen Ärzteschaft genutzt.

Der Text „Besinnung und Grenzen des Rationalen" wurde im Nachruf auf de Rudder gemeinsam mit seinen Fachbüchern genannt.[56] Auf der Grundlage seiner Argumentation konnte die Auseinandersetzung über die jüngste Vergangenheit frei bleiben von der Frage nach Schuld und Verantwortung. Gleichzeitig entsprach seine Haltung einer auch in politisch-kulturellen Medien verbreiteten „Sicht nach innen", einer Abwendung von der (politischen) „Macht", die Deutschland ins Verderben geführt hatte, und eine Hinwendung zu Geist und Moral, die in bildungsbürgerlichen Denkhorizonten verwurzelt war und einherging mit einer Rückbesinnung auf den „Kanon bürgerlicher Tugenden" wie Demut, Mäßigung und Technikkritik.[57]

Politische Auseinandersetzungen erschienen den Schriftleitern der *DMW* für eine Neuorientierung eher kontraproduktiv. Weder die Nürnberger Prozesse als politisches Ereignis noch der Verlauf des Ärzteprozesses wurden in der Zeitschrift erwähnt. Als Alexander Mitscherlich 1947 anbot, die im Auftrag der Westdeutschen Ärztekammer erstellte Dokumentensammlung des Nürnberger Ärzteprozesses in der *DMW* zu ver-

53 Willy Hellpach, „Medizin und Psychologie", in: *DMW 71/1946,* 41–45, hier 44.

54 *DMW 71/1946,* 2–4.

55 Art. „Volhard, Franz", in: *Biographische Enzyklopädie deutschsprachiger Mediziner Bd. 2* (wie Anm. 31), 656.

56 Adolf Windorfer, „Professor Dr. Bernhard de Rudder (1894–1962) †", in: *DMW 87/1962,* 1164–1166, hier 1165. De Rudder wurde in den Beirat der *DMW* und der *Medizinischen Klinik* gebeten; ab 1949 war er Vorsitzender des Fachausschusses Medizin der Deutschen Forschungsgemeinschaft. *Munzinger-Archiv, Internationales Biographisches Archiv 24/1962 vom 4. Juni 1962.*

57 Vgl. Laurien, *Politisch-kulturelle Zeitschriften* (wie Anm. 5), I–IV, 112–121, 162–65.

öffentlichen, lehnte Schriftleiter Köbcke ab. Die *DMW* wolle dem praktischen Arzt klinische Forschungsergebnisse vermitteln und ihm in der Behandlung seiner Patienten helfen. Einer Veröffentlichung sei nur zuzustimmen, wenn es sich um „eine Auseinandersetzung mit den sog. ‚wissenschaftlichen Methoden' der Naziärzte und der Sinnlosigkeit ihrer Experimente“ handelte.[58]

Die hier geforderte Haltung wurde jedoch in der *DMW* nicht vertreten, die Sinnlosigkeit der Experimente gerade nicht dargestellt. In Berichten über wissenschaftliche Fortschritte wurde auf Ergebnisse zurückgegriffen, die durch Menschenversuche an Opfern des Nationalsozialismus gewonnen wurden. Dabei wurden Humanexperimente als Grundlagenforschung dargestellt, die bei der Bewältigung gegenwärtiger Probleme unabdingbar sei und deren humanitärer Wert für die Menschheit außer Frage stehe. Der Göttinger Gynäkologe Heinrich Martius berichtete in der dritten Ausgabe der *DMW* vom 12. Juli 1946 über „Fluchtamenorrhöe“. Jüngere verheiratete Frauen „mit normaler sexueller Konstitution“ klagten zunehmend über das Ausbleiben der Periode, ohne dass eine Schwangerschaft vorlag. Angesichts ihrer Lebenssituation liege es nahe, von einer Störung der Sexualfunktion durch Umwelteinflüsse auszugehen, wie sie in der Literatur beschrieben sei. Von besonderer Wichtigkeit seien die Arbeiten von Hermann Stieve, der zur Feststellung psychischer Noxen auf die Sexualfunktion „Gelegenheit hatte, anatomische Untersuchungen an den Keimdrüsen auszuführen“. Stieve hatte – was Martius nicht erwähnte – seine bereits 1924 begonnenen Studien bestätigt gefunden, als er zum Tode verurteilte Opfer der NS-Justiz obduzierte. Die Eierstöcke der Frauen enthielten keine reifen Follikel mehr, nachdem ihnen ihre Hinrichtung angekündigt worden war.[59] Daraus ergebe sich, dass das Nervensystem der höheren Lebewesen kaum einen Teil des Körpers so tiefgreifend störe wie die Keimdrüsen, was wiederum in der Gegenwart ein bezeichnendes Licht auf die Auswirkung der Flucht aus der Heimat in die Fremde werfe. Martius schloss mit den Worten: „Wenn nicht geholfen wird, müssen wir damit rechnen, dass die Schäden irreparabel werden und viele Frauen ihre Fortpflanzungsfähigkeit einbüßen“. Unter Literatur sind von Stieve je ein Artikel von 1940 in der *DMW* und von 1942 in der *Medizinischen Klinik* verzeichnet[60] sowie „andere Arbeiten“, die Martius nicht nannte.[61]

Welche Implikationen es hatte, über die neue wissenschaftliche Erkenntnis zu berichten, ohne die Bedingungen ihrer Gewinnung zu nennen, wird auch in einem Artikel des Tropenmediziners Walter Kikuth vom 13. September 1946 deutlich. Kikuth war 1946 kommissarischer Leiter des Hygiene-Instituts der Medizinischen Akademie

58 „Brief Heinz Köbckes an Wolfgang Spamer vom 17.1.1947“, in: *Alexander Mitscherlich Archiv, II 2/87.1*, sowie an Alexander Mitscherlich vom 24.2.1947, in: *Alexander Mitscherlich Archiv, II 2/87.4*, zitiert nach Jürgen Peter, „Unmittelbare Reaktionen auf den Prozeß“, in: Angelika Ebbinghaus, Klaus Dörner (Hg.), *Vernichten und Heilen*, Berlin 2002, 452–475, hier 457f.

59 Udo Schagen, „Die Forschung an menschlichen Organen nach ‚plötzlichem Tod' und der Anatom Hermann Stieve (1886–1952)“, in: *Bildung für Berlin. Berliner Wissenschaftseinrichtungen in der NS-Zeit*, hg. von der Senatsverwaltung für Bildung, Wissenschaft und Forschung, Berlin 2. Aufl. 2007, 57–74, hier 62–64.

60 Hermann Stieve, „Nervös bedingte Veränderungen an den Geschlechtsorganen“, in: *DMW 66/1940,* 926–928; ders., „Die zentralnervöse Steuerung der Geschlechtsorgane“, in: *Med. Klinik 38/1942,* 1–3, 36–38.

61 Heinrich Martius, „Fluchtamenorrhöe“, in: *DMW 71/1946,* 81–84.

Düsseldorf und als Malariaforscher im In- und Ausland geschätzt. In dem Artikel bedauert er, dass „eine unvorstellbar große Zahl von Menschenleben den Fortschritten der Wissenschaft und Technik zum Opfer gefallen“ sei – eine „für den Arzt und Forscher tief deprimierende“ Erkenntnis. Die Opfer, „die die Menschheit durch die hereinbrechende Katastrophe“ zu bringen hatte, wären ohne die medizinischen Fortschritte aber noch größer gewesen, und die Erfolge in der Malariabekämpfung seien von internationalem Wert. „Trotz Krieg und Tod“ sei in Deutschland mit dem Ziel gearbeitet worden, dass „letzten Endes Gesundheit und Glück den Sieg davontragen“.[62] Kikuth erwähnte nicht, dass das von ihm als Leiter der Chemotherapeutischen Abteilung der IG Farben entwickelte Serum an malaria-infizierten Psychiatriepatienten erprobt worden war und er selbst die klinische Prüfung zum „erweiterten Laborversuch“ erklärt hatte, als keine Versuchstiere mehr verfügbar waren.[63]

Die Umstände der Versuche und die Todesfälle, die Kikuth und andere Tropenmediziner oder Psychiater durch die Infizierung von Versuchspersonen verursacht hatten, blieben für die Leser der *DMW* unsichtbar. Sie wurden dem humanitären Ziel der Medizin so konsequent untergeordnet, dass Leiden und Tod der Versuchspersonen gegenüber dem „Gewinn für die Menschheit“ zu einer unbedeutenden Begleiterscheinung wurden.

Die Fokussierung auf die Ergebnisse der Wissenschaft, die kontextfrei und damit entpolitisierend dargestellt wurden, korrespondierte mit der De-Thematisierung politischer Bereiche in der Erstellung der Rubriken. Dadurch, dass politische Themen weitgehend ausgeklammert wurden, fand kaum eine öffentliche Auseinandersetzung mit den Bedingungen von Wissenschaft statt. Die von der Schriftleitung vorgenommene Stilisierung der *DMW* als „unpolitisch“ war eine bewusste politische Entscheidung, die sowohl mit der Situation im besetzten Deutschland als auch mit dem Bedürfnis der deutschen Ärzteschaft korrelierte.

62 Walter Kikuth, „Erfolge in der Seuchenbekämpfung“, in: *DMW 71/1946*, 161–163f. Vgl. Art. „Kikuth, Walter“ in: *Biographische Enzyklopädie deutschsprachiger Mediziner Bd. 1* (wie Anm. 31), 327.

63 Stelbrink weist darauf hin, dass die Psychiatriepatienten aus therapeutischen Gründen mit Malaria infiziert worden waren, die Experimente mit Kikuths Therapeutika entsprechend als Heilversuche zu werten seien und sie von dem Psychiater Franz Sioli und nicht von Kikuth selbst durchgeführt worden waren. Vgl. Silke Stelbrink, „Walter Kikuth und das Hygiene-Institut an der Medizinischen Akademie Düsseldorf“, in: Wolfgang Woelk u. a. (Hg.), *Nach der Diktatur. Die medizinische Akademie Düsseldorf nach 1945*, Essen 2003, 303–322, hier 308–315. Dagegen betont Weß, dass die Heilversuche sich zunehmend zu wissenschaftlichen Versuchen wandelten, die insbesondere an Psychiatriepatienten vorgenommen wurden. Insbesondere die Prophylaxe-Versuche beinhalteten für sie keinerlei Nutzen. Den Forschern war bekannt, dass Psychiatriepatienten in Tötungsanstalten verbracht wurden. Vgl. Ludger Weß, „Menschenversuche und Seuchenpolitik – Zwei unbekannte Kapitel aus der Geschichte der deutschen Tropenmedizin“, in: *1999. Zeitschrift für Sozialgeschichte des 20. und 21. Jahrhunderts, 7/1993,* 10–50, hier 22f., 27–30.

3. Kriegsende und Nachkriegssituation im *Lancet*: Medizin im gesellschaftspolitischen Kontext

Wie Wiebke Lisner in diesem Band darstellt, unterschieden sich die britischen *medical journals* in ihrem Aufbau von den deutschen medizinischen Wochenschriften grundlegend dadurch, dass sie neben den Originalartikeln aus Klinik und Forschung einen umfangreichen Editorial-Teil und „Letters to the Editor" aufwiesen. Daran änderte sich auch nach dem Krieg und einem 1944 vollzogenen Schriftleiterwechsel von Egbert Coleby Morland zu Theodore Fox nichts. Wie für die Schriftleiter des *Lancets* bekannt, gehörte auch Fox bereits lange vor seiner Ernennung zur Redaktion und schien mehr geneigt, das Profil zu bewahren als zu verändern.[64] Die Editorial-Rubriken „Leading Articles", „Annotations" und „Special Articles" finden sich in unveränderter Prominenz und Spaltenzahl (vgl. Diagramm 2).

Der in der *DMW* zu beobachtende Verzicht auf Rubriken, die das gesellschafts- und sozialpolitische Umfeld der Medizin thematisieren, findet keine Entsprechung im *Lancet*. Die nahezu ausschließliche Fokussierung der deutschen Wochenschrift auf „Klinik und Forschung" kann nicht auf eine Orientierung an der britischen Zeitschrift zurückgeführt werden. Veränderungen im *Lancet* betrafen die Themen der Originalartikel, die ab 1945 kaum noch Militärmedizin behandelten.[65] Rubriken wurden den aktuellen Mitteilungsbedürfnissen angepasst. So finden sich ab 1945 unter „Reconstruction" und unter „Towards Social Security" Informationen zum Wiederaufbau des Gesundheitswesens und den geplanten *National Health Service* (NHS), der auch unter „Parliament" und „Leading Articles" thematisiert wurde. Unter „Annotations" wurde neben medizinischen Themen über „Chemical Warfare Research in USA"[66] oder „The Position of the Blood Donor"[67] informiert. In den „Leading Articles" verband die Schriftleitung Information und Kommentar, z. B. zu „Bombs on Germany" oder „Nuclear Physics in medicine".[68]

Artikel über politische und gesellschaftliche Kontexte medizinischer Tätigkeit waren offensichtlich konstitutiv für das Genre der *medical weeklies*. Der von Gerlind Rüve beschriebene Unterschied in Funktion und Selbstverständnis deutscher medizinischer Fachzeitschriften, die ihre Aufgabe hauptsächlich in der Wissensvermittlung sahen, gegenüber britischen *medical journals*, die sich bereits bei ihrer Gründung im 19. Jahrhundert als Publikationsorgane mit einer gesellschaftlichen Funktion als *reformist medical newspaper* verstanden hatten[69], ist auch in der Nachkriegszeit festzustellen.

Ein expliziter Kommentar zum Kriegsende fand sich in dem *leading article* „An End and a Beginning" nach dem Abwurf der Atombombe auf Hiroshima. Der Beitrag britischer Wissenschaftler zur Entwicklung der Kernspaltung wurde ebenso wie die

64 Peter Kandela, „The Editors", in: *Lancet 352/1998*, 1141–1143.

65 So auch Philippe Selvais, M. Hermanns, „The One Fixed Point in a Changing Age. An Analysis of Half-Secular Trends among Original Papers Published in the Lancet 1945–95", in: *Acta Clinica Belgica 59, 2/2004,* 79–83.

66 *Lancet 250/1946*, 98.

67 Ebd., 786f.

68 Ebd., 95f.; *Lancet 248/1946*, 92f.

69 Rüve, „Vom ‚personal mouthpiece' zur medizinischen Fachzeitschrift", in diesem Band, 68f.

Entdeckung des Penicillins und der Sulfonamide gelobt. Betont wurde, dass die Briten nicht für den Einsatz der Bombe verantwortlich waren. Von größtem Wert sei die Einigkeit der Nation:

> „Never in history we have been so united in purpose, our fortunes been in abler hands, our forces been so well led, our wounded been so skillfully or successfully cared for. (…) We have the machinery of a service that has shown itself able to handle any medical emergence in any part of the world. Thus armed, we should be able to show that peace has her victories no less renowned than war"[70]

endete der Artikel. Möglicherweise zeigt sich in diesem Beitrag der Schriftleitung ein Einfluss der religiösen Haltung des Schriftleiters, der als Quäker und Pazifist bekannt war.[71]

Ein Schwerpunkt der Kommentare und Berichte war die Situation der Bevölkerung der von den Briten befreiten Gebiete. Die Texte stammten „from our correspondent“, erschienen unter „Special Articles“ und waren offensichtlich von der Schriftleitung herausgestellt worden. Sofern es um medizinische Aspekte des Hungers und der Behandlung Kriegsgefangener ging, erschien der entsprechende Artikel als Originalartikel.[72]

Die Berichte wurden unter zwei Aspekten präsentiert: Das Überwinden des von den Deutschen verursachten Chaos wurde als Zeichen der Überlegenheit Großbritanniens wahrgenommen und dargestellt. So hieß es in einem kurzen Bericht über *Displaced Persons*: „About 20 million people have been displaced by the German methods of governing Europe".[73] „To handle any medical emergence“ war auch das Leitmotiv für die Berichterstattung über die Situation im Konzentrationslager Bergen-Belsen. Am 28. April 1945 wurde das Lager unter der Überschrift „Typhus in Germany“ erstmals im *Lancet* erwähnt. In der Rubrik „Annotations“ und damit eher nebenbei wurde der Leserschaft mitgeteilt, dass die „Nazis“ (sic) durch das verbrecherische Zusammenpferchen der osteuropäischen Bevölkerung eine Typhus-Epidemie verursacht hatten. Die Nachricht endete mit den Worten: „a situation which is going to test to the full our newly-won powers over one of the historical enemies of mankind".[74] Die Zustände im Konzentrationslager wurden aber nicht dargestellt, sondern auf den Bericht der *Times* vom 14. April verwiesen.

Neben dem Anliegen, schnell zu helfen und mithilfe der eigenen medizinischen Überlegenheit Menschenleben zu retten, stand das wissenschaftliche Interesse an der Erforschung des Hungers und der Therapierbarkeit von Auszehrung.[75] So entschuldigte sich ein Arzt aus dem Pinder Fields Emergency Hospital in einem „Letter to the Editor“, „investigations could not be as full as was wished“, da es nicht zu rechtferti-

70 O.V., „An End and a Beginning“ (Leading Article), in: *Lancet 246/1945,* 209.

71 Kandela, „The Editors“ (wie Anm. 63), 1142; o.V., „Sir Theodore Fox (Obituary)", in: *BMJ 299/1989*, 47–49, hier 48.

72 Vgl. den 14-spaltigen Beitrag von G. B. Leyton, „Effects of slow starvation. British and Russian prisoners of war in Germany", in: *Lancet 248/1946,* 73–79.

73 R.L. Coigny, „Displaced Persons. The medical problems“, in: *Lancet 245/1945,* 477–478.

74 O.V., „Typhus in Germany“, in: *Lancet 245/1945,* 537f.

75 So z. B. der Bericht vor der Royal Society of Medicine am 9. Juni 1945 über den Misserfolg der Ernährung verhungernder Häftlinge durch Hydrolysate: Royal Society of Medicine, „Experience at Belsen“, *Lancet 245/1945,* 724 oder „Feeding experiments“ in *Lancet 245/1945*, 282f.

gen gewesen wäre, über der Erhebung der Daten die Behandlung der verhungerten Kriegsgefangenen zu vernachlässigen.[76]

Auf diesen Berichten und den *feeding experiments* lag das Hauptgewicht der Darstellung. Die in Konzentrationslagern durchgeführten Menschenversuche wurden unter der Überschrift „Moral Problem" lediglich einmal in der Rubrik „Annotations" erwähnt und gefragt, ob ihre Ergebnisse veröffentlicht werden sollten, sofern sie für die Medizin von echtem Wert seien, was für die bis dahin bekannten Forschungen abgelehnt wurde.[77] Die sich anschließende kontroverse Debatte in den Leserbriefen[78] wurde jedoch von der Schriftleitung weder aufgenommen noch kommentiert.

4. Die Situation 1950

4.1. *The Lancet*: Rubriken für gesellschaftliche Debatten und ärztliche Diskurse

Das beschriebene Profil des *Lancet* als einer Wochenschrift, die sich neben medizinischen Themen auch gesellschaftlichen Problemen zuwendet, war im Jahr 1950 noch stärker ausgeprägt als in den Jahren zuvor. Der Anteil der „Letters" hatte deutlich zugenommen, die Berichte aus dem Parlament und über „Medicine and the Law" hingegen hatten nach der Einführung des National Health Service 1948 ebenso abgenommen wie die unter „Social Security" und „Reconstruction". Neu war die Rubrik „Point of View", in der in unregelmäßigen Abständen Texte erschienen, die eine pointierte Meinung vorstellten.

Der erste derartige Text war ein mehrteiliger Artikel „War – Its Origin in the Minds of Men" von dem Arzt und Soziologen Raynard West. West vertrat die Meinung, der eigentliche Grund aller Kriege sei ein „Herdenverhalten" der Menschen, die sich einem Herrscher unterstellten und in Loyalität zu ihrer Nation und ihren Kameraden hielten. Die einzige Besserung sei durch eine Weltregierung und die Lösung der nationalen Bande herbeizuführen.[79] Damit verstieß West gegen die Überzeugung, gerade das Zusammengehörigkeitsgefühl der Soldaten und der Nation habe den Alptraum eines von Hitler regierten Europas zerstören können. Die Benennung der Rubrik mit „Point of View" macht deutlich, dass es hier nicht um die Präsentation eines Wissensbestandes ging, sondern um die individuelle Perspektive eines Autors, den die Schriftleitung ausgewählt hatte, um eine Auseinandersetzung anzuregen. Tatsächlich kam es zu einer Debatte, die zunächst zwischen West und einem anderen Soziologen ausgetragen und unter „Letters" veröffentlicht wurde.[80] Schließlich erschien ein vergleichsweise bodenständiger Brief eines Arztes, der es kategorisch ablehnte, nach

76 J.R. Edge, „Partial Starvation in Prisoners-of-War" (Letter), in: *Lancet 246/1945*, 317.

77 O.V., „A Moral Problem", in: *Lancet 248/1946*, 798.

78 Vgl. unter der Überschrift „A Moral Problem" die Zuschriften in *Lancet 248/1946,* 850, 882, 961.

79 Raynard West, „War. Its Origin in the Minds of Men", in: *Lancet 255/1950*, 414–416; 457–59.

80 Alexander Comfort, „War. Its Origin in the Minds of Men", in: *Lancet 255/1950*, 519f.; West, „War" (wie Anm. 79), 595; Alexander Comfort, „Social History of War", in: *Lancet 255/1950*, 631–632; ders., „War", in: *Lancet 255/1950*, 687; West, „War" (wie Anm. 79), 788.

den jüngsten Erfahrungen mit Hitler derartige Überlegungen anzustellen.[81] Damit war die Diskussion beendet.

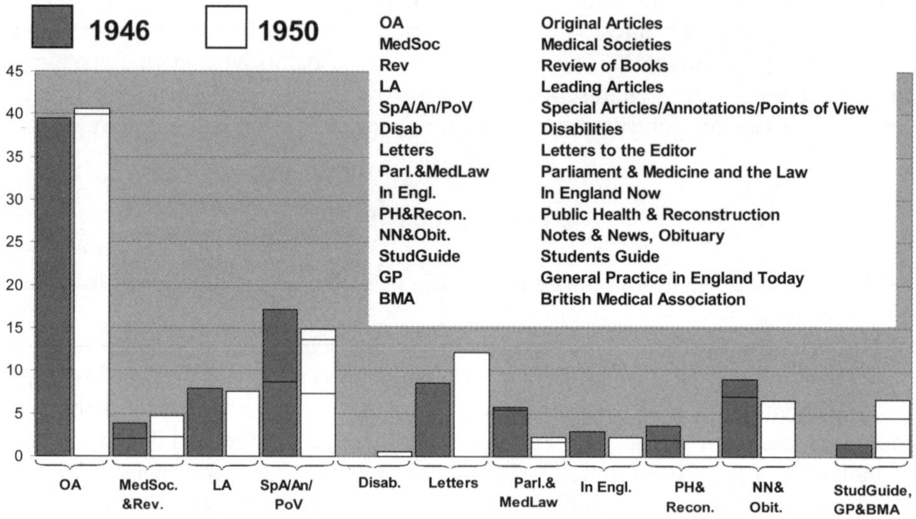

Diagramm 2: Rubriken des Lancet *1946 und 1950 (Anzahl der Spalten in Prozent)*

Ebenfalls neu, aber thematisch anders orientiert war die im Jahre 1948 eingeführte Rubrik „Disabilities“, die in jeder zweiten Ausgabe erschien. Bei den Artikeln handelte es sich nicht um klinische Beschreibungen von Behinderungen, sondern um Berichte Betroffener, die schilderten, wie sie mit einer Behinderung wie Epilepsie, Alkoholismus, Blindheit oder schließlich Alter lebten.[82] Der „Leading Article“, der die Rubrik eingeführt hatte, sprach von einem Schatz privaten Wissens, von dem Ärzte und Patienten mit ähnlichen Schwierigkeiten profitieren konnten.[83] Hier ging es nicht um soziologische Fragen, sondern um ein bekanntes und relevantes Feld ärztlichen Handelns. Ungewöhnlich war der vorgenommene Perspektivenwechsel, von den Erfahrungen der Patienten zu lernen. Die Schriftleitung hatte ihn durch die Einführung der Rubrik nicht initiiert, aber doch fokussiert und damit den ärztlichen Diskurs zumindest zeitweise verändert.

Von September bis November 1950 zwang ein mehrwöchiger Druckerstreik den *Lancet* zu Kurzausgaben und veränderte die Relationen der Rubriken zueinander. Jede dieser etwa acht Spalten umfassenden Ausgaben beinhaltete neben einer kurzen editorischen Notiz über die Situation des Streiks und einigen Originalartikeln Leserbriefe. Offensichtlich gehörten sie selbst bei knappsten Druckressourcen zu den unverzichtbaren Inhalten des *Lancet*.

81 L. Stewart, „War“, in: *Lancet 255/1950*, 732f.

82 O.V., „7. Epilepsy“, in: *Lancet 251/1948*, 1003f.; o.V., „10. The Alcoholic“, in: *Lancet 252/1948*, 231f.; o.V., „12. Blindness“, in: *Lancet 252/1948*, 429f.; o.V., „57. Old Age“, in: *Lancet 256/1950*, 872f.

83 O.V., „Disabilities, and How to Live with Them“, in: *Lancet 251/1948*, 525.

4.2. Das Wiedererscheinen der *MMW*

Die *MMW* erschien erst Mitte April 1950 mit ihrer ersten Nachkriegsausgabe. Schriftleiter war weiterhin Hans Spatz, ein gutes Drittel der Herausgeber hatte bereits in den 1940er Jahren zu dem Gremium gehört.[84] Das vergleichsweise späte Wiedererscheinen wurde durch keine editorische Notiz hervorgehoben, sondern zielstrebig mit dem ersten Fachartikel begonnen. Statt der Seiten wurden die Spalten nummeriert, um trotz vierzehntägigem Erscheinen den Eindruck eines ansehnlichen Volumens zu erwecken.

Auch die *MMW* verstand sich als Wissenschaftsjournal. Während die *DMW* über 40 Prozent der Spaltenzahl dem Bereich „Klinik und Forschung“ widmete, für „Fortbildung“ 6 Prozent und die Literatur- und Verhandlungsberichte 20 Prozent einräumte, hatten die Bereiche „Klinik und Forschung“, „Fortbildung“ sowie die Literatur- und Verhandlungsberichte in der *MMW* jeweils einen Anteil von etwa einem Fünftel des Raumes. Die Rubriken „Sozialmedizin und Hygiene“ sowie „Standesangelegenheiten“ waren nicht umfangreich, aber in nahezu jeder Ausgabe vertreten. Ein ständiges Thema war die „Arztfrage in Berlin seit 1945“, über die der Nationalökonom Julius Hadrich, der bereits während des Nationalsozialismus als Interessenvertreter des Ärztestandes tätig gewesen war[85], überaus negativ berichtete. Die in Berlin 1949/50 erfolgte Organisation der Ärzte in „Ärztlichen Sektorenverbänden“ und die selbständige Verteilung der Vergütung kommentierte Hadrich mit dem Satz: „Die geschilderten Positionen sind erobert worden gegen eine Welt von Feinden, die aufzuzählen an dieser Stelle untunlich ist“.[86]

Hinsichtlich der Einteilung in Rubriken knüpfte die *MMW* mit einem etwa gleich hohen Anteil an Berichten aus „Klinik und Forschung“, „ärztlicher Fortbildung“ sowie „Literatur- und Verhandlungsberichten“ an ihr Vorkriegsprofil an (Diagramm 3), und auch thematisch wurden Kontinuitäten gepflegt. Weiterhin erschienen zahlreiche Artikel zur Fortpflanzung, der medizinischen Indikation zur Schwangerschaftsunterbrechung, ihrer sozialen und juristischen Beurteilung sowie über „Persönlichkeitsgynäkologie“ und Möglichkeiten der pränatalen Beeinflussung des Geschlechts.[87] Von besonderem Interesse war die Rate der „Schwangerschaftsunterbrechung in der

84 Albert Döderlein, Jena (1924–41), Heinrich Eymer, München (1944), Emil Karl Frey, München (1943–44), F. Hamburger, Wien (1939–44), Karl Kißkalt, München (1935–44), Fritz König, Würzburg (1927–44), Fritz Lange, München (1913–44), Ludwig Robert Müller, Erlangen (1928–44), Ferdinand Sauerbruch, Berlin (1919–44), Alfred Schittenhelm, München (1935–44), Wilhelm Stepp, München (1935–44), Alfred Wiskott, München (1943–44). Vgl. Mario Heidler, „Die Zeitschriften des J.F. Lehmanns Verlages“. CD-Anhang zu Stöckel, *Verleger* (wie Anm. 20).

85 Rebecca Schwoch, *Ärztliche Standespolitik im Nationalsozialismus. Julius Hadrich und Karl Haedenkamp als Beispiele*, Husum 2001.

86 Julius Hadrich, „Die Arztfrage in Berlin seit 1945“, in: *MMW 92/1950*, 308–311, hier 311.

87 Christian Eckert, „Schwangerschaftsunterbrechung“, in: *MMW 92/1950*, 657f.; J. Meinertz, „Medizinische Indikation zur Schwangerschaftsunterbrechung“, in: ebd., 659–66; August Mayer, Eberhard Schätzing, „Persönlichkeitsgynäkologie“ (Buchbesprechung), ebd. 719; Heinz Doetsch, „Beobachtungen über unterschiedliche Hautreaktionen bei Schwangeren nach intrakutaner Injektion von männlichen Keimdrüsenhormon in ihren Beziehungen zum Geschlecht des Kindes“, in: ebd., 337–340.

Ostzone".[88] In der Rubrik „Soziale Medizin und Hygiene" referierte der Medizinalstatistiker Friedrich Burgdörfer über die „Bevölkerungsbilanz des zweiten Weltkriegs in Europa". Er beklagte, dass Deutschland an dem Geburtenüberschuss der anderen westeuropäischen Länder nach dem Krieg nicht partizipieren könne, da „Ehestandsdarlehen und Kinderbeihilfen" fehlten und die Kriegsgefangenen immer noch nicht wieder zu Hause waren. Zudem sei der Bevölkerungsverlust durch Gebietsabtretungen in Deutschland mit 9,2 Millionen Menschen ohnehin am höchsten. Unter „Verluste der Zivilbevölkerung" war die Anzahl der „getöteten Juden" jeweils niedriger angegeben als „andere Todesfälle in der Zivilbevölkerung".[89] Eine Richtigstellung der statistischen Zahlen erfolgte in der *MMW* auch nicht zu einem späteren Zeitpunkt. Burgdörfer hatte zu dem politischen Umkreis Julius Friedrich Lehmanns gehört, bereits in den 1920er Jahren vor einer negativen Bevölkerungsentwicklung gewarnt und eugenische Maßnahmen befürwortet. Im Nationalsozialismus war er Mitglied des Sachverständigenbeirats für Bevölkerungs- und Rassenpolitik und Referent des Rassenpolitischen Amtes der NSDAP gewesen.[90] Im J.F. Lehmanns Verlag wurde Burgdörfer sowohl als Buch- wie auch als Zeitschriftenautor geschätzt.[91] Daran hatte sich offenbar auch 1950 nichts geändert.

Mit der Gründung der Bundesrepublik war der Freiraum für politische Äußerungen größer geworden. Die *MMW* publizierte nicht nur Stellungnahmen zu standes- und gesundheitspolitischen Fragen, sondern bot weiterhin Raum für die politischen Kommentare des rechten Flügels. Dies tat sie allerdings nicht in Editorials, sondern durch den Abdruck entsprechender Artikel. In diesem Kontext konnte die *MMW* an ihr Vorkriegsprofil anknüpfen und sowohl politische Themen als auch politische Haltungen publizieren, die nicht in jedem Fall den Erwartungen der Besatzungsmächte entsprochen haben dürften. Sie passt damit in die Landschaft der jungen Bundesrepublik, in der rechte Kräfte die Politik mitdefinierten.[92]

Daneben fanden sich Aussagen, die nicht ohne Weiteres in das gewohnte Profil der *MMW* passten. So wurde beispielsweise in der Rubrik „Soziale Medizin und Hygiene" anlässlich der Planung eines neuen Geschlechtskrankheiten-Gesetzes unter der Überschrift „Reglementarismus oder Gesundheitsfürsorge?" die Bekämpfung der Geschlechtskrankheiten als „moderne gesundheitsfürsorgerische" und nicht als polizeiliche oder erzieherische Aufgabe propagiert.[93] Insgesamt bot die Wochenschrift nach ihrem erneuten Erscheinen eine Mischung aus bekannten rechten Positionen und liberaleren Artikeln, die für die 1950er Jahre näher zu analysieren sein wird.

88 H. Dörr, „Frage der Schwangerschaftsunterbrechung unter besonderer Berücksichtigung der Ergebnisse aus der Ostzone", in: ebd., 943–46.

89 Friedrich Burgdörfer, „Bevölkerungsbilanz des zweiten Weltkriegs in Europa", in: ebd., 1445–51, hier 1451.

90 Alfons Labisch, Florian Tennstedt, *Der Weg zum Gesetz über die Vereinheitlichung des Gesundheitswesens vom 3. Juli 1934. Entwicklungslinien und -momente des staatlichen und kommunalen Gesundheitswesens in Deutschland,* Teil 2, Düsseldorf 1985, 389f.

91 Brigitte Lohff, „‚Das Buch als Tat in Deutschlands Namen'", in: Stöckel, *Verleger* (wie Anm. 20), 241–258, hier 255.

92 So Ulrich Herbert, *Wandlungsprozesse in Westdeutschland. Belastung, Integration, Liberalisierung 1945–1980*, Göttingen 2003, sowie Norbert Frei, *Vergangenheitspolitik. Die Anfänge der Bundesrepublik und die NS-Vergangenheit*, München 1999, 397–401.

93 Gustav Hopf, „Reglementarismus oder Gesundheitsfürsorge", in: *MMW 91/1950*, 303–305.

4.3 Die *DMW* 1950 – das Ende der Abstinenz?

Vollzog die *DMW* den Trend einer Re-Politisierung mit und nahm gesellschaftsrelevante Themen in ihr Spektrum der Wissensvermittlung auf? Zunächst ein Blick in die Struktur dieser medizinischen Wochenschrift.

„Klinik und Forschung" nahm mit über 40 Prozent gegenüber 1946 deutlich weniger, aber weiterhin den Hauptteil der Spalten ein, gefolgt von ‚Therapie' mit über 20 Prozent. In der neu eingeführten Rubrik „Epistolae medicinales" wurden von der Schriftleitung Übersichtsartikel, Grundsatzreferate und neue Forschungsergebnisse platziert. Damit war eine akzentuierte Vermittlungsform für das Anliegen der Schriftleitung geschaffen, die *DMW* als Wissenschaftsorgan zu profilieren.

Auf die Rubrik „Standesangelegenheiten" verzichtete die *DMW* weiterhin. Ein Bericht über die Einführung des britischen National Health Service, der über die Konsequenzen der Reform für das Einkommen der britischen Ärzte informierte[94], wurde unter dem inzwischen erneut eingeführten Bereich „Gesundheitsfürsorge und Arbeitsmedizin" präsentiert. Diese Rubrik umfasste jeweils nur wenige Spalten, erschien aber regelmäßig.

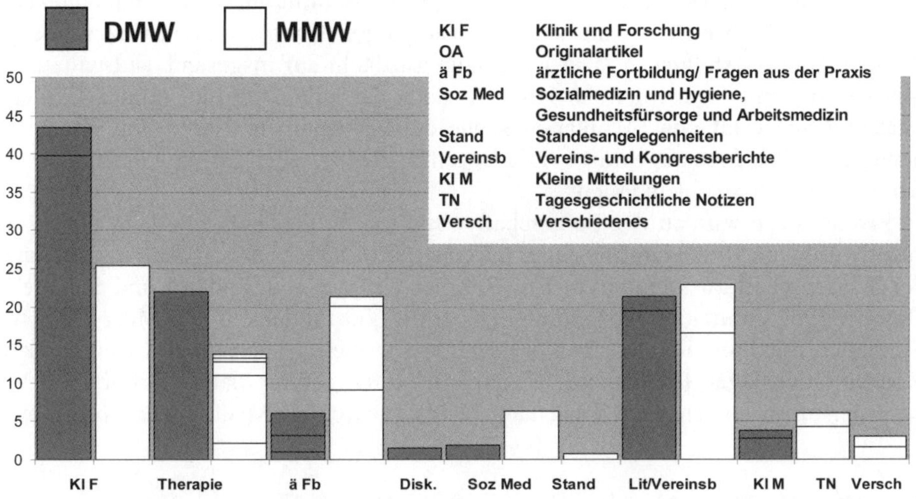

Diagramm 3: Rubriken der DMW *und* MMW *1950 (Anzahl der Spalten in Prozent)*

Grundlegend neu war die Rubrik „Diskussion". Sie wurde erstmals im März 1950 anlässlich einer Kontroverse über ein Merkblatt zur Behandlung Zuckerkranker eingeführt. Gegenstand der Auseinandersetzung war, ob die anzustrebende Höhe des Blutzuckers dem Normalwert entsprechen und damit die Gefahr von Überdosierungen einschließen sollte, oder ob ein höherer Wert toleriert werden könne. Die Debatte

94 „(…) unter Zugrundelegung eines vom englischen Gesundheitsministerium zur Verfügung gestellten Materials", vgl. Hauff, „Staatl. Gesundheitspflege (NHS) vom 5. Juli 1948 in England", in: *DMW 75/1950*, 552f.

war im Juni 1949 zunächst nur unter „Kleine Mitteilungen" erwähnt worden[95], die Diskussionsbeiträge der Diabetesforscher erschienen zunächst unter „Therapie".[96] Im März 1950 initiierte die Schriftleitung die Rubrik „Diskussion" und veröffentlichte in ihr die divergierenden Stellungnahmen.[97] Bei den übrigen in dieser Rubrik veröffentlichten Artikeln handelte es sich nur um jeweils einen namentlich gekennzeichneten Kommentar zu einem Originalartikel. Obwohl die Differenzen nicht ausdiskutiert wurden, bot die *DMW* mit der Rubrik „Diskussion" die Möglichkeit, offen einen Dissens zu formulieren.

Ein Blick auf die „Epistolae medicinales" zeigt, welche Themen für die Schriftleitung von besonderer Bedeutung waren. Gleich der erste Artikel „Über Erkenntnisschichten und Axiome heutiger Medizin" stammte von de Rudder. Er behandelte erneut die bereits 1946 von ihm thematisierte Frage, ob die Medizin in der Technisierung und der „Vernachlässigung des Seelischen [...] einen prinzipiell falschen Weg" gegangen sei. Ein Jahr nach dem Ende des nationalsozialistischen Regimes hatte de Rudder den „bis in äußerste Konsequenzen fortgedachten Rationalismus" für die Medizinverbrechen verantwortlich gemacht und abgelehnt. Inzwischen bestritt er jeden Zusammenhang von wissenschaftlicher Medizin und Verbrechen gegen die Menschlichkeit.[98]

In derselben Rubrik wurde im April eine „Kurze Einführung in die Humangenetik" präsentiert. Die Autoren – die Zürcher Radiologen Cocchi und Schinz sowie der Zoologe Gloor – stellten in zwei Fortsetzungsartikeln auf insgesamt 14 Spalten ausführlich die Grundprinzipien der Humangenetik dar, erläuterten Penetranz, Expressivität und Spezifität von Erbanlagen sowie die Erkenntnismethoden und ihre bisher noch beschränkte Aussagekraft.[99] Die Begriffe „Rasse" oder „Minderwertigkeit" fielen in dem Zusammenhang nicht.

Parallel dazu wurden der Leserschaft weiterhin Artikel präsentiert, in denen versucht wurde, im Konzentrationslager durchgeführte Menschenversuche in den Kanon der Wissenschaft zu integrieren. Ein Beispiel war die von Volhard und Schütte im Oktober 1950 publizierte Abhandlung „Über die Verträglichkeit von Meerwasser".[100] Sie hatten mit Freiwilligen einen Versuch nachgestellt, den Wilhelm Beiglböck im Konzentrationslager Dachau an „Zigeunern" durchgeführt hatte. Beiglböcks Versuchspersonen durften neun Tage lang nichts anderes als Meerwasser trinken. Vol-

95 Ferdinand Bertram, „Merkblatt über die Behandlung Zuckerkranker. Grundsätzliches zur Insulintherapie", in: *DMW 74/1949*, 816.

96 F. Steigerwaldt, „Kritisches zur Frage der Behandlung Zuckerkranker. Einleitende Vorbemerkung zur Diskussion über die damit zusammenhängenden Fragen", in: *DMW 74/1949*, 1377; Eduard Grafe, „Bemerkungen zu dem Merkblatt über die Behandlung Zuckerkranker", in: ebd., 1377f.; Ferdinand Bertram, „Stellungnahme zu den kritischen Bemerkungen von Prof. Dr. E. Grafe", in: ebd., 1378–80.

97 Ferdinand Bertram u.a., „Umfrage zu dem Merkblatt über die Behandlung Zuckerkranker", in: *DMW 75/1950*, 303–306, 335–338, 431–433.

98 Bernhard de Rudder, „Über Erkenntnisschichten und Axiome heutiger Medizin", in: *DMW 75/1950*, 39f.

99 U. Cocchi, Hans Gloor, Hans Rudolf Schinz, „Kurze Einführung in die Humangenetik", in: *DMW 75/1950*, 509–512 sowie 548–552.

100 Franz Volhard, Ernst Schütte, „Über die Verträglichkeit von Meerwasser", in: *DMW 75/1950*, 1425–1427.

hards und Schüttes freiwillige Versuchspersonen hatten innerhalb der ersten drei Versuchstage erklärt, arbeitsfähig zu sein. Daraufhin brachen die Autoren das Experiment am vierten Tage ab und stellten es als unschädlich dar. Ziel dieses Versuchs und seiner Veröffentlichung war, das gegen Beiglböck im Nürnberger Ärzteprozess verhängte Urteil von 15 Jahren Haft zu revidieren. Dafür setzte sich die Deutsche Gesellschaft für innere Medizin, dessen Organ die *DMW* war, vehement ein. Zwischen Beiglböck und der *DMW* dürften zusätzlich persönliche Verbindungen bestanden haben, denn er verfasste – nachdem das Urteil gegen ihn 1951 aufgehoben und er entlassen worden war – 1955 einen Nachruf auf Arthur Rühl, den Schriftleiter der *DMW* von 1939 bis 1944.[101]

Die in der *DMW* publizierte politische Haltung bezüglich der Humanversuche hatte sich 1950 gegenüber 1946 verschärft. Auch jetzt wurde aus wissenschaftlicher Perspektive und damit aus einer „Unfehlbarkeitsposition" heraus argumentiert. Gleichzeitig sorgte die Schriftleitung in der neuen Rubrik „Epistolae medicinales" dafür, dass ein Paradigmenwechsel von der Rasse- und Erbforschung zur Humangenetik vollzogen wurde. Mit „Gesundheitsfürsorge und Arbeitsmedizin" waren inzwischen weitere Themenfelder in die Wochenschrift zurückgekehrt, und die neue Rubrik „Diskussion" erweiterte die Kommunikationsmöglichkeiten zwischen den Autoren im Falle von Kontroversen.

5. Fazit

Alle untersuchten medizinischen Wochenschriften weisen nach dem Zweiten Weltkrieg inhaltliche oder strukturelle Veränderungen auf, die sich jedoch in ihrem Ausmaß unterschieden und nicht gleichartig verliefen. Die Ausgangsfrage, ob die beiden deutschen Zeitschriften sich am Beispiel des weltoffenen britischen *Lancet* orientierten oder an ihre Profile vor Pressezensur und Krieg anknüpften, ist entsprechend differenziert zu beantworten.

Die größten Veränderungen sind für die *DMW* festzustellen. Während die Wochenschrift sowohl in der Weimarer Republik als auch im Nationalsozialismus eine umfassende Berichterstattung gepflegt hatte, stellten die neuen Schriftleiter 1946 die wissenschaftliche Berichterstattung nicht nur als vordringliches, sondern als einziges Ziel der *DMW* dar. Entsprechend zielten die Umgestaltungen nicht auf eine thematische Öffnung des Mediums. Die jüngste Vergangenheit wurde nicht politisch analysiert, sondern als unkontrollierbare, gegen das Ethos der Medizin gerichtete, zerstörerische Ur-Gewalt dargestellt. Gesundheits- und Standespolitik waren bis 1950 ebenfalls vollständig ausgeklammert. Die Beschränkung auf Berichte aus Forschung und Klinik findet sich für das Jahr 1946 in mehreren, wenn auch nicht in allen medizinischen Zeitschriften der Westzonen. Zeitschriften, die 1947 erstmals wieder erschienen, distanzierten sich in ihren Editorials von der jüngsten Vergangenheit und reagierten damit zumindest implizit auf den Nürnberger Ärzteprozess als Ereignis von politischer und professioneller Reichweite. Die *DMW* hingegen klammerte gesellschaftspolitische Themen auch in den folgenden Jahren aus. Hierin könnte man eine

101 Wilhelm Beiglböck, „Arthur Rühl zum Gedächtnis", in: *DMW 80/1955*, 694f., vgl. Anm. 32.

Reaktion auf die Politisierung des medizinischen Diskurses während des Nationalsozialismus vermuten, zumal die Wochenschrift auf inhaltlicher Ebene explizit mit nationalsozialistischen Dogmen brach, indem sie der Erb- und Rassenforschung mehrere ausführliche Berichte über die Entwicklung der Humangenetik entgegenstellte. Ausgerechnet die „Politikferne" stellte jedoch keine derartige Zäsur dar. Indem sowohl 1946 wie auch 1950 „unpolitisch" über Forschungsergebnisse aus Menschenversuchen berichtet wurde, blieben die menschenverachtenden Umstände der Versuche ungenannt. Die *DMW* präsentierte sie als Bestandteil nützlicher und am Wohl der Menschheit orientierter Forschung. Ihre vorgebliche politische Abstinenz hatte das Ziel, standespolitisch den Ruf der Ärzteschaft und national das Ansehen Deutschlands wiederherzustellen.

Die erst 1950 wieder erscheinende *MMW* verstand sich dagegen explizit als politisch. Von der ersten Ausgabe an präsentierte sie einen Großteil des Themen- und Rubrikenspektrums, das sie in der Weimarer Republik abgedeckt hatte. Einige Autoren knüpften an frühere nationalistische Positionen an und vermittelten eine Kontinuität, in der die Ära des Nationalsozialismus und speziell die Mitwirkung und Funktionalität der Medizin für Selektion und Vernichtung ebenfalls ignoriert wurden. Mediziner hatten in der *MMW* eine politische Stimme, die weiterhin national ausgerichtet war. Daneben spiegelte die Wochenschrift auch liberalere Haltungen einer sich langsam verändernden Ärzteschaft.

Keine der beiden deutschen Wochenschriften zeigte eine Orientierung an der britischen Zeitschrift *The Lancet*. Der *Lancet* verstärkte in der Nachkriegszeit sein Profil einer *reformist medical weekly* – einer gesellschaftlich und politisch Stellung beziehenden medizinischen Wochenschrift. Er vermittelte politische und moralische Orientierungen, was die Kommentare und Berichte zum Ende des Krieges zeigen. Mit der Einführung der Rubrik „Point of View" im Jahre 1950 wurden ungewöhnliche Meinungen zu Themen präsentiert, die keinen direkten medizinischen Bezug aufwiesen und zu einer gesellschaftspolitischen Diskussion innerhalb der Ärzteschaft anregen sollten. Nach den Erfahrungen des Krieges schien es angebracht, die Ärzteschaft für die Lebensbedingungen und Bedürfnisse von Patienten zu sensibilisieren und damit auch im engeren medizinischen Bereich für Neuorientierungen einzutreten. Stellungnahmen der Leserschaft wurden zum elementaren Bestandteil der Wochenschrift. Die Präsentation pointierter Meinungen und die Anregung zum Meinungsaustausch bildeten einen wesentlichen Kern des *Lancet.* Ob, wann und in welchen Kontexten deutsche medizinische Wochenschriften ein ähnliches Profil entwickelten, bleibt in weiteren Forschungen zu klären.

Die Zeitschrift *Rechentechnik/Datenverarbeitung* (1964–1989/90) als Medium der Rationalisierungsdebatte in der DDR[1]

Christine Pieper

Rechentechnik und Datenverarbeitung galten als Schlüsseltechnologien, von denen sich auch der Staat der Deutschen Demokratischen Republik Innovationen und wirtschaftliches Wachstum erhoffte. Die effektive Nutzung der neuen Technik bei der sozialistischen Planerstellung und Plankontrolle im Staatswesen, bei der Rationalisierung von Verwaltungsabläufen und bei der Automatisierung von Produktionsprozessen war daher ein wichtiges Staatsziel. Um die vielfältigen Anwendungsmöglichkeiten der Rechentechnik und Datenverarbeitung in der Öffentlichkeit bekannt zu machen, etablierte das staatliche Presseamt der DDR die Zeitschrift *Rechentechnik/Datenverarbeitung* (*RD*). Die Popularisierung der neuen Technik und die Förderung der Ausbildung von Experten in elektronischer Datenverarbeitung waren die zentralen Hauptanliegen der Zeitschrift.

Die im Auftrag des Ministerrates der DDR im Jahre 1964 gegründete Zeitschrift unterstand dem Arbeitsbereich der ostdeutschen Finanzwirtschaft, die ein großes Interesse an der Rationalisierung von Arbeitsabläufen mittels der elektronischen Datenverarbeitung hatte. Als Herausgeber fungierte bis zur Wende von 1989/90 der Berliner Verlag „Die Wirtschaft". Die ersten zwei Jahrgänge der Zeitschrift 1964/65 erschienen noch unter dem Titel *Rechentechnik.* Dieser Begriff war Mitte der 1950er Jahre in den offiziellen Sprachgebrauch der DDR übergegangen. Auslöser war das am 1. September 1956 an der Fakultät für Mathematik und Naturwissenschaften gegründete Institut für Maschinelle Rechentechnik (IMR) der TH Dresden.[2] Es war auf Initiative des damaligen Direktors des Instituts für Angewandte Mathematik, Friedrich Adolf Willers (1883–1959), eingerichtet worden. Dieser hatte sich im April 1956 an das Staatssekretariat für das Hochschulwesen gewandt und auf die fachliche Ausweitung des mathematischen Forschungs- und Lehrgebietes hingewiesen. Sein damaliger Vorschlag war, vom Institut für Angewandte Mathematik ein „Institut für Maschinelle Rechentechnik" und ein „Institut für Mathematische Statistik" abzutrennen.[3] Das künftige IMR sollte sich laut Willers vor allem auf die Konstruktion, Weiterentwicklung und Anwendung von digitalen und analogen Rechenmaschinen konzentrieren. Im internationalen Kontext, insbesondere in der Sowjetunion und den USA, seien, so Willers, solche Institute bereits eingerichtet worden, und er halte es für drin-

1 Der Artikel entstand im Rahmen des DFG-Projekts „Komparative Wechselbeziehungen zwischen Wissenschaft, Wirtschaft und Politik in der Hochschulinformatik der Bundesrepublik und der DDR bis 1989/90" am Institut für Wissenschafts- und Technikgeschichte der TU Bergakademie Freiberg.

2 Hartmut Petzold, „Zur Gründung des Instituts für Maschinelle Rechentechnik", in: Thomas Hänseroth (Hg.), *Wissenschaft und Technik. Studien zur Geschichte der TU Dresden*, Köln 2003 (175 Jahre TU Dresden; 2), 189–211, hier 189. Die TH Dresden wurde am 5. Oktober 1961 in Technische Universität Dresden umbenannt. Vgl. Reiner Pommerin, *Geschichte der TU Dresden 1828–2003*, Köln 2003 (175 Jahre TU Dresden; 1), 290.

3 Schreiben des Instituts für Angewandte Mathematik der TH Dresden an das Staatssekretariat für das Hochschulwesen vom 3.4.1956, in: Bundesarchiv Berlin (BArch), DR 3 (1. Schicht), 4659, o. B.

gend notwendig, „dass auch in der DDR die Entwicklung nicht hinter der anderer Staaten zurückbleibt."[4]

Der wissenschaftlich-technische Fortschritt auf diesem Gebiet galt in der DDR als ein Hauptfeld für die Klassenauseinandersetzung zwischen Ost und West.[5] Der Einsatz der elektronischen Datenverarbeitung schien als Instrument geeignet, um den Westen zu „überholen ohne einzuholen", so eine Parole von Walter Ulbricht, die auf der politischen Annahme beruhte, dass der Sozialismus dem Kapitalismus „überlegen" sei.[6] Demzufolge war das Anliegen des neuen Publikationsorgans sowohl ökonomisch wie auch politisch orientiert. Auch in der sozialistischen Plangesellschaft bedurfte es offensichtlich des Einsatzes von Medien, um über die neue Wissenschaft und ihre technologischen Möglichkeiten zu informieren, durch ein Fach-Forum für Experten die wissenschaftliche Entwicklung zu intensivieren, die Ausbildung in dem neuen Bereich voranzutreiben sowie eine gesellschaftliche Akzeptanz für die Technologie zu schaffen. Inwiefern die neu gegründete Zeitschrift *Rechentechnik/Datenverarbeitung* die ihr zugedachten Aufgaben übernahm, wie sie agierte und welche Prozesse sich in ihr ablesen lassen, ist Gegenstand dieser Untersuchung.

1. Die Zeitschrift im Kontext der Computerentwicklung nach 1945

Der Titel der Zeitschrift *Rechentechnik/Datenverarbeitung* ging auf die neue Spezialdisziplin Rechentechnik zurück. Zudem mag auch die Orientierung an der Sowjetunion eine zentrale Rolle bei der Titelgebung gespielt haben. Die UdSSR richtete in den 1960er Jahren Lehrstühle für Rechentechnik an den Technischen Hochschulen und Lehrstühle für rechentechnische Mathematik beziehungsweise maschinelle Rechentechnik an den Universitäten ein.[7] Die Rechentechnik war das zentrale Anwendungsfeld der in der Sowjetunion entwickelten und von den Ländern des Rates für gegenseitige Wirtschaftshilfe (RGW) übernommenen Automatisierungssysteme, die in der Volkswirtschaft für die sozialistische Leitungs- und Planungstätigkeit eingesetzt wurden.[8] Die DDR war seit 1950 Mitglied des RGW und somit in das System der sozialistischen Länder integriert, dessen Kennzeichen gemäß dem Prinzip des „sozialistischen Internationalismus" die Gleichartigkeit der politischen, wirtschaftlichen, technologischen und militärischen Strukturen war.[9]

4 Ebd., o. B.

5 Klaus Krakat, *Einseitiger West-Ost-Technologie-Transfer zum Vorteil für den Comecon*, Berlin 1981 (FS-Analysen; 4), 22.

6 André Steiner, *Von Plan zu Plan. Eine Wirtschaftsgeschichte der DDR*, München 2004, 142.

7 B. W. Anissimow, „Die Anwendung der elektronischen Datenverarbeitung an den Hochschulen der UdSSR", in: *Rechentechnik/Datenverarbeitung 7/1970, Beiheft 1*, 7–10, hier 9.

8 Gerhard Merkel, „Stand und Perspektiven in Entwicklung und Nutzung der Rechentechnik in der DDR", in: VEB Robotron – Zentrum für Forschung und Technik Dresden (Hg.), *Entwicklung und Anwendung der elektronischen Rechentechnik in der DDR*, Berlin 1976 (Schriftenreihe Informationsverarbeitung), 14–62, hier 24–27.

9 Karl C. Thalheim, *Die Wirtschaftspolitik der DDR im Schatten Moskaus*, Hannover 1979, 59–92; Benno-Eide Siebs, *Die Außenpolitik der DDR 1976–1989. Strategien und Grenzen*, Paderborn 1999, 45.

Die Ergänzung des Zeitschriftentitels um den Begriff „Datenverarbeitung" hing mit der rasanten Entwicklung dieser neuen Disziplin zusammen. Elektronische Datenverarbeitungsanlagen arbeiteten mit einer weitaus höheren Rechengeschwindigkeit als die herkömmlichen elektromechanischen Rechenmaschinen der traditionellen Büromaschinenindustrie.[10] Die Anwendung der elektronischen Datenverarbeitung zählte zu den Hauptrichtungen der wissenschaftlich-technischen Arbeit in der DDR.[11] Als produktive Kraft gewann sie in den 1960er Jahren eine zunehmende volkswirtschaftliche Bedeutung und war im Konzept „Produktivkraft Wissenschaft" fest verankert.[12] Deutlich wird dies im so genannten „Programm zur Entwicklung, Einführung und Durchsetzung der maschinellen Datenverarbeitung in der DDR in den Jahren 1964 bis 1970".[13]

Wie im ersten Jahrgang der *RD* zu lesen war, verfolgte das von einer Regierungskommission im Jahre 1963 erarbeitete Programm insgesamt das Ziel, den technologischen Rückstand der DDR gegenüber anderen Industrieländern zu verringern. Hierfür galt es, einen neuen Industriezweig zur Herstellung von Datenverarbeitungsanlagen zu schaffen, in den Betrieben und in der Verwaltung die Bearbeitung von Massendaten zu mechanisieren und die Entwicklungszeiten von Projektierungs- und Konstruktionsarbeiten sowie von Forschungs- und Entwicklungsarbeiten durch den Einsatz moderner Rechentechnik zu verkürzen. Darüber hinaus wurde beabsichtigt, die Automatisierung von Fertigungsprozessen und -verfahren zu erhöhen und bis 1970 26 000 Fachleute für die Produktion und Bedienung von EDV-Anlagen auszubilden.[14] Das Datenverarbeitungsprogramm zählte die Entwicklung und Anwendung der maschinellen Rechentechnik und der elektronischen Datenverarbeitung zu den Hauptrichtungen der so genannten „wissenschaftlich-technischen Revolution" und zu den vorrangig zu entwickelnden Gebieten von Wissenschaft und Technik.[15] Wie der Forschungsrat der DDR betonte, hing die Durchsetzung der „wissenschaftlich-technischen Revolution" entscheidend vom Tempo des wissenschaftlich-technischen Fortschritts in der Rechentechnik und Datenverarbeitung ab.[16] Die neue Zeitschrift griff somit eine Technologie auf, der bei der Entwicklung der Volkswirtschaft eine zentrale Rolle zukam, die allerdings Anfang der 1960er Jahre in anderen westlichen Industriestaaten quantitativ, qualitativ und publizistisch schon weitaus stärker verbreitet war.

10 Rudolf Martini, „Zur Anwendung elektronischer Datenverarbeitung in Industriebetrieben", in: *Rechentechnik 9, 1/1964*, 8–10, hier 8.

11 Akademie für Gesellschaftswissenschaften beim ZK der SED (Hg.), *Die Volkswirtschaft der DDR*, Berlin 1979, 95.

12 Clemens Burrichter, Gerald Diesener (Hg.), *Auf dem Weg zur „Produktivkraft Wissenschaft"*, Leipzig 2002 (Beiträge zur DDR-Wissenschaftsgeschichte; B/1).

13 „Beschluß zur Entwicklung, Einführung und Durchsetzung der maschinellen Datenverarbeitung in der DDR in den Jahren 1964 bis 1970", in: BArch, SAPMO, DY/30/J/IV/2/2A/1035, Bl. 39–170.

14 Vgl. Rudolf Müller, „Entwicklung, Einführung und Durchsetzung der Datenverarbeitung", in: *Rechentechnik 1, 1/1964*, 2f.; Hans Fülle, „Programm Maschinelle Datenverarbeitung", in: *Rechentechnik 4, 1/1964*, 22.

15 Herbert Jeschke, „10 Jahre Zeitschrift Rechentechnik/Datenverarbeitung", in: *Rechentechnik/Datenverarbeitung 9, 11/1974*, 1.

16 Bericht der Gruppe „Grundfragen der Elektronik und Automatisierungstechnik" des Forschungsrates 1966, in: Universitätsarchiv Chemnitz, Fakultät für Elektrotechnik, Institut für Informationsverarbeitung und Rechenelektronik, 201/83/33, Bl. 000055.

In der Bundesrepublik erschien unter anderem seit 1959 die Zeitschrift *Elektronische Rechenanlagen*, eine *Zeitschrift für Technik und Anwendung der Nachrichtenverarbeitung in Wissenschaft, Wirtschaft und Verwaltung*, so der Untertitel. An der Herausgabe dieser Zeitschrift wirkte der Fachausschuss „Nachrichtenverarbeitung" der Nachrichtentechnischen Gesellschaft im Verein Deutscher Elektroingenieure mit. Die Zeitschrift verfolgte – ebenso wie später die *RD* – das Ziel, den Bau, den Einsatz und die Möglichkeiten von elektronischen Rechenanlagen in Wissenschaft, Wirtschaft und Politik zu unterstützen. Die Konstruktion von Rechenanlagen war eine wichtige Voraussetzung für das Entstehen einer Computerwissenschaft in Deutschland nach 1945. An einzelnen Technischen Hochschulen und außeruniversitären Forschungseinrichtungen bildeten sich in den 1950er Jahren in beiden deutschen Staaten Zentren und Netzwerke in der Rechenautomatenforschung heraus. Zu den Pionierzentren zählten das Institut für Maschinelle Rechentechnik der TH Dresden, das Institut für Nachrichtentechnik der TH München, das Institut für Praktische Mathematik der TH Darmstadt und das Max-Planck-Institut für Physik in Göttingen. Die dortigen Rechenanlagen „Dresden 1-4a", „Programmgesteuerter Elektrischer Rechenautomat München" (PERM), „Darmstädter Elektronischer Rechenautomat" (DERA) und „Göttingen 1-3" entstanden an der Schnittstelle zwischen angewandter Mathematik, Elektrotechnik und Physik.[17]

Im Vergleich zur Bundesrepublik und zur DDR waren die Vereinigten Staaten von Amerika auf diesem neuen Technologiefeld wie auch in seiner Publizistik weiter vorangeschritten. Dort erschienen bereits seit 1954 das *Journal of the ACM* (Association for Computing Machinery) und seit 1957 das *IBM Journal of Research and Development*, um nur zwei Beispiele zu nennen. Gegenstand ihrer Berichterstattung waren unter anderem die in den USA für militärische und militärtechnische Zwecke gebauten Rechenautomaten.[18] Der für die Modernisierungs- und Technikdebatte des 20. Jahrhunderts bestimmende „Geist der amerikanischen Technik"[19] drückte sich somit auch in der Computertechnik aus. Dabei spielten staatliche Fördergelder bei For-

17 Zum Bau von Rechenanlagen in der deutschen Nachkriegszeit vgl. Hartmut Petzold, *Rechnende Maschinen. Eine historische Untersuchung ihrer Herstellung und Anwendung vom Kaiserreich bis zur Bundesrepublik*, Düsseldorf 1985 (Technikgeschichte in Einzeldarstellungen; 41), 373–396; ders., *Die Industrialisierung der Rechentechnik in Deutschland*, München 1992, 221–235; Ulrich Wengenroth, „Die Technische Hochschule nach dem Zweiten Weltkrieg. Auf dem Weg zu High-Tech und Massenbetrieb", in: ders. (Hg.), *Die Technische Universität München. Annäherungen an ihre Geschichte*, München 1993, 261–298, hier 272–280; Josef Wiegand, *Informatik und Großforschung. Geschichte der Gesellschaft für Mathematik und Datenverarbeitung*, Frankfurt/New York 1994 (Studien zur Geschichte der deutschen Großforschungseinrichtungen; 6), 13–26.

18 1) Automatic Sequence Controlled Calculator (ASCC), kurz als „Mark I" bezeichnet, von 1939 bis 1944 an der Harvard-Universität gebaut; 2) Electronic Numerical Integrator and Computer (ENIAC), im Herbst 1945 an der Universität von Pennsylvania fertiggestellt; 3) Universalrechner Whirlwind, im Zeitraum von 1946 bis 1950 am Massachusetts Institute of Technology in Cambridge (MA) fertiggestellt. Vgl. Walter Kaiser, „Technisierung des Lebens", in: Wolfgang König (Hg.), *Propyläen Technikgeschichte, Band 5: Energiewirtschaft, Automatisierung, Information seit 1914*, Berlin 1997, 281–529, hier 358–362; Hans-Willy Hohn, *Kognitive Strukturen und Steuerungsprobleme der Forschung. Kernphysik und Informatik im Vergleich*, Frankfurt/New York 1998 (Schriften des Max-Planck-Instituts für Gesellschaftsforschung; 36), 151–160.

19 Andreas Schüler, *Erfindergeist und Technikkritik. Der Beitrag Amerikas zur Modernisierung und die Technikdebatte seit 1900*, Stuttgart 1990, 13.

schungs- und Entwicklungsprojekten von jeher eine große Rolle.[20] Allein die Computerfirma IBM erhielt von der amerikanischen Regierung zwischen 1951 und 1959 eine Summe von 396 Millionen Dollar für Forschungs- und Entwicklungsarbeiten in der Computertechnologie.[21]

In der DDR dagegen war die Entwicklung zurückgeblieben. Ende der fünfziger Jahre betrug der ostdeutsche Rückstand in der Computertechnik im Vergleich zu den westlichen Industrieländern rund fünf Jahre, 1966 etwa sechs bis acht Jahre und bis zur Wende rund zehn Jahre.[22] Obwohl es ein „technology gap“ gab, reagierte die DDR mit einer staatlichen Förderung der Rechentechnik und Datenverarbeitung in den 1960er Jahren vergleichsweise spät. In diesem Kontext ist auch die Herausgabe der *RD* zu sehen. Sie war das erste Publikationsorgan, das sich mit diesem neuen Technologiefeld in der DDR befasste. In den Jahren 1953 bis 1964 hatte der Verlag „Die Wirtschaft“, der auch die *RD* herausgab, zwar die Zeitschrift *Dokumentation* publiziert sowie von 1964 bis 1968 die vom Zentralinstitut für Information und Dokumentation (ZIID) herausgegebene *ZIID-Zeitschrift*, die unter dem Titel *Informatik* weitergeführt wurde. Trotz der Herausgabe dieses Publikationsorgans setzte sich der Begriff „Informatik“ im wissenschaftlichen Diskurs der DDR aber erst in den 1980er Jahren durch. Damaliger Ausgangspunkt war die Gründung der ostdeutschen „Gesellschaft für Informatik“ im Jahre 1985. In den 1960er und 1970er Jahren war der Begriff Informationsverarbeitung als umfassende Bezeichnung für Rechentechnik und Datenverarbeitung üblich.

Die Informationsverarbeitung wurde zudem durch die technische Wissenschaft Kybernetik ergänzt. Die Zeitschrift *Elektronische Informationsverarbeitung und Kybernetik* (*EIK*) betonte die volkswirtschaftliche Bedeutung der beiden Wissenschaftsdisziplinen, die in der DDR als besonders förderungswürdig galten und als Charakteristika der wissenschaftlich-technischen Revolution angesehen wurden.[23] Die *EIK* wurde seit 1965 von der Sektion Kybernetik beim Präsidium der Deutschen Akademie der Wissenschaften und von der Mathematischen Gesellschaft der DDR herausgegeben und erschien vierteljährlich mit einem Umfang von 68 Seiten im Berliner Akademie Verlag. Die rein wissenschaftlich konzipierte Zeitschrift war interdisziplinär orientiert und richtete sich vor allem an Mathematiker, Techniker, Mediziner, Psychologen, Physiologen und Ökonomen.[24] Sie diente primär als Fortbildungsorgan für die Wissenschaftler dieser Disziplinen.

20 Hans-Joachim Braun, „Konstruktion, Destruktion und der Ausbau technischer Systeme zwischen 1914 und 1945“, in: *Propyläen Technikgeschichte, Band 5* (wie Anm. 18), 14.

21 Klaus Mainzer, „Entwicklungsfaktoren der Informatik in der Bundesrepublik Deutschland“, in: Wolfgang van den Daele, Wolfgang Krohn, Peter Weingart (Hg.), *Geplante Forschung. Vergleichende Studien über den Einfluß politischer Programme auf die Wissenschaftsentwicklung*, Frankfurt a. M. 1979, 117–180, hier 138.

22 Matthias Judt, *Der Innovationsprozeß Automatisierte Informationsverarbeitung in der DDR von Anfang der fünfziger bis Anfang der siebziger Jahre,* Diss. Berlin 1989, 131; Gerhard Merkel, „Rahmenbedingungen für Computerentwicklungen im Bereich des RGW“, in: *FifF-Kommunikation. Forum InformatikerInnen für Frieden und gesellschaftliche Verantwortung 1, 22/2005*, 47–51, hier 49; Klaus Krakat, *Schlussbilanz der elektronischen Datenverarbeitung in der früheren DDR*, Berlin 1990, 5.

23 Horst Sobotta, „Kybernetik – Wissenschaft der Zukunft“, in: *Universitätszeitung, 1.3.1962*, 2.

24 *Rechentechnik 13, 2/1965*, 2 (Rubrik „Nachrichten“).

2. Das Profil der *Rechentechnik/Datenverarbeitung* – Informationen aus Wirtschaft, Politik und Wissenschaft für die breite Öffentlichkeit

Im Gegensatz zur *EIK* sprach die *RD* eine breite Öffentlichkeit an, insbesondere Verwaltungsbeamte, Wirtschafts- und Politikvertreter. Die Hefte der *RD* erschienen alle zwei Wochen, ab den 1970er Jahren dann monatlich und konnten sowohl in Westdeutschland als auch in den sozialistischen Staaten (UdSSR, China, Polen, Tschechoslowakei, Ungarn, Bulgarien, Albanien) bezogen werden. Ein mehrköpfiger Redaktionsbeirat mit Mitgliedern aus Wirtschaft, Politik und Wissenschaft war für die inhaltlich-konzeptionelle Betreuung der Zeitschrift verantwortlich. In den 1960er Jahren hatte der Direktor des staatlichen Instituts für Datenverarbeitung und spätere Leiter des Zentrums für Forschung und Technik des Computerbetriebes „Robotron", Gerhard Keßler, die Leitung des Redaktionsbeirates inne.[25] Die endgültige Freigabe der Inhalte der Zeitschrift erfolgte aber durch das Presseamt des Vorsitzenden des Ministerrates der DDR. Das Redaktionskollegium formulierte die Zielsetzung der *RD* im Editorial des ersten Heftes mit folgenden Worten:[26]

> „Etwas Neuem steht man gewöhnlich interessiert, neugierig – und auch ein bißchen skeptisch gegenüber. Warum soll es mit der ersten Nummer der „Rechentechnik, Datenverarbeitung, Rationalisierung" anders sein? Aber so neu ist die Thematik nun wieder gar nicht. Spätestens seit dem Einzug von Rechenmaschinen und Buchungsautomaten in Betriebe und Verwaltungen ist jedermann mit der Rationalisierung in irgendeiner Form in hautnahe Berührung gekommen. (...) Was heißen soll: Rationalisierung durch moderne rechentechnische Verfahren, von der Anwendung der Mathematik, vom Automaten über die Lochkarte bis hin zur Elektronik; rationelle Arbeitsorganisation von der Bearbeitung des Posteinganges bis hin zur Arbeitsplatzgestaltung."

Der Rationalisierungsgedanke kam im ersten, noch als *Rechentechnik, Datenverarbeitung, Rationalisierung* bezeichneten Heft deutlich zum Ausdruck. Die Bemühungen um Akzeptanz sowohl für die Zeitschrift als auch für dieses neue Technologiefeld richteten sich nicht nur an interessierte Wissenschaftler, sondern auch an ein breites Laienpublikum. Schließlich sei grundsätzlich jeder mit Rechentechnik und Datenverarbeitung schon in „hautnahe Berührung" gekommen. Der Appell an die breite Öffentlichkeit, die Technologie stärker zur Kenntnis zu nehmen, spiegelte sich regelmäßig im Editorial der Zeitschrift wider, das prinzipiell jedes Heft einleitete und somit die Leser auf die jeweilige Hauptthematik einstimmte.

Der „Zwang zur Rationalisierung", wie das Editorial des zweiten Heftes überschrieben war[27], schrieb der Rechentechnik einen ökonomischen Nutzen zu. Ein praktisches, aus der Sicht der *RD* erfolgreiches Beispiel für die Gestaltung des Systems der ökonomischen Datenverarbeitung lieferte die Zeitschrift in ihrem Editorial des neunten Heftes von 1964 für den Bereich der chemischen Industrie. So war in den Leuna-Werken, dem größten Chemiekonzern Ostdeutschlands, bereits im Februar 1963 ein ehrenamtlicher Arbeitskreis gebildet worden, der sich mit Fragen der öko-

25 Zu den biographischen Daten vgl. Gerhard Keßler, „Planung und Organisation der Einsatzvorbereitung für Robotron 300 – eine aktuelle Aufgabe bei der Einführung der elektronischen Datenverarbeitung in den Betrieben der DDR", in: *Rechentechnik/Datenverarbeitung 2, 4/1967*, 3–5, hier 3; ders., „Anwendung der Rechentechnik zur Intensivierung von Forschungs- und Entwicklungsprozessen", in: *Rechentechnik/Datenverarbeitung 18/1981; Beiheft 1*, 2–8, hier 2.

26 „Richtung und Ziel" (Editorial), in: *Rechentechnik 1, 1/1964*, 1.

27 „Zwang zur Rationalisierung" (Editorial), in: *Rechentechnik 2, 1/1964*, 1.

nomischen Datenverarbeitung befasste. Aus diesem Gremium entwickelte sich eine hauptamtliche Arbeitsgruppe, die seit dem 1. Oktober 1963 den Status einer Abteilung für Datenverarbeitung zugeschrieben bekam und dem Ökonomischen Direktor unterstellt war. Die Mitarbeiter hatten ein Konzept erarbeitet, wie bestimmte Arbeitsprozesse innerhalb des Betriebes in der Zukunft von Datenverarbeitungsanlagen übernommen werden konnten. Langfristiges Ziel war es, ein betriebliches EDV-Gesamtsystem zu erarbeiten, wie es im Editorial als vorbildliches Beispiel beschrieben wurde:[28]

> „Um eine komplexe Verarbeitung der Daten zu sichern, soll in Zukunft in Leuna ein integriertes Datenverarbeitungssystem bevorzugt werden, das durch einmalige Eingaben der Ausgangsdaten in das System und ihre simultane Verarbeitung für sämtliche Zwecke der betrieblichen Leitungstätigkeit, also ihre Aufbereitung nach den verschiedensten Gesichtspunkten bis zur Bilanz des Betriebes einschließlich der Anwendung mathematischer Methoden geeignet ist."

Die *RD* übernahm die Aufgabe, diesen Prozess nicht nur in der Industrie, sondern auch in der Verwaltung und in wissenschaftlichen Einrichtungen zu unterstützen. Ihr Hauptaugenmerk galt der Veröffentlichung von Forschungsergebnissen und der Vorstellung von wissenschaftlich-technischen Innovationen. Das Ziel war, eine breite öffentliche Diskussion zum Thema Rationalisierung und der Einführung der modernen Rechentechnik in der Wirtschaft und der Finanzverwaltung anzustoßen. Als Vorbilder galten die Erfahrungen mit der Rechentechnik in anderen Ländern, vor allem in den sozialistischen Staaten, aber auch im Westen (BRD, USA, Frankreich). Die Förderung der Ausbildung von Fachkräften auf dem Gebiet der Rechentechnik und Datenverarbeitung war schließlich das zentrale Hauptanliegen der Zeitschrift.[29]

Ein gesonderter Nachrichten- und Informationsteil sollte zudem über die aktuellen Probleme der Rationalisierung in der Finanzbranche berichten, insbesondere über die Anwendung der Rechentechnik in Banken, bei der Gehaltsabrechnung, der Haushaltsabrechnung, in Sparkassen, im Verrechnungsverkehr und in der Versicherung.

Das Studium der neuen Zeitschrift gehörte nach Meinung der Redaktion zu den grundlegenden Fortbildungsmaßnahmen vor allem der Mitarbeiter in der Finanzwirtschaft. Nach einem halben Jahr resümierte das Redaktionskollegium über die Entwicklung des Abonnentenkreises und stellte fest, dass bei weitem noch nicht alle Mitarbeiter der Finanzverwaltung die Zeitschrift lasen. In der Folge listete die *RD* im Editorial des achten Heftes von 1964 beispielhaft die Namen von Institutionen auf, die nicht zum Abonnentenkreis gehörten. So bezögen die Filialen der Deutschen Bauernbank und der Deutschen Investitionsbank im Bezirk Neubrandenburg nur ein einziges Exemplar der Zeitschrift. Auch im Bezirk Frankfurt gebe es noch erhebliche Abonnentenlücken in den Finanzverwaltungen, in den Filialen der Deutschen Notenbank und in den Banken für Handwerk und Gewerbe. Noch schlimmer seien die Finanzabteilungen der Kreise Altentreptow, Anklam, Malchin und Neubrandenburg, die die Zeitschrift überhaupt nicht abonnierten. Die *RD* betonte zwar, dass es nicht ihre Absicht sei, „an dieser Stelle Bezirk für Bezirk nach den weißen Flecken

28 „Leitung und Datenverarbeitung" (Editorial), in: *Rechentechnik 9, 1/1964*, 1.

29 „Richtung und Ziel" (wie Anm. 26), 1; „Rückblick und Vorschau" (Editorial), in: *Rechentechnik 1, 2/1965*, 1; „Neuererarbeit – zum Nutzen aller" (Editorial), in: *Rechentechnik/Datenverarbeitung 3, 10/1973*, 1.

durchzukämmen“, sie übte aber durchaus Druck aus, wenn sie diesen Zustand wie folgt kommentierte:[30]

> „Wir sind aber davon überzeugt, daß die zentralen Finanzorgane wie auch die Bezirksverantwortlichen für Rationalisierung sich ihre Aufgaben erschweren, wenn sie nicht auch für die Verbreitung der „Rechentechnik“ mit sorgen. Wie anders als über die Zeitschrift sollen denn die in den Finanzorganen schlummernden potentiellen Reserven zur zügigen Rationalisierung der Arbeit genutzt werden? Wie anders wollen sich denn Leiter und Mitarbeiter das notwendige Wissen erwerben, um auch künftig in ihrer Arbeit zu bestehen? Wir sagten schon einmal, daß derjenige, der die Zeit nicht nutzt, um die modernen Arbeitsmittel anwenden zu lernen, die sich anbahnenden Veränderungen nicht begreift und zurückbleibt.“

Wer die neue Technik nicht zur Kenntnis nahm, drohte – so die Mahnung der *RD* – seinen Arbeitsplatz zu verlieren[31] oder zumindest „in drittrangige Funktionen abzusinken“.[32] Die Ernsthaftigkeit der Lage untermauerte die Redaktion noch durch den Abdruck von Aussagen hochrangiger Politiker. Arno Donda, Leiter der Staatlichen Zentralverwaltung für Statistik und Mitglied des Ministerrates der DDR, hob die Automatisierung von Zahlungs- und Buchungsvorgängen als das zentrale Anliegen der Politik hervor, wie er auf der Konferenz „Datenerfassung und Datenverarbeitung“ am 2. Dezember 1964 betonte. Seine Worte druckte die *RD* im Editorial des zehnten Heftes von 1964 in gekürzter Fassung ab. Donda betonte darin den Massencharakter von etwa 70 Millionen Planungs-, Abrechnungs- und Buchungsarbeiten pro Monat, die von rund 12 000 Mitarbeitern in der DDR bewältigt wurden. Er hob besonders das Manko hervor, „dass gegenwärtig etwa 25 Prozent aller dieser Vorgänge noch völlig manuell, weitere 70 Prozent mittels Buchungsmaschinen mit sehr starker Einschaltung manueller Operationen und nur der Rest von Lochkartenmaschinen bearbeitet“ würden.[33]

Der ökonomische Nutzen der Rechentechnik war unter den potentiellen Anwendern freilich noch umstritten. Die Einwände gegen die Rechentechnik diskutierte die *RD* offensiv, zumeist auch im Editorial. Eine kritische Äußerung des stellvertretenden Abteilungsleiters für Finanzen beim Rat des Kreises Freiberg druckte die *RD* 1965 exemplarisch ab, um die Leser zu einem Meinungsaustausch anzuregen:[34]

> „Wir sind bei den Vorbereitungsarbeiten recht gut vorangekommen. Nur eine Frage konnten wir nicht befriedigend beantworten: Welcher ökonomische Nutzen kommt bei dieser Rationalisierungsmaßnahme heraus? Wir hatten die sich direkt anbietende Begründung aufgegriffen, dass dadurch die Sachbearbeiter in den Städten und Gemeinden von einem Teil der technischen Arbeiten entlastet werden und mehr Zeit gewinnen für die Finanzkontrolle. Diese Begründung hat uns der Rat nicht abgenommen. Von jedem anderen Fachorgan verlangen wir bei der Einführung neuer Maßnahmen eine exakte Nutzeffektsberechnung, also müssen auch wir bei den von uns eingeleiteten Maßnahmen mindestens diese Bedingungen erfüllen.“

Die *RD* nahm solche Kommentare zum Anlass, das Anwendungsgebiet der Rechentechnik und Datenverarbeitung in der Verwaltung und Wirtschaft umfassend darzustellen. Die Einführung der modernen Rechentechnik in der Finanzbranche komme einer „technischen Revolution“ gleich, betonte das Redaktionskollegium entspre-

30 „In eigener Sache“ (Editorial), in: *Rechentechnik 8, 1/1964*, 1.
31 „Die Kenntnisse entscheiden“ (Editorial), in: *Rechentechnik 6, 1/1964*, 1.
32 „Elektronik-Kenntnisse“ (Editorial), in: *Rechentechnik 3, 2/1965*, 1.
33 Arno Donda, „Zur Perspektive in den Finanzorganen“, in: *Rechentechnik 10, 1/1964*, 1.
34 „Frage nach dem Nutzen: Ja oder nein“ (Editorial), in: *Rechentechnik 2, 2/1965*, 1.

chend nur ein Heft später im Editorial[35], da es mit Hilfe der elektronischen Rechenautomaten möglich sei, die Verwaltungsarbeit zu rationalisieren und Produktionsprozesse in Betrieben zu automatisieren.[36]

Für die Koordinierung dieser Aufgaben berief der Ministerrat 1967 eigens einen so genannten „Staatssekretär für Datenverarbeitung“, den Ingenieur Günther Kleiber, der in Kooperation mit den staatlichen Stellen und der Industrie für die Durchführung der Maßnahmen verantwortlich war. Der Chefredakteur der *RD*, Herbert Jeschke, nutzte in einem Interview mit Kleiber die Gelegenheit, den biographischen Werdegang des neuen Staatssekretärs vorzustellen, der vor seiner Berufung Stellvertreter des Ministers für Elektrotechnik und Elektronik gewesen war. Kleiber sah die Hauptaufgabe der neuen Schlüsseltechnologie in der Koordinierung und Kontrolle der sozialistischen Planwirtschaft, die durch ein Netz von Rechenstationen künftig effektiver organisiert werden sollte.[37] Grundlage dieses Verbindungsnetzes waren die Rechenzentren, die je nach Anwendungsgebiet der Rechentechnik als wissenschaftliche oder als ökonomisch-kommerzielle Einrichtungen existierten und sowohl für wissenschaftlich-technische Aufgaben als auch für die ökonomische Planung und Automatisierung der Volkswirtschaft zuständig waren.[38] Im Sinne einer „komplexen sozialistischen Rationalisierung“, wie sie Kleiber im abgedruckten Interview beschwor[39], sollte die im Vordergrund stehende Planung, Optimierung, Überwachung und Lenkung von Produktionsprozessen durch den Einsatz der elektronischen Datenverarbeitung Forschungs- und Entwicklungszeiten in der Industrie verkürzen.[40]

Der Stellenwert der Ökonomisierung der Rechentechnik war inzwischen derart hoch, dass er sich auch auf die Leitung des Redaktionskollegiums verändernd auswirkte. Zu Beginn der 1970er Jahre übernahm Professor Wolfgang Schoppan, Lehrstuhlinhaber für Datenverarbeitung an der Hochschule für Ökonomie in Berlin, den Vorsitz.[41] Schoppan war vielseitig tätig. Er erarbeitete unter anderem den Lehrplan Informationsverarbeitung in der Grundstudienrichtung Wirtschaftswissenschaften für die Hochschulen und Universitäten der DDR.[42] Zudem befasste er sich mit der Entwicklung von kommerziellen Nutzungskonzepten für Software.[43] Darüber hinaus setzte er sich intensiv mit politisch-ideologischen Problemen beim Einsatz von elektronischen Datenverarbeitungsanlagen auseinander und beobachtete aufmerksam die

35 „Elektronik-Kenntnisse“ (wie Anm. 32), 1.

36 Dieter Bär, Gerhard Paulin, „Grundlagen der elektronischen Datenverarbeitung“, in: *Rechentechnik 4, 2/1965*, 17–19, hier 17f.

37 *Rechentechnik/Datenverarbeitung 1, 4/1967*, 3–4.

38 Erich Sobeslavsky, Nikolaus Joachim Lehmann, *Zur Geschichte von Rechentechnik und Datenverarbeitung in der DDR 1946–1968*, Dresden 1996 (Berichte und Studien; 8), 39.

39 *Rechentechnik/Datenverarbeitung 1, 4/1967*, 4.

40 Günther Kleiber, „Ziele und Aufgaben der Datenverarbeitung in der DDR nach dem VII. Parteitag“, in: *Rechentechnik/Datenverarbeitung 6, 4/1967*, 3f., hier 3.

41 Vgl. *Rechentechnik/Datenverarbeitung 4, 8/1971*, 6 (Rubrik: „Erfahrungsaustausch: Aktuelle Fragen der Leitung und Organisation von Rechenzentren“).

42 Wolfgang Schoppan, „Lehrprogramm Informationsverarbeitung der Grundstudienrichtung Wirtschaftswissenschaften“, in: *Rechentechnik/Datenverarbeitung 6, 16/1979*, 8–10.

43 Ders., „Zur Ökonomie der Nutzung von Standard-Anwendersoftware“, in: *Rechentechnik/Datenverarbeitung 10, 18/1981*, 5–8.

EDV-Nutzung in der Bundesrepublik.[44] Der ideologische Konflikt zwischen Sozialismus und Kapitalismus erfasste aus der Sicht Schoppans auch den Prozess der Anwendung der elektronischen Datenverarbeitung.

Unter seiner Leitung fokussierte die *RD* noch stärker die EDV-Anwendungsrichtungen, denen eine zentrale Bedeutung zugeschrieben wurde, wie ein Vertreter des Ministeriums für Wissenschaft und Technik und Mitglied des Redaktionsbeirates der *RD* im Jahre 1976 in einem Editorial konstatierte. Die Rechentechnik galt demnach sowohl der Vervollkommnung und Rationalisierung der Leitung und Planung der Volkswirtschaft als auch der Steuerung und Rationalisierung von Produktions-, Transport-, Versorgungs- und Dienstleistungsprozessen und nicht zuletzt der Rationalisierung von Forschungs- und Entwicklungsarbeiten sowie der technischen Produktionsvorbereitung.[45] Zudem wurde in einem Editorial von 1975 das übergreifende Ziel formuliert, mit Hilfe der Rechentechnik und Datenverarbeitung zuverlässiges Zahlenmaterial zur Verfügung zu stellen, um damit Methoden zur rechnergestützten Planaufstellung und Plankontrolle zu erarbeiten und somit den Informationsfluss zwischen den Planungs- und Leitungsstellen der Wirtschaft, insbesondere den Ministerien, der Staatlichen Plankommission und der Staatlichen Zentralverwaltung für Statistik zu verbessern.[46] Dieses Anliegen verfolgte der Staat und vertrat die Zeitschrift bis zur Wende von 1989/90.

3. Die Zeitschrift *Rechentechnik/Datenverarbeitung* als Forum für Aus-, Fort- und Weiterbildung

Für die der Rechentechnik und Datenverarbeitung zugeschriebenen Aufgaben benötigte die DDR eine Vielzahl von Spezialisten. Aufgrund fehlender Ausbildungsformen an den Hochschulen – mit Ausnahme des Instituts für Maschinelle Rechentechnik der TU Dresden – glich die *RD* daher in den ersten Jahren ihrer Existenz in manchen Ausgaben eher einem Lehrgangsheft für die Anwendung der EDV. Durch die Veröffentlichung von Schulungsmaterialien sollten sich die Leser der *RD* autodidaktisch Kenntnisse aneignen. Grundsätzliche Artikel über die Entwicklung neuer Rechenanlagen und deren Hilfsmittel sowie konkrete Anleitungen zur Bedienung der Maschinen sollten die Zeitschrift zu einem unentbehrlichen Ratgeber und Helfer bei der Rationalisierung von Arbeitsprozessen machen.

Den Auftakt bildete 1965 eine Schulungsreihe über den Einsatz der Lochkartentechnik, ein Speichermedium für Zahlen und Programme. Ihr folgte eine Reihe über Grundfragen der Anwendung der elektronischen Datenverarbeitung in den Finanz-

44 W. Leonhardt, Wolfgang Schoppan, „Zum Klasseninhalt von Datenverarbeitungssystemen im Sozialismus", in: *Rechentechnik/Datenverarbeitung 5, 7/1970*, 6–11; Wolfgang Schoppan, Hans Leykauf, „Zur Entwicklung der Nutzung der EDV in der BRD, Teil 1", in: *Rechentechnik/Datenverarbeitung 1, 12/1975*, 28–34; dies., „Zur Entwicklung der Nutzung der EDV in der BRD", in: *Rechentechnik/Datenverarbeitung 2, 12/1975*, 38–41.

45 Hans Kunau, „EDV – Instrument und Objekt der Intensivierung", in: *Rechentechnik/Datenverarbeitung 2, 13/1976*, 1f., hier 1.

46 „Erweiterte Möglichkeiten der EDV-Anwendung durch die Ordnung der Planung der Volkswirtschaft der DDR" (Editorial), in: *Rechentechnik/Datenverarbeitung 5, 12/1975*, 1.

organen.[47] Darin wurden über einen längeren Zeitraum verschiedene Komplexe wie Grundlagen der elektronischen Datenverarbeitung, Aufbau und Programmierung von Rechenanlagen, Anwendungen in der Ökonomie sowie Programme und Programmierungssprachen behandelt.[48] Ein ständig wiederkehrendes „ABC der Rechentechnik“ mit Erläuterungen der wichtigsten Fachbegriffe und eine mehrteilige Artikelserie über die „Grundfragen der Rechentechnik“ ergänzten die Schulungsreihen.[49]

Zudem war beabsichtigt, das Selbststudium der interessierten Leser durch die aktive Teilnahme an Fortbildungsveranstaltungen weiter zu ergänzen und zu vertiefen. Die *RD* sah die Bekanntgabe solcher Kurse als ein wichtiges Anliegen an, um die Aus- und Weiterbildung von Spezialisten zu fördern. Das Editorial des elften Heftes von 1965 widmete sich den von der Hochschule für Ökonomie angebotenen sechswöchigen Programmierkursen für den vom VEB Carl Zeiss Jena entwickelten, ab 1961 in Serie gebauten Zeissrechenautomaten (ZRA 1), von dem die Zeitschrift bereits in einem früheren Heft eine räumliche Gesamtansicht abgedruckt hatte.[50] Die Redaktion betonte das aus ihrer Sicht notwendige Ziel, „daß sich in jedem Betrieb, jedem Institut oder jedem Organ ein Kreis von Mitarbeitern mit den Fragen der elektronischen Datenverarbeitung befaßt und konkrete Schritte auf diesem Gebiet unternimmt“.[51] Die Qualifizierung im Umgang mit dem Digitalrechner ZRA 1 war in der Tat eine notwendige Maßnahme, kam er doch im industriellen Bereich, an den Rechenzentren der Hochschulen (siehe Tabelle 1, S. 174) und an Akademie- und Forschungsinstituten zwischen 1962 und 1964 zum Einsatz.[52]

Die Hochschulrechenzentren dienten vor allem der Ausbildung in numerischer Mathematik und maschineller Rechentechnik für Mathematiker, Ingenieure und Ökonomen, aber auch für andere Fachrichtungen, wie Medizin, Landwirtschafts- und Gesellschaftswissenschaften.

Die *RD* räumte persönlichen Berichten aus den Rechenzentren der Hochschulen großzügigen Platz in ihrer Zeitschrift ein. Eine ausführliche Darstellung lieferte die Hochschule für Ökonomie 1965. Sie listete die Hauptaufgaben ihrer Institution auf, um den volkswirtschaftlichen Nutzen von Rechenzentren in der Öffentlichkeit bekannt zu machen. Dazu zählten vor allem die Ausbildung von Direkt- und Fernstudenten auf dem Gebiet der modernen Rechentechnik im Rahmen einer neu gegründeten Fachrichtung „Datenverarbeitung“, wissenschaftliche Berechnungen für die Institute der Hochschule, die Durchführung von Programmierkursen für Ökonomen aus der Industrie und Verwaltung, sowie die Durchführung eigener Forschungsaufgaben und schließlich die Übernahme von Kundenaufträgen zur Berechnung ökonomischer

47 „Rückblick und Vorschau“ (Editorial), in: *Rechentechnik 1, 2/1965*, 1.

48 „Elektronik-Kenntnisse“ (wie Anm. 32), 1; vgl. auch Hans-Friedrich Meuche, „Perspektiven der Anwendung elektronischer Datenverarbeitungsanlagen“, in: *Rechentechnik 8, 1/1964*, 4–6.

49 *Rechentechnik 9, 1/1964*, 11; *Rechentechnik 10, 1/1964*, 16–18.

50 Heinz Strickert, Sonja Schottenhamel, „Materielle Interessiertheit in ZRA 1-Rechenstationen“, in: *Rechentechnik 8, 1/1964*, 10f., hier 11.

51 „Programmierkurse für ZRA 1“ (Editorial), in: *Rechentechnik 11, 2/1965*, 1.

52 Vgl. Friedrich Naumann, „Vom Tastenfeld zum Mikrochip – Computerindustrie und Informatik im ‚Schrittmaß des Sozialismus‘, in: Dieter Hoffmann, Kristie Macrakis (Hg.), *Naturwissenschaft und Technik in der DDR*, Berlin 1997, 261–281, hier 265; Wolfgang Mühlfriedel, Edith Hellmuth, *Carl Zeiss in Jena 1945–1990*, Köln, Weimar, Wien 2004 (Carl Zeiss – Die Geschichte eines Unternehmens; 3), 177.

Probleme.[53] Für die Bewältigung dieser umfangreichen Aufgaben mussten Mitarbeiter gefunden werden, die sich zunächst aus Absolventen der Mathematik, Elektrotechnik und Ökonomie rekrutierten. Speziell ausgebildete Computerfachleute waren in der ersten Hälfte der 1960er noch schwer zu finden, spezielle Studienrichtungen mussten erst geschaffen werden. Der Mangel an Fachleuten war der Hauptkritikpunkt der Industrie. Die *RD* druckte 1967 die Klage zweier Industrievertreter der Vereinigung Volkseigener Betriebe Maschinelles Rechnen ab, die kritisierten, dass die Absolventen der Hochschulen weder qualitativ noch quantitativ den fachlichen Anforderungen entsprechen würden.[54] Sie informierten die Leserschaft darüber, dass aufgrund der defizitären Ausbildungssituation die Industrie eigene Ausbildungskurse für Programmierer und Bedienungskräfte von elektronischen Lochkartenrechnern und DV-Anlagen anbot. Der Industriebetrieb Maschinelles Rechnen entwickelte sogar ein eigenes System der Aus- und Weiterbildung mit insgesamt zehn Qualifikationsstufen und stellte es 1967 in der *RD* vor (siehe Tabelle 2, S. 175).[55]

Rechenzentren	*Gegründet*
TH Dresden, Institut für Angewandte Mathematik	1951
Universität Halle, Institut für Numerische Mathematik	1962
Universität Leipzig, Institut für Maschinelle Rechentechnik	1962
TH Ilmenau, Institut für Maschinelle Rechentechnik	1962
TH Magdeburg, II. Mathematisches Institut	1962
Hochschule für Architektur und Bauwesen Weimar, Institut für Mathematik	1962
TH Karl-Marx-Stadt, Institut für Mathematik	1963
Universität Rostock, Rechenzentrum	1964
Hochschule für Ökonomie, Institut für ökonomische Datenverarbeitung	1964
Humboldt-Universität Berlin, Mathematisches Institut	1964

Tabelle 1: Hochschulrechenzentren in der DDR[56]

53 Hans-Jürgen Klug, „Programmierkurse für den ZRA 1 – auch für den Ökonomen wichtige Form der Qualifizierung“, in: *Rechentechnik 2, 2/1965,* 4f., hier 4.

54 Hartmut Kühn, Rainer Simon, „Das Aus- und Weiterbildungssystem im Bereich der VVB Maschinelles Rechnen“, in: *Rechentechnik/Datenverarbeitung 6, 4/1967*, 23–25, hier 23. Diese Ansicht unterstützten auch Ökonomen anderer Industriebetriebe. Noch 1970 klagte ein Mitarbeiter des Computerbetriebes „Robotron“ in der *RD*, das Fach Datenverarbeitung sei in den 1960er Jahren zu selten in den Vorlesungsverzeichnissen der Hoch- und Fachschulen zu finden gewesen. Vgl. Hanspeter Smers, „Weiterbildung von Kadern auf dem Gebiet der EDV im Schulungszentrum des VEB Kombinat Robotron“, in: *Rechentechnik/Datenverarbeitung 7, 7/1970*, 7–10, hier 7.

55 Kühn/Simon, „Das Aus- und Weiterbildungssystem“ (wie Anm. 55), 23.

56 Norbert Sieber, „Die rechentechnische und datenverarbeitende Ausbildung an Universitäten und Hochschulen“, in: *Rechentechnik/Datenverarbeitung 6, 4/1967*, 35–38, hier 35. Vgl. auch Christine Pieper, „Wechselbeziehungen zwischen Wissenschaft, Politik und Wirtschaft in der Hochschulinformatik der DDR (1960er Jahre)“, in: Friedrich Naumann, Gabriele Schade (Hg.), *Informatik in der DDR – eine Bilanz. Tagungsband zu den Symposien 7. bis 9. Oktober 2004 in Chemnitz, 11. bis 12. Mai 2006 in Erfurt*, Bonn 2006 (GI-Edition-Lecture Notes in Informative – Thematics; vol. T-1), 351–368, hier 357.

Qualifikationsstufen	*Haupteinsatzgebiete*
1. Teilberuf „Locher und Prüfer“	Locher, Prüfer
2. Teilfacharbeiter für Datenverarbeitung	Sortierer, Lochstreifenumsetzer, Tabellierer, Doppler ohne Programmierung
3. Facharbeiter für Datenverarbeitung	Tabellierer, Doppler mit Programmierung, Gruppenleiter von 1 und 2, Bedienungskräfte für EDV
4. Facharbeiter für DV mit maschinenorientierter Zusatzausbildung	Gruppenleiter bis 3, Bedienungskräfte für EDV
5. Facharbeiter für DV mit Spezialausbildung	Lehrausbilder, Mathematisch-technischer Assistent
6. Fach- und Hochschulkader mit fachfremden Abschluss	entsprechende Vorkenntnisse und Weiterbildung ab 4 und 7
7. Ökonom für Datenverarbeitung	Programmierer, Technologen, Organisatoren, Produktionsplaner
8. Diplom-Mathematiker, Diplom-Ökonom für Datenverarbeitung	Problemanalytiker, Programmierer, Technologen, Organisatoren, Abteilungsleiter im Produktions- und Technischen Betrieb
9. Fach- und Hochschulkader mit maschinenorientierter Zusatzausbildung	Maschinenführer für EDV, Schichtleiter in Produktion, spezialisierte Kader von 7 und 8
10. Fach- und Hochschulkader mit Zusatzausbildung für Leitungs- und Führungstätigkeit	Betriebs-, Produktions- und Technischer Leiter

Tabelle 2: Übersicht über die Qualifikationsstufen in der Vereinigung Volkseigener Betriebe Maschinelles Rechnen

Im Rahmen dieses ausdifferenzierten Ausbildungssystems wiesen die anwendungsorientierten Qualifizierungsmaßnahmen, wie der Facharbeiter für Datenverarbeitung, der Ökonom für Datenverarbeitung und die maschinenorientierte Zusatzausbildung für die Industrie die größten Defizite in der Hochschulausbildung auf. Die maschinenorientierte Zusatzausbildung bezog sich vor allem auf die Bedienung von Rechenanlagen, die in der DDR zum Einsatz kamen.

Die von der Industrie in der *RD* geforderten Ausbildungsmaßnahmen waren der Hauptgrund für die Einführung von postgradualen Lehrgängen an den Hochschulen. Damit sollte die Datenverarbeitung in allen gesellschaftlichen Schichten eingeführt und Arbeitskräfte aus der Industrie über den zweiten Bildungsweg qualifiziert werden.[57] Die *RD* stellte die unterschiedlichen Qualifizierungsmaßnahmen für Ökonomen, Ingenieure, Mathematiker und speziell für Frauen vor und ermunterte ihre Leser durch die Angabe der Bewerbungsvoraussetzungen, des Ansprechpartners und der Adresse, sich für ein Angebot zu interessieren (siehe Tabelle 3).

Neben der Qualifizierung beziehungsweise Umschulung von Erwachsenen, die zunächst im Fokus der *RD* standen, kam es seit der zweiten Hälfte der 1960er Jahre an den Hochschulen zum Aufbau eines ausdifferenzierten Ausbildungssystems, dem die *RD* allerhöchste Aufmerksamkeit in der Berichterstattung schenkte. Den Höhepunkt bildete die wissenschaftliche Konferenz „Die elektronische Datenverarbeitung im Hochschulwesen“ vom 12. bis zum 16. Januar 1970. Veranstalter war das Ministerium für das Hoch- und Fachschulwesen in Kooperation mit der Humboldt-Universität Berlin, der Hochschule für Ökonomie und der TU Dresden.[58] Die Konferenz ver-

57 Naumann, „Vom Tastenfeld zum Mikrochip“ (wie Anm. 52), 268.

58 „Wissenschaftliche Konferenz: Die elektronische Datenverarbeitung im Hochschulwesen“ (Editorial). *Rechentechnik/Datenverarbeitung 2, 7/1970*, 3.

folgte das Ziel, den Stand und die Perspektiven der Anwendung der EDV im Hochschulwesen der DDR zu beleuchten. Von dieser Tagung sollten Impulse ausgehen, um der neuen Technologie „in ganzer Breite“ zum Durchbruch zu verhelfen, wie der Stellvertreter des Ministers für das Hoch- und Fachschulwesen, Hermann Tschersich, im Editorial des Konferenzbandes betonte.[59] Im Vordergrund stand die Ausbildung von Spezialisten für die Datenverarbeitungsindustrie sowie für Leitung, Organisation und Betrieb von Rechenzentren, wie Tschersich in der *RD* hervorhob.[60]

Hochschulen	*Postgraduale Qualifizierungsmaßnahmen*
Fachschule für Ökonomie	Vierjähriges Fern- oder Abendstudium „Ökonom für Datenverarbeitung“ seit 1.9.1964[61]
HAB Weimar	Dreisemestriges Fernstudium „Datenverarbeitung im Bauwesen“ ab Frühjahrssemester 1967[62]
TH Magdeburg	EDV-Sonderlehrgang für Frauen mit Hoch- oder Fachschulabschluss an der Sektion Rechentechnik und Datenverarbeitung vom 27.9. bis 28.10.1971[63]
Humboldt-Universität Berlin	Ausbildung von mathematisch-technischen Assistenten (Programmierer) am Rechenzentrum[64]
TU Dresden	Zweijähriges Fernstudium „Informationsverarbeitung“ an der Sektion Informationsverarbeitung ab März 1976[65]
TH Leuna-Merseburg	Zweijähriges Fernstudium „Prozessrechentechnik“ an der Sektion Mathematik und Rechentechnik[66]

Tabelle 3: Postgraduale Qualifizierungsmaßnahmen der Hochschulen

Die Zeitschrift betrachtete die EDV-Bildung nun verstärkt als „ein(en) Grundfaktor des ökonomischen Wachstums“[67] und setzte sich in den 1970er Jahren für erhöhte Investitionen im Hoch- und Fachschulwesen ein, um die Entwicklung von Wissenschaft und Technik zu fördern.[68] Das in heutigen Zeiten der fortschreitenden Technik- und Wissenschaftsentwicklung immer wichtiger werdende Konzept vom lebenslangen Lernen wurde in der *RD* schon früh postuliert. Das Redaktionskollegium beschrieb

59 „Die elektronische Datenverarbeitung im Hochschulwesen“ (Editorial). *Rechentechnik/Datenverarbeitung 7/1970; Beiheft 1/2*, 1.

60 Hermann Tschersich, „Anwendung der EDV erhöht die Verantwortung des Hochschullehrers“, in: *Rechentechnik/Datenverarbeitung 3, 7/1970*, 21f., hier 22.

61 *Rechentechnik 3, 2/1965*, 2 (Rubrik „Nachrichten“).

62 HAB = Hochschule für Architektur und Bauwesen. Vgl. Horst Kretschmar, „Postgraduales Studium Datenverarbeitung im Bauwesen“, in: *Rechentechnik/Datenverarbeitung 6, 4/1967*, o. S.

63 *Rechentechnik/Datenverarbeitung 8, 8/1971*, 3f. (Rubrik „Informationen“).

64 *Rechentechnik/Datenverarbeitung 6, 9/1972*, 3 (Rubrik „Informationen“); *Rechentechnik /Datenverarbeitung 6, 12/1975*, 2 (Rubrik „Informationen“); *Rechentechnik/Datenverarbeitung 2, 13/1976*, 5 (Rubrik „Informationen“); *Rechentechnik/Datenverarbeitung 6, 15/1978*, 3 (Rubrik „Informationen“).

65 *Rechentechnik/Datenverarbeitung 9, 12/1975*, 3 (Rubrik „Informationen“); *Rechentechnik/Datenverarbeitung 11, 14/1977*, 2 (Rubrik „Informationen“); *Rechentechnik/Datenverarbeitung 3, 17/1980*, 2 (Rubrik „Informationen“).

66 *Rechentechnik/Datenverarbeitung 4, 15/1978*, 2 (Rubrik „Informationen“).

67 „Aus- und Weiterbildung – ein Grundfaktor ökonomischen Wachstums“ (Editorial). *Rechentechnik/Datenverarbeitung 10, 7/1970*, 3.

68 „Investitionen für die Zukunft“ (Editorial), in: *Rechentechnik/Datenverarbeitung 4, 7/1970*, 3.

diesen Zustand noch mit den Worten Lenins: „Lernen, lernen und nochmals lernen“. Diese Worte seien – so das Redaktionskollegium – „angesichts der Dynamik der wirtschaftlichen und wissenschaftlich-technischen Entwicklung aktueller denn je.“[69] Demzufolge nahm der Faktor Aus- und Weiterbildung in der *RD* einen immer größer werdenden Raum ein. Das Ziel war vor allem, eine breitenwirksame Berufsausbildung auf dem Gebiet der Informationsverarbeitung zu etablieren. Die Aus- und Weiterbildung umfasste drei Beschäftigtengruppen:

1) die Facharbeiterausbildung (eineinhalb bis zwei Jahre),
2) das Fach- beziehungsweise Ingenieurschulstudium (drei Jahre),
3) das Hochschulstudium (vier bis viereinhalb Jahre).[70]

Auf der ersten Ebene kam der Ausbildung von so genannten „Facharbeitern für Datenverarbeitung“ eine hohe Bedeutung zu. Sie fiel seit 1965 in das Aufgabengebiet der Industrie. Die *RD* druckte Berichte ab, in denen das Tätigkeitsfeld und das Qualifikationsprofil des Facharbeiters beschrieben wurden. Er kam als Programmierer und Bedienungskraft für Lochkartenmaschinen beziehungsweise elektronische Datenverarbeitungsanlagen zum Einsatz[71] und verfügte über breite ökonomische Kenntnisse, die aus der Sicht der Politik bei der Tätigkeit in Rechenzentren für die Mitgestaltung der wissenschaftlich-technischen Revolution dringend benötigt wurden.[72] Grundlage der Ausbildung zum Facharbeiter für Datenverarbeitung war die am 8. Mai 1968 durch das Staatliche Amt für Berufsausbildung offiziell verabschiedete Rahmenausbildungsunterlage. Danach umfasste die eineinhalbjährige berufstheoretische Ausbildung den Unterricht in den Fächern Maschinenkunde (195 Stunden), Technologie der maschinellen Datenverarbeitung (280 Stunden), Mathematik (352 Stunden) und Ökonomie (337 Stunden). Hinzu kamen zahlreiche ökonomische Lehrgänge zum Einsatz der elektronischen Datenverarbeitung.[73] Eine Spezialisierung mit vier Wahlmöglichkeiten erfolgte im zweiten Teil der Ausbildung.[74]

Eine Ausbildung zum Facharbeiter für Datenverarbeitung war die Voraussetzung für die Aufnahme eines EDV-Studiums an einer Fach- oder Ingenieurschule beziehungsweise ab 1969 an einer noch stärker auf die Bedürfnisse der Produktionspraxis ausgerichteten Ingenieurhochschule.[75] Die *RD* bot diesen Schulen ein Forum, ihre Ausbildungskonzepte der Öffentlichkeit vorzustellen und Interessenten für die Stu-

69 Ebd., 3.

70 Wolfgang Schoppan, Franz Stuchlik, „Basis der Datenverarbeitung in der DDR“, in: *Rechentechnik/Datenverarbeitung 6, 16/1979*, 1.

71 Christa Papendorf, „Ein neuer Ausbildungsberuf – Facharbeiter für Datenverarbeitung“, in: *Rechentechnik/Datenverarbeitung 4/1967; 6*, 6–10, hier 6.

72 *Rechentechnik 4, 2/1965*, 16 (Abdruck eines Interviews mit der Stellvertreterin des Leiters der Staatlichen Zentralverwaltung für Statistik Freia Jonas).

73 Christa Papendorf, „Die Ausbildung von Facharbeitern für Datenverarbeitung“, in: *Rechentechnik/Datenverarbeitung 3, 7/1970*, 6–9, hier 6; vgl. auch Siegfried Baske, *Bildungspolitik in der DDR 1963–1976. Dokumente,* Berlin 1979 (Erziehungswissenschaftliche Veröffentlichungen; 11), 462.

74 Zu den Spezialisierungsrichtungen zählten 1) Programmierung und Bedienung schalttafelgesteuerter Maschinen, 2) Operativer Rechenbetrieb, 3) Organisation der maschinellen Datenverarbeitung, 4) Programmierung elektronischer Datenverarbeitungsanlagen. Vgl. *Rechentechnik/Datenverarbeitung 9, 8/1971*, 6 (Rubrik „Probleme/Projekte“: „Zur Ausbildung von Kadern für die elektronische Datenverarbeitung“).

75 Ebd., 9.

diengänge zu gewinnen.[76] Nach der Auffassung des Industriebetriebes Maschinelles Rechnen, der im Auftrag der Staatlichen Plankommission für die Erarbeitung der Ausbildungsunterlagen des Datenfacharbeiters zuständig war, stellte insbesondere ein nach sowjetischem Vorbild gestaltetes Studium als „Ökonom für Datenverarbeitung" an der Fachschule Rodewisch eine sinnvolle Weiterführung dieses Ausbildungsberufes dar.[77]

Die zunehmende Ökonomisierung der Informationsverarbeitung beeinflusste die Gestaltung der Ausbildungsinhalte auf der Ebene der Facharbeiterausbildung und des Ingenieurschulstudiums. Im Bereich des Hochschulstudiums hatte die Informatikausbildung dagegen einen relativ hohen mathematisch-theoretischen Anspruch[78] und war zu wenig, so die Kritik der Industrie, auf anwendungsorientierte Gebiete ausgerichtet.[79] Diese Tendenz blieb bis zur Wende bestehen.

4. Die Vorstellung neuer Rechenautomaten durch die *Rechentechnik/Datenverarbeitung*

Sämtliche Ausbildungsangebote hingen von der Verfügbarkeit der Rechenautomaten ab. Die *RD* hatte den politischen Auftrag, diese Geräte vorzustellen, deren Anwendungsgebiete zu erläutern und ihre wirtschaftliche Bedeutung für die Gesellschaft herauszuarbeiten. Die ersten Innovationen in der ostdeutschen Computertechnologie entstanden in der optischen Industrie und an den Hochschulen.

In der Rubrik „Nachrichten" verwies die *RD* gleich in ihrem ersten Heft von 1964 auf den am Institut für Maschinelle Rechentechnik der TU Dresden gebauten digitalen Kleinrechenautomaten D 4a. Sie verglich seine Größe mit dem eines Radios oder eines Fernsehers.[80] Im Gegensatz zu den raumfüllenden Großrechnern, die an den bundesdeutschen Hochschulen gebaut wurden, war der D4a für den Gebrauch auf dem Arbeitstisch konzipiert und für die Durchführung von wissenschaftlich-technischen Berechnungen vorgesehen. Darüber hinaus eignete er sich aber auch als Hilfsmittel für die medizinische Diagnostik oder für Berechnungen von Programmen für numerisch gesteuerte Werkzeugmaschinen.[81] Der D4a ging zwischen 1961 und 1964 mit über 3000 Exemplaren als Tischrechner Cellatron 8205 im Büromaschinenwerk

76 Vgl. Gottfried Schwarzig, „Die elektronische Datenverarbeitung im Rahmen der Ingenieurausbildung", in: *Rechentechnik/Datenverarbeitung 6, 4/1967*, 32–34; H. J. Grüneberger, „Zur Aus- und Weiterbildung auf dem Gebiet der elektronischen Datenverarbeitung an der Ing.-Hochschule Dresden", in: *Rechentechnik/Datenverarbeitung 6, 7/1970*, 24–25; Sigwart Thürmer, „Ausbildung in Informationsverarbeitung an der Ingenieurschule ‚Friedrich Engels' Görlitz", in: *Rechentechnik/Datenverarbeitung 9, 9/1972*, 19–20; Herbert Bürkner, „Ausbildung von Ingenieuren für Informationsverarbeitung an der Ingenieurschule Görlitz", in: *Rechentechnik/Datenverarbeitung 12, 10/1973*, 4; Gerhard Irmer, „10 Jahre Ausbildungsrechenzentrum IHD [Ingenieurhochschule Dresden]: Spezialisierte Kader und nutzerorientierte Systemunterlagen", in: *Rechentechnik /Datenverarbeitung 6, 16/1979*, 18–19.

77 Kühn/Simon, „Das Aus- und Weiterbildungssystem" (wie Anm. 55), 24.

78 Sieber, „Die rechentechnische und datenverarbeitende Ausbildung (wie Anm. 53), 38.

79 Smers, „Weiterbildung von Kadern" (wie Anm. 55), 7.

80 *Rechentechnik 1, 1/1964*, 4 (Rubrik „Nachrichten").

81 Nikolaus Joachim Lehmann, „Struktur und Aufbau des Kleinrechenautomaten D 4a", in: *Elektronische Rechenanlagen 7/1965*, 259–264, hier 259.

Zella Mehlis in die Serienproduktion.[82] Er kam sowohl an Hochschulen als auch in der Verwaltung und in der Wirtschaft zum Einsatz.[83] Die Zeitschrift verwies insbesondere auf die Ausbildungsfunktion des Kleinrechenautomaten. An ihm lernten die Studenten der TU Dresden im Rahmen der neu gebildeten Fachrichtung „Maschinelle Rechentechnik" die Funktionsweise von Rechenautomaten kennen.

Dem Dresdner Kleinrechenautomaten, der für die Entwicklung der Informationsverarbeitung in der DDR große Bedeutung hatte, folgte in der ersten Hälfte der 1960er Jahre der Digitalrechner ZRA 1. Ihm widmete die *RD* besonders große Aufmerksamkeit, beruhte er doch auf einer breiten Forschungskooperation zwischen der Deutschen Akademie der Wissenschaften, verschiedenen Industriebetrieben und der TU Dresden.[84] Die eigens gegründete „Benutzergemeinschaft der ZRA 1-Rechenzentren" verfolgte das Ziel, die Arbeiten sämtlicher Rechenzentren zu koordinieren, inhaltliche Schwerpunkte zu bilden und die Methoden der maschinellen Rechentechnik in der Öffentlichkeit zu propagieren.[85] Die 29 Mitglieder (Rechenzentren an Hochschulen, in der Industrie und in der Verwaltung) arbeiteten eng mit den staatlichen Stellen zusammen. Der SED war es ein wichtiges Anliegen, die Grundgedanken und Methoden der Rechentechnik und Datenverarbeitung über Presse, Rundfunk und Fernsehen in der Öffentlichkeit bekannt zu machen.[86] Spezielle Tagungen und Kolloquien, die über den neuesten Stand der Rechenautomaten und deren Einsatzgebiete informierten, dienten dem Ziel der Popularisierung der maschinellen Rechentechnik.

Die *RD* berichtete über sämtliche Aktivitäten und Probleme, die sich rund um den Betrieb des ZRA 1 rankten. Der Digitalrechenautomat kam überwiegend bei der Aus- und Weiterbildung und bei der Bearbeitung von Kundenaufträgen aus der Wirtschaft und der Politik zum Einsatz.[87] Ein zentrales Anwendungsfeld dieses Rechenautomaten war die Zentralisierung und maschinelle Bearbeitung der Lohn- und Gehaltsabrechnung. In diesem Bereich arbeiteten Wissenschaft und Politik eng zusammen. So entwickelte das Rechenzentrum der Humboldt-Universität für die zentrale Gehalts- und Lohnstelle des Berliner Magistrats ein Programm für die Gehaltsabrechnung mit dem ZRA 1.[88] Auch das Rechenzentrum der Technischen Hochschule Magdeburg setzte den ZRA 1 für die Bearbeitung ökonomischer Probleme ein.[89] Auf dem Gebiet

82 Ders., „Tischrechenautomat contra Rechenfabrik. Ein Kleinstrechenautomat 1959 in Dresden", in: Hans Dieter Hellige (Hg.), *Geschichten der Informatik. Visionen, Paradigmen, Leitmotive*, Berlin, Heidelberg 2004, 195–210, hier 207.

83 Sobeslavsky/Lehmann. „Zur Geschichte" (wie Anm. 38), 136.

84 Helmut Adler u.a., „Mathematische Maschinen", in: Horst Sachs (Hg.), *Entwicklung der Mathematik in der DDR*, Berlin 1974, 715–732, hier 722.

85 Bericht der Abteilung Maschinelles Rechnen des Staatssekretariats für Forschung und Technik in Berlin vom 16.11.1962, in: Universitätsarchiv der Bauhaus-Universität Weimar, Sektion Rechentechnik und Datenverarbeitung, I/04/154, o. B.

86 „Bericht über die Erfüllung der Konzeption des Staatssekretariats für das Hoch- und Fachschulwesen zur weiteren Entwicklung der Maschinellen Rechentechnik im Hochschulwesen" 1964, in: BArch, DR 3 (1. Schicht), 6150, o. B.

87 „Konzeption zur weiteren Entwicklung der Datenverarbeitung im Bereich der Rechenzentren des Staatssekretariats für das Hoch- und Fachschulwesen" [ca. 1963], in: BArch, DR 3 (1. Schicht), 6150, o. B.

88 Ivar Braun, Karlheinz Richter, „Erfahrungen bei der Einführung der Gehaltsabrechnung mit dem Rechenautomaten ZRA 1", in: *Rechentechnik 10, 2/1965*, 4–9.

89 *Rechentechnik 6, 1/1964*, 2 (Rubrik „Nachrichten").

der Rationalisierung durch Rechenautomaten hatte die *RD* also durchaus Erfolge zu vermelden. Was weniger gut funktionierte, war der von der „Benutzergemeinschaft ZRA 1“ organisierte Austausch von Programmen zwischen den Rechenzentren. Zwei Vertreter des Ministeriums der Finanzen monierten in der *RD*, „dass hiervon kaum Gebrauch gemacht wurde und demzufolge so gut wie keine Übersicht vorhanden war, welche Programme in der Republik zur Verfügung stehen, die voll übernommen werden könnten bzw. nur unwesentliche Vervollständigungen erfahren müssten“.[90] Die Politikvertreter empfahlen die Einführung einer umfassenden Dokumentation der vorhandenen Programme und verwiesen eindringlich auf den volkswirtschaftlichen Nutzen der Rechenautomaten. Darüber hinaus betonten sie die Notwendigkeit der Ausbildung von ökonomisch geschulten Fachkräften für den ZRA 1. Dieser war allerdings von der Speicher- und Rechenkapazität her bald nicht mehr ausreichend für die vielfältigen Aufgaben in Lehre und Forschung. Der Ruf nach einer leistungsfähigen Datenverarbeitungsanlage erklang daher vor allem an den Hochschulen.[91]

Die *RD* hatte die Produktion einer mittleren Datenverarbeitungsanlage mit dem Namen „Robotron 300“ bereits für die Jahre 1966/67 in ihrem Editorial frühzeitig angekündigt.[92] Sie widmete der Planung und Organisation der Einsatzvorbereitung dieser Anlage sogar ein eigenes Schwerpunktheft, das die volkswirtschaftliche Bedeutung der DV-Anlage umfassend darlegte.[93] Der Großrechner sollte dazu beitragen, wie es bereits in einem früheren Heft der *RD* hieß, „die Vielzahl von Routinearbeiten automatisch zu erledigen, Forschungs- und Entwicklungsaufgaben kurzfristig zu lösen, Fachleute für die Datenverarbeitung auszubilden und die Planung zunächst der Großbetriebe in der Republik zu automatisieren.“[94] Die in der Zeitschrift groß angekündigte Anlage konnte aufgrund von Problemen bei der Entwicklung elektronischer Bauelemente erst Ende der sechziger Jahre mit acht Anlagen ausgeliefert werden.[95] Bis 1972 existierten schließlich 325 Exemplare dieses industriell gefertigten Computers, der vor allem in den Hoch- und Fachschulen zum Einsatz kam.[96]

Das nach der DV-Anlage benannte Industriekombinat „Robotron“, das ab 1969 für den Computerbau zuständig und somit eines der Hauptanwenderkombinate von Mikroelektronik in der DDR war[97], eröffnete in Leipzig am 23. Oktober 1970 ein neues

90 Strickert/Schottenhamel, „Materielle Interessiertheit“ (wie Anm. 50), 11.

91 Vgl. Schreiben von Nikolaus Joachim Lehmann an den Rektor der TU Dresden vom 7.3.1966, in: BArch, DR 3 (1. Schicht), 4518, o. B.

92 „Tendenzen der Produktion von Datenverarbeitungsmaschinen“ (Editorial), in: *Rechentechnik 5, 2/1965*, 1.

93 *Rechentechnik/Datenverarbeitung 2, 4/1967*.

94 *Rechentechnik 1, 2/1965*, 17 (Meldung „Bis 1967 ROBOTRON 300“).

95 Naumann, „Vom Tastenfeld zum Mikrochip“ (wie Anm. 52), 269.

96 Friedrich Naumann, „Feinmechanischer Geräte- und Uhrenbau, Rechen- und Computertechnik“, in: Bildungswerk der Sächsischen Wirtschaft (Hg.), *Wirtschaft – Innovation – Bildung. Beiträge zur Darstellung von 100 Jahren Industrie- und Wirtschaftsentwicklung in Sachsen*, Plauen 2000, 82–97, hier 95.

97 Zu den Betrieben des Kombinats Robotron zählten der VEB Elektronik Dresden, der VEB Optima Büromaschinen Erfurt, der VEB Elektronik Zella-Mehlis, der VEB Elektronik und Zeichentechnik Bad Liebenwerda, der VEB REMA Stollberg, der VEB Elektronik Hoyerswerda, der VEB Goldpfeil Magnetkopfwerk Hartmannsdorf, der VEB Büromaschinenwerk Sömmerda, der VEB Buchungsmaschinenwerk Chemnitz, der VEB Projekt Dresden, der VEB Elektronik Riesa, der VEB Elektronik Radeberg, der VEB Rationalisierung Weimar, der VEB Messelektronik Dresden,

Gebäude ihres EDV-Schulungszentrums, welches im Fokus der *RD* stand. Das neue Ausbildungszentrum – das sich als ein Ort der sozialistischen Bildung und Erziehung verstand, wie der Staatssekretär für Datenverarbeitung Günther Kleiber in seiner Eröffnungsrede betonte – konzentrierte sich vor allem auf eine an der DV-Anlage orientierte Aus- und Weiterbildung, um den Lehrgangsteilnehmern anwendungsorientiertes Wissen zu vermitteln und im Rahmen der Rationalisierung und Automatisierung die Arbeitsproduktivität in der DDR zu steigern.[98] Vor diesem Hintergrund konzentrierte sich das Fortbildungszentrum in über fünfzig verschiedenen Lehrgangsarten auf die Ausbildung von Wartungstechnikern, Programmierern und Bedienungskräften für die EDV-Anlage „Robotron 300". Mit der Herausgabe von Schulungsmaterialien erfüllte das Ausbildungszentrum zudem seine Leitfunktion auf dem Gebiet der anlagenbezogenen Bildung der EDV-Spezialisten.[99]

In den 1970er und 1980er Jahren widmete sich die *RD* den neuen Groß- und Kleinrechnern, die im Rahmen des „Einheitlichen Systems der elektronischen Rechentechnik" (ESER) seit 1968 und des „Systems der Kleinrechner" (SKR) seit 1974 in den sozialistischen Staaten gebaut wurden. Das Ziel der ESER- und SKR-Vereinbarungen war es, unter der Leitung der UdSSR eine Zusammenarbeit der RGW-Länder zu institutionalisieren, eine technologische Systemvereinheitlichung anzustreben und den Import westlicher Rechenanlagen zu reduzieren.[100] Die *RD* widmete dem ESER-System ein eigenes thematisches Beiheft, das die Hauptmodelle der ESER-Rechenanlagen vorstellte.[101] Im Editorial des Beiheftes schätzte die Redaktion, dass etwa 20.000 Wissenschaftler, Ingenieure und Techniker und etwa 300.000 Facharbeiter für Datenverarbeitung in den sozialistischen Ländern an der Realisierung des ESER-Systems mitwirkten.

Der Computerbetrieb Robotron hatte den Auftrag, das ESER-Modell „R-40" (ES-1040) zu bauen, seine Serienfertigung setzte Ende des Jahres 1973 ein. Von dieser DV-Anlage exportierte die DDR 1974 fünf Geräte an die Sowjetunion und insgesamt elf an die Tschechoslowakei, weitere Anlagen sollten an die Ungarische Volksrepublik und Bulgarien geliefert werden, wie die *RD* in einem Editorial von 1974 lobend hervorhob.[102] Der Generaldirektor von Robotron, Wolfgang Sieber, von 1961 bis 1966 wissenschaftlicher Leiter eines Hochschulrechenzentrums und seit 1. Februar

der VEB Elektroschaltgeräte Auerbach, der VEB Stahlleichtbau Pirna, der VEB Anlagenbau Leipzig, der VEB Vertrieb Erfurt, der VEB Vertrieb Berlin, der VEB Bürotechnik Chemnitz und der VEB Export-Import Berlin. Vgl. Bundesministerium für Wirtschaft (Hg.), *Informationstechnik in Deutschland. Bericht über die Situation der informationstechnischen Branche und den Einsatz der Informationstechnik in der Bundesrepublik Deutschland*, Bonn 1991 (BMWi-Dokumentation, Nr. 310), 77.

98 Hanspeter Smers, „Neubau für EDV-Schulungszentrum übergeben", in: *Rechentechnik /Datenverarbeitung 1, 8/1971*, 22–24, hier 22.

99 Hans Kunau, „Zur Erfüllung der Aufgaben des Schulungszentrums im VEB Kombinat Robotron", in: *Rechentechnik/Datenverarbeitung 7, 8/1971*, 15–19, hier 16.

100 Klaus Krakat, *Das einheitliche System der elektronischen Rechentechnik (ESER) im RGW, Teil 1: Das ESER-Projekt*, Berlin 1975 (FS-Analysen; 5), 5; ders., *Entwicklungstatbestände und Entwicklungsrichtungen der elektronischen Datenverarbeitung in den RGW-Ländern, Teil 2: Kleinrechnersysteme*, Berlin 1979 (FS-Analysen; 1), 5.

101 *Rechentechnik/Datenverarbeitung 11/1974; Beiheft 2.*

102 Franz Loll, „Erfolgreiche Wettbewerbsbilanz des Kombinates Robotron", in: *Rechentechnik/Datenverarbeitung 11, 11/1974*, 1.

1966 Lehrstuhlinhaber für Mathematik und Darstellende Geometrie an der Hochschule für Bauwesen Leipzig[103], sah die internationale Zusammenarbeit im Rahmen des ESER als eine zentrale Hauptaufgabe seines Betriebes an, wie er in der *RD* betonte.[104] Die Fokussierung auf die ESER-Technik führte auch zu einer Überarbeitung der Ausbildungsprogramme, insbesondere des Facharbeiters für Datenverarbeitung, der seit dem 1. September 1973 auch an den Anlagen des ESER ausgebildet wurde.[105] Die Zusammenarbeit auf dem Gebiet der „Rechentechnik der sozialistischen Länder" – wie der Titel eines Sammelbandes der „Regierungskommission für die Zusammenarbeit der sozialistischen Länder auf dem Gebiet der Rechentechnik" lautete[106] – prägte auch die 1980er Jahre.

Das auf der 34. Tagung des Rates für gegenseitige Wirtschaftshilfe im Juni 1980 in Prag verabschiedete „Mehrseitige Spezialisierungsabkommen zur elektronischen Rechentechnik" hatte aus der Sicht eines Vertreters der Staatlichen Plankommission der DDR, Helmut Pieper, eine hohe wirtschaftspolitische Bedeutung und legte verschiedene Leitlinien für eine Spezialisierung zwischen den sozialistischen Staaten fest. Danach bezog die DDR kleine und große Anlagen aus Rumänien, der Tschechoslowakei und der Sowjetunion, mittlere Anlagen stellte sie hingegen aus eigener Produktion her.[107] Von den in der DDR gebauten mittleren DV-Anlagen der Modellreihen 1 (EC 1040) und 2 (EC 1055) des ESER wurden immerhin 530 Modelle produziert, davon gingen insgesamt 306 in den Export, wie der Chefkonstrukteur der DDR im ESER, Hans-Georg Jungnickel, zufrieden in der *RD* konstatierte.[108] Jungnickel verschwieg, dass die ESER-Entwicklungsreihen große Übereinstimmungen mit den amerikanischen IBM-Systemen 360 und 370 aufwiesen und mit diesen Geräten weitestgehend kompatibel waren.[109] Aber ohne die Nutzung von westlichem Expertenwissen und der Zusammenarbeit mit westlichen Computerfirmen wäre die Umsetzung des Programms zur Entwicklung sozialistischer Computertechnik nicht möglich gewesen. Diesen Aspekt diskutierte die *RD* schon aus politisch-ideologischen Gründen freilich nicht.

103 Schreiben des Rektors der Hochschule für Bauwesen Leipzig an das Staatssekretariat für das Hoch- und Fachschulwesen in Berlin vom 30.6.1966, in: BArch, DR 3 (1. Schicht), 4542, o. B.

104 Wolfgang Sieber, „Die Durchsetzung der sozialistischen Intensivierung im VEB Kombinat Robotron", in: *Rechentechnik/Datenverarbeitung 3, 13/1976*, 1f.

105 Dieter Seidel, „Neuprofilierte Ausbildungsunterlage für den Grundberuf Facharbeiter für Datenverarbeitung", in: *Rechentechnik/Datenverarbeitung 7, 11/1974*, 40–42, hier 40.

106 *Rechentechnik/Datenverarbeitung 1, 18/1981*, 18 (Interview: „rd sprach mit Vertretern des Redaktionskollegiums des Sammelbandes Rechentechnik der sozialistischen Länder").

107 Helmut Pieper, „Grundlinien der weiteren Zusammenarbeit im ESER", in: *Rechentechnik/Datenverarbeitung 9, 17/1980*, 5f., hier 6.

108 Hans-Georg Jungnickel, „15 Jahre erfolgreiche Beteiligung der DDR am Einheitlichen System Elektronischer Rechenmaschinen (ESER)", in: *Rechentechnik/Datenverarbeitung 10, 21/1984*, 5–8, hier 6.

109 Krakat. „Das einheitliche System" (wie Anm. 100), 12f.

5. Zusammenfassung

Die Zeitschrift *Rechentechnik/Datenverarbeitung* dokumentiert die engen Verflechtungen der gesellschaftlichen Teilsysteme Hochschule, Industrie und Politik bei der Herausbildung der neuen Wissenschaftsdisziplin Informatik, deren Forschungsprobleme im außerwissenschaftlichen Bereich, vor allem in der Ökonomie und in der Politik entstanden sind. Das zentrale Charakteristikum der neuen Disziplin war ihre Anwendungsorientierung in sämtlichen Bereichen der Volkswirtschaft.

Um die vielfältigen Möglichkeiten der Rechentechnik und Datenverarbeitung effektiv zu nutzen, musste die neue Technologie durch die *RD* zunächst einer breiten Öffentlichkeit bekannt gemacht werden. Das Redaktionskollegium der Zeitschrift bemühte sich, die technologischen Perspektiven für Innovationen und wirtschaftliches Wachstum aufzuzeigen. In den 1960er Jahren hatte die *RD* vor allem den Auftrag, die Leser in EDV-Fragen zu schulen.

Mit der Zunahme von (postgradualen) Ausbildungsgängen an den Hochschulen und in der Industrie zu Beginn der 1970er Jahre veränderte sich die Funktion der *RD* langsam zu einem Berichtsorgan, das die neuesten Entwicklungen auf dem Gebiet der Informationsverarbeitung und Informationstechnik teilweise thematisch gebündelt vorstellte, kommentierte und bewertete. Hierbei kamen die wichtigsten Vertreter aus Politik, Wirtschaft und Wissenschaft zu Wort, teilweise auch im Editorial der Zeitschrift, das ansonsten dem Redaktionskollegium vorbehalten blieb. Das Editorial erfüllte eine wichtige Funktion, es leitete thematisch, inhaltlich und konzeptionell das vorliegende Heft ein. In den ersten beiden Jahrgängen 1964/65 übte es auch einen gewissen Druck auf seine Leser aus, die Zeitschrift eifrig zu studieren, um nicht ins berufliche Hintertreffen zu gelangen und den Anschluss an die wissenschaftlich-technische Entwicklung zu verlieren.

Auch die unterschiedlichen Ansichten von Politikern, Wissenschaftlern und Industrievertretern über die Ausgestaltung eines Ausbildungssystems spiegeln sich in der *RD* wider. Während die Industrie die ökonomische Komponente in der Ausbildung stärker berücksichtigt wissen wollte, entschieden sich die Hochschulen für eine mathematisch-theoretische Ausgestaltung der Informatik. Die *RD* druckte beide Standpunkte ab, setzte aber mit dem Hochschulprofessor Wolfgang Schoppan einen Ökonomen an die Spitze des Redaktionskollegiums. Der Abdruck von offiziellen Stellungnahmen, Auszügen von Parteitagsbeschlüssen und Interviews mit Mitgliedern der Regierung, wie etwa mit dem Staatssekretär für Datenverarbeitung, ließen die loyale Haltung der Zeitschrift gegenüber der SED deutlich werden. Das Primat der Politik gegenüber der Wirtschaft und der Wissenschaft, wie es für die DDR charakteristisch war, spiegelt sich auch in den Berichten der *RD* wider.

Die Zeitschrift ist ein Beispiel für die von Mitchell Ash für das 20. Jahrhundert hervorgehobene Tendenz der „Verwissenschaftlichung der Politik bei gleichzeitiger Politisierung der Wissenschaften".[110] Die politische Forderung nach berufsqualifizierenden Studienabschlüssen der Hochschulen sowie die Mitarbeit der Industrie an

110 Mitchell G. Ash, „Wissenschaft und Politik als Ressourcen füreinander. Programmatische Überlegungen am Beispiel Deutschlands", in: Jürgen Büschenfeld, Heike Franz, Frank-Michael Kuhlemann (Hg.), *Wissenschaftsgeschichte heute. Festschrift für Peter Lundgreen*, Bielefeld 2001, 117–134, hier 123.

den Ausbildungsdokumenten der Studiengänge sind Belege für die „enge Kopplung“ zwischen Wissenschaft, Wirtschaft und Politik[111] und dokumentieren den Verwissenschaftlichungsprozess der Technik im 20. Jahrhundert. Die entscheidende Rolle, die die Zeitschrift *Rechentechnik/Datenverarbeitung* in dem Prozess der Einführung und Weiterentwicklung der Technologie spielte, zeigt die Relevanz eines Mediums, mit dem die zunächst nur mäßig interessierte Öffentlichkeit erreicht werden sollte.

111 Vgl. Peter Weingart, *Die Stunde der Wahrheit? Zum Verhältnis der Wissenschaft zu Politik, Wirtschaft und Medien in der Wissensgesellschaft*, Weilerswist 2001, 29.

Der *Index Medicus*

Eine diskursive Metaordnung medizinischer Fachzeitschriften

Torger Möller

Für die medizinhistorische Forschung über das ausgehende 19. und das 20. Jahrhundert stellt der *Index Medicus* das zentrale Verzeichnis der medizinischen Fachliteratur dar. Erstmals erschien er im Januar 1879 und war seinem eigenen Anspruch nach ein „classified record of the current medical literature of the world".[1] In verschiedenen Serien, mit teils kurzen Unterbrechungen, bildet der *Index Medicus* heute eine umfangreiche medizinische Bibliographie der letzten 130 Jahre, wobei er vor allem Artikel aus Wissenschaftszeitschriften verzeichnet.

Wie kann nun diese umfangreiche medizinische Bibliographie wissenschaftshistorisch – insbesondere vor dem Hintergrund einer diskursanalytischen Herangehensweise – genutzt werden? Im Rahmen dieses Artikels soll ein methodisches Verfahren vorgestellt werden, das einen systematischen Zugang zu den Quellen über den Gebrauch des *Index Medicus* ermöglicht. Kernpunkt des Verfahrens ist der Aufbau einer Datenbank und damit die Schaffung eines Quellenkorpus für die diskursanalytische Methode, wobei insbesondere der vornehmlich qualitative diskursanalytische Ansatz durch quantitative Verfahren ergänzt wird. Ausgehend von generellen Fragen nach den Zugängen zu und der Verarbeitung von bibliographischen Daten im *Index Medicus* werden am Beispiel der Epilepsie die Möglichkeiten und Grenzen dieses methodischen Zuganges exemplarisch dargelegt. Da der *Index Medicus* nicht nur ein bloßes Instrument der Sammlung und Archivierung bibliographischer Daten, sondern Teil der diskursiven Praxis der medizinischen Wissenschaft ist, werden in diesem Beitrag auch die inhaltlichen (Rück-)Wirkungen zwischen medizinischem Diskurs und dem *Index Medicus* als einer diskursiven Metaordnung analysiert.

Der *Index Medicus* als Quellenkorpus für die Diskursanalyse

Das grundlegende Problem jeder diskursanalytischen Herangehensweise besteht darin, dass der Diskurs nicht der Ausgangspunkt, sondern das Endergebnis der Analyse ist. Der „Diskurs" liegt nicht am Anfang wie ein zu analysierendes Objekt vor, sondern man nähert sich ihm in einem zirkulären hermeneutischen Prozess. Dieser Prozess führt am Ende der Analyse schließlich zu einem Netz von miteinander verknüpften Aussagen, die den Diskurs bilden. Da Aussagen aber keine frei fluktuierenden Entitäten sind, ist der Ausgangspunkt der Analyse der Text bzw. ein Textkorpus. Die Analyserichtung der Diskursanalyse verläuft entsprechend von den Texten über die Aussagen zum Diskurs. So steht am Anfang einer diskursanalytischen Arbeit die Frage nach dem Auffinden der für den Diskurs relevanten Texte. Hierfür, so die Aus-

1 So lautet das Titelblatt der ersten Ausgabe des *Index Medicus* im Jahr 1879. Der Untertitel „A monthly classified record of the current medical literature of the world" blieb bis zum Ende der dritten Serie im Jahr 1927 erhalten.

gangsüberlegung, können bibliographische Indizes wie der *Index Medicus* systematisch genutzt werden.

Wenn der relevante Untersuchungsgegenstand selbst verschlagwortet wurde, lässt sich ein systematischer Ansatz wählen, bei dem man ausgehend von einem Schlagwort, z. B. der Epilepsie, alle Literatur erfasst und in einer elektronischen Form (Datenbank) speichert. Eine solche Datenbank bietet eine Reihe von Vorteilen. Zunächst kann sie, wenn sie (annähernd) vollständig ist, den gesamten Quellenkorpus abbilden. Insbesondere für die Diskursanalyse bietet eine solche Datenbank die Möglichkeit, im Analyseprozess auftretenden Fragen – ob, und wenn ja, wie bestimmte Aspekte thematisiert werden – ohne großen Aufwand nachzugehen. Einfache Abfragen, wie etwa nach Schlüsselwörtern in Artikeltiteln, liefern häufig schon umfangreiche Literaturlisten, die als Ausgangspunkt für die weitere Analyse dienen.[2] Darüber hinaus kann mit einer Datenbank auch noch quantitativ gearbeitet werden, um beispielsweise Fragen, wie in welchen Zeitschriften am häufigsten publiziert wurde oder welche Begriffe den Diskurs prägten, zu beantworten.

Trotz der erwähnten Vorteile wird mit eigens erstellten Datenbanken nur in Ausnahmefällen gearbeitet. Die beiden größten Probleme bei der Erstellung eigener Datenbanken bestehen in den technischen Anforderungen und dem Zeitaufwand. Greift man nicht auf fertige Literaturverwaltungsprogramme zurück, die jedoch in ihren Möglichkeiten der Verarbeitung der Datensätze beschränkt sind, kommt man kaum ohne grundlegende Kenntnisse in (relationalen) Datenbankmanagement-Programmen und einer Datenbanksprache (z. B. SQL) aus.[3] Das zweite Problem besteht in dem zeitlichen Aufwand der Dateneingabe. Beim *Index Medicus* liegt ein Großteil der bibliographischen Daten nur in einer Papierversion vor und muss durch technische Verfahren des Scannens oder der Eingabe per Hand in die Datenbank eingepflegt werden. Gibt es bereits elektronische Bibliographien (z. B. *Medline*), auf die zugegriffen werden kann, lassen sich die Datensätze mit weniger Aufwand in das eigene System importieren. Im Folgenden wird zunächst ein Überblick über den Erscheinungsverlauf des *Index Medicus* und „verwandter" Bibliographien inklusive der heute verfügbaren elektronischen Versionen gegeben, bevor am Beispiel der Epilepsie auf das praktische Vorgehen und die Möglichkeiten einer Datenbank für die Durchführung einer Diskursanalyse eingegangen wird.

Die erste Serie des *Index Medicus* wurde von John Shaw Billings und Robert Fletcher im Auftrag der Library of the Surgeon-General Office herausgegeben. Die Library of the Surgeon-General Office wurde im Jahr 1836 von Joseph Lovell gegründet und heißt nach mehreren Namensänderungen (ab 1922 Army Medical Library, ab 1952 Armed Forced Medical Library) heute National Library of Medicine (NLM).[4] Das letzte Heft der ersten Serie des *Index Medicus* erschien im April 1899. Erst 1903

2 Da es bis zum *Cumulated Index Medicus* weder ein differenziertes Mehrfachverschlagwortungssystem (ab 1960) noch Abstracts (ab Mitte der 1970er Jahre) gab, kann eine über das Jahr 1960 zurückreichende systematische Suche nur über die Artikeltitel erfolgen.

3 Letztlich sind auch umfangreiche Kenntnisse in der Computerprogrammierung erforderlich, wenn die eigene Datenbank bestimmte Mindeststandards von Literaturverwaltungsprogrammen, z. B. bei der Aufbereitung und Darstellung der Datensätze, erfüllen soll.

4 Zur Geschichte der National Library of Medicine siehe: Wyndham David Miles, *A history of the National Library of Medicine. The nation's treasury of medical knowledge*, Washington, D.C. 1982.

begann die Publikation der zweiten Serie, so dass eine bibliographische Lücke entstand, die jedoch mit der ab 1900 in Paris herausgegebenen und in der Tradition des *Index Medicus* stehenden *Bibliographia Medica* fast geschlossen werden kann. Nur die Verzeichnung der Literatur des Jahres 1899 bleibt somit lückenhaft.

Die zweite Serie erschien, inklusive eines nach dem Ersten Weltkrieg herausgegebenen „War Supplement“, von 1903 bis 1920. In jeweils unmittelbarem Anschluss wurden die dritte Serie (1921 bis Juni 1927) und der *Quarterly Cumulated Index Medicus* (*QCIM*, 1927–1956) publiziert. Letzterer war ein Gemeinschaftsprodukt der Army Medical Library und der American Medical Association, die von 1916 bis 1926 in eigener Regie den *Quarterly Cumulated Index to Current Literature* (*QCICL*) herauszugeben hatte. Im Jahr 1932 ging dann der *QCIM* ganz in die Verantwortung der American Medical Association über. Die Army Medical Library begann jedoch im Jahre 1941 abermals mit der Herausgabe einer eigenen, wöchentlich erscheinenden Bibliographie von Zeitschriftenartikeln, der *Current List of Medical Literature* (*CLML*). Diese stellte insbesondere während des Zweiten Weltkrieges für die amerikanischen Mediziner die wichtigste Informationsquelle für die aktuelle Fachliteratur dar, da sich das Erscheinen des *QCIM* aufgrund von Zugangsproblemen zur nichtamerikanischen Literatur, personellen Engpässen und Druckerstreiks zusehends verzögerte.[5] Der *QCIM* enthält dennoch einen überraschend großen Teil der deutschsprachigen Literatur während des zweiten Weltkrieges.[6] Im Jahr 1956 stellte der *QCIM* sein Erscheinen ein und die *CLML* folgte nur wenige Jahre später, nämlich 1959. 1960 wurde dann der *Cumulated Index Medicus* (*CIM*) erstmals publiziert. Zur Schließung der bibliographischen Lücke im *Index Medicus* in den Jahren 1957–1959 kann auf die *CLML* zurückgegriffen werden. Somit stellt der *Index Medicus* – ergänzt durch die *Bibliographia Medica* und die *CLML* – ein von 1879 bis heute (mit Ausnahme des Jahres 1899) durchgängiges Verzeichnis vornehmlich der Zeitschriftenliteratur dar.

Die Beschränkung der Indizierung auf Artikel aus Fachzeitschriften vollzog sich dabei schrittweise. Bis 1927 wurden sowohl Bücher als auch Artikel unter den jeweiligen Schlagwörtern aufgenommen. Mit dem Erscheinen des *QCIM* gab es eine Neuordnung. Zeitschriftenartikel wurden weiterhin in ein differenziertes Verschlagwortungsregister eingeordnet, während Bücher in einem weit weniger umfangreichen Register verzeichnet wurden, das in seiner Verschlagwortung weitaus gröber konzipiert war und sich vornehmlich an den medizinischen Subdisziplinen (z. B. Psychiatrie, Neurologie usw.) orientierte. In der *CLML* und im *CIM* finden sich schließlich nur noch Zeitschriftenartikel inklusive etwaiger Supplementausgaben.

Im Jahr 1964 wurde von der National Library of Medicine das computerbasierte *Medical Literature Analysis and Retrieval System* (*MEDLARS*) eingeführt. Ab 1966 wurden die bibliographischen Daten in ein neu gestaltetes elektronisches System eingegeben, dass auch für eine interaktive Suche geeignet war und 1971 erstmals „online“ ging: Dies war die Geburtsstunde von *Medline*, welches ab 1997 seine Dienste gratis im Internet anbot. Die Daten des *Cumulated Index Medicus* von 1960 bis 1966 wurden Ende der 1990er Jahre von der National Library of Medicine (NLM) und dem

5 Susan Crawford, „Introduction“, in: *Cumulated Index Medicus 1/1960*, 1–3, hier 1.

6 Dieser Befund ist das Ergebnis einer Recherche nach deutschen Fachartikeln zur Epilepsie im *Index Medicus* in der Zeit des Zweiten Weltkrieges.

Deutschen Institut für Medizinische Dokumentation und Information (DIMDI) elektronisch aufbereitet, so dass seit November 1998 mit dem *Old Medline* auch der elektronische Zugriff auf diese Datenbestände möglich ist.[7] Das Digitalisierungsprojekt schritt in den letzten Jahren weiter voran und seit September 2004 sind auch die Bände der *CLML* von 1950 bis 1959 im *Old Medline* integriert. Ein elektronischer Zugriff auf die medizinische Zeitschriftenliteratur seit 1950 ist somit heute möglich.[8]

Da die bibliographischen Daten vor 1950 jedoch nach wie vor nur in einer Papierversion vorliegen, müssen diese entweder gescannt oder per Hand eingegeben werden. Ein Weg, mit dem diese Arbeit umgangen werden könnte, wäre der Rückgriff auf den *Index-Catalogue of the Library of the Surgeon-General's Office* (*IndexCat*), also den Bibliothekskatalog jener Institution, die auch den *Index Medicus* herausgegeben hat. Seit Sommer 2004 ist der digitalisierte *IndexCat* im Internet öffentlich zugänglich.

Inwieweit lassen sich nun die Daten des *IndexCat* für den Aufbau einer eigenen Datenbank nutzen? Zunächst einmal zu seinem Bestand: Der *IndexCat* enthält Datensätze von Monographien und Zeitschriftenartikeln ab dem 15. Jahrhundert. Die letzten Monographien stammen aus dem Jahr 1950 und die letzten Zeitschriftenartikel sind von 1949. Das Verzeichnis ist jedoch lückenhaft, da das Subjektregister in der vierten Serie des *IndexCat* nur bis zu dem Buchstaben „Mn" reicht und in der fünften Serie keine Zeitschriftenartikel verzeichnet wurden. Auf der Homepage der NLM wird darauf hingewiesen, dass es sich um eine „collection of a single library" handelt und keineswegs eine „bibliography of all existing material" sei.[9] Ein exemplarischer Vergleich zwischen dem *Index Medicus* und dem *IndexCat* zeigt, dass sich zwar in Letzterem mehr Monographien, jedoch weniger Zeitschriftenartikel finden.[10] In diesem Sinne sprechen gute Gründe für den Einbezug der Papierversionen des *Index Medicus* vor dem Jahr 1950, insbesondere wenn es um die Analyse der Zeitschriftenliteratur geht und der Untersuchungszeitraum nicht vor 1879 liegt. Das die meisten Quellen erfassende Verfahren wäre jedoch die kombinierte Aufnahme der bibliographischen Daten sowohl des *IndexCat* als auch des *Index Medicus* für die Jahre vor 1950.

Der medizinische Diskurs über Epilepsie in Deutschland

Im folgenden Abschnitt wird der Aufbau einer Datenbank am Beispiel der Epilepsieliteratur dargestellt. Anschließend werden Probleme hinsichtlich der unterschiedlichen Formate und Inhalte der Daten, die eine Standardisierung erforderlich machen,

7 Das Deutsche Institut für Medizinische Dokumentation und Information (DIMDI) wurde 1969 per Einrichtungserlass vom 1. September 1969 gegründet. Es ist eine nachgeordnete Behörde des Bundesministeriums für Gesundheit und hat die Aufgabe, der Fachöffentlichkeit Informationen aus dem Gebiet der gesamten Medizin zugänglich zu machen. Neben der Bereitstellung von Datenbanken gibt das DIMDI auch die offiziellen deutschsprachigen Übersetzungen internationaler Klassifikationen, wie z. B. der *International Classification of Diseases* (aktuell *ICD-10*) heraus.

8 Über *PubMed* (http://www.pubmed.gov) kann heute auf die elektronisch verfügbaren Daten von Old Medline und Medline zugegriffen werden.

9 Siehe http://www.nlm.nih.gov/hmd/indexcat/ichome.html, 29.1.2007.

10 Diese Analyse wurde am Beispiel des Begriffs „Fallsucht" in Literaturtiteln durchgeführt.

erläutert, bevor auf die Möglichkeiten der quantitativen Auswertungen eingegangen wird.

Die Quellenrecherche des hier angeführten Beispiels unterlag, da die Erstellung der Epilepsie-Datenbank im Herbst 2003 abgeschlossen wurde, bestimmten Beschränkungen. So waren weder die elektronischen Versionen der *CLML* (1950–1959) noch der *IndexCat* verfügbar. Die Datenrecherche erfolgte deshalb über die verschiedenen Serien des *Index Medicus*, der *Bibliographia Medica* (1900–1903) und der *CLML* (1957–1959) im Zeitraum von 1879 bis 1999. Dabei wurde die Literatur bis 1959 manuell eingegeben. Ab 1960 wurde auf die verfügbaren elektronischen Versionen *Old Medline* (1960–1965) und *Medline* (ab 1966) zurückgegriffen. Eine Übersicht über die medizinisch-bibliographischen Indizes, auf denen die Datenbank beruht, gibt die Tabelle 1.

Die zentrale Voraussetzung für den Aufbau einer Datenbank besteht darin, dass sich der Untersuchungsgegenstand aus den Bibliographien herausfiltern lässt. Das Schlagwort „Epilepsy“ findet sich ab dem dritten Monatsheft des ersten Jahrgangs des *Index Medicus* 1879 und ist auch in den anderen bibliographischen Werken vorhanden. Die beiden grundlegenden Kriterien für die Aufnahme der bibliographischen Daten aus den Indizes in die Datenbank bestanden darin, dass die Veröffentlichung unter dem Schlagwort „Epilepsy“ rubriziert und deutschsprachig sein musste. Das Kriterium Deutschsprachigkeit beruhte dabei auf dem eigenen Forschungsinteresse, d. h. der Untersuchung des medizinischen Diskurses über Epilepsie in Deutschland. Für den Zeitraum von 1879 bis 1959 wurden über 3000 Datensätze per Hand eingegeben. Dieses Verfahren war zwar zeitaufwendig, bot jedoch auch Vorteile: Jeden Autor, jede Zeitschrift und insbesondere jeden Titel bis 1959 per Hand einzugeben, vermittelte einen ersten informativen Einblick in den Epilepsiediskurs. Gegenüber dem Scannen war es das einfachere und letztlich vielleicht auch Zeit sparendere Verfahren, da eine Nachbearbeitung der Datensätze, z. B. eine Zuweisung zu Feldern (Name, Titel, Zeitschrift usw.), als auch die Selektion der Literatur hinsichtlich des Forschungsinteresses während der Dateneingabe per Hand erfolgen konnte.

Abkürzungen	Bibliographien	Zeitraum
IM 1	Index Medicus. 1st Series. A monthly classified record of the current medical literature of the world.	1879–1899 (April)
BM	Bibliographia Medica. (Index Medicus). Recueil mensuel. classement méthodique de la bibliographie internat. des sciences médicales.	1900–1902
IM 2	Index Medicus. 2nd Series. A monthly classified record of the current medical literature of the world.	1903–1920
IM War Suppl.	Index Medicus. War supplement. (erschienen 1918).	1914–1917
IM 3	Index Medicus. 3rd Series. A quarterly classified record of the current medical literature of the world.	1921–1927 (Juni)
QCIM	Quarterly Cumulative Index Medicus.	1927–1956
CLML	Current List of Medical Literature. (1941–1959, seit September 2004 sind die Jahrgänge 1950–1959 digitalisiert).	1957–1959
CIM	Cumulated Index Medicus.	ab 1960
Old Medline	Elektronische Version des CIM.	1960–1965
Medline	Elektronische Version des CIM.	ab 1966

Tab. 1: Verzeichnis der benutzten medizinisch-bibliographischen Indizes

Aufgrund der besonderen Möglichkeiten der elektronischen Versionen des *Index Medicus* wurden dann die Auswahlkriterien erweitert: Ab 1960 wurden auch die nicht deutschsprachigen Artikel, die in der BRD oder DDR erschienen waren, aufgenommen. So konnte die internationale, vornehmlich englischsprachige Ausrichtung medizinischer Fachzeitschriften in Deutschland berücksichtigt werden. Außerdem wurde gemäß dem neuen, differenzierteren Verschlagwortungssystem, dem so genannten Medical Subject Heading (MeSH), nicht nach „Epilepsy", sondern nach „epilep" gesucht, da ansonsten die MeSH-Begriffe wie etwa „epilepsies", „epilepsia" oder „status epilepticus" unberücksichtigt geblieben wären. Dabei erwies sich, wie eine Überprüfung ergab, die Buchstabenfolge „epilep" als eindeutiges, keine anderen Veröffentlichungen einbeziehendes Kriterium zum Auffinden epilepsierelevanter bibliographischer Daten.

Neben diesen systematischen Auswahlkriterien wurde aber auch eine Reihe von weiteren bibliographischen Daten in die Datenbank eingespeist, die per Zufall gefunden oder auch nur zeitweise systematisch erfasst wurden. So wurde bis 1899 auch die deutschsprachige Literatur zum Thema Hystero-Epilepsie aufgenommen, außerdem alle Artikel ab 1960, die „epilep" in ihrem Titel oder Abstract enthielten.[11] Auf diese Weise wurden insgesamt 8054 Datensätze in die Datenbank eingespeist, welche über die oben angeführten medizinisch-bibliographischen Verzeichnisse recherchiert wurden. Trotz der großen Anzahl der Datensätze erwies sich bei manchem Blick in die Literaturverzeichnisse der Quellen, dass die Datenbank nicht als vollständig gelten

11 Die heute üblichen Abstracts der Artikel finden sich erstmals 1975 in den über Medline recherchierten Datensätzen.

kann. Neben einigen Epilepsie-Zeitschriftenartikeln[12] konnten insbesondere Monographien und Sammelbände nicht erfasst werden, da ab 1927 keine Bücher mehr unter dem Schlagwort „Epilepsy“ rubriziert wurden. Im Laufe der diskursanalytischen Arbeit wurde die Datenbank um etwa 300 Artikel und Bücher ergänzt.[13]

Bevor nun die Daten quantitativ ausgewertet werden können, ist eine Standardisierung unumgänglich. Um Verzerrungen durch nachträglich eingegebene Datensätze zu vermeiden, sollte die quantitative Analyse nur auf der Basis der bibliographischen Daten der Indizes erfolgen. Außerdem sollten nur jene bibliographischen Daten in die Analyse einfließen, die unter dem Schlagwort „Epilepsie“[14] rubriziert wurden und in den Jahren von 1879 bis 1999 erschienen waren. Den folgenden quantitativen Analysen liegen somit nicht 8054, sondern nur 6908 Datensätze zugrunde, welche den einheitlichen klassifikatorischen Kriterien (Schlagwort „Epilepsy“, Erscheinungsland Deutschland oder deutschsprachig) entsprachen.

Eine weitere Standardisierung, die nicht den Umfang der Datenbasis reduzierte, betraf die Zeitschriftentitel. In den verschiedenen Ausgaben des *Index Medicus* gab es unterschiedliche Abkürzungen für die einzelnen Zeitschriften. Um die Anzahl der Publikationen pro Zeitschrift zu ermitteln, mussten die Zeitschriftentitel vorher vereinheitlicht werden. Es wurden insgesamt 528 unterschiedliche Zeitschriften für den Zeitraum 1879–1999 ermittelt.[15]

12 Neben der systematischen Unvollständigkeit von Indizes, z. B. aufgrund der Tatsache, dass die betreffende Zeitschrift nicht erfasst wurde, gibt es auch die „einfachen“ Fehler bei der Verschlagwortung der Literatur. So wurde z. B. der thematisch einschlägige Artikel von H. Todt und B. Lindner „Epileptische Syndrome des Säuglings- und Kleinkindalters“, in: *Zeitschrift für Ärztliche Fortbildung (Jena) 84/1990*, 743–745, nicht dem Schlagwort „Epilepsy“ zugeordnet.

13 Trotz der großen Anzahl bibliographischer Daten zeigt sich, dass der *Index Medicus* keinesfalls als vollständiger Index gelten kann. Dies gilt auch heute. Oliver Obst hat durch einen Vergleich der im *Ulich's International Periodical Directory* und *Medline* verzeichneten Zeitschriften eine durchschnittliche Abdeckung in Medline von 24,7 Prozent ermittelt. Es zeigte sich dabei eine starke Schwankung in den 45 untersuchten Fachgebieten, wobei die Stärken von Medline in den Klinischen Fachgebieten und den Grundlagenfächern, wie z. B. Biochemie und Genetik, lagen. Oliver Obst, „Datenbanken auf dem Prüfstand – Ist Medline eine Luftnummer?“, in: *AGMB aktuell. Mitteilungsblatt der Arbeitsgemeinschaft für medizinisches Bibliothekswesen 7/2000*, 24–27, hier 24.

14 Unter dem Sammelbegriff „Schlagwort Epilepsie“ werden hier selbstverständlich auch die Schlagwörter „épilepsie“, „epilepsies“, „epilepsia“ und andere eng verwandte Klassifikationsbegriffe wie „status epilepticus“ und „epileptic“ subsumiert. Bibliographische Daten, die unter dem Schlagwort „Hysteroepilepsie“ rubriziert wurden, gingen hingegen aus inhaltlichen Gründen nicht in die quantitative Auswertung ein.

15 Da die Autorenangaben in den verschiedenen Serien des *Index Medicus* nicht einheitlich waren, hätte auch hier eine Standardisierung bzw. Zuordnung zu den real existierenden Personen vorgenommen werden können. Meistens bestand die Autoreninformation dabei aus dem Nachnamen und dem ersten Buchstaben des Vornamens. Gelegentlich wird der Vorname auch ganz weggelassen oder durch eine Ortsangabe, z. B. „Schulte, W. (Gütersloh)“, ergänzt. Nach Abwägung des inhaltlichen Nutzens mit dem sehr großen Arbeitsaufwand wurde auf eine generelle Zuordnung der 13.128 Autorenangaben zu den entsprechenden Personen verzichtet. Lediglich bei den für den Diskurs zentralen Personen wurde eine Zuordnung durchgeführt.

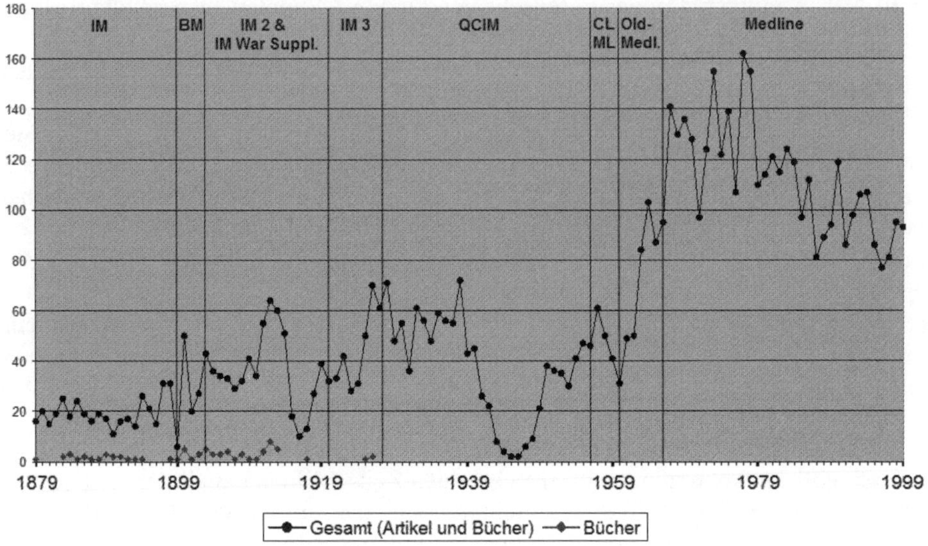

Abb. 1: Publikationen mit dem Schlagwort Epilepsie 1879–1999

Eine Übersicht über die Anzahl der Publikationen mit dem Schlagwort „Epilepsie" pro Jahr gibt die Abbildung 1. Hier zeigt sich, dass trotz der oben vorgenommenen Standardisierung keine homogene Datenbasis zwischen den medizinischen Indizes vorzufinden ist. Es fällt auf, dass bis 1926, genauer bis zum Ende der dritten Serie des *Index Medicus* im Juni 1927, auch Bücher unter dem Schlagwort Epilepsie verzeichnet waren. Viele dieser eigenständigen Monographien glichen dabei vom Seitenumfang Zeitschriftenartikeln. Beim vermeintlichen Publikationstiefpunkt des Jahres 1899 zeigt sich bei der Betrachtung der Kurve ein Artefakt, d. h. ein durch das (technische) Verfahren selbst erzeugtes Phänomen, das nicht inhaltlich interpretiert werden darf. So basiert der Einbruch der Kurve auf einer Datenlücke des Jahres 1899, da die erste Serie des *Index Medicus* zum letzten Mal im April 1899 erschien und in der *Bibliographia Medica* erst wieder Veröffentlichungen ab dem Erscheinungsjahr 1900 verzeichnet wurden.

Hinter dem sprunghaften Anstieg der Publikationen in den 1960er Jahren verbirgt sich ein weiteres Artefakt: die quantitative Zunahme der Einträge infolge der Mehrfachverschlagwortung. Erst im *QCIM* 1927 wurde die Mehrfachverschlagwortung eingeführt. Da jedoch die bibliographischen Angaben zu einem Artikel, der unter mehreren Schlagwörtern rubriziert werden sollte, auch mehrfach abgedruckt werden mussten, wurde die Mehrfachverschlagwortung nur äußerst moderat gehandhabt und kann bei der Interpretation des Kurvenverlaufs nahezu vernachlässigt werden. Mit der Einführung der elektronischen Versionen des *Index Medicus* Anfang der 1960er Jahre begann die zunehmende Mehrfachverschlagwortung mit dem Resultat, dass nun unter jedem Schlagwort mehr Publikationen als früher verzeichnet wurden. Eine Explosion der Publikationszahlen ab 1960 hat es also zumindest nicht in dem Maße gegeben, wie es der Kurvenverlauf suggeriert. In welchem Grad dem beobachteten Kurvenverlauf eine faktische Zunahme der Publikationszahlen ab den 1960er Jahren zugrunde liegt, lässt sich aufgrund der Verzerrungen durch die Einführung der Mehrfachverschlagwortung leider nur schwer abschätzen.

Der gesamte Kurvenverlauf von 1879 bis 1999, der auf der Anzahl der bibliographischen Angaben der verschiedenen Indizes beruht, kann also nicht im Sinne eines faktischen Publikationsoutputs über den gesamten Zeitraum interpretiert werden. Es können jedoch für einzelne Zeiträume, in denen die Indizes auf ähnlichen Verschlagwortungs- und Klassifikationssystemen basieren, sehr wohl Aussagen über eine Zu- bzw. Abnahme des Publikationsoutputs abgeleitet werden. So lassen sich zum Beispiel die Auswirkungen des Ersten und Zweiten Weltkrieges auf die Anzahl der Publikationen in Deutschland am Kurvenverlauf ablesen.

Die Publikationsspitze im Jahr 1912 ist für die Analyse des medizinischen Diskurses über Epilepsie besonders interessant. Wie später die qualitative Analyse bestätigt, kann man von einem zentralen diskursiven Ereignis sprechen, das am Ende der ersten Dekade des 20. Jahrhunderts seinen Ausgangspunkt nahm und 1912 auf der in Hamburg stattfindenden 6. Jahresversammlung der Gesellschaft Deutscher Nervenärzte seinen vorläufigen Höhepunkt fand. Es handelt sich dabei um die Auseinandersetzung um den Krankheitsbegriff der genuinen Epilepsie, auf die im Rahmen einer quantitativen Begriffsanalyse an späterer Stelle noch ausführlicher eingegangen werden wird. Nach dem steilen Anstieg der Publikationszahlen ab den 1960er Jahren scheint es ab Ende der 1970er Jahre wieder zu einem Rückgang der Publikationen zu kommen. Die in Abbildung 1 dargestellte Abnahme des Publikationsoutputs ist jedoch weit geringer, als es den Anschein hat.

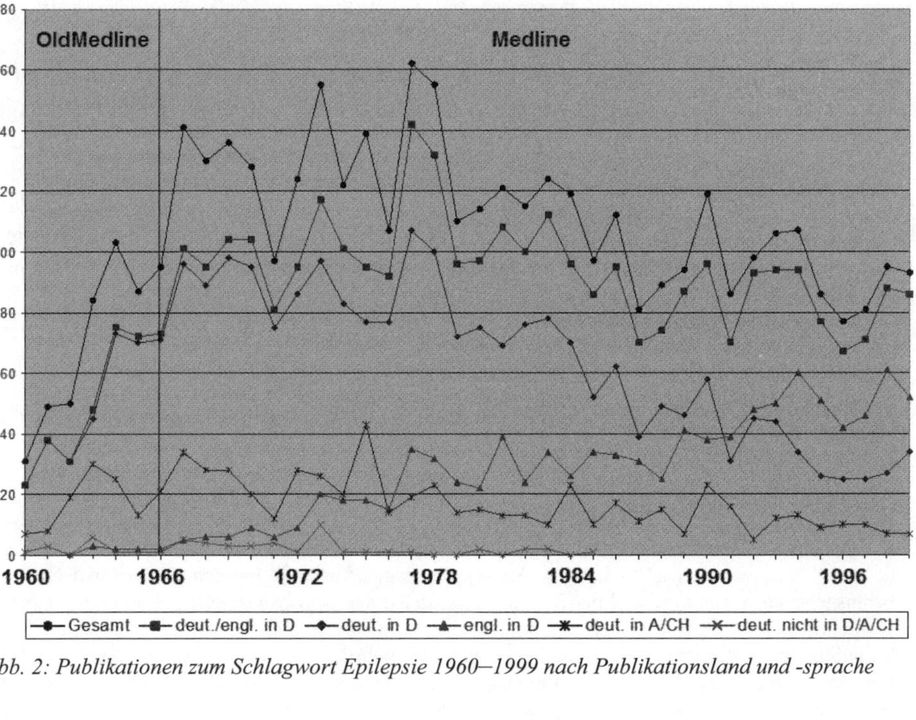

Abb. 2: Publikationen zum Schlagwort Epilepsie 1960–1999 nach Publikationsland und -sprache

Wie aus der Abbildung 2 ersichtlich ist, kam es ab den 1970er Jahren zu einer Veränderung des medizinischen Diskurses über Epilepsie, die sich unter anderem auf der Ebene der Artikelsprache zeigte. Immer weniger Artikel erschienen auf Deutsch, immer mehr wurden auf Englisch veröffentlicht. Für die in Deutschland (BRD und DDR) publizierten Artikel verhält sich dieser Wechsel in Bezug auf das Auswahlkriterium „deutschsprachige Artikel“ neutral, da alle in Deutschland erschienenen Artikel, unabhängig von der Sprache, erfasst wurden.[16] Von 3487 Artikeln, die in Deutschland zwischen 1960 bis 1999 erschienen, wurden 2468 auf Deutsch, 1008 auf Englisch und elf auf Französisch publiziert. Da außerhalb von Deutschland nur jene Artikel berücksichtigt wurden, die deutschsprachig waren, bedeutete dies, dass die auch in Österreich und der Schweiz zunehmende englischsprachige Literatur nicht mehr erfasst wurde. Der rapide Abfall der Publikationszahlen ab Ende der 1970er Jahre beruht also auf dem Auswahlkriterium „deutschsprachige Artikel“ und stellt somit ein Artefakt dar.[17] Hinzu kommt noch, wenn auch von geringerer quantitativer Bedeutung, dass die deutsche Sprache als Wissenschaftssprache international an Gewicht verlor. Mitte der 1980er Jahre erschien letztmalig ein deutschsprachiger Epilepsie-Artikel im Ausland. Die zunehmende Durchsetzung des Englischen betraf jedoch nicht nur die deutsche Sprache: Französisch verlor in Deutschland als Wissenschaftssprache ebenfalls zunehmend an Bedeutung. Der letzte französischsprachige Epilepsieartikel in Deutschland erschien im Jahr 1973.[18]

Ab 1976 erschienen dann mehr englischsprachige Artikel über Epilepsie in Deutschland als deutschsprachige in Österreich und der Schweiz. Das Jahr 1991 markiert für Deutschland die Wende: Die Zeitschrift *Psychiatrie, Neurologie und medizinische Psychologie*, die in der DDR den Epilepsiediskurs dominierte und in der ab den 1970er Jahren durchschnittlich mehr als zehn Artikel pro Jahr zu dieser Thematik erschienen, stellte ihre Herausgabe ein. Im Jahr 1990 erschien nach 49 Jahren letztmalig die von der „Gesellschaft für Psychiatrie und Neurologie der DDR“ herausgegebene Zeitschrift, in der im Übrigen auch Aufsätze westdeutscher Ärzte zu finden waren.[19] Nach der Einstellung dieser wichtigen deutschsprachigen Zeitschrift wurden von 1991 an in Deutschland mehr englisch- als deutschsprachige Artikel über Epilepsie publiziert. Betrachtet man nur die in Deutschland erschienenen Publikationen, dann lassen sich zwar in den 1970er Jahren Publikationsspitzen finden, eine stark abnehmende Publikationsanzahl kann jedoch nicht konstatiert werden. Offen bleibt dabei die Frage, wie viele deutschsprachige Autoren im Zuge der Internationalisierung

16 Für die nationale Zuordnung von Artikeln war dabei das Publikationsland der Zeitschrift ausschlaggebend.

17 Dieses Artefakt war jedoch im Rahmen der eigenen Diskursanalyse ohne Belang, da innerhalb des Kernuntersuchungszeitraums (1910–1970) dieser Effekt noch nicht auftrat.

18 In Abbildung 2 zeigt sich im Jahre 1973 eine Spitze für die deutschsprachigen Artikel, welche nicht in Deutschland, Österreich oder der Schweiz erschienen. Diese beruht auf einem singulären Effekt, denn sieben dieser deutschsprachigen Artikel aus dem „Ausland“ wurden in dem in Dänemark herausgegebenen Tagungsband der Supplementausgabe der *Acta Neurologica Scandinavica* veröffentlicht.

19 So publizierte z. B. der westdeutsche Psychiater und mehrjährige Vorsitzende der Deutschen Sektion der Internationalen Liga gegen Epilepsie, Walter Schulte, in dieser Zeitschrift. Siehe Schulte, W., „Die Stellung des Epileptikers in der menschlichen Gesellschaft“, in: *Psychiatrie, Neurologie und Medizinische Psychologie 21/1969*, 81–86.

zunehmend häufiger in nicht in Deutschland erscheinenden Zeitschriften ihre Forschungsergebnisse veröffentlichten.

Die schon auf der Ebene der Wissenschaftssprache zu beobachtende Internationalisierung der Wissenskommunikation lässt sich auch auf der Ebene der Zeitschriften beobachten. Die *Deutsche Zeitschrift für Nervenheilkunde,* die in der Zeit von 1945 bis 1969 an dritter Stelle der publikationsstärksten Zeitschriften stand, wurde ab Mitte der 1970er Jahre zu einer der wichtigsten nicht-deutschsprachigen Zeitschriften des Epilepsiediskurses. Der Wandel vollzog sich dabei schrittweise: Im Jahre 1970 wurde der alte Name *Deutsche Zeitschrift für Nervenheilkunde* aufgegeben und durch *Zeitschrift für Neurologie* ersetzt. Während vor der Namensänderung von 144 Epilepsie-Artikeln nur einer englischsprachig war, erschienen bis zur abermaligen Namensänderung im Jahre 1974 schon vier von 22 Artikeln auf Englisch. Ab 1974 hieß die Zeitschrift *Journal of Neurology.* Das *Journal of Neurology* wurde zum *Official Journal of the European Neurological Society.* Von den 133 Epilepsie-Artikeln, die im Zeitraum von 1974 bis 1999 erschienen, waren lediglich fünf deutschsprachig. Auch die herausgebende Körperschaft hatte sich geändert. Die *Deutsche Zeitschrift für Nervenheilkunde* war das Organ der Deutschen Gesellschaft für Neurologie und der Deutschen Gesellschaft für Neurochirurgie gewesen.

Auch im Bereich der Humangenetik bzw. Vererbungslehre lässt sich diese Entwicklung verfolgen. Die einstmals genauso renommierte, wie später politisch belastete *Zeitschrift für menschliche Vererbungs- und Konstitutionslehre*, die mit ihren Vorgängerzeitschriften bis auf das Jahr 1913 zurückreichte, trug ab 1964/65 den Titel *Humangenetik.* Die Namensänderung war auch Folge einer innerwissenschaftlichen Auseinandersetzung zwischen einer jüngeren und einer älteren, noch im Nationalsozialismus tätigen Generation von Wissenschaftlern.[20] Schon nach der Umbenennung der Zeitschrift in *Humangenetik* zeigte sich die neue internationale Orientierung. Lediglich drei von zwölf Epilepsie-Artikeln, die im Zeitraum von 1964/65 bis 1975 erschienen, waren deutschsprachig. Unter dem ab 1975 neuen, englischsprachigen Titel *Human Genetics* wurden dann ausschließlich englischsprachige Epilepsie-Artikel publiziert.

Im oberen Abschnitt wurde der Aufbau der Datenbank dargestellt und auf Inkonsistenzen und Probleme hinsichtlich der Einheitlichkeit der Datenbasis hingewiesen. Hinter dem vermeintlich abfallenden Publikations-Output ab den 1970er Jahren verbarg sich dabei eine veränderte und zunehmend englischsprachige Wissenskommunikation, die sich auch in der internationalen Orientierung von medizinischen Fachzeitschriften zeigte. Im Folgenden sollen weitere Möglichkeiten einer quantitativen Auswertung der Datenbank exemplarisch vorgestellt werden, die das diskursanalytische Verfahren ergänzen. Verschiedene Fragestellungen lassen sich etwa anhand der quantitativen Verteilung von Artikeln auf bestimmte Zeitschriften verfolgen: Dominieren bestimmte Zeitschriften den Diskurs und haben diese für das Verständnis der Dynamik des Diskurses eine Gatekeeper-Funktion? Oder kann aus der subdisziplinären Zugehörigkeit einer Zeitschrift eine bestimmte Rahmung des Untersuchungsgegenstandes abgelesen werden?

20 Siehe Peter Weingart, Jürgen Kroll, Kurt Bayertz, *Rasse, Blut und Gene – Geschichte der Eugenik und Rassenhygiene in Deutschland*, Frankfurt a. M. 1992, hier 630.

Ende des 19. und zu Beginn des 20. Jahrhunderts waren die *Allgemeine Zeitschrift für Psychiatrie* und das *Archiv für Psychiatrie und Nervenkrankheiten* die beiden publikationsstärksten Periodika. Dass Epilepsie in jener Zeit als eine psychiatrische Erkrankung galt, spiegelt sich in der zentralen Rolle wider, die die beiden wichtigsten psychiatrischen Zeitschriften innerhalb des Epilepsiediskurses hatten. Anzumerken ist hierbei jedoch, dass insbesondere das von Wilhelm Griesinger zusammen mit Ludwig Meyer und Carl Westphal gegründete *Archiv für Psychiatrie und Nervenkrankheiten* sich zwar als psychiatrisches Organ, jedoch mit starker neuropathologischer Ausrichtung verstand. Entsprechend schrieb Griesinger in seinem Vorwort im ersten Heft der Zeitschrift von einem Umschwung innerhalb der Psychiatrie, der auf der Erkenntnis beruhe, dass „die sogen. ‚Geisteskranken' Hirn- und Nerven-kranke Individuen" seien. Die Psychiatrie und Neuropathologie waren für Griesinger „ein Gebiet".[21] Während die von Anstaltspsychiatern getragene *Allgemeine Zeitschrift für Psychiatrie* zunehmend an Bedeutung verlor, wurde der Epilepsiediskurs ab den 1910er Jahren vorwiegend von entweder sowohl psychiatrisch als auch neurologisch ausgerichteten Zeitschriften oder von Zeitschriften, die sich, wie die *Münchener* oder die *Deutsche Medizinische Wochenschrift*, an alle ärztlichen Fachgruppen wandten, getragen. Die zwischen 1910 und 1944 erschienene *Zeitschrift für die gesamte Neurologie und Psychiatrie* stellte dabei die mit Abstand wichtigste Zeitschrift des medizinischen Diskurses über Epilepsie dar. In dem Zeitraum 1910 bis 1945 erschienen 15,4 Prozent aller Artikel in diesem Publikationsorgan.

Der Wechsel von eher rein psychiatrischen hin zu neurologisch-psychiatrischen Publikationsorganen ist neben der Annäherung von Psychiatrie und Neuropathologie auch Ausdruck einer zunehmenden „Neurologisierung" der psychiatrischen Krankheit Epilepsie. Nach dem Zweiten Weltkrieg wurden sukzessive die rein neurologisch ausgerichteten Zeitschriften immer wichtiger für den Epilepsiediskurs. Ab den 1970er Jahren nahmen insbesondere auch neuropädiatrische Zeitschriften einen immer größeren Stellenwert ein. Die 1969/1970 gegründete Zeitschrift *Neuropädiatrie* (ab 1980 *Neuropädiatrics*) wurde hinter der den Epilepsiediskurs ab 1945 dominierenden Zeitschrift *Der Nervenarzt* Ende des 20. Jahrhunderts zur publikationsstärksten Zeitschrift.[22]

Hinter dieser neuropädiatrischen Entwicklung, die sich auf der Ebene der Publikationen und Zeitschriften vollzog, verbirgt sich ebenfalls eine Änderung des Epilepsiebildes. Nach der „Neurologisierung" der Epilepsie kam es zu einer „Epileptisierung" bestimmter Anfallsphänomene des Kindesalters. Hintergrund dieser Entwicklung ist, dass bis zur Mitte des 20. Jahrhunderts die Anfälle des Kindesalters nicht zur Epilepsie gerechnet wurden. Einen gewichtigen Anteil an dieser Aufteilung hatten die Arbeiten von Max Friedmann, der die so genannten Absencen oder kurzen narkoleptischen Anfälle des Kindes- und Jugendalters nicht zum Krankheitsbild der Epilepsie

21 Wilhelm Griesinger, „Vorwort", in: *Archiv für Psychiatrie und Nervenkrankheiten 1/1868*, III–VIII, hier III.

22 Eine andere Zeitschrift, die für den neuropädiatrischen Epilepsiediskurs zunehmend an Gewicht gewann, ist die *Zeitschrift für Kinderheilkunde*, ab 1975 *European Journal of Pediatrics*. Sowohl an dieser Zeitschrift wie auch an *Neuropädiatrie* bzw. *Neuropädiatrics* lässt sich auch die weiter oben beschriebene Internationalisierung des medizinischen Diskurses beobachten.

rechnete.[23] Heute ergibt sich somit die in gewisser Weise paradoxe Situation, dass eine der häufigsten Epilepsieformen des Kindesalters – das Friedmann-Syndrom – nach jemandem benannt wurde, der eigentlich den epileptischen Charakter des Syndroms leugnete. Ab Mitte des 20. Jahrhunderts wurden mit der Durchsetzung des Elektroenzephalogramms in der Epilepsiediagnose die bis dahin ausgesonderten Anfallsformen des Kindesalters in das Gebiet der Epilepsien eingegliedert. Die Veränderung der Trägerschaft des Diskurses, abzulesen an der subdisziplinären Orientierung der medizinischen Fachzeitschriften, spiegelt somit die inhaltlichen Entwicklungen des Diskurses wider und gibt darüber hinaus quantitative Hinweise über die zeitlichen Wendepunkte.

Neben der Beobachtung eines subdisziplinären Wandels von der Psychiatrie zur Neurologie können quantitative Auswertungen auch als Indikator für nationale Unterschiede in der Konstruktion von Krankheitsbildern herangezogen werden. Bei der Analyse der Epilepsieartikel in den 1930er Jahren beispielsweise stößt man auf Aussagen, in denen hervorgehoben wurde, dass die Erblichkeitsforschung der Epilepsie in Deutschland besonders stark entwickelt und deren Ergebnisse hinsichtlich der Vererbung der Epilepsie allgemein anerkannt seien. So schrieb etwa Kurt Pohlisch, dass das „Gesetz zur Verhütung erbkranken Nachwuchses“ (GzVeN), in dem auch der Umgang mit der so genannten „erblichen Fallsucht“ geregelt wurde, „aufs stärkste anregend“ auf die erbbiologische Epilepsieforschung gewirkt habe.[24] Bei Karl Volland hieß es: Das „Fehlen einer Gegnerschaft gegen die unumstößlichen Vererbungstatsachen im Erbkreis des epileptischen Syndroms (...) ist bei uns in Deutschland nicht allein durch die intensive klinische und anatomische Beschäftigung mit dem Leiden begründet, (...) sondern vor allem durch das große Interesse an der Erbforschung überhaupt, das von jeher in Deutschland bestanden hat“.[25] Zwar kann durch die Analyse der Epilepsieliteratur der 1930er Jahre gezeigt werden, dass sich eine breite Zustimmung zum erbbiologischen Paradigma der Epilepsie findet, jedoch muss die Aussage der Diskursteilnehmer, Deutschland sei die Hochburg der Erblichkeitsforschung, international vergleichend überprüft werden. An dieser Stelle kann, um zusätzliche quantifizierbare und international vergleichende Daten zu erhalten, auf den *Index Medicus* zurückgegriffen werden. Von den 54 Publikationen des *Index Medicus* der Jahre 1933 bis 1939, die sich unter dem Schlagwort „Epilepsy, Heredity“ finden lassen, stammen 38 aus deutschsprachigen Zeitschriften, davon drei aus Österreich bzw. der Schweiz. Lediglich 16 Publikationen kommen aus dem nicht-deutschsprachigen Ausland. Die obigen, von den Diskursteilnehmern getroffenen Aussagen lassen sich insofern durch eine quantitative Auswertung belegen. Die Auszählung der Publikationen nach Erscheinungsland stellt eine Methode dar, um der Frage nach nationalen Zentren bestimmter Forschungen nachzugehen. Die quantitative Methode gibt jedoch keine Auskunft darüber, ob sich hinter den unterschiedlichen nationalen Gewichtun-

23 Max Friedmann, „Über die nicht epileptischen Absencen oder kurzen narkoleptischen Anfälle“, in: *Deutsche Zeitschrift für Nervenheilkunde 30/1906*, 462–492.

24 Kurt Pohlisch, „Epilepsie“, in: *Erbarzt 5/1938*, 4–9; hier 4 und ders., „Epilepsie – Klinischer Teil“, in: *Zeitschrift für die gesamte Neurologie und Psychiatrie 161/1938*, 267–280, hier 267.

25 Karl Volland, „Untersuchungen über die Nachkommenschaft von epileptischen Anstaltspfleglingen – Beitrag zur Frage der erblichen Fallsucht“, in: *Zeitschrift für die gesamte Neurologie und Psychiatrie 166/1939*, 735–758, hier 753.

gen auch qualitative Unterschiede zwischen den Ländern finden lassen. Ließe sich etwa inhaltlich von einem deutschen Sonderweg bei der Erblichkeitsforschung der Epilepsie sprechen? Die Beantwortung dieser Frage kann nur durch den Blick in die internationale Epilepsieliteratur, also durch eine qualitative Analyse, geleistet werden.

In der *Nederlands tijdschrift voor geneeskunde* griff der international anerkannte Epilepsiefachmann und langjährige Generalsekretär der internationalen Liga gegen Epilepsie, der Niederländer Louis Jacob Josef Muskens, die Praxis des „GzVeN“ in Bezug auf die so genannte erbliche Epilepsie scharf an. Sie stand für ihn in einem „schroffen Gegensatz“ zu dem, was in früherer Zeit in glänzender und löblicher Weise auf dem Gebiet der Neurologie und Psychiatrie in Deutschland geleistet worden sei.[26] Der französische Neurologe Jean Abadie erklärte in verschiedenen Publikationen der 1930er Jahre, dass es sich bei der Epilepsie nicht um eine „erbliche Krankheit“, sondern um ein „erworbenes Leiden“ handele.[27] Hans Ganner aus der psychiatrisch-neurologischen Klinik in Innsbruck schrieb in der *Wiener Medizinischen Wochenschrift* über den zweiten Internationalen Neurologenkongress in London (1935), dass es zu einer „sehr feurig geführten Aussprache“ über die Frage der Erblichkeit der Epilepsie gekommen sei. Dabei hätten sich vor allem die „kontradiktorischen Auffassungen“ der französischen und deutschen Wissenschaftler gegenübergestanden.[28] Aufgrund der quantitativen als auch qualitativen Auswertungen lässt sich also die These von einem deutschen Sonderweg der Epilepsieerblichkeitsforschung belegen.[29]

Eine weitere Möglichkeit der quantitativen Auswertung bibliographischer Daten besteht in der Analyse der Artikeltitel, insbesondere der darin verwendeten Begriffe. Diese können darüber Aufschluss geben, welche Begriffe im Diskurs vornehmlich verwendet wurden, und kombiniert mit einer qualitativen Analyse, welche Bilder und Vorstellungen damit verbunden waren.

Anfang des 20. Jahrhunderts gab es verschiedene Vorschläge, wie die eigentliche Krankheit Epilepsie von den exogen verursachten epileptischen Anfällen (z. B. durch Hirntumor, Hirnverletzungen oder Vergiftungen) unterschieden werden könne. Im Rahmen der Debatte wurde auch von verschiedenen Autoren vorgeschlagen, den bislang gebräuchlichen Begriff der „genuinen Epilepsie“ durch eine neue Bezeichnung zu ersetzen. Höhepunkt der Auseinandersetzung war die bereits erwähnte 6. Jahresversammlung der Gesellschaft Deutscher Nervenärzte in Hamburg im Jahr 1912. Die beiden Hauptredner Otto Binswanger und Emil Redlich forderten beide, den Begriff der „genuinen Epilepsie“ aufzugeben. Binswanger wollte lieber von einer „echten Epilepsie“, Redlich von einer „chronischen Epilepsie“ sprechen. Andere Autoren

26 Louis Jacob Josef Muskens, „Aanteekeningen omtrent de sterilisatie in Duitschland“, in: *Nederlands tijdschrift voor geneeskunde 79/1935*, 78–79, hier 78.

27 „L' épilepsie n'est plus un mal héréditaire, c'est une affection acquise.“ Jean Abadie, „Étiologie générale de l'épilepsie commune“, in: *Revue neurologique 64/1935*, 461–466, hier 462.

28 Hans Ganner, „Zum Problem der Erbanlage bei Epilepsie“, in: *Wiener Medizinische Wochenschrift 86/1936*, 852–857, hier 852.

29 Im Rahmen dieses Aufsatzes konnte das Material nur kursorisch dargelegt werden. Eine detaillierte qualitative Analyse findet sich in Torger Möller, *Vom wissenschaftlichen Wissen zum gesellschaftlichen Vorurteil – Erblichkeit und Psychopathologie im deutschen Epilepsiediskurs*, Bielefeld 2008.

schlugen den Begriff der essentiellen oder auch den der idiopathischen Epilepsie vor.[30]

Da sich in den Begriffen verschiedene Krankheitskonzepte widerspiegeln, stellt sich die Frage, inwieweit sich ein bestimmter Begriff und damit auch ein bestimmtes Krankheitskonzept durchgesetzt hat. Aus heutiger Sicht würde man diesbezüglich annehmen, dass sich der gegenwärtige Begriff der idiopathischen Epilepsie durchgesetzt hat. Eine quantitative Analyse kommt jedoch zu einem anderen Resultat. In dem Zeitraum von 1903 bis 1933 findet sich die genuine Epilepsie 86-mal in den Artikeltiteln. Demgegenüber gibt es nur zwei Belege für die idiopathische, drei für die echte und eine für die essentielle Epilepsie. Keine der damals neuen Vorschläge konnte sich durchsetzen und es blieb bei der traditionellen Bezeichnung „genuine Epilepsie“. Erst in der zweiten Hälfte des 20. Jahrhunderts, im Zuge zunehmender Internationalisierung der wissenschaftlichen Kommunikation, setzte sich der im angloamerikanischen Sprachraum etablierte Begriff der „idiopathischen Epilepsie“ durch.

Auch die Bezeichnung der von Epilepsie Betroffenen verschob sich begrifflich, wie sich anhand der bibliographischen Daten beobachten lässt. Zunächst wurden im 19. und bis zum ersten Drittel des 20. Jahrhunderts die Betroffenen sowohl als „Epileptische“ als auch als „Epileptiker“ bezeichnet. Die letzten Zeitschriftenartikel, die die Bezeichnung „Epileptische“ in ihren Titeln führten, finden sich in den 1930er Jahren, wobei der Begriff des „Epileptikers“ schon ab der Jahrhundertwende zum vorherrschenden Terminus des Diskurses wurde.[31] Ab Mitte der 1960er Jahre findet sich im medizinischen Diskurs die Forderung, den Begriff des Epileptikers fallen zu lassen, da in diesem eine auf die Gesamtpersönlichkeit bezogene Krankheitswahrnehmung mitschwinge, die zur Diskriminierung von Menschen mit Epilepsie führe und die im Zuge der Neurologisierung der Krankheit als nicht mehr zeitgemäß galt.[32] Als neue Bezeichnungen wurden „Anfallskranke“, „Epilepsiekranke“ und „Menschen mit Epilepsie“ vorgeschlagen. Die neuen Begriffe (vor allem „Anfallskranke“, und „Epilepsiekranke“) etablierten sich in den 1970er Jahren, wobei der Terminus „Epileptiker“ noch bis in die 1980er Jahre die Artikeltitel dominierte. Dieser nur langsam stattfindende Wandel wurde von einigen Diskursteilnehmern beklagt: „In den Ohren des Epileptologen ist der noch oft gehörte Ausdruck ‚Epileptiker‘ beinahe ein Schimpf-

30 Die Vorträge von Binswanger bzw. Redlich mit dem Titel „Die klinische Stellung der sogenannten genuinen Epilepsie“ wurden in verschiedenen Zeitschriften publiziert: *Deutsche Zeitschrift für Nervenheilkunde 32/1912*, 369–391 bzw. 246–250; *Monatszeitschrift für Psychiatrie und Neurologie 32/1912*, 369–391; *Wiener Medizinische Wochenschrift 42/1912*, 2749–2752, und sogar in Buchform: Otto Binswanger, Emil Redlich, *Die klinische Stellung der sogenannten genuinen Epilepsie*, Berlin 1913.

31 Vor der Jahrhundertwende findet sich 23-mal der Begriff „Epileptische“ und 21-mal der Begriff „Epileptiker“. Den 27 Nennungen des Begriffs „Epileptische“ bis in die 1930er Jahre stehen 156 Artikeltitel gegenüber, in denen der Begriff „Epileptiker“ auftaucht. Insgesamt findet sich in 309 Artikeltiteln im Zeitraum von 1879 bis 1993 der Begriff „Epileptiker“.

32 Exemplarischer Ausdruck für diese neue Sichtweise ist die von der Deutschen Sektion der Internationalen Liga gegen Epilepsie herausgegebene und in mehreren Auflagen erschienene Ratgeberliteratur: *Die epileptischen Anfallskrankheiten. Ein Leitfaden für Erzieher, Fürsorger, Arbeits- und Berufsberater*, Heidelberg 1966, 1969, 1972, 1977. Eine ausführlichere Darstellung des diskursiven Wandels findet sich in Torger Möller, „Die psychiatrische Kritik an gesellschaftlichen Vorurteilen als medizinische Legitimationsstrategie“, in: *Medizin, Gesellschaft und Geschichte Beiheft 26/2006*, 221–237.

wort […]. ‚Epileptiker' bedeutet keineswegs bloß Träger epileptischer Krisen, sondern beinhaltet schlechthin auch die epileptische Wesensveränderung, Demenz und damit ein fatalistisches Schicksal. Anstelle von ‚Epileptiker' sprechen wir besser von Epilepsiekranken oder Anfallskranken."[33] Die quantitative Analyse der Artikeltitel zeigt, dass sich erst ab den 1990er Jahren die neue Begrifflichkeit im Epilepsiediskurs nachhaltig niederschlug.

Die Ordnung der Quellen als erste Ordnung des Diskurses

Wenn hier von der Ordnung der Quellen gesprochen wird, geschieht dies in Anlehnung an die foucaultsche Formulierung von der „Ordnung des Diskurses".[34] So, wie der Diskurs nicht ungeordnet ist, sondern ihm eine regelhafte Praxis zugrunde liegt, so sind auch die Quellen nicht ungeordnet. Dem *Index Medicus* als Kompilation der medizinischen Fachliteratur liegt ein Ordnungsschema zugrunde, das als Resultat des medizinischen Diskurses und dessen Umgang mit den Quellen zu analysieren ist. Nach Friedrich Kittler könnte er als ein „Aufschreibsystem" charakterisiert werden, d. h. als ein „Netzwerk von Techniken und Institutionen [...], die einer gegebenen Kultur die Adressierung, Speicherung und Verarbeitung relevanter Daten erlauben". Dabei sind Kittler zufolge Analysen von Diskursen und Wissensformen unzureichend, wenn sie nicht die „Datenspeicherung, -übertragung und -berechnung in technischen Medien zur Kenntnis nehmen".[35] Dieser Forderung wird jedoch in vielen diskursanalytischen Arbeiten bis heute nicht nachgekommen, sondern es wird sich auf eine Analyse der Textinhalte, beispielsweise von Zeitschriftenartikeln und Monographien beschränkt. Ein Teil der Ordnung des Diskurses bleibt damit außen vor.

Der *Index Medicus* ist kein neutrales Instrument, mit dem lediglich bibliographische Angaben gesammelt werden, sondern Teil der diskursiven Praxis des medizinischen Diskurses. Er lässt sich als eine *erste Ordnung* oder *Metaordnung* des Diskurses charakterisieren. Aus der Perspektive des Analyseprozesses erscheint er als eine *erste Ordnung*, denn es lassen sich anhand der Ordnungsstrukturen des *Index Medicus* Aussagen über die Ordnung des Diskurses ableiten, ohne einen Blick in die Quellen geworfen oder einen Artikel gelesen zu haben. Als *Metaordnung* des Diskurses lässt sich der *Index Medicus* insofern charakterisieren, als er ein diskursives Instrument zur Ordnung und Archivierung der schriftlichen (Er-) Zeugnisse des Diskurses ist und die spezifische Form der Aufbereitung und Archivierung sowohl über den Diskurs Auskunft gibt als auch auf diesen zurückwirkt. Er ist selbst ein Produkt des Diskurses und gleichzeitig die zentrale Ressource sowohl für zeitgenössische Mediziner als auch für Wissenschaftshistoriker, um überhaupt am Diskurs teilnehmen bzw. diesen analysieren zu können. Für Wissenschaftshistoriker bedeutet dies, dass auch die Quelle, die den Zugang zu den Quellen sicherstellt, einer Quellenkritik zu unterwerfen ist. Es geht dabei nicht um die inhaltliche Analyse von Zeitschriftenartikeln,

33 R. Schweingruber, K. Stampfli, „Die Eingliederung Epilepsiekranker", in: *Therapeutische Umschau 36/1979*, 95–98.

34 Michel Foucault, *Die Ordnung des Diskurses*, Frankfurt a. M. 1991.

35 Friedrich A. Kittler, *Aufschreibsysteme 1800–1900*, 3. vollständig überarbeitete Auflage, München 1995, hier 519.

sondern um deren Aufbereitung im Diskurs und für den Diskurs und die dadurch erzeugte Ordnung. Im Folgenden wird deshalb der Kontext der Gruppierung der Quellen im *Index Medicus* in den Blick genommen.

Damit ein Diskursteilnehmer die gesuchte Literatur finden kann, muss er sich mit dem Verschlagwortungssystem des *Index Medicus* und – insbesondere bei den nichtelektronischen Versionen – mit dessen Aufbau auskennen. Das Schlagwort „Epilepsy“ findet sich z. B. nicht unter „Biology“ oder „Veterinary Medicine“, sondern unter dem Hauptpunkt „IV. Medicine“ und dort wiederum unter „Diseases of the Nervous System and Insanity“. Das schon in der ersten Ausgabe des *Index Medicus* zugrunde liegende Verschlagwortungs- und Klassifikationssystem beruht dabei auf der *Nomenclature of Diseases of the Royal College of Physicians of London*[36]. Diese Nomenklatur war selbst einem Wandel unterworfen und die Herausgeber des *Index Medicus* waren bemüht, das Klassifizierungssystem immer an den neusten Stand des medizinischen Wissens anzupassen.[37]

So fand sich seit dem Jahre 1882 bis zum Ende der zweiten Serie 1920 unter dem Schlagwort „Insanity“ der Verweis „see also Epilepsy“. Dies ist einerseits ein Indiz dafür, wie auch durch eine inhaltliche Analyse der Zeitschriftenliteratur gezeigt werden kann, dass für die Medizin jener Zeit eine enge Verknüpfung zwischen Epilepsie und Geisteskrankheit bestand. Andererseits ist dieses medizinhistorische Indiz auch eine Information für den damaligen Diskursteilnehmer. Ein zeitgenössischer Nutzer erfuhr aus dem *Index Medicus* von diesem Zusammenhang, ohne einen Fachartikel über Epilepsie gelesen zu haben. Die beiden Schlagwörter „Epilepsy“ und „Insanity“ befanden sich dabei unter der Rubrik *Diseases of the Nervous System and Insanity* in unmittelbarer drucktechnischer Nähe, d. h. sie wurden häufig auf der gleichen oder einer aufgeschlagenen Doppelseite abgedruckt. Es ist also davon auszugehen, dass auch demjenigen, der nur nach Epilepsie oder allgemein unter Nervenkrankheiten schaute, dieser Zusammenhang deutlich wurde.

Die Form der Aufbereitung der medizinischen Literatur in einem auf die *Nomenclature of Diseases* gründenden Verschlagwortungssystem rekurrierte auf ein Klassifikationssystem der Krankheiten, das der Diskursteilnehmer kennen musste, um den *Index Medicus* nutzen zu können. Darüber hinaus beförderte die Benutzung des *Index Medicus* wiederum die Einübung des Klassifikationssystems, bei dem der Leser auch über Zusammenhänge, wie etwa den zwischen Epilepsie und Geisteskrankheit, informiert wurde. Die Vermittlung dieser Information ist dabei nur ein Nebeneffekt, da der Verweis nur einem indexikalischen Zweck diente: Der Leser sollte darauf aufmerksam gemacht werden, dass die Literatur unter „Insanity“ nicht vollständig war,

36 An der ersten, dem *Index Medicus* zugrunde liegenden *Nomenclature of Diseases* aus dem Jahre 1869 waren neben Briten auch Franzosen, Deutsche und Italiener beteiligt. Erst bei den späteren Revisionen arbeiteten US-amerikanische Mediziner mit. Siehe John Shaw Billings, Robert Fletcher, „Editorial – The classification of subjects adopted in the Index Medicus“, in: *Index Medicus 1. Ser. 6(Jan)/1884*, 1.

37 „All such subdivisions represent as nearly as possible present views in medical knowledge“, John Shaw Billings, Robert Fletcher, „Notice“, in: *Index Medicus 21(May)/1898*, i. „The classification adopted in the Second Series of the Index Medicus is based as far as possible upon the latest accepted views in medicine“, Robert Fletcher, Fielding Hudson Garrison, „Notice“, in: *Index Medicus 2. Ser. 1(Jan)/1903*, i. Siehe auch Fielding Hudson Garrison, „Plan of the third series“, in: *Index Medicus 3. Ser. 1(Jan)/1921*, i–iv, hier iv.

sondern sich teilweise auch unter der Rubrik „Epilepsy“ befand. Das im *Index Medicus* zu findende und an der *Nomenclature of Diseases* angelehnte Verschlagwortungssystem ist also mehr als ein einfaches Organisationsschema zum möglichst schnellen und vollständigen Auffinden bibliographischer Daten. In ihm spiegeln sich die jeweils aktuellen Ordnungen medizinischen Wissens wider, und die Macher des *Index Medicus* werden durch ihre Anpassungen des Klassifikationssystems und ihre Auswahl der Literatur zu „Guardians of medical knowledge“.[38]

Mit der dritten Serie des *Index Medicus* wurde das alte Klassifikationssystem aufgegeben und in ein strikt alphabethisch geordnetes Schlagwort-Register überführt. Ein Kritikpunkt am alten, hierarchischen Klassifikationssystem war, dass die bisherige Trennung zwischen Biologie und Medizin nur schwer aufrechtzuerhalten sei. Der Hauptgrund für die neue Form der Klassifikation bestand jedoch darin, dass diese Maßnahme Arbeitszeit einsparte und dass es einen Mangel an gut ausgebildetem Personal gab, das die Literatur in das alte Klassifikationssystem richtig einordnen konnte. Im *British Medical Journal* wurde kritisiert, dass das neue alphabetisch geordnete Schlagwortsystem dazu führe, dass man aufgrund des teilweise weiten räumlichen Abstands zwischen den einzelnen, thematisch nahe liegenden Schlagworten leicht etwas übersehen könne, da damals die bibliographischen Angaben immer nur unter einem Schlagwort rubriziert wurden. Der *Index Medicus* reagierte auf diese Kritik im Januar 1922, indem er zwar die alphabetische Ordnung beibehielt, jedoch nun eine detaillierte Klassifikation voranstellte, inklusive einer genauen Anleitung, wie bei der Literatursuche zu verfahren sei.[39] Anhand der Kritik im *British Medical Journal* und der Reaktion des *Index Medicus* wird deutlich, dass sich der medizinische Diskurs nicht neutral zur bibliographischen Verschlagwortung verhielt. Nicht nur die Indizes wirken auf den Diskurs, sondern der Diskurs wirkt auch auf die Form der Indizierung und Archivierung zurück. Das Schlagwort „Epilepsy“ wird übrigens nun unter der Oberkategorie „Neurology“ rubriziert. An den veränderten Klassifikationssystemen des *Index Medicus* lässt sich somit ein Wandel von Krankheitskonzepten – hier die Neurologisierung der Epilepsie – ablesen.

Krankheiten können jedoch auch „verschwinden“. Die „Hystero-Epilepsy“ findet sich seit 1882 zusammen mit „Hysteria“ unter dem Schlagwort „Hysteria and Hystero-Epilepsy“. Mit dem Beginn der zweiten Serie des *Index Medicus* fällt 1903 die Krankheit Hystero-Epilepsie aus dem Klassifikationssystem heraus. Dem Verschwinden dieser Krankheitsbezeichnung ging eine längere Auseinandersetzung in der medizinischen Fachliteratur über die Frage voraus, ob Hystero-Epilepsie überhaupt eine eigenständige Krankheit mit eigenen Ursachen und eigenem Verlauf sei. Dabei setzte sich die Position durch, dass es zwar Fälle gebe, bei denen sowohl Epilepsie als auch Hysterie gleichzeitig aufträten, jedoch beide Erkrankungen unabhängig von einander gesehen werden müssten. Der hybride Begriff Hystero-Epilepsie stelle deshalb keine Krankheitseinheit dar und müsse im Sinne einer strengen Systematik der

38 Die metaphorische Bezeichnung ist ein Zitat des Buchtitels von Jennifer Connor, *Guardians of medical knowledge – The genesis of the Medical Library Association,* Lanham, Maryland/London 2000.

39 Zur Einführung der neuen alphabetischen Klassifikation und der nachfolgenden Debatte siehe Garrison, „Plan of the third series“ (wie Anm. 37), i; ders., „Preface“, in: *Index Medicus 3. Ser. 2(Jan)/1922*, i–vi, hier i.

Krankheiten aufgegeben werden. Das Resultat dieser diskursiven Auseinandersetzung war, dass die einstige Krankheit Hystero-Epilepsie, die zwanzig Jahre ein fester Bestandteil des *Index Medicus* gewesen war, aus dem Verschlagwortungssystem verschwand.[40]

Die Rückwirkungen, die vom *Index Medicus* heute ausgehen, sind weitreichender, als die obigen historischen Beispiele nahelegen. Aufgrund der in den letzten Jahrzehnten zugenommenen Bedeutung von *Medline* für den medizinischen Diskurs und seiner heutigen herausragenden Stellung bei der Recherche medizinischer Zeitschriftenliteratur muss eine Zeitschrift in *Medline* verzeichnet sein, damit die publizierten Artikel überhaupt von der medizinischen Fachöffentlichkeit wahrgenommen werden. So klagte etwa die *Deutsche Zahnärztliche Zeitschrift*, Organ der Deutschen Gesellschaft für Zahn-, Mund- und Kieferheilkunde mit 16.000 Mitgliedern, die von 1970 bis 1992 in *Medline* verzeichnet war, dass ihr eine Wiederaufnahme ohne Nennung von Gründen versagt worden sei.[41] Insbesondere nicht-englischsprachige Zeitschriften wurden und werden dabei von *Medline* vermehrt nicht berücksichtigt.[42] Als Folge werden die betroffenen Zeitschriften in der jeweiligen scientific community in geringerem Maße wahrgenommen und sie verlieren auch für potentielle Autoren an Attraktivität. Umgekehrt wird die Aufnahme einer Zeitschrift im *Index Medicus* zu einem zentralen diskursiven Ereignis. So reagierte die American Association for Respiratory Care auf die Aufnahme ihrer wissenschaftlichen Zeitschrift mit einer „Cover Story“ unter der Überschrift „A milestone for our profession – Index Medicus accepts *Respiratory Care Journal*“. Die Aufnahme wird als Auszeichnung für die Qualität der Zeitschrift verstanden und mit ihr die Hoffnung verbunden, dass nun die Anzahl der eingereichten Manuskripte sich deutlich erhöhen und schließlich dadurch auch Qualität und Einfluss des Journals wachsen werde. Noch stärker sind die Rückwirkungen auf die gesamte medizinische Wissenschaft, wenn man bedenkt, dass die Anzahl der Publikationen, gemessen anhand des *Index Medicus* und des *Science Citation Index,* einen Einfluss auf die Stellen- oder Mittelvergabe hat.[43] Die formelbasierte Forschungsfinanzierung anhand des Publikationsoutputs ist ein in Deutschland in den letzten Jahren sich etablierender Faktor. Darüber hinaus sind Anpassungen an biblio-

40 Zur Diskussion über die Hystero-Epilepsie siehe Hans Walter Gruhle, „Über die Fortschritte in der Erkenntnis der Epilepsie in den letzten 10 Jahren und über das Wesen dieser Krankheit“, in: *Zeitschrift für die gesamte Neurologie und Psychiatrie/Referate und Ergebnisse 2/1911*, 1–42, hier 24ff.

41 Hildegard Kaulen, „Schieflage – Deutsche Publikationen in Datenbanken unterschlagen“, in: *Frankfurter Allgemeine Zeitung 16.2.2005*. Zur heutigen Mitgliederzahl und der Auflagenhöhe von 16.500 Exemplaren siehe auf der Homepage der Zeitschrift unter http://www.zahnheilkunde.de/zeitung/dzz_media.pdf, 15.3.2007, hier 3.

42 Die Datenbank *Embase* gilt im Vergleich zu *Medline* als stärker europäisch orientiert. Nimmt man das Verhältnis von in den USA zu den in Deutschland publizierten Zeitschriften, dann ergibt sich ein Verhältnis von 3,3 bei *Embase* und 4,5 bei *Medline*. Beim *Social Science Citation Index* beträgt der Wert sogar 9,2. Siehe Obst, „Datenbanken auf dem Prüfstand“ (wie Anm. 13), 25.

43 Ein Beispiel für eine von medizinischen Fakultäten selbst in Auftrag gegebene bibliometrische Analyse mit dem Zweck, zusätzliche Informationen in peer review-Prozessen zu erlangen, gibt M. Winterhager, „Authorised bibliometrics for faculties of medicine in North Rhine-Westphalia: controlled indicators of institutional research performance“, in: Forschungszentrum Jülich (Hg.), *Bibliometric analysis in science and research – applications, benefits and limitations*, Jülich 2003, 115–124.

metrische Bewertungsmaßstäbe zu beobachten, wie z. B. dass Fachzeitschriften ihre Autoren auffordern, andere in der Zeitschrift erschienene Aufsätze zu zitieren, um den eigenen Impaktfaktor zu erhöhen.[44] Auch wenn durch solche Rückwirkungen die Aussagekraft bibliometrischer Instrumente und Methoden problematisch wird, zeigen diese Phänomene, dass bibliographische Indizes wie der *Index Medicus* als Teil der diskursiven Praxis interpretiert und untersucht werden müssen.

Fazit

Wie ist die hier vorgeschlagene Vorgehensweise zur Analyse wissenschaftlicher Zeitschriften und Zeitschriftenartikel abschließend zu bewerten? Was leistet sie gegenüber einem herkömmlichen qualitativen bzw. hermeneutisch-interpretativen Verfahren?

Einerseits ist der Aufbau einer Datenbank – insbesondere da keine digitalisierte Version des gesamten *Index Medicus* existiert – zeitintensiv. Andererseits gibt die Eingabe der Datensätze per Hand schon einen ersten Einblick in den Diskurs und rechtfertigt dadurch den zeitlichen Aufwand zumindest teilweise. Die erzeugte Datenbank selbst stellt eine reichhaltige Quelle für Literaturabfragen hinsichtlich der Existenz und des Umfanges bestimmter Themen des Diskurses dar. Neben diesem vereinfachten Zugang zu den Quellen liegt der weitere Nutzen einer Datenbank in der Möglichkeit von systematisierten, d. h. auf das eigene Forschungsinteresse fokussierten Abfragen. Die Ergebnisse solcher Abfragen veranschaulichen, dass Diskursanalysen auf großen Textkorpora basieren und erinnern den Diskursanalytiker daran, dass er trotz umfangreicher und intensiver Analysen immer nur einen Teil des Diskurses kennt. Dabei wird deutlich, dass Diskursanalysen eine bestimmte Selektivität zugrunde liegt, die neben der Nichtindizierung und der (Un)Zugänglichkeit der Quellen auch in der jeweiligen Forschungsperspektive der Arbeit liegt.

Anhand der Datenbank lassen sich mittels quantitativer Analysen qualitativ kaum entscheidbare Fragen wie die nach den zeitlichen Verläufen diskursiver Wandlungsprozesse beantworten. Dabei kann aufgrund der Datenbasis des *Index Medicus* nur ein Teil des bibliometrischen Methodensets ausgeschöpft werden.[45] Begriffsanalysen können beispielsweise Auskunft über Veränderungen der Krankheitskonzepte geben. Anhand von quantitativen Analysen der Zeitschriften lassen sich darüber hinaus Veränderungen in der subdisziplinären Zuständigkeit bestimmter Krankheiten verfolgen. Nationale Vergleiche des Publikationsoutputs und der Publikationssprache können Auskunft über Zentren bestimmter Forschungszweige ebenso geben wie über grundlegende Veränderungen der Wissensproduktion (Internationalisierung). Aus der Quantifizierung selbst kann jedoch nicht die Qualität, d. h. die Bedeutungskonstrukte, die etwa mit dem Wandel der Begrifflichkeit vom Epileptiker zum Epilepsie- bzw. Anfallskranken verbunden waren, abgeleitet werden. Die quantitativen Auswertungen

44 Siehe Peter Weingart, „Evaluation of research performance – The danger of numbers", in: Forschungszentrum Jülich (Hg.), *Bibliometric analysis* (wie Anm. 43), 7–19, hier 15.

45 So sind Zitationsanalysen aufgrund der Datenbasis nicht möglich. Ein Überblick bibliometrischer Methoden findet sich bei Stefan Hornbostel, *Wissenschaftsindikatoren – Bewertungen in der Wissenschaft*, Opladen 1997.

sind im Rahmen der Diskursanalyse vor allem eine zusätzliche, den hermeneutisch-interpretativen Zugang ergänzende Methode. Erst die qualitative Analyse verleiht den quantitativen Daten ihren interpretativen Gehalt. Dennoch beschränkt sich der quantitative Zugang nicht auf ein reines, Zahlenreihen produzierendes Verfahren zur Unterstützung qualitativer Ergebnisse. Vielmehr wirft beispielsweise der abnehmende Publikationsoutput am Ende des 20. Jahrhunderts in Abbildung 1 Fragen nach den Gründen des Kurvenverlaufs auf, wobei die Beantwortung (Artefakt des Auswahlkriteriums) wiederum auf das Phänomen der Anglisierung und Internationalisierung der medizinischen Wissenskommunikation ab den 1970er Jahren verweist. Die unterschiedlichen methodischen Zugänge sind in diesem Sinne nicht nur für die Generierung von Ergebnissen, sondern auch für die Generierung von Fragestellungen im Forschungsprozess wichtig. Das Resümee lautet deshalb, dass eine Datenbank auf der Basis des *Index Medicus* und daran anschließende quantitative Analysen die qualitativ orientierte Diskursanalyse nicht nur hinsichtlich der Ergebnisse, sondern auch in Bezug auf die im Forschungsprozess auftretenden Fragestellungen sinnvoll ergänzen kann.

Der *Index Medicus* lässt sich als eine *Metaordnung* des medizinischen Diskurses charakterisieren, der die Indizierung und Archivierung der schriftlichen (Er-) Zeugnisse des Diskurses sicherstellt. Das Sammeln und Klassifizieren der wissenschaftlichen Literatur ist jedoch keine wirkungslose Tätigkeit. Der *Index Medicus* ist nicht ein bloßes Instrument, das lediglich den Zugang zu den Artikeln der medizinischen Wissenschaftszeitschriften ermöglicht. Im Rahmen einer quellenkritischen Betrachtung muss der *Index Medicus* als Teil der diskursiven Praxis analysiert werden, die sowohl auf die Diskursteilnehmer und den Diskurs, als auch auf die Fachzeitschriften und sogar auf die Verteilung von Finanzmitteln innerhalb der Medizin zurückwirken kann. Diese vielfältigen (Rück)-Wirkungen sind bei der Analyse der diskursiven Metaordung *Index Medicus* zu berücksichtigen.

„Mit Sicherheit und Würde der Öffentlichkeit über ihre Arbeit berichten“

Wissenschaftskommunikation in *Bild der Wissenschaft* und *Scientific American* (1964–1974)

Ina Heumann

„Lieber Leser!“

„Bild der Wissenschaft wurde (...) gegründet, um den Fachwissenschaftlern an den Universitäten und in den Forschungslaboratorien der Industrie eine Plattform zu schaffen, von der aus sie mit Sicherheit und Würde der Öffentlichkeit über ihre Arbeit berichten konnten.“[1] Es gibt, so suggeriert dieses in Briefform verfasste Editorial in *Bild der Wissenschaft*, zwei Arten, von Wissenschaft zu sprechen. Einerseits mit Würde und Sicherheit, andererseits würdelos und unsicher. Die Konnotation von Wissenschaftskommunikation und Würde ist bemerkenswert. Sie moralisiert die Präsentation von Wissen, einen Vorgang, der für die Produktion und Überprüfung wissenschaftlicher Erkenntnisse ebenso grundlegend ist wie Lesen, Beobachten oder Nachdenken. Sie geht einher mit einer klaren, ebenfalls moralisch aufgeladenen Definition der richtigen und falschen Formen bzw. Foren der Wissenskommunikation: „Es schickte sich nämlich nicht für einen habilitierten Wissenschaftler oder einen Lehrstuhlinhaber, in einem ‚populären‘ Magazin oder gar in einer Illustrierten zu schreiben.“[2]

Die erstaunliche Verbindung von sittlichen Werten und Wissensvermittlung scheint auch in einem weiteren Medium aus dem Genre der Wissenschaftszeitschriften auf: dem amerikanischen *Scientific American*. „Under (...) its great editor Orson Desaix Munn, the *Scientific American* reflected (...) science with dignity and authority“, so das Editorial des Dezemberheftes von 1947.[3] Die weiteren Abschnitte dieses „Announcement to Our Readers“ machen allerdings klar, dass die Verbindung von Würde und Wissenschaftsberichterstattung hier völlig anderen Zielsetzungen unterliegt. Im Vordergrund steht nicht die Legitimation einer neuen Plattform würdevoller Wissenskommunikation; ganz im Gegenteil geht es darum, an ein bereits bestehendes Konzept einer Wissenschaftszeitschrift und an eine über hundertjährige Tradition der Wissensvermittlung anzuschließen.

Steht in *Bild der Wissenschaft* die Abgrenzung des Zeitschriftenprojekts von populären, „unsittlichen“ Foren der Wissenschaftskommunikation im Zentrum der Argumentation um „Sicherheit“ und „Würde“, so dient sie im *Scientific American* vor allem dazu, die Gratwanderung zwischen der Modernisierung der Zeitschrift und ihrer ‚würdevollen‘ Tradition der Wissenskommunikation zu begleiten. Das sich über die Jahrzehnte ihres Erscheinens wiederholende Bemühen, die Wissenschaftskommunikation in *Bild der Wissenschaft* von den „seichten Gewässern der Boulevardblät-

1 Heinz Haber, „Zu unserer Zeitschrift“, in: *Bild der Wissenschaft 10, 5/1973*, 456.

2 Ebd.

3 „An Announcement to Our Readers“, in: *Scientific American 177, 6/1947*, 244.

ter"[4] zu distanzieren, wird seitens des *Scientific American* durch den traditionsreichen, nicht problematisierten und kommentierten Zugang zu Wissenschaftsvermittlung kontrastiert.

Diese unterschiedlichen Herangehensweisen, wissenschaftliche Erkenntnisse für breite Leserschaften zugänglich zu machen, erstaunen umso mehr, wirft man einen Blick auf die Gestaltung beider Zeitschriften. Schon die Inhaltsverzeichnisse zeigen auffallende Übereinstimmungen: nicht nur Schriftbild, rechtsbündiger Satz, vorgestellte Seitenzahlen der Aufsätze gleichen sich. Auch die einzelnen Rubriken entsprechen einander: auf die Artikel folgen „Leserbriefe" – „Letters", „Wissenschaft vor 100 Jahren" – „50 and 100 Years Ago", „Die Autoren" – „The Authors", „Das mathematische Kabinett" – „Mathematical Games", „Buchbesprechungen" – „Books" und schließlich die „Bibliographie" – „Bibliography". Diese parallele Gestaltung der Hefte wiederholt sich auf den Deckblättern. Unter der schlichten Überschrift – *Bild der Wissenschaft* bzw. *Scientific American* – befindet sich ein bündig gesetztes Bild, das fast das gesamte Cover einnimmt. Es wird vom weißen Coverhintergrund eingerahmt und weitgehend schriftlos präsentiert.

Hinter diesen ins Auge springenden Ähnlichkeiten verbirgt sich allerdings nicht nur die so verschieden gelagerte Sorge um ‚würdevolle' Wissenschaftskommunikation. Sie verdecken programmatische Differenzen, gravierende Unterschiede in Bildsprache, Rhetorik, Bildungs- und Wissenschaftsverständnis sowie der personellen Zusammensetzung der Autoren und Autorinnen. Beides – die Übereinstimmungen wie auch die darunter liegenden Verschiedenheiten – lassen eine genaue Gegenüberstellung beider Zeitschriften vielversprechend erscheinen. Das komparatistische Vorgehen ist im vorliegenden Fall insbesondere deswegen fruchtbar, weil die optische und inhaltliche Ähnlichkeit zwischen *Bild der Wissenschaft* und *Scientific American* nicht zufällig ist: Heinz Haber, Gründer und langjähriger Herausgeber der 1964 erstmals erschienenen *Bild der Wissenschaft*, lehnte sein Zeitschriftenprojekt bewusst an den *Scientific American* an und suchte den Vergleich mit dem amerikanischen Vorbild.[5]

Diese Nähe der bundesrepublikanischen Wissenschaftszeitschrift zu ihrem traditionsreichen Publikationsideal wird in den folgenden Kapiteln im Zentrum der Analyse stehen. Der vergleichende Zugang zu diesen beiden Medien der Wissenskommunikation fokussiert drei Fragen: Welche Vorstellungen über Wissenschaftskommunikation und das Verhältnis von Wissenschaft und Öffentlichkeit bestimmen die programmatische Ausrichtung der Zeitschriften? Inwiefern spiegeln sich diese impliziten und expliziten Zielsetzungen in der Zusammensetzung und Autorisierung der Autoren und deren rhetorischen Strategien? Lassen sich diese programmatischen und rhetorischen Charakteristika beider Medien auch auf der visuellen Ebene nachvollziehen und unterliegen sie im Untersuchungszeitraum relevanten Veränderungen? Als Grundlage der Untersuchung wird insbesondere das Jahrzehnt von 1964 bis 1974 in den Blick genommen. Dieser Untersuchungszeitraum wird durch das erstmalige Erscheinen von

4 Leserbrief H. Malthaner, Gewerbestudienrat, München, in: *Bild der Wissenschaft 1, 4/1964*, 8.

5 Vgl. Sol Z. Bloomkranz an Heinz Haber, 4. März 1968, in: Nachlass Heinz Haber, Stadtarchiv Mannheim (StadtA MA), Nr. 32; vgl. außerdem eine Reihe von Leserbriefen, die teils zustimmend, teils ablehnend auf die Ähnlichkeiten von *Bild der Wissenschaft* und *Scientific American* hinweisen, bspw. in: *Bild der Wissenschaft 3, 1/1966*, 8; *Bild der Wissenschaft 1, 1/1964*, 10.

Bild der Wissenschaft im Frühjahr 1964 vorgegeben. Er umfasst wesentliche Veränderungen, die die Medien bis in die Gegenwart prägen. Die Quellengrundlage bildet das Material der Zeitschriften. Außerdem bietet der Nachlass von Heinz Haber weiterführende Hinweise zu Geschichte und Konzeption von *Bild der Wissenschaft*.[6]

Die quellennahe Untersuchung zweier Beispiele aus dem weiten Genre der Wissenschaftszeitschriften wird im abschließenden Teil durch eine Skizze der wissenschaftspolitischen Kontexte beider Medien abgerundet. Darüber hinaus wird gezeigt, dass die Etablierung von populärwissenschaftlichen Medien mit bestimmten Legitimierungsstrategien einhergeht, die das Feld der Wissenschaftsberichterstattung als seriöse Tätigkeit markieren. Diese Professionalisierungsbemühungen finden ihren Ausdruck in der im Untersuchungszeitraum changierenden Positionierung von Herausgebern, Autoren und Redakteuren als Intellektuelle, Wissenschaftler und Experten.

Die Ziele der Wissenschaftskommunikation in *Bild der Wissenschaft* und *Scientific American*

Der Topos der Würde erscheint im *Scientific American* zeitgleich mit einem großen Bruch in seiner Herausgebergeschichte. Nach über hundert Jahren geht die Zeitschrift im Winter 1947 von der Herausgeberfamilie Orson Desaix Munn an ein neues, junges Team über, dessen Kern Gerard Piel und Dennis Flanagan bilden.[7] Mit der Ehrung der bisherigen Wissenschaftspublikation als würdevoll und verlässlich wird das von Munn und seinem Großvater geprägte Wissenschaftsverständnis verabschiedet und die Neuausrichtung der Zeitschrift erleichtert. Die Herausgeber lösen die bisherige Definition von Wissensvermittlung als „reporting the practical implications of science, notably in industry“[8] durch die Überzeugung ab, dass sich angewandte Wissenschaft und Grundlagenforschung nicht länger trennen lassen und über die Entwicklung aller wissenschaftlichen Forschungen berichtet werden müsse.[9] Aus ei-

6 Verlagsquellen wie Protokolle von Redaktionssitzungen, Analysen der Leserschaft, Korrespondenzen mit Autoren und Illustratoren stehen nicht zur Verfügung. Mit dem Verlagswechsel der Zeitschrift *Bild der Wissenschaft* von der Deutschen Verlags-Anstalt zum Konradin Verlag gingen 2003 sämtliche noch vorhandenen Archivmaterialien verloren. Auch seitens des *Scientific American*, der 1986 in die Georg von Holtzbrinck Verlagsgruppe überging, stehen laut Verlagsauskunft keinerlei Archivmaterialien mehr zur Verfügung. Der Aufsatz von Bruce V. Lewenstein, „Magazine Publishing and Popular Science after World War II“, in: *American Journalism VI, 1/1989*, 218–234, beruht allerdings in wesentlichen Teilen auf archivierten Korrespondenzen. Die Überprüfung dieser widersprüchlichen Angaben zur Quellenlage steht zum gegenwärtigen Zeitpunkt der Untersuchung noch aus.

7 Zu Dennis Flanagan siehe Joh Rennie, „Dennis Flanagan, A Proud ‚Renaissance Hack'“, in: *Scientific American*, Online-Version, 25.1.2005 http://www.sciam.com/article.cfm?chanID= sa004 &articleID=000378FE-7E4F-11F6-BE4F83414B7F0000 (letzter Zugriff 22. Juli 2007); zu Gerard Piel vgl. Lewenstein, „Magazine Publishing and Popular Science after World War II“ (wie Anm. 6), v. a. 119f.

8 „An Announcement to Our Readers“ (wie Anm. 3), 244.

9 Ebd. Zum Fokus der Wissenschaftsberichterstattung vgl. „An Announcement to Our Readers (II)“, in: *Scientific American 178, 1/1948*, 3: „The 103-year old *Scientific American* is now to become a magazine of all the sciences, covering the physical, biological and social sciences as well as their more significant applications in medicine and engineering.“ Deutlich werden die inhaltlichen

ner Zeitschrift, die seit ihrer Gründung vor allem über technische Erfindungen und Fortschritte berichtet und Techniker, Ingenieure und Patentantwälte angesprochen hatte, sollte unter den neuen Herausgebern ein Medium der naturwissenschaftlichen Wissenschaftskommunikation werden.[10] Damit passte sich das Programm des Wissenschaftsjournalismus an die rasante Entwicklung vor allem der naturwissenschaftlichen Forschungen an. Gleichzeitig wird die Verbreitung von wissenschaftlichen Erkenntnissen moralisch und idealistisch überhöht: „We believe that without such information, modern man has only the haziest idea of how to act in behalf of his own happiness and welfare, or that of his own family and community."[11] Implizit geht mit dieser Idealisierung von wissenschaftlichem Wissen und seiner Vermittlung eine Verlagerung des aufklärerischen Bildungsbegriffs einher. Verantwortungsbewusstes Handeln, individuelles und gesellschaftliches Wohlergehen und rationale Mündigkeit ruhen auf Wissen und Werten, die durch Wissenschaftsberichterstattung zur Verfügung gestellt werden.[12]

Mit dieser Neuausrichtung der Zielsetzung von Wissenschaftsberichterstattung wird auch ein neuer Leserkreis angesprochen. Statt Erfindern, Patentanwälten und Ingenieuren sollen in erster Linie Wissenschaftler und interessierte Laien zu den Lesern des *Scientific American* werden. Vor der unfassbaren Menge wissenschaftlichen Wissens seien, so die Überzeugung der neuen Verleger, Wissenschaftler wie Nicht-Wissenschaftler als Laien vereint.[13] Eingeschlossen in die Leserschaft der Zeitschrift waren – zumindest programmatisch – all diejenigen, die die Bedeutung von wissenschaftlicher Entwicklung für das eigene Wohlergehen und den sozialen Fortschritt erkannten und nach konziser Information und Orientierung verlangten. So breit diese Publikums-Definition auf den ersten Blick scheint, geht sie mit wesentlichen Ausgrenzungen einher: Die Selbstverpflichtung der Herausgeber, ihren journalistischen

Schwerpunktverschiebungen der Wissensvermittlung im *Scientific American* v. a. im sukzessiven Kürzen des Untertitels: 1946: *Scientific American. Reporting the Progress of Science and Industry*; ab Ende 1947: *Scientific American. Progress in Industry*; ab November 1948: *Scientific American*. Vgl. zur Geschichte des *Scientific American* Bruce V. Lewenstein, *Public Understanding of Science in America, 1945–1965*. Dissertation in the History and Sociology of Science, Pennsylvania 1987; ders., „Magazine Publishing and Popular Science after World War II" (wie Anm. 6), passim; ders., „Was there really a Popular Science ‚Boom'?", in: *Science, Technology & Human Values, 12, 2/1987*, 29–41.

10 Vgl. zur Geschichte des *Scientific American* vor 1948 Lewenstein, *Public Understanding of Science in America, 1945–1965* (wie Anm. 9), bes. 112ff.

11 „The Sciences. A Prospectus in the Form of a Dialogue", 1947, zit. nach Lewenstein, *Public Understanding of Science in America, 1945–1965* (wie Anm. 9), 123. Vgl. auch Gerard Piel, *The Acceleration of History*, New York 1972, passim, besonders deutlich 26: „Science is the ultimate source of value in the life of mankind." Lewenstein liest den *Scientific American* als „monument to the vision of science as saviour of the world". Lewenstein, *Public Understanding of Science in America, 1945–1965* (wie Anm. 9), 122 und Lewenstein, „Magazine Publishing and Popular Science after World War II" (wie Anm. 6), 230.

12 Vgl. zu diesem „Aufklärungsmodell" von Wissenschaftskommunikation, das in der Tradition der vordemokratischen Gesellschaftsordnung des 19. Jahrhunderts steht, Peter Weingart, *Die Stunde der Wahrheit? Zum Verhältnis der Wissenschaft zu Politik, Wirtschaft und Medien in der Wissensgesellschaft*, Weilerswist 2001, bes. 232ff. und Helga Nowotny, *Es ist so. Es könnte auch anders sein. Über das veränderte Verhältnis von Wissenschaft und Gesellschaft*, Frankfurt a. M. 1999, bes. 57ff.

13 „An Announcement to Our Readers" (wie Anm. 9).

Stil an die wissenschaftlichen Standards der scientific community anzupassen, verengte den Leserkreis auf wissenschaftlich und technisch (Aus-)Gebildete und führt die programmatische Zielsetzung „that science shall occupy the same place in the mind of every thinking citizen that it occupies as an integral part of our modern civilization“ ad absurdum.[14] Das vermeintliche Ziel populärwissenschaftlicher Wissensvermittlung wird auf eine gebildete, einflussreiche, wohlhabende und in erster Linie männliche Öffentlichkeit zugeschnitten und in dieser Form zur Grundlage des unternehmerischen Erfolgs des neu ausgerichteten *Scientific American.* Dass hinter der Entscheidung, die gebildete Elite des Landes als Leserschaft anzupeilen, auch ökonomisches Kalkül steht, macht nicht zuletzt die Abgrenzung von anderen Formen und Foren der Wissenschaftsberichterstattung deutlich. *Scientific American* wolle, so das letzte der vier die Neuausrichtung der Zeitschrift begleitenden Editorials, die Lücke füllen zwischen spezialisierten Technikmagazinen auf der einen und populären, massenkompatiblen Zeitschriften auf der anderen Seite.[15]

In *Bild der Wissenschaft* ist die Definition des eigenen wissenschaftsjournalistischen Standpunkts zwischen Wissenschaft und Öffentlichkeit mit vier Editorials nicht abgetan. Seit der Gründung des Heftes dienen nicht nur die in rascher Folge publizierten Reflexionen des Herausgebers, sondern auch seine rege Vortragstätigkeit dazu, die in *Bild der Wissenschaft* konzipierte „öffentliche Wissenschaft“ zu legitimieren und zu bewerben. Diese Zielsetzung wird unterstützt durch eine Reihe von Artikeln, die im inhaltlichen Teil der Zeitschrift veröffentlicht werden und die Notwendigkeit des publizistischen Konzepts einer öffentlichen Wissenschaft mit wissenschaftlicher Autorität vor Augen führen.[16] Durch all diese Bemühungen wird *Bild der Wissenschaft* als „würdevolle und sichere Plattform“ der Wissenschaftsberichterstattung präsentiert. Gründe für die in dieser facettenreichen Legitimierungsstrategie deutlich werdende Unsicherheit über adäquate und verkäufliche Formen der Wissensvermittlung sind in der spezifischen bundesrepublikanischen Presselandschaft zu sehen, in die *Bild der Wissenschaft* mit einem neuen Format der breit angelegten Wissenschaftspopularisierung eindrang, sowie in dem immer schärfer werdenden Widerspruch zwischen dem Anspruch, „unverwässerte Wissenschaft“ zu vermitteln und der Nachfrage auf dem Zeitschriftenmarkt.[17]

14 „An Announcement to Our Readers“, in: *Scientific American 178, 2/1948*, 3 und „An Announcement to Our Readers“, in: *Scientific American 178, 3/1948*, 99. Vgl. zu dieser verengten Definition von „public“ auch Lewenstein, *Public Understanding of Science in America, 1945–1965* (wie Anm. 9), 99. Zu den unternehmerischen Kalkülen, die hinter dieser Entscheidung der Herausgeber standen, vgl. ebd.

15 Vgl. die einmalige Abgrenzung zu diesen beiden Genres in „An Announcement to Our Readers“, in: *Scientific American 178, 4/1948*, 147.

16 Vgl. bspw. Albert Oeckl, „Wissenschaft und Öffentlichkeitsarbeit“, in: *Bild der Wissenschaft 2, 4/1965*, 294–301; Heinz Haber, „Öffentliche Wissenschaft“, in: *Bild der Wissenschaft 5, 9/1968*, 745–753; Robert Jungk, „Die Elfenbeintürme von Babel. Für ein neues Verständnis von Wissenschaft und Öffentlichkeit“, in: *Bild der Wissenschaft 10, 5/1973*, 512; Eckart Klaus Roloff und Walter Hömberg, „Wissenschaftsjournalisten. Dolmetscher zwischen Forschung und Öffentlichkeit“, in: *Bild der Wissenschaft 12, 9/1975*, 56–60.

17 Vgl. Heinz Haber, „Öffentliche Wissenschaft“, in: *Bild der Wissenschaft 5, 9/1968*, 748. Eine detaillierte Analyse der wirtschaftlichen Ausgangslagen beider Zeitschriften und ihrer Verlage kann im Rahmen dieses Aufsatzes nicht erfolgen.

Heinz Haber, Gründer und langjähriger Herausgeber der Zeitschrift, machte seine ersten wissenschaftsjournalistischen Erfahrungen in den USA, unter anderem als Autor weltraumwissenschaftlicher Zeitschriftenbeiträge und wissenschaftlicher Berater von Walt Disney.[18] 1959 kehrte er in die BRD zurück und veröffentlichte nach jahrelangen Vorbereitungen und Verhandlungen im Frühjahr 1964 das erste Heft von *Bild der Wissenschaft. Eine Zeitschrift über die Naturwissenschaften und die Technik in unserer Zeit.*[19] Bereits in den ersten Ankündigungsentwürfen der Zeitschrift finden sich Bestandteile der Argumentation, die auch in den einführenden Editorials des *Scientific American* mitschwingt: die Ausweitung des Bildungsideals, scharfe Abgrenzungen gegen andere Formen der Wissenschaftspopularisierung und die damit einhergehende Definition des Leserkreises sowie die moralische bzw. politische Verpflichtung der Laien, sich mit den Entwicklungen der Naturwissenschaften auseinanderzusetzen. Während allerdings die programmatischen Überlegungen der Herausgeber des *Scientific American* sich über vier Editorials verstreuen, werden sie von Haber in das Konzept der „öffentlichen Wissenschaft" gegossen.

„Öffentliche Wissenschaft" stellt die gesuchte ‚sichere' Plattform der Wissenschaftsberichterstattung dar. Sie definiert sich vor allem durch vier, im Verlauf des Untersuchungszeitraums gebetsmühlenartig wiederholte Argumentationsschritte und Zielsetzungen. Die wichtigste, wenn auch unklarste Markierung erhält „öffentliche Wissenschaft" in der Abgrenzung von Populärwissenschaft. Diese negative Definition des Konzepts kommt schon dadurch zum Ausdruck, dass die Begriffe „populär" und „populär-wissenschaftlich" in sie deutlich abschottenden Anführungszeichen gedruckt werden.[20] Populäre Wissenschaft sei, so Haber, zwar als Reaktion auf den naturwissenschaftlichen Jargon entstanden, aber mit einem doppelten Makel behaftet. Sie impliziere einerseits, „daß dem Leser die eigentliche Einsicht wohl immer verschlossen bleibe und daß man ihm deshalb die Gelehrtenweisheit nur in verwässerter Form anbieten könne." Andererseits werde Wissenschaftlern die Verfassung populärwissenschaftlicher Texte als „unverzeihlicher Fehltritt" angelastet und sei Teil einer „geradezu gefährlichen Kommunikationskrise".[21] „Öffentliche Wissenschaft" ant-

18 Vgl. bspw. Heinz Haber, „Can we survive in space?", in: *Collier's, 22. März 1952*, 65–67; Heinz Haber, *The Walt Disney story of our friend the Atom,* New York 1956 und die gleichnamige Serie, die 1957 im amerikanischen Fernsehen ausgestrahlt wurde.

19 Laut Wolfram Huncke, Chefredakteur der Zeitschrift von 1972 bis 1989, hatte sich Heinz Haber um eine Veröffentlichungslizenz des *Scientific American* in der BRD bemüht, die aber von den Herausgebern nicht erteilt wurde. Gespräch am 12. März 2007. Nach gescheiterten Verhandlungen mit dem Hamburger Verlagshaus Gruner+Jahr fand Haber 1961 in der Stuttgarter Deutschen Verlags-Anstalt den verlegerischen Rahmen seines Zeitschriftenprojekts. Vgl. dazu *Gedenkschrift zum 65. Geburtstag Heinz Habers, 1978*, in: Nachlass Heinz Haber, StadtA MA, Nr. 13.

20 Heinz Haber, „Zu unserer Zeitschrift", in: *Bild der Wissenschaft 1, 1/1964*, 6. Vgl. *Zur Einführung der Zeitschrift Bild der Wissenschaft*, hg. von Prof. Dr. Heinz Haber bei der Deutschen Verlags-Anstalt Stuttgart, Maschinenschriftliches Konzept, ohne Datum, StadtA MA, Nachlass Heinz Haber, Nr. 155/1.

21 Heinz Haber, „Öffentliche Wissenschaft", in: *Bild der Wissenschaft 5, 9/1968*, 748 und 751. Als Medien populärwissenschaftlicher Schriften werden Illustrierte, Magazine, aber auch Bücher benannt. Um weiteren definitorischen Schwierigkeiten auszuweichen, werden interessanterweise wissenschaftsthematische Unterhaltungssendungen nicht in diese Reihung aufgenommen. Im Gegensatz zu den Entwürfen des ersten Editorials verzichtet Haber zudem auf den Hinweis, dass

wortet also auf eine Vielzahl von Problemen: die selbst unter den Gebildeten verbreitete Missachtung der Naturwissenschaften, die „scheußliche Sprache" wissenschaftlicher Texte und die mangelnde publizistische Brücke zwischen Wissenschaft und Gesellschaft. Dieses Kommunikationsproblem auszugleichen, wird möglich durch die zweite argumentative Schärfung des Konzepts: Die Wissenschaftskommunikation in *Bild der Wissenschaft* beruht auf einem um naturwissenschaftliche und technische Erkenntnisse erweiterten Bildungsbegriff. Vehement gegen den „falschen Bildungsbegriff", den „Snobismus" und „geistigen Hochmut" humanistisch gebildeter Menschen argumentierend, stellen die Vertreter einer „öffentlichen Wissenschaft" das relevante Wissen der 1960er Jahre bereit.[22] Die Notwendigkeit naturwissenschaftlicher Bildung – und damit „öffentlicher Wissenschaft" – wird mit dem dritten Definitionsmerkmal behauptet: Erst das in *Bild der Wissenschaft* entwickelte Vermittlungskonzept mache eine „orientierte Öffentlichkeit" möglich, die der Garant für politische und persönliche Freiheiten sei. Ohne die Entwicklungen von Naturwissenschaft und Technik zu verstehen, könne „der moderne Mensch sich kein fundiertes Urteil über Politik, Wirtschaft und die Zukunft seines Landes und seiner Kinder bilden".[23] „Öffentliche Wissenschaft" wird als Abhilfe für die „demokratische Krise der Naturwissenschaften" angeboten, ein Argumentationsschritt, der überblendet wird mit ihrer vierten Zielsetzung: „In einer Demokratie werden die rechten Wege nur dann gegangen, wenn die öffentliche Meinung hinter den Ideen steht, die zum Ziele führen."[24] Diese Unterstützung könne nicht nur ideeller Natur sein, sondern erfordere das Geld der Steuerzahler, dessen Verwendung in Foren der „öffentlichen Wissenschaft" erklärt werden müsse.[25] Das scheint dem Herausgeber umso dringlicher, als die finanzielle Vernachlässigung der Forschung dazu führen werde, dass sich die Bundesrepublik „zu einer zweitklassigen Nation erniedrigen werde".[26]

Die Definition von Wissenschaftskommunikation als Beitrag zu politischer, intellektueller und moralischer Mündigkeit macht deutlich, dass der „liebe Leser" von *Bild der Wissenschaft* grundsätzlich alle „geistig interessierten Menschen" und „Bür-

Bild der Wissenschaft ein „literarisches Gegenstück zur Fernseharbeit des Herausgebers Professor Heinz Haber" darstelle. Vgl. *Zur Einführung der Zeitschrift Bild der Wissenschaft* (wie Anm. 20).

22 Haber, „Öffentliche Wissenschaft" (wie Anm. 21), 753.

23 Haber, „Zu unserer Zeitschrift" (wie Anm. 20), 6.

24 Haber, „Öffentliche Wissenschaft" (wie Anm. 21), 748.

25 Vgl. zu diesem finanziellen Argument für ‚öffentliche Wissenschaft' auch den im ersten Heft publizierten Brief Hans Lenz', von 1962–65 Bundesminister für wissenschaftliche Forschung, in: *Bild der Wissenschaft 1, 1/1964*, 7.

26 Das von Matthias Kohring definierte Paradigma der Forschung zum Wissenschaftsjournalismus muss in zweierlei Weise erweitert werden. Zum einen wird in der Programmatik von *Bild der Wissenschaft* und in abgeschwächter Form auch in *Scientific American* deutlich, dass das Paradigma nicht nur aus „Demokratie- und Sponsor-Argument", sondern auch aus einem „Bildungsargument" und der Abgrenzung von Populärwissenschaft besteht. Darüber hinaus findet sich das Paradigma sowohl auf der Metaebene der Forschung über Wissenschaftsjournalismus als auch auf der argumentativen Ebene der Protagonisten von Wissenschaftsberichterstattung selbst. Vgl. Matthias Kohring, „Die Wissenschaft des Wissenschaftsjournalismus", in: Christian Müller (Hg.), *SciencePop. Wissenschaftsjournalismus zwischen PR und Forschungskritik*, Graz, Wien 2004, 161–183, v. a. 163f.

ger eines modernen Industriestaates" umfasste.[27] Über die breite Öffentlichkeit hinaus sollte die Zeitschrift aber auch Fachwissenschaftlern die Möglichkeit bieten, sich über Entwicklungen außerhalb ihres Forschungsbereichs einen Überblick zu verschaffen. Mit dieser ambivalenten Programmatik zwischen allgemeinverständlicher und „würdevoller", zwischen massenkompatibler und elitärer Wissenschaftspopularisierung waren schon zu Beginn die Weichen gestellt für ein beständiges Changieren der Zeitschrift zwischen elitärer Abgrenzung sowie rhetorischen und visuellen Ausgrenzungsstrategien auf der einen und der Anlehnung an populärkulturelle sprachliche und bildliche Codes auf der anderen Seite.

Sprachliche Kommunikationsmerkmale

Der unklaren Positionierung von *Bild der Wissenschaft* zwischen Wissenschaft und Öffentlichkeit steht im *Scientific American* eine konstante Beibehaltung der programmatischen Leitlinien gegenüber. Die Editorials, die den Wechsel der Herausgeber begleiteten, skizzieren nicht nur den zugrunde liegenden Wissenschaftsbegriff und die ideellen Implikationen von Wissensvermittlung, sondern beschreiben darüber hinaus ausführlich die entsprechenden Regeln der Textproduktion. Die in *Scientific American* publizierten Berichte sollten idealerweise aus der Feder des Wissensproduzenten stammen: „The editors of the new *Scientific American* believe that the men who are best qualified to write about science are scientists."[28] Ein Großteil der Herausgebertätigkeit bestand in der Kontaktaufnahme zu Wissenschaftlern und dem Einwerben von Artikeln, eine Aufgabe, die insbesondere Dennis Flanagan übernahm.[29] Um allerdings die spezifischen Kompetenzen der Wissensproduzenten – „to furnish the facts" – einer multidisziplinären Leserschaft verständlich zu machen, wurden sie mit den Kompetenzen der Herausgeber – „the art of clear communication" – vereint. In enger Zusammenarbeit zwischen Herausgebern und Wissenschaftlern sollten wissenschaftsnahe Artikel entstehen, die trotz ihrer Komplexität in einer zugänglichen Sprache verfasst waren: „neither technical nor patronizing".[30]

Dieser redaktionellen Verpflichtung auf eine sprachlich vereinfachte, den wissenschaftlichen Standards dennoch genügende Wissenschaftskommunikation blieben die Herausgeber treu. Unter den Autoren finden sich Wissenschaftler wie Francis Crick, Max Perutz, Salvador Luria oder auch Edward O. Wilson.[31] Die Autoren traten fast

27 Haber, „Zu unserer Zeitschrift" (wie Anm. 20), 6 und Haber, „Zu unserer Zeitschrift", in: *Bild der Wissenschaft 1, 2/1964,* 8.

28 „An Announcement to Our Readers (II)" (wie Anm. 9), 3.

29 Für diese im Wesentlichen auf Beiträgen aus der Feder von Wissenschaftlern ruhende Publikationsstrategie sprachen auch die finanziellen Voraussetzungen der Zeitschrift, die eine Vergrößerung des redaktionellen Teams nicht erlaubten. Vgl. Lewenstein, *Public Understanding of Science in America, 1945–1965* (wie Anm. 9), v. a. 119ff.

30 „An Announcement to Our Readers" (wie Anm. 14), 99. Davor: „An Announcement to Our Readers (II)" (wie Anm. 9), 3.

31 Pro Heft werden acht solcher Originalartikel veröffentlicht, das einmal pro Jahr erscheinende Sonderheft zu Themen wie *Information*, *Cities* oder *Energy and Power* ist um vier Beiträge erweitert. Die Artikel bestehen in der Regel aus 10 bis 15 Seiten, sind reich illustriert und dreispaltig ge-

ausschließlich als „primäre Boten" auf[32], berichteten in narrativem Stil von ihren Forschungserlebnissen und -ergebnissen. Durch Zwischenfragen, einschließende Formulierungen wie „We shall consider serveral examples of such maps (...)" oder „Forget about physical space (...); think instead about an isolated (...) glob" wird die rhetorische Nähe zum Wissenschaftler, seinen Denkprozessen bzw. den untersuchten Phänomenen hergestellt.[33] Der narrative Charakter der Aufsätze sowie die Verletzung von Ich-Tabu und wissenschaftlichem Distanzierungsgebot laufen einer streng wissenschaftlichen Prosa zuwider.[34] Auch die bisweilen offengelegte Ratlosigkeit angesichts noch nicht gelöster Probleme sowie der „work-in-progress"-Charakter einer Vielzahl von Artikeln suggerieren die Nähe der Lesenden zu den Laboratorien der Forschung. *Scientific American* gewährt seinem Publikum einen Einblick in die „nachtwissenschaftlichen Aktivitäten" der Wissenschaftler – ihre Ahnungen, Vermutungen, experimentellen Fehlschläge und ungelösten Fragen.[35] Via Authentizität und Unmittelbarkeit werden die Autoren als wissenschaftlich Arbeitende inszeniert und autorisiert.

In das Programm der „öffentlichen Wissenschaft" ist neben der Verpflichtung der Öffentlichkeit, „sich über die Wissenschaften und die Anwendung ihrer Ergebnisse zu orientieren", auch die Verpflichtung „des Wissenschaftlers und Technikers" eingeschrieben, „die Öffentlichkeit über seine Arbeit zu informieren und ihr über die Ergebnisse seiner Arbeit Bericht zu erstatten".[36] Insofern stellten auch in *Bild der Wissenschaft* Originalartikel von Wissenschaftlern die Messlatte guter Wissenschaftspublizistik dar. Wie die Zusammenarbeit von Redakteuren und Wissenschaftlern ablaufen sollte, wurde allerdings nicht offengelegt. Bereits die ersten Hefte zeigen, dass andere journalistische Grundregeln als im *Scientific American* angewendet wurden. Zwar finden sich auch hier Artikel von nationalen und internationalen Wissenschaftlern wie Julian S. und Aldous Huxley, Adolf Butenandt oder Alistair C. Crombie.[37] Sie folgen in ihrem sprachlichen Duktus weitgehend den schon anhand des *Scientific American* beschriebenen Formen: Meist im durchaus auch emotionalen Rückblick berichten die Autoren in Ich-Form von ihren Forschungswegen, ihrer wissenschaftli-

setzt. An diesem Layout ändert sich während des Untersuchungszeitraums nichts; auch die rhetorischen Darstellungskonventionen werden unverändert beibehalten.

32 Vgl. zur Differenzierung von primärer, sekundärer und tertiärer Botenfunktion wissenschaftlicher Autoren Hans-Jörg Rheinberger, „Mischformen des Wissens", in: ders. (Hg.), *Iterationen*, Berlin 2005, 74–100, hier 80f.

33 Anthony Phillips, „Turning A Surfaces Inside Out", in: *Scientific American 214, 4/1966,* 112–120, hier 112; Arthur T. Winfree, „Rotating Chemical Reactions", in: *Scientific American 230, 6/1974,* 82–95, hier 88.

34 Vgl. zu einer Typisierung wissenschaftssprachlicher Konventionen Heinz L. Kretzenbacher, „Wie durchsichtig ist die Sprache der Wissenschaften?", in: Heinz L. Kretzenbacher, Harald Weinrich (Hg.), *Linguistik der Wissenschaftssprache*, Berlin 1994, 15–39.

35 Zur Differenzierung von Tag- und Nachtwissenschaft vgl. François Jacob, *Die Maus, die Fliege und der Mensch. Über die moderne Genforschung*, Berlin 1998, 164f.

36 Haber, „Zu unserer Zeitschrift" (wie Anm. 20), 6.

37 Julian S. Huxley, „Die Integration des Menschheitsschicksals", in: *Bild der Wissenschaft 3, 5/1966*, 372–379; Aldous Huxley, „Die wissenschaftliche Diktatur", in: *Bild der Wissenschaft 1, 4/1964*, 60–64; Adolf Butenandt, „Förderung der Forschung in Deutschland", in: *Bild der Wissenschaft 2, 3/1965*, 192–199; Alistair C. Crombie, „Bluttransfusion im 17. Jahrhundert", in: *Bild der Wissenschaft 5, 3/1968*, 236–240.

chen Entwicklung und ihren Entdeckungen. Auch hier dient als rhetorische Legitimierungsstrategie die Zeugenschaft der Autoren, die zusätzlich durch die visuelle Vergegenwärtigung der Autoren als „große alte Männer" der Wissenschaft gestützt wird: Sowohl der Artikel von Otto Hahn als auch der Aufsatz von Julian S. Huxley beginnen mit der ganzseitigen Reproduktion eines Fotos, das den Wissenschaftler in fortgeschrittenem Alter präsentiert.[38]

Die Mehrzahl der Artikel in *Bild der Wissenschaft* durchbricht allerdings diese enge rhetorische und visuelle Koppelung von Phänomen, Wissenschaftler und mittelbar beteiligten Lesern. Die Autoren treten hinter die von ihnen beschriebenen Problemstellungen, werden zu „sekundären Boten", so dass nicht die Narration direkter Beobachtungen, sondern das Erstellen einer „Landkarte des Wissens" die Darstellung bestimmt.[39] Die Rhetorik der in *Bild der Wissenschaft* betriebenen Wissenschaftsvermittlung lehnt sich an den sprachlichen Stil der wissenschaftsinternen Kommunikation an. Die Ich-Form wird durch impersonelle Formulierungen oder Passivierungen umgangen. Welchen Bezug der Autor zu den von ihm beschriebenen Forschungsfeldern hat, wird nur aus seiner Biografie am Anfang des Heftes deutlich. Ein weiteres Charakteristikum dieser Überblicksartikel zeigt sich in ihrem Schlussabsatz, in dem die dargestellten Probleme in den Anwendungsbereich übertragen werden. Die Untersuchungen der Plasmaphysiker versprechen das Ende der Energiekrise, kybernetische Analysen von automatisierten Lernvorgängen verheißen neue Ansätze der Didaktik.[40]

Diese betonte Anwendbarkeit des präsentierten Wissens wie auch die Anlehnung an die Regeln konventioneller Wissenschaftssprache sind als Teil einer zweifachen Legitimierungstaktik zu lesen: Einerseits wirbt die dargestellte wissenschaftliche Disziplin, vermittelt über ihren jeweiligen wissenschaftlichen Vertreter, um Anerkennung und Förderung. Die Leserschaft wird in diesem Fall in ihrer Rolle als Steuern zahlende, via Politik Forschungsförderung betreibende Öffentlichkeit angesprochen, ganz im Sinne des oben skizzierten „Sponsor-Arguments" einer „öffentlichen Wissenschaft". Andererseits suggeriert die objektivierte Wissenschaftssprache die Wissenschaftlichkeit des Artikels, der Autor verschwindet; was bleibt, ist ein einführender Überblick über vermeintlich zeitlose Regeln der Natur. Beide rhetorischen Darstellungsstrategien zollen dem programmatischen Widerspruch von *Bild der Wissenschaft* Tribut, alle „Bürger" als potentielle Leser ansprechen und gleichzeitig eine nicht-populärwissenschaftliche Form der Wissenschaftsvermittlung betreiben zu wollen. Wo sich die Autoren und Herausgeber des *Scientific American* qua klarer

38 Vgl. Otto Hahn, „25 Jahre Kernspaltung", in: *Bild der Wissenschaft 1, 1/1964*, 18–27, Foto 18; Huxley, „Die Integration des Menschheitsschicksals" (wie Anm. 37), Foto 372; Butenandt, „Förderung der Forschung in Deutschland" (wie Anm. 37), Foto 192. Eine detaillierte Analyse des jeweiligen „kollektiven Autors" von *Scientific American* und *Bild der Wissenschaft* kann im Rahmen dieses Aufsatzes nicht erfolgen. Sie wäre insofern fruchtbar, als sie einen Spiegel der wissenschaftlichen Nachkriegslandschaft liefert. Unter den Autoren des *Scientific American* finden sich emigrierte Wissenschaftler, unter ihnen Hans Neurath, Hans Bethe, Heinz Fraenkel-Conrat oder Victor Weisskopf. Ihnen stehen in *Bild der Wissenschaft* Wissenschaftler wie die Humangenetiker Hans Nachtsheim und Peter Emil Becker gegenüber, die in je unterschiedlicher Weise die personelle und zum Teil auch ideologische Kontinuität vom Nationalsozialismus zur Bundesrepublik belegen.

39 Rheinberger, „Mischformen des Wissens" (wie Anm. 32), 81.

40 Paul Schulz, „Plasma – der vierte Aggregatzustand", in: *Bild der Wissenschaft 5, 6/1968,* 518–527; Felix von Cube, „Lernfähige Automaten", in: *Bild der Wissenschaft 5, 4/1968*, 334–342.

wissenschaftsjournalistischer Leitlinie und elitärem Anspruch rhetorische Freiheiten und genaue Einblicke in kleinteilige wissenschaftliche Problemstellungen erlauben können, oszillieren die Artikel in *Bild der Wissenschaft* zwischen ihren Polen Wissenschaft und Öffentlichkeit. Dies tritt umso schärfer hervor, als sich Anfang der 1970er Jahre die Bemühungen vermehren, die Leserschaft von *Bild der Wissenschaft* zu vergrößern.

Die deutlichste Veränderung findet sich im ersten Heft von 1973, in dem der damalige Chefredakteur Dieter Hellauer eine thematische und damit auch programmatische Erweiterung der Zeitschrift ankündigt.[41] Zu den bisherigen Sparten „Originalartikel", „Leserbriefe", „Die Autoren", „Wissenschaft vor 100 Jahren", „Die aktuelle Wissenschaft", „Das mathematische Kabinett", „Buchbesprechungen" und „Bibliographie" sollen Themen und Rubriken treten, „die über die reine Berichterstattung wissenschaftlicher Erkenntnisse hinausreichen".[42] Neben Berichten über Forschungsplanung und -politik wird Diskussionen zur Stellung des Wissenschaftlers in der Gesellschaft und wissenschaftlichen Kontroversen ein fester Platz in der zukünftigen Heftgestaltung eingeräumt. Darüber hinaus kündigt Hellauer einen „Einhefter" an, in dem unter der Überschrift „Akzente" die wissenschaftlichen Ereignisse des Vormonats skizziert werden. Auch das Editorial, bis jetzt in erster Linie dem Herausgeber Heinz Haber als Forum dienend, erhält eine Umwidmung und soll nun Wissenschaftsjournalisten zur Diskussion wissenschaftlicher und forschungspolitischer Entwicklungen zur Verfügung stehen. Damit beginnt eine Umgestaltung der Zeitschrift, die ihren Höhepunkt Mitte des Jahres in der Vereinigung von *Bild der Wissenschaft* und einem weiteren populärwissenschaftlichen Magazin aus der Deutschen Verlags-Anstalt erreicht. Das seit 1969, bereits mit zeittypisch kleingeschriebenem Titel erscheinende *x-magazin für naturwissenschaft und technik* wird aufgelöst und in *Bild der Wissenschaft* überführt.[43] Damit wird erstmals explizit der wissenschaftsjournalistische Kurs neu definiert als „Versuch, mit mehr Aktualität und mit journalistischem Schmiss die Basis der *Öffentlichen Wissenschaft* zu verbreitern". Es sei nun umso mehr Aufgabe, „das Authentische aus der Feder unserer Autoren (...) zu vereinen mit dem Witz journalistischer Könner, ohne die heute keine Zeitschrift mehr gedeihen kann".[44]

Diese Neuausrichtung der Zeitschrift impliziert dreierlei: Erstens verringert sich bei nur geringfügig vergrößertem Heftumfang die Länge der Originalartikel. Zweitens sinkt der Anteil von wissenschaftlichen, das heißt anerkannten und autorisierten Wissenschaftlern zuzuordnenden Artikeln zugunsten von kurzen journalistischen, nicht

41 Bereits im dritten Heft von 1972 wird unkommentiert die Rubrik *Innovation – Entwicklungen in Technik und Industrie* aufgenommen, unter der sich kurze Meldungen wie „Drehbank für dicke Brocken", „Der röhrenlosen Fernsehkamera einen Schritt näher" u. ä. finden.

42 Dieter Hellauer, „Editorial", in: *Bild der Wissenschaft 10, 1/1973*, 4.

43 Das *x-magazin* erschien erstmalig 1969, herausgegeben von Eberhard Hungerbühler (der heute unter dem Namen Felix Huby als Drehbuch-Autor arbeitet). Die Zeitschrift wurde monatlich publiziert, legte im Gegensatz zu *Bild der Wissenschaft* ihre technische und wissenschaftliche Berichterstattung fast ausschließlich in die Hände von Wissenschaftsjournalisten und bemühte sich, eine junge Leserschaft zu erreichen. Seit der Zusammenlegung beider Zeitschriften wird der Titel von *Bild der Wissenschaft* klein geschrieben. Der Einfachheit halber wird in diesem Beitrag allerdings ausschließlich die ursprüngliche Schreibweise verwendet.

44 Heinz Haber, „Editorial", in: *Bild der Wissenschaft 10, 5/1973,* 456. Kursiv im Original.

durch einen Autor gekennzeichneten Berichten über wissenschaftliche Entwicklungen und technische Innovationen. Gleichzeitig mit diesen redaktionellen Veränderungen werden erstmalig Fotografien der wissenschaftlichen Autoren in die biografischen Beschreibungen eingeführt, eine visuelle Strategie, um das popularisierte und fragmentierte Wissen an den Binnendiskurs der Wissenschaft zurückzubinden. An die Stelle des vagen, ungenauen Wissens tritt „als Garant der diskursiven Stabilität des populärwissenschaftlichen Imaginären" die fotografisch repräsentierte Person des Forschers.[45] Zum Forscher, der aus seinen laufenden Forschungstätigkeiten berichtet, kommt drittens als weitere Figur der Wissensvermittlung der Experte, der das Verhältnis zwischen wissenschaftlichen und technischen Entwicklungen, Gesellschaft und Politik mit seinem Wissen auszuloten hilft. Es geht v. a. um Technikfolgenabschätzung, aber auch um Diskussionen, wie sich die Politik zu Wissenschaft und Technik verhalten soll. In der neu eingeführten Rubrik „KONTRO-VERSEN" diskutieren Politiker, Wissenschaftler, Wissenschaftsjournalisten und Vertreter aus der Industrie über aktuelle forschungs- und umweltpolitische sowie wissenschaftsethische Themen. Fragestellungen sind beispielsweise „Kernenergie und Raumordnung", „Wer schützt uns vor den Auswüchsen der Technologie?" oder „Soziologie: Ist Humanität überholt?".[46] Diese Diskussionen werden zu einem Hauptpfeiler der Wissensvermittlung.

Die vier geschilderten Publikationsstrategien – eine immer schärfere Inszenierung der Autoren als aktive Forscher, die sprachliche Orientierung an entsubjektivierten Formen wissenschaftlicher Prosa, die mehr und mehr fokussierte und diskutierte Anwendbarkeit des präsentierten Wissens sowie die wiederholten Begründungen für eine „öffentliche Wissenschaft" – bauen trotz der zunehmenden Vielfalt der disziplinären und beruflichen Hintergründe der Beitragenden eine wissenschaftliche Vertrauensgemeinschaft auf, der es gelingt, die Leserschaft über alle programmatischen Umschwünge hinweg an die Zeitschrift zu binden.[47] Im *Scientific American* erübrigt die enge Definition der Leserschaft als technische und wissenschaftliche Elite diesen Spagat zwischen wissenschaftlichem Anspruch und Öffentlichkeit. Die Autoren werden wie in *Bild der Wissenschaft* mit einer kurzen wissenschaftlichen Biografie vorgestellt. Der rhetorische Stil der Artikel bindet die Lesenden als Zuschauende in den wissenschaftlichen Arbeitsprozess ein – ein Stilmittel, das an Aufführungsszenarien wissenschaftlicher Experimente erinnert.[48] Diese journalistische Leitlinie erlaubt

45 Philipp Sarasin, „Das obszöne Genießen der Wissenschaft. Über Populärwissenschaft und ‚mad scientists'", in: ders. (Hg.), *Geschichtswissenschaft und Diskursanalyse*, Frankfurt a. M. 2003, 231-257, hier 248.

46 „KONTRO-VERSEN: Kernenergie und Raumordnung", in: *Bild der Wissenschaft 10, 3/1973*, 759–802; „KONTRO-VERSEN: Wer schützt uns vor den Auswüchsen der Technologie?", in: *Bild der Wissenschaft 10, 9/1973*, 1040–1054; „KONTRO-VERSEN: Soziologie: Ist Humanität überholt?", in: *Bild der Wissenschaft 11, 6/1974*, 90–101.

47 *Bild der Wissenschaft* beginnt 1964 mit einer Druckauflage von 40.000 Exemplaren, die bis 1978 vervierfacht wird. Vgl. Ernst Wolf Mommsen, „Ein Mann, eine Idee, ein Erfolg", in: *Gedenkschrift zum 65. Geburtstag von Heinz Haber* (wie Anm. 19).

48 Vgl. als Beispiel des öffentlichen Experimentierens im 17. Jahrhundert Steven Shapin, Simon Schaffer, *Leviathan and the Air-Pump: Hobbes, Boyle, and the Experimental Life*, Princeton 1985.

nicht nur eine vom exoterischen Wissenschaftsdiskurs abweichende Sprache.[49] Sie ermöglicht auch, dass einzelne Beiträge von nicht-akademisch qualifizierten Wissenschaftlern und Artikel von Wissenschaftlerinnen publiziert werden.[50] Damit wird in *Scientific American* die zur Geschichte der modernen Wissenschaften gehörende Ausgrenzung von Laien und Frauen zumindest partiell aufgehoben.

„Seltsame Schönheit". Bilder als Teil der Wissenskommunikation

Klare programmatische Leitlinien und ein spielerischer Umgang mit Darstellungsmitteln im Zwischenraum von Wissenschaft und Öffentlichkeit finden sich im *Scientific American* auch auf der visuellen Ebene. Die vier bereits zitierten Editorials vom Ende der 1940er Jahre skizzieren den zukünftigen Einsatz von illustrativen Mitteln und legen die visuellen Grundregeln für die kommenden Publikationsjahrzehnte fest. Der neue *Scientific American* lege großen Wert auf grafische Gestaltungsmittel, die nicht nur als Illustrationen der Texte, sondern als zweites Standbein der Wissensvermittlung zum Einsatz gebracht werden sollten: „Where its written vocabulary proves inadequate, the *Scientific American* will employ pictures to communicate the ideas of science precisely and plainly."[51] Fotografien, gemalte und gezeichnete Abbildungen, Grafiken, Diagramme und Karten sollten „the nature of the tools, the matter and the method of science" übermitteln.[52]

Dieser expliziten Anerkennung des grafischen Potentials, Wissen zugänglich zu machen, steht in *Bild der Wissenschaft* eine auffallende Zurückhaltung entgegen, den geplanten Bildeinsatz als Teil „öffentlicher Wissenschaft" auszuweisen – was umso

49 Zur Differenzierung von exoterischer und esoterischer Kommunikation vgl. Ludwik Fleck, *Entstehung und Entwicklung einer wissenschaftlichen Tatsache, Einführung in die Lehre vom Denkstil und Denkkollektiv*, Frankfurt a. M. 2002, 137ff.

50 Ein Beispiel für eine Wissenschaftlerin ohne formale akademische Ausbildung und entsprechende Abschlüsse ist Miriam Rothschild, die 1965 im *Scientific American* über Flöhe, eines ihrer wichtigsten Forschungsgebiete, publiziert: Miriam Rothschild, „Fleas", in: *Scientific American 213, 6/1965*, 44–53. Zu Rothschild vgl. „Dame Miriam Rothschild", in: *The Times, 22. Januar 2005* und Eugene Garfield, „A Tribute to Miriam Rothschild: Entomologist Extraordinaire", in: *Current Contents 17, 23. April 1984,* 120–127. Im Untersuchungszeitraum werden in *Bild der Wissenschaft* elf Artikel von Wissenschaftlerinnen publiziert, was 1,6 Prozent der insgesamt 693 publizierten Beiträge entspricht. Im *Scientific American* liegt der Anteil von Arbeiten aus der Feder von Frauen bei 6,7 Prozent (67 Beiträge von insgesamt 1000). Diese Zahlen spiegeln erstens die geringe Präsenz von Frauen in der US-amerikanischen bzw. bundesrepublikanischen Forschung. Zweitens allerdings weisen sie Wissenschaftspopularisierung als männliche Domäne aus und sind als Hinweis darauf zu lesen, dass das unsichere Feld der Vermittlung zwischen den Sphären Wissenschaft und Öffentlichkeit durch den Rückgriff auf geschlechterspezifische Ausgrenzungsstrategien in *Scientific American* und *Bild der Wissenschaft* in je unterschiedlichem Maß gesichert wird. Zur geringen Präsenz von Wissenschaftlerinnen in amerikanischen Unterhaltungsmagazinen im Zeitraum von 1910 bis 1955 vgl. Marcel C. LaFollette, „Eyes on the Stars: Images of Women Scientists in Popular Magazines", in: *Science, Technology & Human Values 13, 3-4/1988,* 262–275.

51 „An Announcement to Our Readers", in: *Scientific American 177, 6/1947,* 244.

52 „An Announcement to Our Readers", in: *Scientific American 178, 4/1948*, 147. Als Verantwortlicher für das grafische Design wird K. Chester vorgestellt, Fotograf für *Life* und ehemaliger Chefkoordinator der Fotografen und Kameraleute beim Internationalen Militärtribunal in Nürnberg: vgl. „An Announcement to Our Readers," in: *Scientific American 178, 3/1948*, 99.

mehr erstaunt, als die Zeitschrift den Hinweis auf ihre reichen Illustrationen bereits im Titel trägt. Nur ein maschinenschriftliches Manuskript zur Ankündigung der Zeitschrift weist in kurzen Sätzen auf die „besonders großzügige graphische und drucktechnische Ausstattung" hin, die ein Novum auf dem deutschen Zeitschriftenmarkt darstelle.[53] Dieses Versprechen wurde bereits mit dem ersten Heft der Zeitschrift von 1964 umgesetzt, mit dem eine Form der Coverillustration geschaffen wurde, die das Design bis in die 1970er Jahre prägte (Abb. 1).

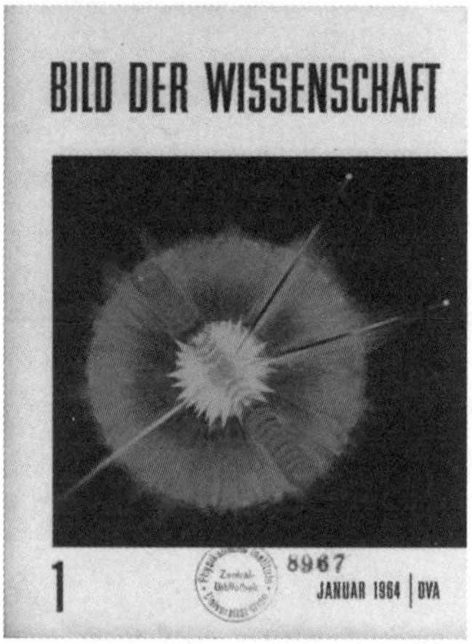

Abb. 1: Cover des ersten Heftes von Bild der Wissenschaft*, publiziert im Frühjahr 1964*

Abb. 2: Cover des Scientific American *vom April 1965*

Das Bild öffnet weite Assoziationsräume und lässt sich in seiner Mehrdeutigkeit nicht ohne Weiteres einem naturwissenschaftlichen Phänomen zuordnen. Wie ein Blick auf die Covergestaltung des *Scientific American* verrät, dient die amerikanische Zeitschrift als Vorbild der verwendeten visuellen Sprache (Abb. 2). Beide Abbildungen werden durch den weißen Hefthintergrund gerahmt und in ihrer Bildhaftigkeit inszeniert. Im *Scientific American* wird allerdings die Assoziationsweite durch die Wiedererkennbarkeit des Sujets einerseits und mehrere sprachliche Konkretisierungen andererseits begrenzt. In der rechten Lidfalte des Auges wird die Signatur des Illustrators Thomas Prentiss erkennbar. Daneben verweist die Bildunterschrift auf den sich im Heftinnenteil befindenden Artikel über *Attitude and Pupil Size.* Weitere Unterschiede zeigen sich in der Beschreibung der Coverabbildung, die in beiden Medien unmittelbar nach dem Inhaltsverzeichnis folgt und wiederum von erstaunlichen Ähnlichkeiten des Layouts gekennzeichnet ist. Ein schwarzer Kasten umrahmt die verkleinerte Reproduktion des Covers und die knappe Beschreibung des Bildes. Während allerdings die Bildbeschreibung des *Scientific American* vor allem auf das durch das Cover präsentierte Phänomen fokussiert, die technische Herstellung des Titelbildes erklärt und in die Problemstellung des dazugehörigen Artikels einleitet, wird in *Bild der Wissenschaft* keinerlei Bezug zum Textteil des Heftes hergestellt. Auch die Machart des Bil-

53 Vgl. *Zur Einführung der Zeitschrift Bild der Wissenschaft* (wie Anm. 20).

des wird beiläufig oder gar nicht genannt. Die Grafik wird zwar als „frei erdachtes Symbol für den fundamentalen Prozess der Atomkernspaltung" in wissenschaftliche Zusammenhänge gestellt, die visuellen Anregungen aber nicht mit weiteren Anmerkungen oder Verweisen auf Artikel des Heftes vertieft. Auffällig ist darüber hinaus der unterschiedliche Umgang beider Medien mit Bildnachweisen. Im *Scientific American* wird die restliche Seite unter der Titelbildbeschreibung von einem zweiten Kasten eingenommen, der unter der Überschrift *The Illustrations* Seitenzahlen und Quellen der im gesamten Heft verwendeten Bildmaterialien auflistet und den Zeichner des Titelbildes benennt. Ganz anders in *Bild der Wissenschaft*: Zwar wird in den ersten Heften der Titelbild-Grafiker genannt, schon im dritten Heft des Jahrgangs verschwinden diese Angaben allerdings an das Heftende.

Neben diesen Unterschieden in Bildbeschreibung und Quellennachweis werden im Vergleich zwei weitere Eigenheiten der je verfolgten visuellen Wissenskommunikation offensichtlich. Erstens überwiegen in *Bild der Wissenschaft* Titelbilder, die einem wissenschaftlichen Gebrauchszusammenhang entnommen sind und der Zeitschrift durch wissenschaftliche Institutionen, Museen oder Firmen zur Verfügung gestellt wurden.[54] Diesen Gebrauchsbildern stehen auf den Covers des *Scientific American* vor allem eigens hergestellte Bilder gegenüber, die als oft minutiöse Zeichnungen im Stil des Heftes aus dem Frühling 1965 (Abb. 2) gestaltet sind. Die Herausgeber greifen dabei auf einen festen Stamm an Bildautoren und -autorinnen zurück, zu dem beispielsweise der schon genannte Thomas Prentiss, Irving Geis, Joan Starwood und Sol Mednick gehören. Zweitens fällt die jeweilige Verortung der Covers zwischen Wissenschaft und Populärkultur bzw. Wissenschafts- und Kunstbild ins Auge und lässt die programmatischen und rhetorischen Publikationsstrategien beider Medien widerhallen.[55] In seinem Versuch, die Bildleistungen und -defizite von Bildern im wissenschaftlichen Gebrauchszusammenhang zu definieren, beschreibt Gottfried Boehm Wissenschaftsbilder als „schwache Bilder".[56] Im Gegensatz zu Kunstbildern haben Wissenschaftsbilder durch ihren deiktischen Charakter ihren Zweck notwendigerweise außerhalb ihrer selbst. Sie verweisen auf vermeintlich reale Phänomene und dienen vollzugsorientiert der Erkenntnisproduktion und -vermittlung. Insofern sind Wissenschaftsbilder „Bilder zum Verbrauch"[57], so dass sich mit Erfüllung ihrer Aufgabe im Erkenntnisprozess ihr Gebrauch erübrigt. Wissenschaftsbilder beabsichtigen

54 Verantwortlich für die grafische Gestaltung ist in *Bild der Wissenschaft* bis Anfang 1971 der Grafiker Bernhard Ziegler, der dann durch Ernst Schemmann abgelöst wird.

55 Bilder im populärwissenschaftlichen Gebrauch fallen bis jetzt weitgehend durch die Raster von wissenschaftshistorischen und kunstwissenschaftlichen Untersuchungen zum Bildeinsatz. Eine historische Analyse von Illustrationen in populärwissenschaftlichen Kinderbüchern bietet Angela Schwarz, „Populärwissenschaftlich in Text und Bild? Zur Visualisierung in der britischen Wissensvermittlung des 19. Jahrhunderts: Das Beispiel der Literatur für Kinder und Jugendliche", in: *Archiv für die Geschichte des Buchwesens 56/2002*, 179–201. Ihr spezifischer Blickwinkel auf englische Publikationen und die Wahl des Untersuchungszeitraums von 1860 bis 1917 macht ihre Arbeit für die vorliegende Untersuchung allerdings wenig fruchtbar.

56 Gottfried Boehm, „Zwischen Auge und Hand. Bilder als Instrumente der Erkenntnis", in: Bettina Heintz, Jörg Huber (Hg.), *Mit dem Auge denken. Strategien der Sichtbarmachung in wissenschaftlichen und virtuellen Welten*, Wien 2001, 43–54, v. a. 52f. Aus welcher Perspektive Boehm hier die Leistungen und Defizite wissenschaftlicher Bildtypen definiert, bleibt unausgesprochen. Als impliziter Maßstab scheint jedoch die autonome Ästhetik von Kunstbildern zu dienen.

57 Ebd.

Eindeutigkeit, überlassen im Gegensatz zu Kunstbildern wenig Assoziations- und Interpretationsspielraum. Während Kunstbilder nach neuen Versionen der Sichtbarkeit suchen und mit überkommenen Sehgewohnheiten brechen, greifen Wissenschaftsbilder auf bewährte ästhetische Konventionen zurück.[58] Der Selbstreflexivität und dem Anspielungsreichtum von Kunstbildern stehen in der Wissenschaft Bilder gegenüber, die eine objektive Repräsentation suggerieren und den technischen Aufwand, der zu ihrer Herstellung geführt hat, verschleiern.

Diese Differenzierung zwischen Kunst- und Wissenschaftsbild wird sowohl im *Scientific American* als auch in *Bild der Wissenschaft* durchbrochen. Das Oszillieren zwischen wissenschaftlichem und öffentlichem Diskurs, dem sich beide Zeitschriften mit ihrem Anliegen der populären Wissensvermittlung verpflichten, findet sich auch in der Bildsprache wieder. Bereits das Cover des ersten Hefts von *Bild der Wissenschaft* markiert diese Uneindeutigkeit der Bildgestaltung. Ein weiteres Beispiel bietet das Titelbild von 1966 (Abb. 3).

Gezeigt wird ein kraterförmiges Phänomen, das von Rottönen umrandet ist. Der rechte Bildrand wird durch eine dunkelblaue, unklar konturierte Fläche begrenzt. Die Machart des Bildes lässt sich auf den ersten Blick nicht bestimmen, unklar bleiben auch der Bildinhalt und die gewählte Perspektive. Das Bild scheint für sich selbst zu stehen; weder sprachliche Hinweise noch wiedererkennbare Bestandteile beziehen seine Ästhetik auf einen Referenten. Diese visuelle Vieldeutigkeit löst sich erst im Heftinnenteil auf (Abb. 4).

Das Eröffnungsbild eines Aufsatzes über Lebensmittelkonservierung macht deutlich, dass das Cover den Ausschnitt einer Petrischale zeigt, in der sich eine Schimmelkultur befindet. Nicht nur die schriftlose Präsentation des Bildes auf dem Cover, sondern auch der gewählte Bildausschnitt geben den Betrachtenden Rätsel auf und erschweren die Zuordnung zu einem wissenschaftlichen Phänomen. Durch die Dekontextualisierung dieses Bildes, das – wie der Bildnachweis „Farbenwerke Hoechst AG, Frankfurt am Main" belegt – dem industriellen Forschungszusammenhang entnommen ist, wird das Bild einer „sekundären Ästhetisierung" zugänglich.[59] Im gleichen Maß, wie die Eindeutigkeit und Funktion des Bildes innerhalb des wissenschaftlichen Erkenntniszusammenhangs verschwimmen, wachsen seine ästhetischen Valenzen und Interpretationsmöglichkeiten.

58 Vgl. hierzu etwa Martin Kemp, *Bilderwissen. Die Anschaulichkeit naturwissenschaftlicher Phänomene,* Köln 2000; Wolfgang Ullrich, „Wissenschaftsbilder und der neue Paragone zwischen Geistes- und Naturwissenschaften", in: Martina Heßler (Hg.), *Konstruierte Sichtbarkeiten. Wissenschafts- und Technikbilder seit der Frühen Neuzeit,* München 2006, 303–316.

59 Vgl. Boehm, „Zwischen Auge und Hand. Bilder als Instrumente der Erkenntnis" (wie Anm. 56), 53.

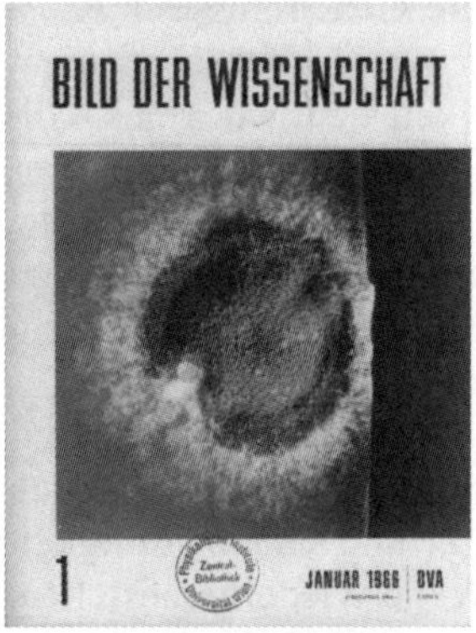

Abb. 3: Titelbild des ersten Heftes aus dem dritten Jahrgang von Bild der Wissenschaft

Abb. 4: Diese Fotografie ist das Eröffnungsbild des Aufsatzes über Lebensmittelkonservierung. Offensichtlich wird, dass das Bild auf dem Titel des gleichen Heftes einen Ausschnitt einer Petrischale zeigt.

Auch die Herausgeber des *Scientific American* stellen in der Heftgestaltung die Nähe zu künstlerischen Darstellungskonventionen her. Nicht selten sind weder die zugrunde liegenden Herstellungsmedien noch der Gegenstand erkennbar, der auf dem Bild sichtbar gemacht wird. Dieses Verhältnis zu Kunstbildern wird im *Scientific American* aber zum einen explizit gemacht, zum anderen durch die Bildunterschrift sprachlich gebrochen und in wissenschaftliche Problemstellungen eingeordnet. Das Themenheft *Mathematics in the Modern World* im September 1964 wird beispielsweise mit einem Bild René Magrittes eröffnet. Ein Ausschnitt aus *Le Rêve* von Henri Rousseau bebildert das Themenheft *Biospheres* von 1970. Im Sommer 1965 wird eine Grafik publiziert, die sich an Stilmittel der abstrakten Kunst der 1960er Jahre anlehnt. Die Bildbeschreibung ordnet sie als „Op-Art pattern" in kunstgeschichtlichen Strömungen ein und weist auf die enge Beziehung von kunstästhetischen Mustern und mathematischen Problemstellungen hin.[60]

Die Wahl der verwendeten Deckblätter und ihre wechselnde Stellung zwischen autonomer Kunstästhetik und wissenschaftlichem Gebrauchsbild lassen sich für beide Medien gleichermaßen auf die Notwendigkeit zurückführen, durch eine besondere Gestaltung der Titelblätter eine größere Leserschaft anzusprechen. Besonders in *Bild der Wissenschaft* wird über diese Eigenwerbung hinaus eine weitere Intention deutlich. Das Titelbild von Februar 1971 folgt den schon skizzierten Gestaltungsregeln. Es sind orangefarbene und blaugrüne, klippenartig über- und aneinander gelagerte Flächen zu sehen. Das Bild verrät in seiner Mehrdeutigkeit weder die Herstellungsart noch das präsentierte Phänomen. Erst durch die Bildbeschreibung und den dazugehörigen Artikel erfahren die Betrachter, dass das Bild Kristallmikroskopien zeigt: „Abstrakten Gemälden gleichend, präsentieren sich diese kunstvoll hergestellten Präparate (...), eine seltsame Schönheit verbindet sich (...) mit einer Fülle von Einzelheiten,

60 Vgl. *Scientific American 212, 1/1965,* 4.

von denen selbst der Laie ahnt, daß sie viele sonst undeutbare Geheimnisse in Klarheit offenbaren."[61] Dass die Adressaten dieser Ästhetisierung von Wissenschaft nicht in erster Linie Laien sind, macht der letzte Abschnitt des Artikels deutlich. Hans Völkel, geowissenschaftlicher Gesteinspräparator und Leiter der Zentralstelle für Präparationstechnik an der Universität Bochum, beschließt seinen Aufsatz mit der Bitte, „daß dieser Zentralstelle das Interesse und die Unterstützung derer, die etwas dazu beitragen können, nicht versagt bleibt".[62] Die „seltsame Schönheit" der Bilder dient offensichtlich auch finanziellen Interessen wissenschaftlicher Disziplinen.

Sowohl in *Bild der Wissenschaft* als auch in *Scientific American* unterläuft die visuelle Sprache die Gestaltungsprinzipien von Wissenschaftsbildern. Damit stellt sich beiden Wissenschaftszeitschriften die Aufgabe, ihre Autorität und Glaubwürdigkeit als Medien der Wissenschaftskommunikation über andere Wege wiederherzustellen. Die Formen der Rekontextualisierung der Coverabbildungen in wissenschaftliche Diskurszusammenhänge wurden schon genannt: Bildunterschriften, Bildbeschreibungen und Verweise auf den entsprechenden Artikel wissenschaftlicher Autoren. Bildunterschriften werden in *Bild der Wissenschaft* erst mit dem elften Jahrgang eingeführt. Dagegen stellen sie im *Scientific American* ein festes Element der Cover dar. Während die Bildbeschreibung des *Scientific American* Medium und Herstellungsprozess der Bilder offenbart, die repräsentierten wissenschaftlichen Fragestellungen anreißt und auf den weiterführenden Aufsatz im Innenteil des Heftes verweist, verzichten Herausgeber und Redakteure von *Bild der Wissenschaft* auf diese explizite Wiedereinbettung der Bilder in wissenschaftliche Kontexte.[63] Die visuellen Strategien unterscheiden sich fundamental. *Scientific American* bindet den prekären Status der Cover zwischen Kunst, Dekoration und Wissenschaft dadurch an den Wissenschaftsdiskurs zurück, dass die Lesenden schrittweise in Bildinhalt, Herstellungsprozess und die repräsentierte Problemstellung eingeführt werden. Die Herausgeber legen die Grenzüberschreitung zwischen Kunst- und Wissenschaftsbild offen. Die wissenschaftliche Autorität wird durch das Einbeziehen des Lesers in wissenschaftliche Forschungen garantiert. In *Bild der Wissenschaft* lässt sich hingegen eine entgegengesetzte Strategie beobachten. Weder wird die Anlehnung an künstlerische Darstellungskonventionen offengelegt und eingestanden, noch durch sprachliche Verweise aufgesprengt. Die Autorisierung der Zeitschrift als Medium der *Wissenschafts*kommunikation wird auf der visuellen Ebene nicht über Wissensvermittlung an, sondern die Ausgrenzung von Laien garantiert. Die aus dem Kontext beschreibender Zusätze gelösten Bilder aus dem wissenschaftlichen Gebrauchszusammenhang erschließen sich den Betrachtenden nur in den seltensten Fällen. Die Lesenden werden nicht durch die Bildanalyse begleitet, sondern ihrer Faszination angesichts rätselhafter Bildinhalte überlassen. Wissenschaft präsentiert ihre ästhetisch ansprechenden, den Nicht-Eingeweihten unergründlichen Seiten. Die abgebildeten Erscheinungen dienen der Mystifizierung und Autorisierung der Wissenschaftspräsentation. Die Ästhetik

61 Hans Völkel, „Ein Hauch von Kristall", in: *Bild der Wissenschaft 8, 1/1971*, 149–155, hier 149.

62 Ebd., 155. Zu Hans Völkel vgl. „Die Autoren", in: *Bild der Wissenschaft 8, 1/1971,* 111.

63 Interessant ist auch der Vergleich der verwendeten Terminologie: die Bilder in *Scientific American* „symbolisieren", „repräsentieren", „dienen als Beispiel für" oder „illustrieren". Im Gegensatz zu diesen vorsichtigen Formulierungen kommen in den Beschreibungstexten von *Bild der Wissenschaft* starke Vokabeln zum Einsatz: die Bilder „sind", „zeigen", „stellen dar" und „geben wieder".

der abgebildeten Phänomene bürgt, so scheint es, für die Wahrheit der wissenschaftlichen Aussagen.

In diese visuelle Strategie von *Bild der Wissenschaft* wird Anfang der 1970er Jahre deutlich eingegriffen (Abb. 5).[64] Der Titel wird nun klein geschrieben und links gesetzt. Das Bild hat seinen Rahmen verlassen und nimmt das gesamte Titelblatt ein. Nicht nur durch die fehlende Begrenzung, sondern vor allem durch die in das Bild gesetzten Headlines verliert das Cover seinen Kunstbildcharakter. Es wird zu einem erkennbaren, illustrativen Bild angewandter Wissenschaft. Damit vollzieht sich in der Bildsprache der Zeitschrift im Jahrzehnt von 1964 bis 1974 der Umschwung von der Präsentation rätselhafter Objekte aus dem wissenschaftlichen Erkenntniszusammenhang zur Präsentation von alltagsnahen, anwendungsbezogenen Fragestellungen.

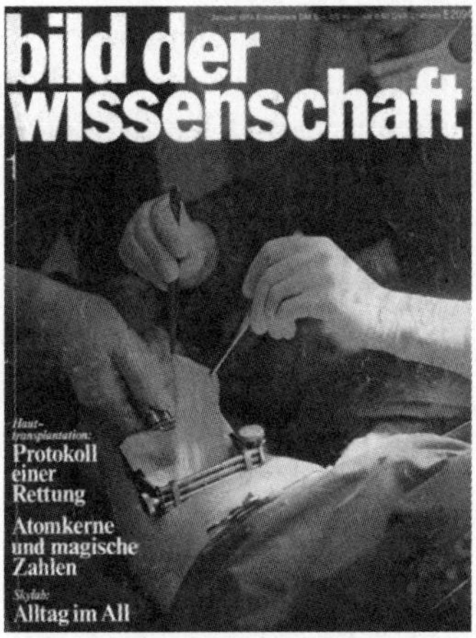

Abb. 5: Die Abbildung zeigt das Coverbild von Januar 1974 nach der grundlegenden Layoutveränderung von 1973

Schluss

Warum greifen *Bild der Wissenschaft* und *Scientific American* auf so unterschiedliche rhetorische und visuelle Stile der Wissenskommunikation zurück? Warum ist die Geschichte von *Bild der Wissenschaft* durch tiefgreifende Eingriffe in Inhalte und Layout gekennzeichnet, während das amerikanische Pendant auf eine konstante Publikationsstrategie zurückblickt?

Zur Erklärung dieser dargestellten Unterschiede ist die Einbettung der Medien in ihren wissenschafts- und wirtschaftspolitischen Kontext notwendig. Die 1960er Jahre werden in der Forschung mit dem Schlagwort des „Golden Age“ der US-amerikanischen Wissenschaft belegt. Der so genannte Sputnik-Schock verschärfte die Überzeugung, den internationalen Systemwettstreit auch auf dem Feld der Wissenschaft aus-

64 Es ist anzunehmen, dass diese Neuausrichtung des Zeitschriftendesigns in Zusammenhang steht mit der Fusion von *Bild der Wissenschaft* und *x-magazin für naturwissenschaft und technik*. Diese Vermutung liegt nahe, da der reportageartige, visuelle Stil von *x-magazin* aufgegriffen wird.

tragen zu müssen. Wissenschaftsförderung und Wissenschaftsbegeisterung stiegen und erreichten im Apollo-Programm Ende der 1970er Jahre ihren Höhepunkt.[65] In der Bundesrepublik tauchte im gleichen Zeitraum das sorgenvolle Schlagwort der „technologischen Lücke“ auf, das auf das Nachhinken der bundesrepublikanischen Entwicklung von Wissenschaft und Technik verwies.[66] Anlass zur Beunruhigung war unter anderem der erste OECD-Bericht, der 1964 vorgelegt wurde. In diesem systematischen Vergleich der Ausgaben für Forschung und Entwicklung in den Industrieländern wurde nicht nur die „amerikanische Herausforderung“ sichtbar, sondern auch das mäßige Abschneiden der BRD im europäischen Vergleich. Die Rezession von 1966 und die erfolgreiche Mondlandung der Amerikaner 1969 verstärkten den Ruf nach einer staatlichen Forschungsförderung. Um dem wissenschaftlichen und technologischen Rückstand entgegenzuwirken, wurden verschiedene wissenschaftliche Schwerpunktförderungen eingeführt.[67] Diese steigenden finanziellen Ausgaben des Bundes für Forschung und Entwicklung forcierten den Legitimierungsdruck der Wissenschaft. Zusätzlich dazu sah sich die Wissenschaft ab Ende der 1960er Jahre mit einer zunehmend wissenschaftsskeptischen Öffentlichkeit konfrontiert, deren Glaube an den folgenlosen wissenschaftlichen und technischen Fortschritt unter anderem durch die Publikation *The Limits of Growth* und die Ölkrise von 1973 erschüttert wurde.[68] Diese Veränderungen der Stellung von Wissenschaft in der Gesellschaft werden in der Forschung als Umschlag von Wissenschaftsbegeisterung zu Wissenschaftskritik oder sogar -angst beschrieben.[69] Sie lassen sich insbesondere in der visuellen Strategie in *Bild der Wissenschaft* nachvollziehen. Aus Bildern, die Anfang der 1960er Jahre auf ästhetisch ansprechende Phänomene und die weiten Möglichkeiten der Wissenschaft zu verweisen scheinen, werden Bilder, deren Hauptmerkmale ihre Wieder-

65 Vgl. Daniel Lee Kleinman, *Politics on the Endless Frontier. Postwar Research Policy in the United States*, Durham 1995; David H. Guston und Kenneth Keniston, „Introduction: The Social Contract for Science“, in: dies. (Hg.), *The Fragile Contract. University Science and the Federal Government*, Cambridge, Mass. 1994, 1–41; Harvey M. Sapolsky, „Financing Science after the Cold War“, in: ebd., 159–176; Sheila Jasanoff, „The ‚Science Wars‘ and American Politics“, in: Meinolf Dierkes und Claudia von Grote (Hg.), *Between Understanding and Trust. The Public, Science and Technology*, London, New York 2000, 39–59.

66 Vgl. etwa Rainer Rilling, „Die Forschungspolitik der BRD“, in: Alvin M. Weinberg (Hg.), *Probleme der Großforschung*, Frankfurt a. M. 1970, 275–318; Karlheinz Steinmüller, „Zukunftsforschung in Europa. Ein Abriß der Geschichte“, in: Karlheinz Steinmüller, Rolf Kreibic, Christian Zöbel (Hg.), *Zukunftsforschung in Europa. Ergebnisse und Perspektiven*, Baden-Baden 2000, 37–54.

67 Vgl. Helmuth Trischler, „Die ‚amerikanische Herausforderung‘ in den ‚langen‘ siebziger Jahren: Konzeptionelle Überlegungen“, in: Gerhard Ritter, Margit Szöllösi-Janze, Helmuth Trischler (Hg.), *Antworten auf die amerikanische Herausforderung. Forschung in der Bundesrepublik und der DDR in den ‚langen‘ siebziger Jahren*, Frankfurt a. M. 1999, 11–18.

68 Dennis L. Meadows, *Die Grenzen des Wachstums: Bericht des Club of Rome zur Lage der Menschheit*, Stuttgart 1972.

69 Vgl. etwa Ernst Peter Fischer, „Die Träume der Genetiker. Ein Symposium und sein Publikum“, in: ders. und Erhard Geißler (Hg.), *Wieviel Genetik braucht der Mensch. Die alten Träume der Genetiker und ihre heutigen Methoden,* Konstanz 1994, 15–32 und Peter Weingart, „Die Wissenschaft der Öffentlichkeit und die Öffentlichkeit der Wissenschaft“, in: ders. (Hg.), *Die Wissenschaft der Öffentlichkeit. Essays zum Verhältnis von Wissenschaft, Medien und Öffentlichkeit,* Weilerswist 2005, 9–33, bes. 25.

erkennbarkeit und die praktische Anwendbarkeit, sowie politische Relevanz der präsentierten wissenschaftlichen Erkenntnisse sind.

Darüber hinaus sind Wissenschaftszeitschriften aber nicht nur Spiegel wissenschaftspolitischer Rahmenbedingungen, sondern als „Instrumente der Selbstvergewisserung im Professionalisierungsprozess" wissenschaftlicher Disziplinen, Institutionen und Berufszweige zu interpretieren.[70] Im Fall von populärwissenschaftlichen Zeitschriften trifft die These allerdings in ganz anderer Weise ins Schwarze. Inhaltlich ein breites, je verschieden definiertes Spektrum an wissenschaftlichen Fragestellungen abdeckend und – was *Bild der Wissenschaft* und *Scientific American* angeht – lange nach der Ausformung der modernen disziplinären und institutionellen Wissenschaftslandschaft gegründet bzw. neu ausgerichtet, dient hier die Publikation wissenschaftlicher Erkenntnisse nicht der Selbstvergewisserung einzelner Disziplinen oder Forschungsrichtungen. Im Vordergrund steht vielmehr die Professionalisierung eines spezifischen, wissenschaftsgebundenen Berufszweiges: dem des Wissenschaftsjournalismus. Populärwissenschaftliche Zeitschriften markieren das Feld der Berichterstattung über wissenschaftliche Entwicklungen als seriöse Tätigkeit. Sie statten den Wissenschaftsvermittler mit dem sozialen Kapital eines „spezifischen Intellektuellen" aus[71], der eine Form der Aufklärung und Wissensvermittlung betreibt, die jenseits populärkultureller Verflachung angesiedelt ist und setzen ihn als Sprachrohr der Wissenschaften in Szene. Populärwissenschaftliche Zeitschriften bündeln die Energien der verschiedenen Gruppierungen, die an der Stabilisierung der Profession Wissensvermittlung interessiert sind: von Wissenschaftlern über Journalisten und Herausgebern bis zu Politikern. Viele der Unterschiede, die die visuelle und inhaltliche Gestaltung sowie die Positionierung von *Bild der Wissenschaft* und *Scientific American* zwischen Wissenschaft und Öffentlichkeit aufweisen, sind auf unterschiedliche Kontexte und Traditionen des Wissenschaftsjournalismus zurückzuführen. Sie können gelesen werden als Indizes unterschiedlicher Grade der Professionalisierung des Wissenschaftsjournalismus. Ein sprechendes Beispiel dafür ist bereits der Topos der Würde. Er wird im *Scientific American* eingesetzt, um an ein über hundert Jahre bestehendes Medium der Wissenspopularisierung anzuknüpfen und modernisierte Leitlinien der Kommunikation wissenschaftlicher Erkenntnisse festzulegen. Die Zeitschrift ist damit in eine lange Tradition der Popularisierung eingebettet. Sie wird flankiert von einer Vielzahl von Institutionen wie „The American Association for the Advancement of Science", die „National Association of Science Writers" oder Regierungsorganisationen und ihren jeweiligen Publikationen, die am gemeinsamen Projekt der Wissenschaftskommunikation mitwirken.[72] Eine Analyse der personellen und institutionellen Kooperationen zwischen diesen verschiedenen Institutionen und den Herausgebern und Redakteuren des *Scientific American* steht für den hier gewählten Untersuchungszeitraum noch aus. Festgehalten werden kann allerdings, dass Wissenschaftspopularisierung auf einer breiten institutionellen und medialen Grundlage forciert wurde. Sowohl die damit bereits etablierte Tradition des Wissenschaftsjourna-

70 Vgl. den Beitrag von Wiebke Lisner in diesem Band.

71 Michel Foucault, *Dispositive der Macht. Über Sexualität, Wissen und Wahrheit*, Berlin 1978, 43f.

72 Vgl. Lewenstein, *Public Understanding of Science in America, 1945–1965* (wie Anm. 9); Dael Wolfle, *Renewing a Scientific Society. The American Association for the Advancement of Science from World War II to 1970*, Washington 1989.

lismus als auch der im *Scientific American* gelegte Fokus auf eine wissenschaftlich und technisch arbeitende Leserschaft erlaubten eine konstante Publikationsstrategie.

Der breite Anspruch einer „öffentlichen Wissenschaft" in der Bundesrepublik Deutschland war hingegen vor eine zweifache Aufgabe gestellt: Zum einen konnte nicht auf eine ähnlich traditionsreiche und organisatorisch weit verzweigte Form der Wissenschaftskommunikation zurückgegriffen werden. Mit der massendemokratischen Öffnung der ehemals einer bürgerlichen Elite vorbehaltenen populärwissenschaftlichen Beschäftigung war die Wissenschaftskommunikation in Verruf geraten.[73] Insofern betrat der Herausgeber von *Bild der Wissenschaft* mit seinem Publikationskonzept einer „öffentlichen Wissenschaft" mediales Neuland. Zum anderen brachte der Spagat zwischen Wissenschaftsdiskurs und breiter Öffentlichkeit das Problem mit sich, eine ‚würdevolle' Form der Populärwissenschaft zu gestalten. Neben den dargestellten rhetorischen und visuellen Mitteln wurden dafür die Ausweitung des Bildungsbegriffs und eine scharfe Kritik der „hochmütigen Intellektuellen" eingesetzt, die es dem Herausgeber erlaubten, Wissenschaftsvermittlung als zeitgemäße Form intellektueller Aufklärung zu präsentieren.[74] Dass diese Position des wissenschaftsvermittelnden Aufklärers immer mehr von der des sich mit politischen Fragen auseinandersetzenden Experten überlagert wurde, kann an den Veränderungen von Design und Inhalt der Zeitschrift abgelesen werden.

73 Vgl. dazu Weingart, „Die Wissenschaft der Öffentlichkeit und die Öffentlichkeit der Wissenschaft" (wie Anm. 69), passim.
74 Haber, „Öffentliche Wissenschaft" (wie Anm. 21), 749.

Torwächter der Wissenschaft oder Einfallstor für die Massenmedien?

Zur Rolle von *Science* und *Nature* an der Schnittstelle von Wissenschaft und Medienöffentlichkeit

Martina Franzen

1. Einleitung

Angesichts der fortschreitenden Binnendifferenzierung der Wissenschaft in Disziplinen seit Beginn des 19. Jahrhunderts, die ihren Ausdruck in der steigenden Anzahl an wissenschaftlichen Fachzeitschriften findet, ist es bemerkenswert, dass zwei allgemeinwissenschaftliche Journale konstant und disziplinübergreifend zu den prestigeträchtigsten Journalen gezählt werden. *Science* und *Nature* gelten als Ikonen der Naturwissenschaft und können beide auf eine über hundertjährige Tradition zurückblicken. Trotz der augenscheinlichen Präsenz der beiden Zeitschriften nicht nur im wissenschaftlichen, sondern auch im massenmedialen Diskurs liegen bisher weder über die Verortung der Journale in der wissenschaftlichen Zeitschriftenlandschaft, noch über ihre institutionelle Struktur oder über ihre Entscheidungsverläufe in den Herausgeber- und Redaktionsgremien substantielle Fallstudien vor. Ziel des vorliegenden Beitrages ist es deshalb, die Stellung von *Science* und *Nature* sowohl innerhalb der Wissenschaft als auch im Hinblick auf ihre öffentliche Wahrnehmung zu beschreiben. Die zu entwickelnde These lautet, dass der Erfolg in hohem Maß in ihrer breiten Publikumsorientierung begründet liegt und sie somit als „Einfallstore“ für die Massenmedien[1] fungieren. Als multidisziplinäre Wissenschaftsmedien laufen *Science* und *Nature* durch ihre latente Ausrichtung an massenmedialen Selektionskriterien jedoch Gefahr, die wissenschaftliche Relevanz der Ergebnisse zugunsten ihrer massenmedialen Relevanz bei der Auswahl von Beiträgen unterzuordnen.

2. Zum aktuellen Umfang wissenschaftlicher Zeitschriften

Um die Sonderstellung von *Science* und *Nature* innerhalb der naturwissenschaftlichen Zeitschriften zu begründen, bedarf es zunächst einer kurzen Bestandsaufnahme. Blickt man zurück auf die Entstehungsgeschichte der wissenschaftlichen Zeitschriften, so kann man folgende Etappen ausfindig machen: Die Gründung wissenschaft-

1 Ohne an dieser Stelle eine umfassende theoretische Einbettung vornehmen zu wollen, sind dennoch folgende Begriffsklärungen notwendig: Die Massenmedien werden im Sinne der Luhmannschen Systemtheorie als eigenständiges Funktionssystem verstanden, das sich im Zuge der Entstehung von Verbreitungstechnologien herausgebildet hat und dessen systeminterne Selektionen über Nachrichtenwerte wie Konflikte oder Überraschung gesteuert wird, s. a. Nachrichtenwert-Theorie. Die allgemeine Öffentlichkeit gilt als Publikum, das die Massenmedien adressieren. In der Wissenschaft gibt der Wahrheitscode ein striktes Selektionskriterium für jegliche Operationen im System vor. Als Organisationen verstanden, entwickeln die Wissenschaftszeitschriften wiederum eigene Routinen für die Selektion wissenschaftlicher Ergebnisse, die im Folgenden benannt werden sollen.

licher Zeitschriften geht auf das Jahr 1665 zurück. Im Januar wurde das *Journal des Sçavans* gegründet, im März desselben Jahres folgten die *Philosophical Transactions*. Beide Zeitschriften waren zunächst als unabhängige Unternehmungen gegründet worden und wurden später als das Publikationsorgan zweier Wissenschaftsgesellschaften herausgegeben.[2] Während um 1700 circa 30 wissenschaftliche und medizinische Journale existierten[3], gab es bereits 1830 rund 300[4] Journale weltweit.

In der zweiten Hälfte des 19. Jahrhunderts ist eine Gründungswelle wissenschaftlicher Zeitschriften zu beobachten, die mit dem sozialen Wandel im Rahmen der wissenschaftlich-technischen Entwicklung zusammenhing: "[T]his period was marked by improved education, increased literacy, and technological breakthroughs, such as the invention of high-speed printing. (...) As a result science journals flourished during this period."[5] Mit der quantitativen Zunahme an Journalen ging ein Trend zur Spezialisierung einher.[6] Robert M. Gascoigne stellt heraus, dass 1830 über 50 Prozent aller regelmäßig erschienenen Magazine Wissenschaft allgemein behandelten, während es im Jahre 1880 nur noch 36 Prozent waren, mit absteigender Tendenz.[7] In diesen Zahlen spiegelt sich die zunehmende Binnendifferenzierung der Wissenschaft wider. Grundsätzlich kann man davon ausgehen, dass es sich um eine konstante Relation zwischen Zeitschriften und Spezialgebieten handelt.[8] Mit der Entstehung des modernen Wissenschaftssystems zu Beginn des 19. Jahrhunderts setzte sich die wissenschaftliche Publikation als Kernstück des wissenschaftlichen Kommunikationssystems durch[9]: „Discoveries which are not published in an article or any other form do not exist for the scientific community, which means they have not been certified."[10]

Über die aktuelle Anzahl wissenschaftlicher Zeitschriften kursieren in der Literatur widersprüchliche Angaben. Die Variationsbreite hängt vor allem an der zugrunde gelegten Definition wissenschaftlicher Zeitschriften, insbesondere daran, ob nur rein naturwissenschaftliche oder auch geistes- und sozialwissenschaftliche Zeitschriften

2 Das *Journal des Sçavans* war der Französischen Akademie der Wissenschaften angeschlossen, während die *Transactions*, erst ab 1753 offiziell, von der Royal Society in London herausgegeben wurden. Die Royal Society selbst wurde kurz zuvor, nämlich 1662, gegründet.

3 So Bernard Houghton, übernommen aus: E. Garfield, „Has Scientific Communication Changed in 300 Years?", in: *Essays of an Information Scientist 4/1980*, 394–400, hier 399.

4 E. Garfield, „The 170 Surviving Journals That CC Would Have Covered 100 Years Ago", in: *Essays of an Information Scientist 10/1987*, 164–173.

5 Ebd., 164.

6 Einen präzisen Einblick in die Zeitschriftenlandschaft der ersten zweieinhalb Jahrhunderte liefert Henry Carrington Bolton in Form von chronologischen Tafeln, vgl. ders., *A Catalogue of Scientific and Technical Periodicals 1665–1895. Together with Chronological Tables and a Library Checklist,* New York 1965 [1895].

7 Aus Garfield „The 170 Surviving Journals" (wie Anm. 4), 165.

8 Vgl. W. Umstätter, „Was ist und was kann eine wissenschaftliche Zeitschrift heute und morgen leisten", in: H. Parthey, W. Umstätter (Hg.), *Wissenschaftsforschung Jahrbuch 2002: Wissenschaftliche Zeitschrift und Digitale Bibliothek,* Berlin 2003, 143–166, hier 154.

9 Vgl. R. Stichweh, „Die Autopoiesis der Wissenschaft", in: D. Baecker u. a. (Hg.), *Theorie als Passion*, Frankfurt a. M., 1987, 447–481.

10 P. Weingart, „Growth, Differentiation, Expansion and Change of Identity – the Future of Science", in: B. Joerges, H. Nowotny (Hg.), *Social Studies of Science and Technology: Looking Back Ahead*, Dordrecht u. a, 2003, 183–200, hier 187.

hinzugezählt werden. Der Bestand an weltweit erscheinenden Periodika wird gegenwärtig auf ein Spektrum von 40.000[11] bis 100.000[12] geschätzt. Ungeachtet der fehlenden Kenntnis über den genauen Umfang an wissenschaftlichen Journalen und Publikationen ist die Gesamtmenge so enorm, dass sie es dem einzelnen Wissenschaftler unmöglich macht, die gesamte Literatur seines Fachgebiets zu erfassen.[13] Um der Informationsflut zu begegnen, kommen zwei Mechanismen im wissenschaftlichen Kommunikationssystem zum Tragen: Erstens eine Hierarchisierung von Aufmerksamkeit und zweitens eine interne Differenzierung in Subdisziplinen.[14] Der erstgenannte Aspekt einer selektiven Aufmerksamkeit liegt der Beobachtung zugrunde, dass nur ein geringer Anteil aller Publikationen überhaupt wahrgenommen wird und somit im Kommunikationssystem verbleibt. Es ist davon auszugehen, dass nur 20 Prozent aller Veröffentlichungen überhaupt gelesen und zitiert werden – die Mehrzahl aller Artikel wird hingegen nie wieder erwähnt. Eugene Garfield erweiterte *Bradford's Law*, das eine komplexere Variante der 80/20 Regel darstellt, indem er die These aufstellte, dass die Lektüre von nur 25 Journalen ausreichend sei, meist sogar weniger, um der wissenschaftlichen Fachentwicklung zu folgen (*Garfield's Law*).

Um sich in dem Dickicht der wissenschaftlichen Zeitschriftenlandschaft zurechtzufinden, entwickelte Garfield den so genannten Impact-Faktor, der als Qualitätsindikator für ein wissenschaftliches Journal dient.

3. Der Impact-Faktor als Reputationsmaß wissenschaftlicher Zeitschriften

Garfield erwähnte die Idee eines Impact-Faktors, d.h. einer Maßzahl für die Gesamtzitationsquote einer Zeitschrift, zum ersten Mal 1955 in einem Artikel im Wissenschaftsjournal *Science*.[15] Ursprünglich wurde der Impact-Faktor konzipiert, um angesichts des enormen Zuwachses an wissenschaftlichen Informationen die relevante Literatur zu sondieren. 1960 gründete Garfield das „Institute for Scientific Information“ (ISI), das Zitationsverzeichnisse erstellte. Heute liegen diese Verzeichnisse unter der Bezeichnung *Web of Science* als disziplinübergreifende Datenbank vor, in der gegenwärtig 5800 begutachtete Zeitschriften gelistet sind (Stand 2007).[16]

Seit 1975 wird jährlich der *Journal's Citation Report* (*JCR*) veröffentlicht[17], der u. a. Auskunft über die Impact-Faktoren von Zeitschriften gibt, aber auch andere infometrische Daten enthält. Als Datengrundlage für die Berechnung des Impact-Faktors

11 Ebd.

12 Vgl. Umstätter, „Was ist und was kann eine wissenschaftliche Zeitschrift heute und morgen leisten“ (wie Anm. 8), 154.

13 Bereits 1830 war der Punkt erreicht, dass „scientists could not keep up with all the published work relevant to their interest”, so Garfield, „The 170 Surviving Journals” (wie Anm. 4), 165.

14 Vgl. Weingart, „Growth, Differentiation, Expansion and Change of Identity” (wie Anm. 10), 188.

15 E. Garfield, „Citation Indexes for Science. A New Dimension in Documentation through Association of Ideas”, in: *Science 128/1955*, 108–111.

16 Als ein Teil des *Web of Science* umfasst der *Science Citation Index* 3700 Journale. Der *Science Citation Index Expanded* dient als Basis für die Berechnung des Impact-Faktors im Rahmen der *Journal Citation Reports* (*JCR*).

17 Anbieter des *JCR* ist die Thomson Corporation, die das „Institute for Scientific Information“ 1992 übernommen hat und nun als „Thomson Scientific“ weiterführt.

dienen der *Science Citation Index* (*SCI*) und der *Social Science Citation Index* (*SSCI*). Errechnet wird der Impact-Faktor (IF) über die aktuelle Zitationshäufigkeit einzelner Aufsätze der vergangenen zwei Jahre im jeweiligen Journal, geteilt durch die Gesamtanzahl der hierin veröffentlichten Aufsätze im gleichen Zeitraum.[18] Allgemein gilt die einfache Gleichung, je höher der Impact-Faktor, desto reputationsträchtiger das Journal und relevanter die darin veröffentlichten wissenschaftlichen Ergebnisse. Der IF dient jedoch nur als Indikator für die relative Bedeutung einer Zeitschrift innerhalb eines Fachgebietes. Da jede Fachdisziplin über ihre eigene Zitationskultur verfügt, bietet es sich nicht an, unterschiedliche Fachzeitschriften anhand des IF miteinander zu vergleichen, um ihre Relevanz zu eruieren.

Im Rückblick auf Erfahrungswerte der letzten Jahrzehnte bezüglich der Zitationshäufigkeiten einzelner Artikel resümiert Garfield: "Most articles are not well-cited, whereas some articles in small fields may have unusual impact, especially where they have cross-disciplinary impact."[19] Gerade in den multidisziplinären Zeitschriften wie *Science* und *Nature* beeinflusst die disziplinäre bzw. interdisziplinäre Ausrichtung ausgewählter Beiträge den Journal-Impact-Faktor wie folgt:

> The average citation rates in interdisciplinary journals like *Nature* and *Science* are swelled by the biology papers and shrunk by papers in low-cited disciplines. If you were to take just papers in *Nature* concerned with cell biology, you would see that the impact factor is considerably higher than *Cell's*.[20]

Jedoch ist der IF allein nur bedingt als Qualitätsindikator für Wissenschaft geeignet. Unberücksichtigt bleiben durch eine rein quantitative Messung beispielsweise die Richtungsmarkierung der Zitationen, d.h. in negativer oder positiver Hinsicht, oder die Unterwanderungen der objektiven Messbarkeit durch Zitationskartelle und Eigenzitationen.

18 Die gängigste Kritik des IF richtet sich vor allem gegen die vorgenommene Auswahl der so genannten Quellenzeitschriften, die einen Bias hinsichtlich der Länderrepräsentativität sowie der Disziplinen aufweist, und es Newcomer-Zeitschriften erschwert, in den Quellenbestand aufgenommen zu werden (s. Matthäus-Effekt). Ein weiterer Kritikpunkt betrifft die Auswahl der Artikelformate, die in die Berechnung der Zitationsquoten einbezogen werden. Die zitierfähigen Artikel sind beschränkt auf Originalartikel und Reviews, aus deren Gesamtzahl die Höhe des Divisors bestimmt wird. Auf der Seite des Dividenden werden alle Zitationen zitierfähiger Artikel zusammengezählt, unabhängig von dem jeweiligen Artikeltypus. Aus dieser Konstellation heraus ergeben sich redaktionspolitische Möglichkeiten, die Höhe des IF in gewissem Maße zu beeinflussen. Ein Erfahrungswert besteht beispielsweise darin, dass Review-Artikel insgesamt häufiger zitiert werden als Originalartikel, so dass deren Anzahl innerhalb eines Titels den IF steigert.

19 E. Garfield, „The Agony and the Ecstasy – The History and Meaning of the Journal Impact Factor", Vortragsmanuskript, International Congress on Peer Review And Biomedical Publication, Chicago, 16. September 2005, 6.

20 A. Abbott, „Wissenschaft bei einer internationalen Fachzeitschrift I: Between Peer Review and a Science Jounalism Generator", in: H. Wormer (Hg.), *Die Wissensmacher. Profile und Arbeitsfelder von Wissenschaftsredaktionen in Deutschland*, Wiesbaden 2006, 299–313, hier 310. Diese Vermutung gilt nicht nur für die Zellbiologie, sondern wurde auch für die Immunologie bestätigt, denn in einer bibliometrischen Analyse nahm *Nature* hierbei den zwölften Platz unter 63 gelisteten SCI-Fachjournalen ein, vgl. S. Sarasvady, P. Pichappan, „Classification of Multidisciplinary Journals: The Study of the journal 'Nature'", in: *Proceedings of the 8th International Conference on Scientometrics and Informetrics, Sydney, Australia,* Dordrecht 2001.

Trotz seiner begrenzten Aussagekraft ist der Impact-Faktor jedoch inzwischen auf vielen Entscheidungsebenen relevant geworden:

- für Bibliotheken, die ihren Zeitschriftenbestand an dem IF orientieren,
- für die Zeitschriftenverlage als Basis für die eigene Positionierung innerhalb der Zeitschriftenlandschaft inklusive der Konkurrenzbeobachtung, aber auch hinsichtlich der zu erzielenden Werbeeinnahmen mittels Anzeigen,
- für die Wissenschaftler, denen eine Entscheidungshilfe gegeben wird, in welcher Zeitschrift sie publizieren,
- bei Begutachtungsverfahren von Forschungsprojektanträgen sowie bei Berufungsverfahren, in denen Publikationen evaluiert werden[21],
- als Indikator der Forschungsevaluationen von Fachbereichen und Universitäten im Wissenschaftsmanagement[22],
- für die Massenmedien, die ihre Wissenschaftsberichterstattung an High-Impact Journalen orientieren, denen eine hohe wissenschaftliche Validität der veröffentlichten Ergebnisse bescheinigt wird.[23]

Die Bedeutung, die dem Journal-Impact-Faktor in wissenschaftspolitischen und personalpolitischen Entscheidungen heutzutage zugeschrieben wird und die sich de facto weder auf einzelne Artikel noch Personen beziehen kann, ist stark überbewertet. Weitreichende Kritik an dem IF äußert vor allem der Wissenschaftsphilosoph Gerhard Fröhlich aufgrund der inhärenten „Gleichsetzungen von quantitativem Output mit wissenschaftlicher Leistung sowie von Resonanz mit Qualität".[24] Der Einfluss des IF auf individuelle Karrieren wird noch durch den Umstand erhärtet, dass in Ländern wie Spanien beispielsweise finanzielle Belohnungen an wissenschaftliche Beschäftigte gezahlt werden, denen es gelingt, einen Artikel in Journalen mit einem IF über 25 zu platzieren.[25]

Vor allem für die Zeitschriftenverleger ist die Höhe des IF ökonomisch relevant, da hiervon indirekt Auflagenhöhe und damit auch die Festlegung der Anzeigenpreise abhängt. Hieraus erwächst mitunter ein unredlicher Wettbewerb. Des Öfteren ist von einer Verlagspolitik der Wissenschaftszeitschriften zu lesen, die Autoren bedrängt ungeachtet des Inhalts hauseigene Artikel zu zitieren, um auf diese Weise den IF in die Höhe zu treiben.[26]

21 Garfield selbst warnte davor, den IF als (alleinige) Maßzahl für persönliche Qualifikationen von Wissenschaftlern zu verwenden, vgl. E. Garfield, „Letters to the Editor: The impact factor and using it correctly", in: *Der Unfallchirurg 48, 2/1998,* 413.

22 Der IF allein ist aus methodischen Gründen ungeeignet, Aussagen über die Relevanz einzelner Artikel zu treffen, da er sich auf das Journal als Ganzes bezieht. „[D]ie Zuordnung des gleichen numerischen Werts zu allen Artikeln in einer Zeitschrift erscheint somit als eine nicht sehr faire Methode der Evaluierung", so P. O. Seglen, „Die Evaluierung von Wissenschaftlern anhand des 'journal impact'", in: P. Weingart, R. Sehringer, M. Winterhager (Hg.), *Indikatoren der Wissenschaft und Technik*. Frankfurt a. M., New York 1991, 72–90, hier 74.

23 Vgl. hierzu Abschnitt 5.

24 G. Fröhlich, „Wie sich die Wissenschaft selbst misst", in: *Der Standard*, 18. Dezember 1999.

25 Vgl. Abbott „Wissenschaft bei einer internationalen Fachzeitschrift I" (wie Anm. 20), 310.

26 Medizinische Journale wie *Leukemia* und *Shock* stehen im Verruf, „Erpressungstaktiken" gegenüber Autoren anzuwenden, vgl. P. Weingart „Der Fall Hwang Woo Suk – Wird Betrug in der

4. *Science* und *Nature* als multidisziplinäre Wissenschaftszeitschriften

Von dieser über den IF gesteuerten Aufmerksamkeitshierarchie profitieren *Science* and *Nature* insofern, als sie zu den reputationsträchtigsten Journalen gezählt werden. Blickt man auf die Rankinglisten der *Journal Citation Reports*, rangieren auf den vorderen Plätzen die (bio-)medizinischen Journale. Im aktuellen *Journal Citation Report* von 2005 nimmt *Science* mit einem IF von 30.9 den sechsten Platz ein; *Nature* liegt mit einem IF von 29,3 auf dem elften Platz.[27] Eine Untersuchung aus dem Jahr 2005 zum Publikations- und Rezeptionsverhalten deutscher Wissenschaftler ergab[28], dass *Science* und *Nature* gleich in mehreren Bereichen zu den wichtigsten Fachzeitschriften zählen. Bei der Befragung der Naturwissenschaftler landeten *Nature* und *Science* auf Platz zwei und drei. In den so genannten Lebenswissenschaften[29] belegte *Nature* den ersten Platz, *Science* den zweiten Platz. *Nature* und *Science* gelten heutzutage quasi als Markennamen der naturwissenschaftlichen Zeitschrift und werden häufig in einem Atemzug genannt. Trotz einiger organisationsstruktureller Unterschiede weisen sie viele Gemeinsamkeiten auf, die im Folgenden näher ausgeführt werden. Aufgrund ihrer ähnlichen Ausrichtung stehen die beiden in direkter Konkurrenz wie die *Nature*-Nachrichtenredakteurin Alison Abbott bemerkt: „Nearly everything you can say about *Nature* (…) applies also to *Science* (…) because we are two competing journals like *Süddeutsche* and *FAZ*.“[30]

Science und *Nature* sind wöchentlich erscheinende, englischsprachige, von Experten begutachtete Journale. Bei beiden handelt es sich um traditionsreiche Magazine: *Nature* wurde 1869 erstmalig in London herausgeben, das amerikanische Pendant *Science* einige Jahre später, nämlich 1880. „Since that time these multidisciplinary journals have achieved the status of perhaps the most widely read science journal in the world.“[31] Im Gegensatz zu medizinischen Journalen decken *Science* und *Nature* vor allem die Seite der Grundlagenforschung ab.

Wissenschaft zur Normalität?“ In: *Forschung und Lehre 2/2006*, 76–78. Ob derartige Vorgaben von Autorenseite umgesetzt werden, bleibt am Ende eine individuelle Entscheidung: „Happily, an editor's request can always be denied, and there are other journals", so Jeffrey Boone Miller, der in seinem Erfahrungsbericht keine Titel nennt, in: „Impact Factors and Publishing Research", in: *The Scientist 16/2002*, 11.

27 Dabei ist zu bemerken, dass weitere sieben (!) Schwesternzeitschriften von *Nature* wie *Nature Reviews Cancer* (5) oder *Nature Biotechnology* (20) unter den ersten zwanzig der am häufigsten zitierten Zeitschriften zu finden sind. Im Gegensatz zu *Nature* sind sie jedoch nicht multidisziplinär angelegt.

28 Deutsche Forschungsgemeinschaft (DFG), *Publikationsstrategien im Wandel? Ergebnisse einer Umfrage zum Publikations- und Rezeptionsverhalten unter besonderer Berücksichtigung von Open Access*, Weinheim 2005.

29 Bemerkenswert ist allerdings, dass unter den Begriff der Lebenswissenschaften neben der Biologie, Medizin und Tiermedizin auch die Agrar- und Forstwissenschaften sowie der Gartenbau subsumiert wurden, vgl. DFG (wie Anm. 28), 15.

30 Abbott, „Wissenschaft bei einer internationalen Fachzeitschrift I“ (wie Anm. 20), 300.

31 T. Braun, W. Glänzel, A. Schubert, „National Publication Patterns And Citation Impact in the Multidisciplinary Journals *Science* and *Nature*", in: *Scientometrics 17/1989*, 11–14.

Science wird seit 1901[32] von der renommierten American Association for the Advancement of Science (AAAS), einer non-profit-organisation, herausgegeben und bildet zugleich die Mitgliederzeitschrift der AAAS, der gegenwärtig etwa 130.000 Mitglieder angehören. Das Organisationsziel der AAAS besteht darin „to advance science and innovation throughout the world, for the benefit of all people."[33] Die Anbindung von *Science* an eine angesehene und zugleich die größte Wissenschaftsgesellschaft wird das Image der Zeitschrift von Beginn an befördert haben. Auf ihrer Homepage beschreibt sich *Science* selbst als „the world's leading journal of original scientific research, global news, and commentary". Auch wenn *Science* ein amerikanisches Journal ist, umfasst es inhaltlich nach eigener Darstellung die gesamte internationale Forschung und unterhält ein eigenes Büro in Europa (Cambridge, GB). Im Vergleich zu *Science* gilt *Nature* als internationaler, und berücksichtigt stärker den asiatischen Raum.[34] *Science* wird zu 60-70 Prozent aus Werbeeinnahmen finanziert, gleiches gilt sicherlich für *Nature*.

Das britische *Nature Magazine*[35] bildet das kommerzielle Pendant zu *Science*. Es wird von der *Nature Publishing Group* herausgegeben, die zur Verlagsgruppe Macmillan Publishers gehört, die wiederum 1999 von der Verlagsgruppe Holtzbrinck übernommen worden ist. *Nature* hat eine Auflage von 65.500[36]; *Science* besitzt die doppelte Auflagenhöhe[37], die der Mitgliederstärke der *AAAS* entspricht. Der Leitsatz von *Nature* lautet:

> First, to serve scientists through prompt publication of significant advances in any branch of science, and to provide a forum for the reporting and discussion of news and issues concerning science. Second, to ensure that the results of science are rapidly disseminated to the public

32 Einige Bemerkungen zur Gründungsphase von *Science* anlässlich des 101. Jubiläums finden sich bei E. Garfield, „Science: 101 Years of Publication of High Impact Science Journalism", in: *Essays of an Information Scientist 5/1981*, 253–260.

33 Aus: G. Vogel, „Wissenschaft bei einer internationalen Fachzeitschrift II: Journalism at a Magazine-within-a-magazine", in: Wormer, *Die Wissensmacher* (wie Anm. 20), 315–329, hier 315. Dieses Ziel verfolgt die AAAS über verschiedene Aktivitäten wie Öffentlichkeitsarbeit oder Förderprogramme wie das *Science and Technology Policy Fellowship* oder das *Mass Media Fellowship* sowie die Organisation des jährlichen Mitgliedertreffens, des größten Wissenschaftlertreffens international. Parallel dazu sponsort die AAAS den Pressemitteilungen-Service zu wissenschaftlichen Publikationen *EurekAlert!*

34 Vgl. K. Kaneiwa u. a., „A Comparison Between The Journals Nature And Science", in: *Scientometrics 13/1988*, 125–133, hier 132.

35 Zur Entwicklungsgeschichte von *Nature* vgl. E. Garfield, „Nature: 112 Years of Continuous Publication of High Impact Research and Science Journalism", in: *Essays of an Information Scientist 5/1981*, 261–268.

36 Neben der allgemeinen Ausgabe gibt es inzwischen jedoch noch weitere 13 monatlich erscheinende *Nature*-Fachjournale, wie *Nature Genetics*, sowie Review-Ausgaben und Titel im Bereich klinischer Praxis, die jeweils unabhängig voneinander operieren. Weitere Titel wie *Nature Geoscience* sind in Planung.

37 Wobei die Auflagenhöhe der Printausgaben allein aufgrund der elektronischen Verbreitung und der Vergabe von Online-Lizenzen als Kennzahl an Aussagekraft verliert, wie Alison Abbott ausführt; vgl. Abbott, „Wissenschaft bei einer internationalen Fachzeitschrift I" (wie Anm. 20), 300.

throughout the world, in a fashion that conveys their significance for knowledge, culture and daily life.[38]

Unter der Berücksichtigung der genannten institutionellen Rahmenbedingungen wird im Folgenden die Veröffentlichungspraxis von *Science* und *Nature* unter der Fragestellung beleuchtet, welche Selektionskriterien den redaktionellen Entscheidungsprozess leiten. Hierzu sind einige methodische Vorbemerkungen nötig.

4.1 Methodische Vorbemerkungen

Grundsätzlich ist über das redaktionelle Geschehen innerhalb von Wissenschaftsjournalen sowie über die zugrunde liegenden Entscheidungsprozesse, die zur Veröffentlichung von einzelnen Manuskripten führen, so wie gut nichts bekannt, was vor allem auf ein Zugangsproblem zurückgeführt wird. Der operative Kern des Peer-Review-Verfahrens kann als eine „black box" der empirisch-analytischen Forschung angesehen werden.[39] Um dieses, nicht nur wissenschaftssoziologisch interessante Forschungsfeld zu erhellen, sollen im Folgenden anhand der zur Verfügung stehenden Selbstbeschreibungen der Zeitschriften die grundlegenden Kriterien und institutionellen Bedingungen herausgearbeitet werden, die insbesondere für die multidisziplinären Zeitschriften *Science* und *Nature* gelten. Dabei wird auf Materialien zurückgegriffen, die inzwischen online abrufbar sind und Informationen der redaktionellen Praxis für Autoren sowie Gutachter enthalten.[40] Zusätzlich wird insbesondere auf zwei Berichte rekurriert, die aus der Sicht der Nachrichtenredaktion einen internen Einblick in die Strukturen der beiden Zeitschriften gewähren.[41] Grundsätzlich interpretationswürdig sind vor allem gegensätzliche Zahlenangaben dieser Informationsquellen. Zur besseren Orientierung für den Leser werden abweichende Angaben in den Fußnoten vermerkt. Als dritte Quelle wird ein interner Bericht eines von *Science* beauftragten Untersuchungskomitees[42] herangezogen, das einberufen wurde, um et-

38 Nature's mission statement online (Stand 1. April 2007). Das ursprüngliche Mission Statement wurde im Gründungsjahr 1869 verfasst und ist abzurufen unter: http://www.nature.com/nature/about/mission.pdf (letzter Zugriff am 14. Mai 2007).

39 Vgl. S. Hirschauer, „Expertise zum Thema: Die Innenwelt des Peer Review. Qualitätszuschreibung und informelle Wissenschaftskommunikation in Fachzeitschriften", 2003. Abzurufen unter: http://www.sciencepolicystudies.de/publikation/expertise.htm. (letzter Zugriff am 23. März 2007).

40 Im Fall von *Science* wurden die „General Information for Authors" herangezogen, abzurufen unter: http://www.sciencemag.org/about/authors/prep/gen_info.dtl sowie die Online-Rubrik „The Science Contributors FAQ", abzurufen unter: http://www.sciencemag.org/about/authors/faq/index.dtl). Im Fall von *Nature* wurde auf den „Guide to Publication Policies of the Nature Journals" (Stand vom 10. Januar 2007) zurückgegriffen, abzurufen unter: http://www.nature.com/authors/gta.pdf (letzter Zugriff auf die erwähnten Dokumente am 23. März 2007). Der Einfachheit halber werden diese Dokumente in der folgenden Darstellung mit „Publikationsrichtlinien Science" bzw. „Publikationsrichtlinien Nature" benannt.

41 Abbott, „Wissenschaft bei einer internationalen Fachzeitschrift I" (wie Anm. 20) und Vogel, „Wissenschaft bei einer internationalen Fachzeitschrift II" (wie Anm. 33).

42 Zum sechsköpfigen Untersuchungsausschuss gehörten Mitglieder vom Senior Editorial Board von *Science*, der U.S. Executive Editor von *Nature* sowie zwei renommierte Wissenschaftler aus der Stammzellforschung. Der „Committee Report" wurde am 16. September 2006 online veröffentlicht und ist abzurufen unter: http://www.sciencemag.org/cgi/data/314/5804/1353/DC1/1 (letzter Zugriff am 10. April 2007).

waige Unstimmigkeiten im Veröffentlichungsprozess der beiden gefälschten Artikel des südkoreanischen Forscherteams um Hwang Woo-Suk in *Science* 2004 und 2005 zu untersuchen. In einer derartigen Legitimationskrise werden somit Einblicke in die sonst eher intransparente Praxis möglich.

Ein letzter Punkt, der noch erwähnt werden sollte, betrifft die Informationsmängel zu einzelnen Aspekten in den jeweiligen Publikationsleitlinien, wie die Auswahl der Gutachter beispielsweise, zu der es bei *Science* im Gegensatz zu *Nature* keine Angaben gibt. Es wird hier jedoch unterstellt, dass sich die Praxis der beiden Journale aufgrund ihrer Strukturähnlichkeit kaum unterscheidet.

4.2 Redaktionelle Selektionskriterien

Die Ablehnungsquoten eingereichter Artikel sind bei beiden Zeitschriften vergleichsweise hoch. *Science* akzeptiert weniger als 8 Prozent aller Einreichungen[43], *Nature* sogar nur 7 Prozent.[44] Niedrige Akzeptanzquoten suggerieren grundsätzlich einen hohen Qualitätsstatus. In den letzten Jahren ist ein immenser Anstieg an Einreichungen in vielen *high-impact*-Journalen zu beobachten.[45] *Science* bekommt jährlich 12.000 Zusendungen „at a rate of growth rivaling the rate of Chinese economic growth", wie der Chefredakteur von *Science* Donald Kennedy ironisch vermerkt, ohne jedoch auf mögliche Gründe hinzuweisen[46]. Vermutet werden kann allerdings, dass der IF der Zeitschrift hier eine entscheidende Rolle spielt. Zumindest für die biomedizinische Forschung ist die Platzierung eines Artikels in den *top journals* oft karriereentscheidend. Jene Tendenz wird jedoch von der Wissenschaftsgemeinschaft inzwischen kritisch reflektiert: „We now consider the journal to be more important than the scientific message. If we publish in a top journal we have arrived, if we don't we haven't", so beispielsweise der Molekularbiologe Peter A. Lawrence.[47]

Der Review-Prozess ist sowohl bei *Science* als auch bei *Nature* mehrstufig angelegt. *Science* verfügt über ein *Board of Reviewing Editors*, dem mehr als 120[48] renommierte Wissenschaftler aus verschiedenen Disziplinen angehören. Daneben gibt es noch einen internen Mitarbeiterstab (*editorial staff*), der aus mehr als 20 Redakteuren auf postdoktoralem Niveau besteht. Bei *Science* evaluieren sowohl *staff editors* als auch das *Board of Reviewing Editors* die Manuskripte zunächst nach ihrem Signifikanzpotential, ihrer Qualität und ihrer allgemeinen Bedeutung (*potential significance, quality, and interest*). Die Kriterien selbst erscheinen interpretationsbedürftig, denn die Bedeutung wissenschaftlicher Ergebnisse beispielsweise lässt sich sowohl

43 Die Angabe von unter 8 Prozent stammt aus einer Redakteursbefragung von A. McCook, „Is Peer Review Broken?", in: *The Scientist 20/2006*, 26. In den Publikationsrichtlinien von *Science* ist die Rede von weniger als 10 Prozent.

44 Die Angabe von 7 Prozent geht auf Abbott, „Wissenschaft bei einer internationalen Fachzeitschrift I" (wie Anm. 20) zurück.

45 Vgl. hierzu die vergleichende Tabelle zu biomedizinischen Journalen bei McCook, „Is Peer Review Broken?" (wie Anm. 43).

46 Zit. aus McCook, „Is Peer Review Broken?" (wie Anm. 43), 26.

47 P. A. Lawrence, „The politics of publication", in: *Nature 422/2003*, 259–261, hier 259. Lawrence gehört u. a. zum Editorial Board von *Cell* und dem *EMBO Journal*.

48 Laut Publikationsrichtlinien von *Science*. Vogel, „Wissenschaft bei einer internationalen Fachzeitschrift II" (wie Anm. 33), 317, spricht hingegen von 50 Mitgliedern.

wissenschaftsintern als auch wissenschaftsextern begründen. Etwa 75 Prozent aller Manuskripte werden aufgrund mangelnder Eignung bereits auf dieser ersten Stufe abgelehnt und gehen gar nicht erst in das Begutachtungsverfahren ein, das als wissenschaftsinternes Kontrollinstrument fungiert.

Die Attribuierungen von „wichtig" und zugleich „interessant" leiten den Entscheidungsprozess des Redaktionsgremiums bei *Science*: „Most editorial decisions at *Science* are based not only on the paper's technical merit but also on the general interest or importance of the work, and on comparison with other papers that we are considering in the paper's field and in related ones."[49] Aus dem obigen Zitat wird deutlich, dass das eingereichte Manuskript im Rahmen eines multidisziplinären Journals einem allgemeinen, disziplinübergreifenden Interesse entgegenkommen muss. So vermutet die *Science*-Korrespondentin Gretchen Vogel, dass die Kluft zwischen dem Wissenschafts- und Nachrichtenteil von *Science* eigentlich gar nicht so groß ist und hier ähnliche Auswahlkriterien zum Tragen kommen.[50] Das eigentliche Ziel der Vorprüfungen ist laut Aussage von Denis Duboule, Mitglied im *Science*'s *Board of Reviewing Editors*, nicht eine Kontrolle der Daten, sondern ihr Kriterium ist nach einer „mixture of novelty, originality, and trendiness" zu selektieren[51], was eher einer massenmedialen Operationslogik entspricht. Ein typischer Verstärker ist beispielsweise der Verweis auf Krankheit bzw. Heilungsoptionen: "Mention of a human disease boosts the number of subsequent references to the paper and can make it more attractive to a journal."[52]

Das Peer-Review-Verfahren wird eingeleitet, sobald die zweite Stufe erreicht ist, d. h. die Gremiumsmitglieder positiv aufgrund der oben genannten Kriterien entschieden haben, was in etwa 30 Prozent der Fälle geschieht. Die eingereichten Manuskripte werden dann an externe Fachspezialisten weitergeleitet, die die Validität der Daten prüfen. Die Vorlage der Gutachten dient der endgültigen Entscheidung der Redakteure über eine Veröffentlichung, in der der Neuigkeitswert der Ergebnisse an oberster Stelle steht. „*Science*, like other high-profile journals, agressively seeks firsts: papers that generate publicity and awe in the scientific community and beyond"[53], wie die *Science*-Journalistin Jennifer Couzin im Zuge der Aufbereitung des Wissenschaftsbetrugsfalls um den koreanischen Klonforscher Hwang anmerkt und zugleich die dahinter liegenden Risiken benennt. Denn im Falle der so genannten „Firsts", die per definitionem noch nicht repliziert werden konnten, wird eine Qualitätsprüfung mangels Vergleichsstudien erschwert. Gleichzeitig sind diese Erstveröffentlichungen zumeist so öffentlichkeitsrelevant, dass sie mitunter, wie im Fall der Stammzellforschung, Einfluss auf politische Entscheidungen nehmen können. Die Sonderstellung von *Science*, aber auch *Nature* erklärt sich vor allem aus ihrer Auswahl von besonders einflussreichen Manuskripten, deren Überprüfung sich zum Teil aufgrund ihrer Originalität als schwierig erweist, wie dies auch aus dem Bericht des

49 Vgl. die Publikationsrichtlinien von *Science* (wie Anm. 40).

50 Vogel, „Wissenschaft bei einer internationalen Fachzeitschrift II" (wie Anm. 33), 329.

51 zitiert aus: J. Couzin, „... And How the Problems Eluded Peer Reviewers and Editors", in: *Science 311/2006*, 23–24, hier 23.

52 Lawrence, „The politics of publication" (wie Anm. 47), 260.

53 Couzin, „... And How the Problems Eluded Peer Reviewers" (wie Anm. 51), 23.

Untersuchungsausschusses zur Veröffentlichungspraxis von *Science* von 2006 hervorgeht:

> *Science* as a journal tries to select papers that will have high impact on both science and society. Some papers will be highly visible and attract considerable attention. Many of these papers purport to be major breakthroughs and claim to change fields in a significant way. However, because the content is so new or startling, it is often more difficult to evaluate the quality or veracity of the work than would be the case for a more conventional paper.[54]

Wie diverse Fälle in der Vergangenheit gezeigt haben, ist das Peer-Review-System nicht in der Lage, Fälschungen zu erkennen. So erklärt Martin Blume, Chefredakteur mehrerer Journale der American Physical Society, dass die Expertenbegutachtung nicht unbedingt feststellt, dass ein Manuskript richtige Daten enthält, sondern ob es veröffentlichungswürdig ist.[55] Insbesondere im Feld der biomedizinischen Forschung, in dem eine Häufung an Betrugsfällen zu beobachten ist, scheint das Gutachtersystem an seine Grenzen zu stoßen.[56] Die Frage bleibt, ob die Veröffentlichung falscher oder gefälschter Daten tatsächlich dem Ansehen des Journals schadet oder in gewisser Weise sogar nützen kann: „If it is wrong it will at least stimulate a lot of discussion."[57]

Die Akzeptanzquote bei *Nature* liegt, wie gesagt, bei 7 Prozent von 10.000 Einreichungen pro Jahr. Auch hier gibt es ein mehrstufiges Verfahren. Im Gegensatz zum *Board of Reviewing Editors* bei *Science*, das aus Wissenschaftlern besteht, sind für *Nature* auf der Entscheidungsebene zwei professionelle Redakteure tätig, und zwar einer für Biologie und einer für Physik/Chemie, die jeweils ein Team für ihre Disziplinen leiten. Für *Nature* geeignete Manuskripte besitzen laut Abbott „a significant enhancement or transformation of scientific or technological understanding, sometimes a significant development in a scientific technique."[58]

Im ersten Screening kommen folgende Kriterien zum Tragen, die ebenfalls für die anschließende Expertenbegutachtung Geltung haben:

- überzeugende Evidenz für die Schlussfolgerungen
- Neuartigkeit
- herausragende Bedeutung für das spezielle Wissenschaftsgebiet
- idealerweise bedeutsam für andere Disziplinen (d. h. interdisziplinäre Ausrichtung)

Werden diese Kriterien nicht erfüllt, wird das Manuskript ohne externe Begutachtung ausgesondert. Dies entspricht einem Anteil von 60 Prozent der Einreichungen.[59]

Überspringen die Manuskripte die erste Hürde, werden sie bei *Nature* mindestens an einen, üblicherweise jedoch an zwei oder mehr Gutachter versendet. Auf dieser

54 Committee Report 2006 (wie Anm. 42).

55 Zit. aus Couzin, „... And How the Problems Eluded Peer Reviewers" (wie Anm. 51), 23.

56 Zu den möglichen strukturellen Ursachen von Wissenschaftsbetrug am Beispiel der biomedizinischen Forschung und seinen Konsequenzen für das Wissenschaftssystem, vgl. M. Franzen, S. Rödder, P. Weingart, „Fraud: causes and culprits as perceived by science and the media. Institutional changes, rather than individual motivations, encourage misconduct", in: *EMBO reports 8/2007*, 3–7.

57 Vogel, „Wissenschaft bei einer internationalen Fachzeitschrift II" (wie Anm. 33), 326.

58 Abbott, „Wissenschaft bei einer internationalen Fachzeitschrift I" (wie in Anm. 20), 302.

59 Abbott, „Wissenschaft bei einer internationalen Fachzeitschrift I" (wie Anm. 20), 302, hingegen spricht hier von 70 Prozent.

Stufe bestehen die Ablehnungsgründe u. a. in gravierenden methodischen oder interpretatorischen Problemen. Eine Schwierigkeit für *Nature* wie für alle anderen Journale besteht darin, Gutachter zu finden, die Experten auf dem jeweiligen Spezialgebiet sind, jedoch nicht unbedingt Konkurrenten.[60] Die Auswahl der Gutachter bei *Nature* erfolgt über verschiedene Kriterien: Expertise, Reputation, persönliche Empfehlungen (auch der Autoren) sowie über individuelle Erfahrungswerte. Verhaltensspezifische Merkmale wie Nachlässigkeit, fehlende Urteilsbegründungen oder Nichteinhaltung der zeitlichen Fristen führen hingegen zum Ausschluss. Bei Dissens zwischen Editoren und/oder Gutachtern werden nicht unbedingt Mehrheitsentscheidungen getroffen, sondern stattdessen das Für und Wider einer Veröffentlichung abgewogen:

> Editorial decisions are not a matter of counting votes or numerical rank assessments, and we do not always follow the majority recommendation. We try to evaluate the strength of the arguments raised by each reviewer and by the authors, and we may also consider other information not available to either party. Our primary responsibilities are to our readers and to the scientific community at large, and in deciding how best to serve them, we must weigh the claims of each paper against the many others also under consideration.“[61]

Die letztgültige Entscheidung über die Veröffentlichung von Manuskripten obliegt den Redakteuren: “Since the journal's launch in 1869, *Nature*'s editors have been the only arbiters of what it publishes.”[62] Aufgrund der multidisziplinären Ausrichtung scheinen die Anforderungen an das eingereichte Papier höher zu sein als in Fachjournalen: “In general, to be acceptable, a paper should represent an advance in understanding likely to influence thinking in the field. There should be a discernible reason why the work deserves the visibility of publication in a *Nature* journal rather than the best of the specialist journals.“ [63] Nach der Annahme eines Artikels werden redaktionelle Überarbeitungen vorgenommen, um eine bessere Lesbarkeit für Fachfremde zu gewährleisten.

An den Beispielen von *Science* und *Nature* wird deutlich, dass die eigentlich kritische Rolle im Veröffentlichungsprozess nicht den Gutachtern zukommt[64], sondern den verantwortlichen Redakteuren. Sie sind die Torwächter der Wissenschaft, da sie

60 Zu der problematischen Relation zwischen Autoren und Gutachtern finden sich inzwischen einige Studien, die auf den klassischen Aufsatz von Merton/Zuckerman aufbauen. Vgl. R. K. Merton zusammen mit H. Zuckerman, „Institutionalisierte Bewertungsstrukturen in der Wissenschaft“, in: R. K. Merton (Hg.), *Entwicklung und Wandlung von Forschungsinteressen. Aufsätze zur Wissenschaftssoziologie*, Frankfurt a. M. 1985 [1971], 172–216. Angeregt vor allem durch die Diskussion des Peer-Review-Verfahrens angesichts des spektakulären Betrugsfalls in der Stammzellforschung inszenierte *Nature* 2006 eine Online-Debatte zum Peer-Review-Verfahren, deren Dokumente abrufbar sind unter: http://www.nature.com/nature/peerreview/debate/index.html (letzter Zugriff am 23. März 2007). Eine gute Übersicht zum Stand der Peer-Review-Forschung findet sich auch bei Hirschauer (wie Anm. 39).

61 Vgl. die Publikationsrichtlinien von *Nature* (wie Anm. 40).

62 Anonymus, „Overview: Nature's peer review trial”, Dezember 2006, abzurufen unter: http://www.nature.com/nature/peerreview/debate/nature05535.html (letzter Zugriff am 5. Mai 2007).

63 Vgl. die Publikationsrichtlinien von *Nature* (wie Anm. 40).

64 Zumeist wird hingegen über die Machtfülle der Gutachter räsoniert, vgl. überblicksartig hierzu z. B. S. Hornbostel, „'Es bleibt ein subjektiver Anteil'. Über Qualität bei Verfahren, Gutachtern und Gutachten“, in: *Forschung und Lehre 6/2007*, 324–326.

die Vorselektion der eingereichten Manuskripte übernehmen, die Gutachter auswählen und letztgültig über eine Veröffentlichung entscheiden. Zu dieser Einschätzung bezüglich der kritischen Rolle der Redakteure kommt auch Juan Miguel Campanario: „Thus, editors of scientific journals perform a dual role: They control the flow of scientific information as well as individual scientists' access to channels of recognition."[65] Mittels der vorliegenden Dokumentenanalyse wurde deutlich, dass die Redakteure die eingereichten Manuskripte nicht nur nach rein wissenschaftlichen Kriterien filtern, sondern ebenso nach dem jeweiligen Ausstrahlungseffekt eines Artikels auf andere Disziplinen oder die gesamte Öffentlichkeit, was in der Folge dem Publizitätswert des Journals zugute kommt und seinen IF steigern hilft, denn es gilt der folgende Erfahrungswert: „An article spanning more than one discipline may potentially double its readership."[66]

4.3 Zum Neuigkeitswert wissenschaftlicher Veröffentlichungen

Der Bedeutsamkeit der so genannten „Firsts" für beide Journale entsprechend, lohnt es sich, den Aspekt der wissenschaftlichen Neuigkeit im Kontext der Veröffentlichungszeiten näher zu beleuchten. Für nahezu alle begutachteten Zeitschriften gilt die Neuheit der Erkenntnisse als das basale Veröffentlichungskriterium. Kein wissenschaftlicher Artikel wird für gewöhnlich akzeptiert, dessen Inhalt bereits woanders abgedruckt oder eingereicht worden ist. Dies hat Konsequenzen vor allem für die wettbewerbsorientierten Felder wie die Medizin und besonders die Biologie als gegenwärtige Leitwissenschaft, wo jeder weiß, wo das „cutting-edge" liegt.

1968 entschied Franz J. Ingelfinger in seiner Position als Chefredakteur des *New England Journal of Medicine* (NEJM), keinen wissenschaftlichen Artikel mehr zu akzeptieren, dessen Inhalt bereits in einer anderen Zeitschrift oder der Presse besprochen wurde. Ingelfinger verfolgte damit zwei Ziele: Zum einen den Nachrichtenwert des Journals durch exklusive Wissenschaftsbeiträge zu erhöhen, was sich ökonomisch rentierte, und zweitens eine falsche oder verzerrende mediale Berichterstattung über gesellschaftlich relevante medizinische Themen zu minimieren.[67] Die auch als Ingelfinger Rule benannte Verfahrensrichtlinie wurde in der Folgezeit von der Mehrheit nicht nur der medizinischen, sondern auch anderer (natur-)wissenschaftlicher Journale adaptiert.

Diese Vorschrift bedeutet für die Autoren, dass sie über ein gutes Gespür bei der Wahl des passenden Journals verfügen müssen, um einen eventuellen Zeitverlust im Zuge der Veröffentlichungsphase zu verhindern. Zwar wird das Datum der Ersteinreichung auf den Publikationen vermerkt, um Prioritätskonflikte zu vermeiden, jedoch kann die Verzögerung aufgrund des Begutachtungsprozesses eine Veröffentlichung im schlimmsten Fall sogar verhindern. Gerade in hoch kompetitiven Feldern

65 J. M. Campanario, „The Competion for Journal Space among Referees, Editors, and Other Authors and Its Influence on Journal's Impact Factors", in: *Journal of the American Society for Information Science 47/1996*, 184–192, hier 184.

66 L.G. Ackerson, K. Chapman, „Identifying the Role of Multidisciplinary Journals in Scientific Research", in: *College & Research Libraries 64/2003*, 468–478, hier 471.

67 Vgl. F. J. Ingelfinger, „Definition of 'sole contribution'", in: *New England Journal of Medicine 281/1969*, 676–677.

herrscht ein großer Zeitdruck unter dem Motto: „Work must be rushed out to minimize the danger of being scooped.”[68]

Das beschriebene mehrstufige Verfahren der Veröffentlichungspraxis verhindert unnötige Zeitverzögerungen. Eine ablehnende Benachrichtigung im Zuge der ersten Begutachtungsstufe erfolgt gewöhnlich laut eigener Darstellung bei *Science* bereits innerhalb von zehn Tagen; bei *Nature* findet sich hierzu keine konkrete Angabe. Ist die zweite Stufe erreicht, müssen jedoch erst die Gutachten abgewartet werden, bis schließlich eine endgültige Entscheidung erfolgt. Die Veröffentlichungszeiten haben sich zumindest in den letzten Jahrzehnten stark verkürzt. Die durchschnittlichen Veröffentlichungszeiten liegen für *Nature* inzwischen bei 135 Tagen[69], für *Science* laut Couzin sogar bei nur 81[70] bzw. laut der Publikationsrichtlinien von *Science* bei 98 Tagen[71]. Vergleicht man die angegebenen Zeiten mit den Ergebnissen einer Studie aus den 1980er Jahren, so lässt sich durch die neuen Informationstechnologien in den letzten Jahren eine enorme Beschleunigung beobachten. Kaneiwa und andere gaben als durchschnittlichen Zeitabstand zwischen Einreichung und Veröffentlichung bei *Science* und *Nature* im Beobachtungszeitraum 1981–1983 noch 5 bis 6 Monate an.[72] Eine weitere Temposteigerung wird durch Express-Publikationen ermöglicht. Für *Science Express* werden besonders interessante oder zeitgemäße (*topical*) Manuskripte für eine schnelle Veröffentlichung online ausgewählt, die dann zwei bis sechs Wochen vor der Druckfassung erscheinen. Die Zugangsrechte für die Online-Papiere sind ähnlich beschränkt wie die der Print-Ausgaben, d. h. über *AAAS*-Mitgliedschaft und Abonnements. *Nature* bietet ebenfalls einen *Advanced Online Service* für Originalarbeiten an.

Hinsichtlich der zeitlichen Dimension lassen sich also in den hier betrachteten Wissenschaftszeitschriften Beschleunigungstendenzen ausmachen, die als Anpassungsleistungen an die Schnelligkeit des Massenmediensystems gewertet werden können. Im Folgenden wird die spezifische Publikumsorientierung der beiden multidisziplinären Journale in den Blick genommen.

4.4 Publikumsorientierung der Wissenschaftszeitschriften

Als wissenschaftliche Kommunikationsmedien adressieren *Science* und *Nature* vornehmlich Wissenschaftler. Die Leserschaft der Druckausgabe von *Science* besteht zu 82 Prozent aus Akademikern mit einem Doktorgrad, die hauptsächlich in der Forschung an Universitäten und in der Industrie tätig sind. Der internationale Verbreitungsgrad von *Science* wird mit 700.000 Lesern beziffert inklusive Folgelesern (*pass-along readers*).[73] Die *Nature Publishing Group* wirbt auf ihrer Webseite mit einem „widest possible readership“. Die Mehrheit der Leser von *Nature* sind nach Angaben der *Nature*-Korrespondentin Alison Abbott Wissenschaftler, davon zwei Drittel Bio-

68 Lawrence, „The politics of publication“ (wie Anm. 47), 260.

69 Abbott, „Wissenschaft in einer internationalen Fachzeitschrift I” (wie Anm. 20), 302.

70 Couzin, „… And How the Problems Eluded Peer Reviewers“ (wie Anm. 51), 24.

71 Vgl. hierzu Anm. 40.

72 Kaneiwa u.a., „A Comparison” (wie Anm. 34), 131.

73 Vgl. *Science Online* “Circulation and Readership 2008”; http://sciencecareers.sciencemag.org/for_employers /pdf/08_CircReadshp.pdf (letzter Zugriff am 2.12.2008).

logen und nahezu 30 Prozent Physiker oder Chemiker. Ein geringer Prozentsatz der Leserschaft besteht aus Journalisten, politischen Entscheidungsträgern und wissenschaftlichen Interessensvertretern.

Die multidisziplinären Zeitschriften richten sich nicht ausschließlich an ein Fachpublikum, sondern an die Wissenschaftsgemeinde als solche und darüber hinaus. Darin unterscheiden sie sich gleichzeitig von den Fachjournalen, „which are not trying to speak to the world, but only to their colleagues."[74] In der allgemeinen Öffentlichkeit geraten wissenschaftliche Themen vermittelt über die Massenmedien zunehmend in den Fokus des Interesses wie man insbesondere bei gesellschaftlich umstrittenen Themen beobachten, aber auch an der Etablierung von Wissenschaftsmagazinen ablesen kann. „Die Wissenschaft ist zu einer ‚öffentlichen Angelegenheit' (Neidhardt)[75] in dem Sinn geworden, dass sie Gegenstand medialer Beobachtung und Berichterstattung ist."[76] Rückwirkend gerät die Wissenschaft laut Weingart jedoch zunehmend „in den Sog der Operationslogiken der Medien, die unverträglich mit ihren eigenen sind".[77] Als organisationale Schnittstelle zwischen Wissenschaft und Öffentlichkeit operieren dem vorliegenden Beitrag zufolge die Wissenschaftszeitschriften, deren kritische Rolle in der Wissenschaftskommunikationsforschung bisher kaum Beachtung gefunden hat. Im Folgenden sollen daher die institutionalisierten Wechselbeziehungen von Wissenschaftsjournalen und den Massenmedien am Beispiel von *Science* und *Nature* genauer unter die Lupe genommen werden.

4.4.1 Nachrichtenabteilung

Wie *Nature* verfügt auch *Science* über eine unabhängig vom wissenschaftlichen Redaktionsbereich operierende journalistische Nachrichtenabteilung. In der Nachrichtenabteilung von *Science* sind ein Chefredakteur, acht stellvertretende Chefredakteure und 18 Journalisten beschäftigt, die an unterschiedlichen Standorten international tätig sind.[78] Jede Woche werden hier zwölf Seiten an *news stories* produziert, die separiert von der Sektion der wissenschaftlichen Beiträge sind. Von der Nachrichtenredaktion werden Themen rund um die Wissenschaft abgedeckt, die sowohl neue wissenschaftliche Entdeckungen und ihre Entdecker betreffen als auch wissenschaftspolitische Aspekte sowie solche der Forschungsförderung. Innerhalb des Redaktionsstabs sind dementsprechende Spezialisierungen vorhanden. Die Auswahl der Themen beruht auf der Entscheidung, ob sie im Idealfall wichtig (für die Wissenschaft) *und* interessant (für die Öffentlichkeit) sind. Interagierend mit der Wissenschafts-Sektion in *Science* werden häufig auch besonders relevante wissenschaftliche Manuskripte zeitgleich in der News-Sektion behandelt. „Sometimes thc magazine uses these stories as part of its public relation efforts."[79]

74 Abbott, „Wissenschaft in einer internationalen Fachzeitschrift I" (wie Anm. 20), 302.

75 Vgl. F. Neidhardt, „Wissenschaft als öffentliche Angelegenheit", *WZB-Vorlesungen 3,* Berlin 2002.

76 P. Weingart, *Die Wissenschaft der Öffentlichkeit: Essays zum Verhältnis von Wissenschaft, Medien und Öffentlichkeit,* Weilerswist 2005, 12.

77 Ebd.

78 Daneben gibt es auch ein Netzwerk von freiberuflichen Journalisten wie die *Science*-Journalistin Gretchen Vogel ausführt.

79 Vogel, „Wissenschaft bei einer internationalen Fachzeitschrift II" (wie Anm. 33), 319.

Bei *Nature* arbeiten sowohl fest angestellte Journalisten als auch viele Free Lancer an unterschiedlichen nationalen Standorten. Der Nachrichtenteil bei *Nature* umfasst wöchentlich acht bis neun Seiten. Die Nachrichtenredaktion arbeitet nach gewöhnlichen journalistischen Prinzipien, die die Themenauswahl bestimmen:

> „First and foremost, news is always about 'events', as in any form of journalism (...). And it has to affect the international research community. (…) It has to make people aware, make people annoyed, make people respond (...) And it should also be exclusive to our readers, telling them something they have not read elsewhere. Finally the stories may be amusing, irritating, but for a serious journal like *Nature* they have to be important as well."[80]

Nur das Publikum unterscheidet sich von dem einer Tageszeitung, da hauptsächlich Wissenschaftler zu dem Lesekreis gehören. Im Gegensatz zu anderen Journalisten, die für die Massenmedien schreiben, verfügen die Journalisten in den Wissenschaftsjournalen über „the luxury of going into greater detail."[81] Die Kehrseite einer detaillierten Darstellung ist, dass diese Beschreibung wissenschaftlichen Genauigkeitskriterien genügen muss – Fehler werden vom wissenschaftlichen Expertenpublikum gemahnt und würden bei einer Häufung an Ungereimtheiten dem Ansehen der Zeitschrift schaden. Aus diesem Grund werden die Nachrichtenartikel sowohl intern im Redaktionsteam als auch durch wissenschaftliche Fachexperten geprüft, so beispielsweise durch die Manuskriptredakteure. Von einer hohen Qualität der Wissenschaftsnachrichten bei *Science* und *Nature* zeugt jedoch die Tatsache, dass sie sehr häufig, auch von der Wissenschaft, zitiert und mit Wissenschaftskommunikationspreisen ausgezeichnet werden.[82] In der Nachrichtensektion wird aufgrund der multidisziplinären Ausrichtung großer Wert auf Verständlichkeit gelegt: „In all cases there should be strong, but unobtrusive scientific content which is explained simply, understandable to the whole of the scientific community."[83]

4.4.2 Online-Nachrichtenabteilung

Neben der wöchentlichen Print-Ausgabe von *Science* am Freitag gibt es auch eine tägliche Wissenschaftsberichterstattung online: *ScienceNOW* (sciencenow.sciencemag.org/), die von einem eigenen Journalistenteam bearbeitet wird. Die Themenauswahl bei *ScienceNOW* unterscheidet sich von der Magazinausgabe wie folgt: „It features short stories about a variety of topics, some of which aren't quite important or interesting enough to make it into the print magazine, but which we think our readers would enjoy."[84] Die Website ist zugangsfrei und erreicht mehr Nicht-Wissenschaftler als das *Science*-Magazin. Der Online-Auftritt von *Nature News* (www.nature.com/news) wurde 1997 gestartet. Die täglich aktualisierten Wissenschaftsnachrichten online werden ebenfalls von einer separaten Abteilung gestaltet und richten sich an die allgemein an Wissenschaft interessierte Öffentlichkeit. Die Berichte sind simpler gehalten als die aus der Nachrichtensektion in der Print-Aus-

80 Abbott, „Wissenschaft bei einer internationalen Fachzeitschrift I" (wie Anm. 20), 304.
81 Vogel, „Wissenschaft bei einer internationalen Fachzeitschrift II" (wie Anm. 33), 320f.
82 Vgl. hierzu Garfield, „The 170 Surviving Journals" (wie Anm. 4).
83 Abbott, „Wissenschaft bei einer internationalen Fachzeitschrift I" (wie Anm. 20), 305.
84 Vogel, „Wissenschaft bei einer internationalen Fachzeitschrift II" (wie Anm. 33), 323.

gabe und frei zugänglich. Wer konkret zur Leserschaft des *Online-News Services* zählt, wird zurzeit noch intern evaluiert.[85]

4.4.3 Pressemitteilungen

Für die Pressemitteilungen zu den *Science*-Papers ist eine Extra-Abteilung der *AAAS* namens EurekAlert! zuständig. Auch bei *Nature* werden die Pressemitteilungen von einer eigenen Presseabteilung erstellt. Die ausgewählten Meldungen werden von dem jeweiligen Manuskriptredakteur auf wissenschaftliche Richtigkeit geprüft, bevor sie eine Woche vor dem offiziellen Erscheinungstermin verschickt werden. Im Presseverteiler bei *Nature* sind weltweit über 3000 Journalisten gelistet. Das Pressepaket enthält Zusammenfassungen und Erläuterungen zu ausgewählten wissenschaftlichen Studien, die am darauffolgenden Donnerstag in der Print-Ausgabe erscheinen. Gleichzeitig erhalten Journalisten Zugang zu allen wissenschaftlichen Publikationen, wobei die Vorselektion der Journale laut der Redakteurin Alison Abbott zumeist auf breite Zustimmung auf Seiten der Wissenschaftsjournalisten stößt.[86]

5. Einfluss der Wissenschaftsjournale auf die Medienberichterstattung

Science und *Nature* werden als „ungekrönte Könige der Forschung" bezeichnet, die aus wissenschaftsjournalistischer Sicht den Nachrichtenfluss von der Wissenschaft in die Massenmedien und damit an die Öffentlichkeit entscheidend steuern.[87] Sie gelten als Agenda-Setter des Wissenschaftsjournalismus. Doch welche Kriterien machen eine Zeitschrift für Journalisten als Leser und Multiplikatoren attraktiv? Die *Nature*-Nachrichtenredakteurin Alison Abbott begründet die mediale Aufmerksamkeit gegenüber *Nature* trotz anderslautender Gerüchte mit der rein wissenschaftlichen Bedeutung der publizierten Ergebnisse:

> „Many scientists are convinced that one selection criterion is to get *Nature* in the newspapers. But actually it is not! Articles published in *Nature* get press coverage because journalists are interested in issues of major scientific significance – we do not need to be artificially selecting for 'sexier' stories. The most important thing is that there has to be a big step such that a result means something for science in general – rather than just being incredibly good only within one discipline."[88]

In Anbetracht der Tatsache, dass sich wissenschaftliche Themen nur schwerlich in Nachrichtenwerte fassen lassen, ist die Frage, um die es letztendlich geht, also, ob die wissenschaftliche Relevanz der publizierten Ergebnisse allein ausreicht, um massenmediale Resonanz zu erzeugen. Blickt man auf die wissenschaftsjournalistische Praxis, so geben Wissenschaftsjournalisten als ihr wichtigstes Selektionskriterium bei ihrer Themenwahl die Glaubwürdigkeit der Quellen an, die ihrer Ansicht nach über das Peer-Review-System gesichert ist. Im Falle einer Berichterstattung über falsche oder

85 Abbott, „Wissenschaft bei einer internationalen Fachzeitschrift I" (wie Anm. 20), 306.
86 Ebd., 308.
87 J. Albrecht u. a., „Wissen ist Macht", in: *Frankfurter Allgemeine Sonntagszeitung 48/2002*, 69.
88 Abbott, „Wissenschaft in einer internationalen Fachzeitschrift I" (wie Anm. 20), 302.

gefälschte Ergebnisse kann die Verantwortung dann an die Wissenschaft selbst zurückgespielt werden, so betonten es britische Journalisten in einer Interviewstudie.[89]

Im Rahmen einer Inhaltsanalyse ist der Einfluss der Wissenschaftsjournale auf die Themenselektion in den Wissenschaftsressorts renommierter deutscher Tageszeitungen von Carola Pahl untersucht worden.[90] Sie kommt dabei zu dem Ergebnis, dass die Serviceleistungen einiger Journale, wie Vorabinformationen und Kommentierungen zu den wissenschaftlichen Publikationen der kommenden Ausgabe in Form von Pressemitteilungen, einen größeren Einfluss auf die Themenselektion haben als die Impact-Faktoren der Journale.[91] Der Interviewstudie von Vikki Entwistle[92] zufolge lassen sich die Journalisten von den Pressemitteilungen lediglich inhaltlich inspirieren, wobei der Presseartikel zumeist auf dem wissenschaftlichen Originalartikel beruht.[93] Allerdings ist deutlich, dass zumindest die Themenselektion wissenschaftlicher Ereignisse in hohem Maße über die Pressemitteilungen der führenden Journale gesteuert wird, die massenmediale Selektionskriterien bedienen und den Wissenschaftsjournalisten „ready-to-run-stories" liefern. Im Rahmen einer Interviewstudie von Blöbaum et al., in der deutsche Wissenschaftsjournalisten über ihre Themenselektion im Bereich der Lebenswissenschaften befragt worden sind, wird die spezielle Rolle von *Science* und *Nature* eindrucksvoll wie folgt beschrieben:

> „[D]er journalistische Filter ist nicht mehr der Redakteur, der hier im Büro sitzt und das *Nature*-Heft durchblättert, sondern der erste journalistische Filter ist die Presseabteilung von *Nature*, die Heft für Heft herausarbeitet: welche Themen sind attraktiv und könnten in vielen Medien laufen? (…) Solange die Selektion nicht soweit geht, dass nur noch bestimmte Heftinhalte präsentiert werden, sondern dass wir Zugriff auf alle Inhalte haben, habe ich damit keine großen Probleme. (…) Mein Eindruck ist: Es gibt eine sehr heftige Konkurrenz der etablierten Journals. Ich glaube, paradigmatisch ist der Konkurrenzkampf zwischen *Science* und *Nature*. Dort wird schon ausgewählt danach, ob ein Thema publikumstauglich ist. (W1)"[94]

Aufgrund der außerordentlichen Bedeutung der Presseinformationen von Zeitschriften für die mediale Darstellung von Wissenschaft lohnt es sich, die Pressepolitik im Falle von *Science* und *Nature* näher zu betrachten.

5.1 Die Presse-Embargo-Politik

Im Unterschied zur Ingelfinger Rule, die sich ausschließlich an die Autoren richtet[95], regelt das Embargo das Verhältnis zwischen dem Zeitschriftenverlag und der Presse. Gemäß der Embargo-Politik unterliegen die Vorabinformationen an die Presse, die in

89 Vgl. V. Entwistle, „Reporting Research in Medical Journals and Newspapers", in: *British Medical Journal 310/1995*, 920–923.

90 C. Pahl, „Die Bedeutung von Wissenschaftsjournalen für die Themenauswahl in den Wissenschaftsressorts deutscher Zeitungen am Beispiel medizinischer Themen", in: *Rundfunk und Fernsehen 46/1998*, 243–253.

91 Vgl. ebenso V. de Semir, C. Ribas, G. Revuelta, "Press Releases of Science Journal Articles and Subsequent Newspaper Stories on the Same Topic", in: *JAMA 280/1998*, 294–295.

92 Entwistle „Reporting Research" (wie Anm. 89).

93 Angesichts der Ressourcenknappheit in den Redaktionen lässt sich dieses Ergebnis zumindest dahingehend anzweifeln, ob tiefergehende Recherchen in jedem Fall zeitlich durchführbar sind.

94 B. Blöbaum, A. Görke, K. Wied, *Quellen der Wissenschaftsberichterstattung*, Münster 2004, 46.

95 Vgl. Abschnitt 4.3.

der Regel eine Woche vor dem Erscheinungstermin verschickt werden, einer Nachrichtensperre bis zum Erscheinen der jeweiligen Ausgabe. *Nature* verweist auf den generellen Nutzen des Embargos für alle Beteiligten: „The Nature journals believe that their embargo serves scientists, authors, journalists and the public."[96]

Das Presse-Embargo bei *Science* besagt, dass die Interviews zwischen Autoren und Pressevertretern auf die Woche vor dem Publikationstermin beschränkt werden müssen, und dann zugleich nur Gespräche mit solchen Journalisten geführt werden dürfen, die das Presse-Embargo befolgen. In dieser Zeitspanne können die beteiligten Journalisten mit einer hohen Auskunftsbereitschaft der Wissenschaftler rechnen. Gleichzeitig bedeutet es jedoch eine Einschränkung der wissenschaftlichen Kommunikation, nachdem ein Artikel akzeptiert und bevor er veröffentlicht wird, denn die Autoren sind nicht ohne weiteres befugt, ihre Ergebnisse auf Kongressen zu präsentieren.

> „Comments to press reporters attending your scheduled session at a professional meeting should be limited to clarifying the specifics of your presentation. In such situations, we ask that you do not expand beyond the content of your talk or give copies of the paper, data, overheads, or slides to reporters."[97]

Inwiefern und wie häufig Autoren zugunsten öffentlicher Auftritte ihre Publikation in *Science* oder anderswo aufs Spiel gesetzt haben, ist nicht bekannt. Wohl aber werden Verstöße gegen das Embargo seitens der Presse öffentlich angeklagt, sowohl durch unbeteiligte Journalisten, denen ein Wettbewerbsnachteil dadurch entsteht, als auch durch die Herausgeberorgane, die auf das Verlagsrecht pochen. Die Verletzung des so genannten Embargos, wie beispielsweise im Falle des Klonschafs „Dolly" oder jüngst durch Pressemedien wie beispielsweise der *New York Times*, die einen Bericht über die Anzahl der Toten durch Kriegsfolgen im Irak vor der geplanten Veröffentlichung in *Lancet* bekannt machte, führten zum zeitweiligen Ausschluss der jeweiligen Wissenschaftsredaktionen aus dem Nachrichten-Verteiler. Dennoch handelt es sich um seltene Fälle bei unerhört spektakulären Ereignissen, die zum Embargo-Bruch führen. Im Fall von *Nature* werden durchschnittlich nur ein bis zwei Embargo-Verletzungen pro Jahr verzeichnet.[98]

Die Embargo-Politik ist jedoch nicht unumstritten. Einer der schärfsten Kritiker ist Vincent Kiernan, der für die renommierte Universitätszeitung *Chronicle of Higher Education* (Washington) schreibt und in jüngster Zeit mehrere wissenschaftliche Abhandlungen hierzu veröffentlicht hat. Seiner Meinung nach behindert das Presse-Embargo die journalistische Arbeit und steht damit auch dem öffentlichen Interesse entgegen, sobald von Magazinseite bestimmt wird, welcher Journalist wann Zugang zu den wissenschaftlichen Quellen erhält. So wundert er sich vor allem über die fehlende Auseinandersetzung mit dem Thema seitens des Journalismus sowie der Wissenschaftskommunikationsforschung: "Just as science journalists have accepted the embargo system with little question, scholars of science communication have devoted little attention to the operation or consequences of the controls on science communi-

96 Vgl. Publikationsrichtlinien von *Nature* (wie Anm. 40).
97 Vgl. Publikationsrichtlinien von *Science* (wie Anm. 40).
98 Vgl. Abbott, „Wissenschaft in einer internationalen Fachzeitschrift I" (wie Anm. 20), 308.

cation."[99] Seine These lautet, dass das Embargo als Instrument benutzt wird, um die Vormachtstellung der führenden Journale gegenüber Journalisten zu sichern sowie den Nachrichtenwert des Journals zu erhöhen, und nicht primär, um eine qualitätsgeprüfte Berichterstattung zu ermöglichen: "It seems likely that a major motivation for journal editors in offering embargoed information is maximizing the publicity that the journal receives from the popular press."[100]

Festzuhalten bleibt, ungeachtet der dahinter liegenden Strategien, dass der Informationsfluss und die Dissemination wissenschaftlichen Wissens in hohem Maße über das jeweilige Journal und über das Presse-Embargo kontrolliert werden.

6. Rückwirkungen der Medienaufmerksamkeit auf die Wissenschaft

Unter Berücksichtigung der dominanten Rolle der Wissenschaftsjournale in der öffentlichen Wissenschaftsberichterstattung ist auch nach den Rückwirkungen der medialen Präsenz auf das wissenschaftliche Kommunikationssystem zu fragen. Phillips und andere 1991 haben in diesem Zusammenhang herausgefunden, dass die Berichterstattung über ein wissenschaftliches Ergebnis in der Tagespresse die wissenschaftliche Zitationshäufigkeit erhöht.[101] Dieser Befund wurde im Rahmen einer Replikationsstudie von Kiernan 2003 zwar abgeschwächt, aber nicht widerlegt.[102]

In Fällen einer reißerischen Wissenschaftsberichterstattung in den Medien, die immer wieder von Wissenschaftsseite beklagt wird[103], ist darüber hinaus zu klären, ob nicht mitunter ein Selektionsbias der Wissenschaftsjournale vorliegt, und bereits die wissenschaftliche Darstellung überzogene Erwartungen erzeugt. Dies legen die Daten nahe, die im Rahmen einer Vergleichsstudie wissenschaftlicher Publikationen und dazugehöriger Presseartikel ausgewertet wurden. Bei einer Einstufung der beiden Formate konnten keine Sensationalisierungselemente innerhalb der Presseartikel gefunden werden. Die Ergebnisse belegen stattdessen, dass die so genannte Verzerrungsthese innerhalb der Massenmedienkommunikation zu kurz greift. Der Hype um ein wissenschaftliches Ereignis beginne schon früher, nämlich bei der Selektionsentscheidung innerhalb der Zeitschriften, denn, so führen Bubela und Caulfield aus:

> "[A] reasonable interpretation is that the media, scientific journals and the scientific community at large may be inadvertant "complicit collaborators" in the subtle hyping of science stories. Our data raise interesting questions about how stories are selected and edited by the top scientific journals

99 V. Kiernan, "Ingelfinger, Embargoes, and Other Controls on the Dissemination of Science News", in: *Science Communication 18/1997*, 297–319, hier 316.

100 Ebd.

101 D. P. Phillips u. a., „Importance of the lay press in the transmission of medical knowledge to the scientific community", in: *N Engl J Med* 325/*1991*, 1180–1183.

102 V. Kiernan, „Diffusion of News about Research", in: *Science Communication 25/2003*, 3–13.

103 So unsinnig die Klage einer Verzerrung aus konstruktivistischer Sicht auch erscheinen mag, so hat die Prüfung der so genannten Accuracy-These doch einen nicht abreißenden Strang aus inhaltsanalytischen Studien hervorgebracht zu unterschiedlichen Themen und mit unterschiedlichen Ergebnissen. Zugleich war die Verzerrungsthese ein Legitimationsgrund für die Einführung der *Ingelfinger Rule* und damit auch für die Gestaltung der Presse-Embargo-Politik der Wissenschaftszeitschriften.

(e.g. the possibility of selection bias) and how the research community may "sell" science to the public, to scientific and lay publications, and to research funders."[104]

Gerade *Science* und *Nature* gerieten in der Vergangenheit häufig nicht nur wegen der Veröffentlichung gefälschter Daten in Verruf, sondern auch aufgrund sensationsheischender Ankündigungen. Als ein Beispiel dafür gilt der Benveniste-Fall.[105] *Nature* veröffentlichte 1988 ein umstrittenes Papier des Immunologen Jacques Benveniste, Abteilungsleiter des staatlichen französischen Instituts INSERM, der über die Entdeckung eines „Gedächtniseffekts" von Wasser berichtete. In seinem Experiment mit hoch verdünnten Flüssigkeiten konnte er angeblich biologische Wirkungen von Antigenen auf weiße Blutkörperchen erzielen, ohne dass ein einziges Wirkstoff-Molekül mehr nachweisbar war. Besonders für die Homöopathie galten die Ergebnisse als bahnbrechend. Die Versuchsergebnisse ließen sich jedoch von anderen Forschern nicht bestätigen. Dies führte dazu, dass der *Nature*-Chefredakteur John Maddox persönlich in Begleitung des Zauberkünstlers James Randi und des Fälschungsexperten Walter Stewart nach Paris fuhr, um die Validität des Experiments vor Ort zu überprüfen. Unter der Aufsicht des Trios gelang es Benveniste jedoch selbst nicht, seine eigenen Versuche zu wiederholen. Mit Blick auf die Laborbücher wurden Ungereimtheiten offenbar, die eine solch weitreichende Schlussfolgerung nicht zuließen.

Die Entscheidung, den Beitrag in *Nature* abzudrucken, beruhte nicht auf seiner wissenschaftlichen Qualität. In einem begleitenden Editorial werden folgende Gründe für die umstrittene Veröffentlichung angeführt, die vor allem auf eine öffentliche Breitenwirkung abzielten:

"One of the purposes that will be served by publishing the article will be to provide an authentic account of this work for the benefit of those, especially in France, who have gathered rumours of it from the popular press. Another is that vigilant members of the scientific community with a flair for picking holes in other people's work may be able to suggest further tests of the validity of the conclusions."[106]

Gerüchte, die an der Wissenschaftlichkeit der Ergebnisse zweifelten, gab es auch in einem weiteren Fall, und zwar innerhalb des hoch politisierten Feldes der Stammzellforschung. Über den Aufstieg und Niedergang des „Klonkönigs" Hwang wurden in den letzten Jahren viele Mutmaßungen angestellt, die an dieser Stelle nicht wiederholt werden sollen. Vielmehr lohnt es sich hier, an den Anfang zurückzugehen, noch bevor die ersten Fälschungsvorwürfe auftauchten, und den Veröffentlichungsprozess des ersten *landmark paper* kritisch zu reflektieren.

Der besagte Artikel von Hwang Woo Suk und Kollegen erschien in *Science Express*. d. h. in der beschleunigten Online-Variante vor der Druckfassung am 12. Februar 2004. Das im Jahresrückblick von *Science* als „Durchbruch des Jahres" deklarierte Manuskript beinhaltete die erstmalige Gewinnung von pluripotenten Stamm-

104 T. M. Bubela, T. A. Caulfield, „Do the print media ‚hype' genetic research? A comparison of newspaper stories and peer-reviewed research papers", in: *CMAJ 170/2004*, 1399–1407, hier 1404.

105 Publiziert unter dem Titel „Human basophil degranulation triggered by very dilute antiserum against IgE", in: *Nature 333/1988*, 816–818. Kritische Anmerkungen zur Rolle von *Nature* in dem Benveniste-Fall finden sich auch bei E. Garfield, „Contrary to Nature?", in: *The Scientist 16 2/1988*, 12.

106 Anonymus, "When to believe the unbelievable", *Nature 333/1988*, 787.

zellen aus geklonten menschlichen Embryonen.[107] Dieses wissenschaftliche Ereignis entsprach in nahezu perfekter Weise den Selektionskriterien, denn es war *wichtig* für die Wissenschaft und *interessant* für die Öffentlichkeit zugleich. Dieser Umstand führte dann auch dazu, dass in diesem außerordentlichen Fall das Presse-Embargo aufgehoben wurde, um die mediale Aufmerksamkeit auf eine Pressekonferenz mit den beteiligten koreanischen Forschern zu lenken. Zum gleichen Zeitpunkt nämlich fand das Jahrestreffen der AAAS in Seattle statt, bei dem eine Schar von Wissenschaftsjournalisten aus aller Welt anreiste, die den verkündeten Erfolg des therapeutischen Klonens am folgenden Tag dann auch tatsächlich in den Mittelpunkt der Medienöffentlichkeit rückten. Dass sich nun ausgerechnet dieser Meilenstein der Stammzellforschung später als komplette Fälschung entlarvte, konnte zu diesem Zeitpunkt niemand voraussehen. Dennoch kann man hier zugunsten der Erzeugung massenmedialer Aufmerksamkeit einige Nachlässigkeiten im Begutachtungsprozess entdecken. Zum einen wurde in diesem Fall der redaktionelle Entscheidungsprozess stark beschleunigt. Im Kontrast zum durchschnittlichen Zeitraum von der Einreichung bis zur Veröffentlichung von 81 bzw. 98 Tagen dauerte dieser Prozess bei Hwang nur 58 Tage[108], um punktgenau zum AAAS-Treffen publiziert zu werden. Hier stellt sich dann jedoch die Frage, ob bei einem intensiveren Blick auf die Daten nicht schon früher Zweifel an der Darstellung hätten aufkommen können. Eine strengere Prüfung wäre nötig gewesen angesichts „the obvious high visibility that the paper would receive“, wie auch das von *Science* beauftragte Untersuchungskomitee, dem die jeweiligen Gutachten und redaktionellen Kommentare vorlagen, in seinem Bericht anmerkt.[109] Auch wenn immer wieder von Chefredakteursseite betont wird, dass das Begutachtungsverfahren keinen vorsätzlichen Betrug aufdecken kann, so hätten bei diesem Fall wasserdichte Belege für die Evidenz des somatischen Zellkerntransfers angefordert werden müssen. Die vorgelegten Beweise waren nicht ausreichend, um die vorhandenen Zweifel der Gutachter auszuräumen[110]. Insofern hätten die Ergebnisse einer zeitintensiveren Prüfung statt einer öffentlichen Breitenwirkung bedurft.

Zusammenfassend lässt sich in beiden Beispielen eine strategische Indienstnahme der Öffentlichkeit seitens der Wissenschaft, d. h. der Wissenschaftler, aber vor allem der Wissenschaftsjournale feststellen. Sensationelle Ankündigungen stehen nicht im Einklang mit der wissenschaftlichen Validität. Fraglich bleibt, ob es sich hierbei lediglich um abweichende Einzelfälle handelt, ob hauptsächlich nur die biomedizinische Forschung betroffen ist und ob die Wissenschaftszeitschriften *Science* und *Na-*

107 W. S. Hwang u. a., „„Evidence of a Pluripotent Human Embryonic Stem Cell Line Derived from a Cloned Blastocyst”, in: *Science 303/2004*, 1669–1674.

108 Die Zahl stammt aus Couzin, „... And How the Problems Eluded Peer Reviewers“ (wie Anm. 51).

109 Committee Report 2006 (wie Anm. 42). Die Kritik an dem Veröffentlichungsprozess fiel insgesamt sehr moderat aus. Für den zukünftigen Umgang mit „high-risk papers“ wurden allerdings weitergehende Empfehlungen unterbreitet.

110 Schon von Beginn an mangelte es an dem letztgültigen biologischen Beweis des Klonens, wie es aus einem zeitgleich erschienenen Nachrichtenartikel in *Science* hervorgeht: „The expression of two alleles ‚is consistent with a cloned embryo, but it doesn't prove it,' Jaenisch says”, aus: G. Vogel, „Scientists Take Step Toward Therapeutic Cloning”, in: *Science 303/2004*, 937–938, hier 938.

ture hier tatsächlich eine Sonderstellung einnehmen, oder eventuell auch andere fachwissenschaftliche Zeitschriften ähnliche Tendenzen aufweisen.[111]

7. Resümee und Ausblick

Funktionsweise und Praxis der beiden Zeitschriften zeigen, dass die breite Publikumsorientierung als ein relevantes Kriterium dient, wenn über die Aufnahme beziehungsweise Ablehnung von Artikeln in den Journalen entschieden wird. Sowohl *Science* als auch *Nature* operieren nicht nur disziplinübergreifend, sondern adressieren auch eine nicht-wissenschaftliche Öffentlichkeit mittels Nachrichtensektion, dem Online-Angebot sowie Pressemitteilungen, die sich an die Massenmedien richten. Die Serviceleistungen für die Presse sichern *Science* und *Nature* mediale Präsenz, die sich wiederum positiv auf ihr Image und ihr Renommee in der Wissenschaft auswirkt. Dies schlägt sich in den hohen Zitationsquoten nieder. Damit sichern sie sich ihre Frontstellung im Vergleich zu anderen Zeitschriften, die eher auf einen Fachdiskurs ausgerichtet sind und deren Wirkungsgrad von der Konjunktur des Faches abhängt. In multidisziplinären Zeitschriften wie *Science* und *Nature* wird entgegen des beobachtbaren Differenzierungsprozesses der Wissenschaft in Disziplinen seit Beginn des 19. Jahrhunderts quasi die Idee einer Einheit der Wissenschaft aufrechterhalten, durch die eine disziplinäre Grenzen überschreitende Kommunikation stattfinden kann. Multidisziplinäre Journale bieten ein Forum für Beiträge außerhalb der fachdisziplinären Ordnung und können, wie empirische Studien gezeigt haben, aufgrund ihrer breiten Publikumsorientierung den Ideentransfer zwischen verschiedenen Disziplinen erleichtern.[112]

Der Wettbewerb zwischen den beiden multidisziplinären Zeitschriften spielt sich im wissenschaftlichen *und* im öffentlichen Diskurs ab, da der öffentlichen Breitenwirkung auch für wissenschaftliche Zeitschriften in ökonomischer Hinsicht eine nicht zu unterschätzende Bedeutung zukommt. Indirekt erhöht sich über die Rückkopplung der öffentlichen Resonanz auf die Wissenschaft auch der Impact-Faktor der Zeitschriften, wie aus der Studie von Phillips und anderen aus dem Jahr 1991 gefolgert werden kann. In dem Maße, wie die Bedeutung des Impact-Faktors als Reputationsmaß in der Wissenschaft trotz vieler kritischer Stimmen eher zunimmt, wird die Nachfrage von Wissenschaftlern nach *Science* und *Nature* eher steigen als sinken.

Hinzu kommt, dass sich der Reputationswert für Autoren, die in renommierten Journalen wie *Science* und *Nature* publizieren, in ökonomisches Kapitel umwandeln lässt. Dies kann dazu führen, dass Autoren ihre eingereichten Beiträge ein wenig „frisieren", um die Annahmewahrscheinlichkeit zu steigern. Dass Autoren diese Strategien anwenden, ist den Redakteuren durchaus bewusst, wie folgendes Zitat des Untersuchungsberichts belegt:

111 Antworten auf diese und ähnliche Fragen werden im Rahmen meiner Dissertation „Die Aufmerksamkeitsgenerierung innerhalb wissenschaftlicher Zeitschriften und ihre Bedeutung für das wissenschaftliche Kommunikationssystem am Beispiel der Stammzellforschung" erarbeitet, die derzeit am Institut für Wissenschafts- und Technikforschung (IWT) der Universität Bielfeld bei Prof. Dr. Peter Weingart entsteht.

112 Vgl. Ackerson/Chapman, „Identifiying the Role" (wie Anm. 66).

> *Science* (and *Nature*) have reached a special status. Publication in *Science* has a significance that goes beyond that of "normal" publication. Consequently, the value to some authors of publishing in *Science*, including enhanced reputation, visibility, position or cash rewards, is sufficiently high *that some may not adhere to the usual scientific standards in order to achieve publication.*[113]

Hier liegt es in der Verantwortung von *Science* und *Nature* einer Erodierung der „guten“ wissenschaftlichen Praxis entgegenzuwirken, denn dass sich das massenmediale Verkaufsargument „bad news are good news“ auf die Wissenschaft übertragen ließe, kann aus guten Gründen bezweifelt werden. Versuche seitens der Wissenschaftsjournale, sich den medialen Operationslogiken in Tempo und Darstellungsweise anzupassen, sind, wie die Beispiele gezeigt haben, kontraproduktiv für die wissenschaftliche Entwicklung. Um ihrer Bedeutsamkeit für die Wissenschaft, die sich in der Höhe ihrer Impact-Faktoren ausdrückt, zu entsprechen, ist es notwendig, die Glaubwürdigkeit des publizierten Wissens über interne Kontrollmechanismen gewährleisten zu können. Sorgfältigere Überprüfungen der Daten sind gerade in den Zeitschriften nötig, die ausschließlich auf die so genannten „Firsts“ setzen, um weiteren Forschungsskandalen vorzubeugen. Dies wurde auch in dem genannten *Commitee Report* 2006 vorgeschlagen. Ob sich die Publikationspraxis der High-Impact-Journale zukünftig jener empfohlenen Entschleunigungsidee durch zeitintensivere Datenprüfungen unterwirft, ist jedoch angesichts des gegenläufigen Medialisierungstrends zu bezweifeln.

Science und *Nature* können als Einfallstore für die Massenmedien bezeichnet werden, was durch ihre spezifischen redaktionellen Selektionsentscheidungen sowie ihre professionelle Pressearbeit begründet werden kann. Allerdings laufen sie aufgrund ihrer breiten Publikumsorientierung Gefahr, ihre von Wissenschaftsseite zugeschriebene Torwächter-Funktion zu vernachlässigen, indem Ergebnisse wie beschrieben ungeachtet ihrer wissenschaftlichen Validität veröffentlicht und verbreitet werden. Eine Häufung derartiger Fälle hätte langfristig jedoch nicht nur Konsequenzen für das wissenschaftliche Kommunikationssystem, dessen Selektionen implizit über High-Impact Journale gesteuert werden, sondern auch für die wissenschaftsexterne Kommunikation, die auf die Glaubwürdigkeit von wissenschaftlichem Wissen angewiesen ist.

113 Vgl. Anm. 42 (Hervorh. MF).

Autorinnen und Autoren

Martina Franzen, M. A., ist Doktorandin am Institut für Wissenschafts- und Technikforschung (IWT) der Universität Bielefeld. Nach ihrem Studium der Soziologie, Philosophie und Germanistik in Kiel und Bremen arbeitete sie u. a. als wissenschaftliche Mitarbeiterin in der AG Bioethik und Wissenschaftskommunikation am Max-Delbrück-Centrum für Molekulare Medizin in Berlin. Ihr Dissertationsprojekt widmet sich der Rolle der Wissenschaftszeitschriften in der Medialisierung von Wissenschaft am Beispiel der Stammzellforschung.

Ina Heumann ist Junior Fellow am Internationalen Forschungszentrum Kulturwissenschaften (IFK) in Wien. Sie schloss 2004 ihr Studium an der Humboldt-Universität zu Berlin mit einer Arbeit über Selbstbeschreibungen ostdeutscher Intellektueller nach 1989 ab. Seit 2005 arbeitet sie an ihrer Promotion über Stile der Wissenskommunikation im transnationalen Vergleich.

Wiebke Lisner ist wissenschaftliche Mitarbeiterin im Forschungsprojekt „'Politik' in britischen und deutschen medizinischen Wochenschriften von der Zwischenkriegszeit bis in die 1950er Jahre" an der Medizinischen Hochschule Hannover. Sie promovierte 2004 an der Universität Hannover über den Hebammenberuf im Nationalsozialismus. Ihre Forschungsschwerpunkte sind Medizin- sowie Frauen- und Geschlechtergeschichte.

Torger Möller promovierte 2008 an der Fakultät für Soziologie der Universität Bielefeld. Seine Doktorarbeit trägt den Titel „Vom wissenschaftlichen Wissen zum gesellschaftlichen Vorurteil – Erblichkeit und Psychopathologie im deutschen Epilepsiediskurs". Seine Forschungsschwerpunkte sind Wissens- und Wissenschaftssoziologie, Diskursanalyse, Medizinsoziologie und sozialwissenschaftliche Computersimulation.

Martin Nissen ist Bibliotheksreferendar an der Technischen Informationsbibliothek/Universitätsbibliothek (TIB/UB) Hannover. Von 2005 bis 2007 war er wissenschaftlicher Mitarbeiter am Institut für Geschichtswissenschaften der Humboldt Universität zu Berlin und promovierte 2008 mit einer Arbeit über die Vermittlung historischer Bildung im 19. Jahrhundert. Seine Forschungsschwerpunkte sind Historiographiegeschichte sowie Geschichte des Buchhandels und Bibliothekswesens.

Christine Pieper ist wissenschaftliche Mitarbeiterin im DFG-Forschungsprojekt „Amerikanisierung und Sowjetisierung der deutsch-deutschen Hochschulinformatik bis 1989/90" an der TU Bergakademie Freiberg. Sie promovierte 2003 an der Universität Hamburg mit einer kollektivbiographischen Studie über die Chefärzte des Allgemeinen Krankenhauses Hamburg-Barmbek in der Zeit der Weimarer Republik, des Nationalsozialismus und der Nachkriegszeit. Ihre Forschungsschwerpunkte sind Wissenschafts- und Technikgeschichte.

Gerlind Rüve arbeitet derzeit als wissenschaftliche Referentin beim Wissenschaftsrat in Köln. Von 2005 bis 2008 war sie wissenschaftliche Mitarbeiterin im DFG-Projekt „'Politik' in deutschen und britischen medizinischen Fachzeitschriften von der Zwischenkriegszeit bis in die 1950er Jahre" an der Medizinischen Hochschule Hannover. 2006 wurde sie an der Universität Bielefeld mit der Arbeit „Scheintod: Zur kulturellen Bedeutung der Schwelle zwischen Leben und Tod um 1800" promoviert. Ihre Forschungsschwerpunkte sind die Medizin- und Wissenschaftsgeschichte.

Anke Sawahn ist freiberuflich tätige Historikerin und Germanistin. Sie promovierte 2007 an der Universität Hannover über die Geschichte der deutschen Landfrauenbewegung. Ihre Themenschwerpunkte sind Biografieforschung, Frauen- und Geschlechtergeschichte, Geschichte der Juden, Lokal- und Regionalgeschichte mit Publikationen, Seminaren, Vorträgen, Stadtführungen, Ausstellungen, als Jurymitglied in Internetwettbewerben.

Sigrid Stöckel ist wissenschaftliche Mitarbeiterin am Institut für Geschichte, Ethik und Philosophie der Medizinischen Hochschule Hannover. Sie leitet gemeinsam mit Brigitte Lohff das DFG-Forschungsprojekt „'Politik' in deutschen und britischen medizinischen Wochenschriften von der Zwischenkriegszeit bis in die 1950er Jahre". 2002 gab sie den Band "Die rechte Nation und ihr Verleger" über den J.F. Lehmanns Verlag heraus.

Frank Uekötter ist Dilthey-Fellow am Forschungsinstitut des Deutschen Museums. Er promovierte 2001 in Bielefeld mit einer Arbeit zur Geschichte der Umweltpolitik und vollendete kürzlich seine Habilitationsschrift zur Wissensgeschichte der deutschen Landwirtschaft. Seine Arbeitsschwerpunkte sind Umwelt-, Wissenschafts- und Technikgeschichte.